조선
역사의
비밀 上

이우각 지음

新진리탐구

이름을 보면 그 사람의 운세를 엿볼 수 있다.

사주팔자를 놓고 손가락을 짚어보는 일보다도 더 또렷하게 엿볼 수 있다.

신문의 정치면과 사회면을 채우는 무수한 이름들과 부음란과 인사이동란, 혹은 동정란을 보면 어떤 이름이 출세하고 어떤 이름이 죄인이 되어 세상을 떠들썩하게 하는가를 똑똑히 알 수 있다. 아무나 백년해로하는 것이 아니다. 로또 복권 번호 고르듯이 결혼이 맺어지는 것이 절대 아니다. 오래 살고 잘 지내고 남부럽지 않게 출세하는 일도 그저 가위 바위 보 하듯이 그렇게 아무렇게나 이루어지는 게 결코 아니다.

이름은 그 사람의 타고난 성품과 운명을 강하게 암시하고 있다.

성씨와 돌림자를 빼면 겨우 한 글자밖에 안 되는 이름이지만 그 속에는 아무나 볼 수 없는 거울이 있다. 그 거울을 보면 그 사람의 타고난 성격과 그 성격이 만들어갈 진로가 훤히 보인다.

누구나 그럴듯한 뜻을 지닌 한자를 이름으로 지니게 마련이다.

하지만 그 그럴듯한 의미 속에서 삶과 부딪치며 만들어낼 어떤 형상을 볼 수 있고 세상과 맞닥뜨리며 만들어낼 두꺼운 더께가 일찌감치 보이게 마련이다.

하지만 보는 '눈' 이 있어야 한다. 신기(神氣)가 발동한 무녀(巫女)처럼, 기억의 창고에서 뭔가를 끄집어내려 안간힘을 쓰는 수험생처럼, 마음과 혼을 집중하는 '지극한 정성과 집중'이 있어야 한다.

조선의 역사를 채워낸 무수한 조상들 중에서 특별히 기억될만한 이름들을 골라 역사적 사실과 각자의 이력을 비교하며 이름과 자(字)와 아호(雅號)를 통해 끈끈한 함수관계를 파헤쳐 보았다. 무릎을 탁 칠만큼 딱 들어맞는 함수관계가 드러나는 일이 너무도 많았다. 혀를 내두를 정도로 기가막힌 함수관계가 맺어진 이름들, 자(字)들, 아호들이 너무도 많았다.

누구나 평생 동안 지니고 사는 '보물 같은 글자'가 바로 이름이다.

좋으나 싫으나 남들이 평생 기억하며 불러주는 이름이다. 성격과 전도를 짐작하고 지어준 자(字)이고 아호(雅號)이다. 따라서 그 속에는 각자의 취향과 목표와 소망이 들어있고 주위 사람들의 기대와 축원이 똬리처럼 칭칭 감겨 있다.

제 이름이 아니라고 함부로 볼 수 있는가?

인생을 결판 짓고 결딴내는 일들이 너무 많다고 이름 따위는 그저 허드렛물처럼 함부로 쏟아버려도 아무 상관이 없다는 말인가?

모든 사람이 귀한 팔자를 타고 난 것이다. 하지만 처한 환경에 따라 한 번 구겨지거나 펴지고, 지닌 성격에 따라 멋대로 오그라들거나 아니면 선로처럼 곧게 펴질 수도 있다.

이름은 분명 각자가 타고난 성격을 강하게 암시하고 있다.

예전 사람들의 자(字)나 아호(雅號)에는 각자의 소질과 취향, 그리고 주위 사람들이 바라본 '그 사람'의 됨됨이와 전망이 뜨거운 김처럼 서려있다.

이름이던 자(字)던 아호(雅號)던, 각자에게는 장기(臟器)만큼이나 소중하고 입, 코, 귀, 눈, 손, 발만큼이나 늘 붙어 다니던 존재들이다.

조선 역사를 새롭게 볼 수 있었다. 조선의 이름들을 살펴보며 조선을 더 잘 알게 되었다.

몇 남매를 두고 얼마만큼 긁어모았느냐나 어느 정도까지 출세했느냐는 별 게 아니었다.

"몇 살에 죽고 어떤 일을 하며 살았느냐?"하는 그 간단한 서술로한 사람의 평생이 마감되고 말았다.

"잘 살아야 한다!"는 생각이 폐부를 찌를 수밖에 없었다.

"어떻게 살아야 가장 의미있는가?"를 깊이 생각해 볼 수밖에 없었다.

조선의 이름들은 "태어나 죽는" 그 엄연한 두 개의 길 사이에 어지럽게 펼쳐진 낙서 같은 뭔가를 느끼게 해주었다. 오늘날의 총리, 장관에 해당되는 정승, 판서쯤은 되어야 간신히 역사기록에 나타나지만, 그 얼마 안 되는 대표급 이름들 속에서도 "인생의 수수께끼"와 인생의 로또복권이 선명하게 드러났다.

과거를 알아야 현재를 알고 미래를 내다볼 수 있다는 말이 있다.

예전의 대표급 이름들 속에서 역사적 사실 이상의 오묘한 인생이치, 인생 비밀을 캐볼 수 있어야만 비로소 "지혜있는 후손"이라는 말을 들을 수 있을 것이다.

앞으로도 계속해서 이름 속에 든 인생의 비밀과 운명의 열쇠를 엿보고 싶다.

누가 앞장을 서고 누가 뒤로 쳐지는가를 이름으로 뜯어보고 싶다.

누가 평생동안 감옥을 지키고 누가 못된 짓으로 자신과 이웃을 망치는가를 각자의 이름을 통해 미리 미리 내다보고 싶다.

얼굴이나 말씨나 몸가짐이 바로 각자의 명함이고 거울 속 모습이라면, 평생 달고 다니는 이름 또한 틀림없이 글자가 지닌 의미 이상의 그 어떤 비밀을 지니고 있을 것이다.

보고자 하면 보일 것이다. 볼 수 있는 '마음의 눈' 즉, 심안(心眼)을 지니고 있는 이라면 누구나 똑똑히 들여다볼 수 있을 것이다.

"누구든 이름을 들고 오면 그 사람의 어제와 오늘과 내일을 말해 줄 수 있다"며 호언장담할 수는 없지만, 그래도 각자의 타고난 기질과 그 기질이 암시하는 인생진로를 해 뜰 녘 안개 속에서나마 또렷하게 엿볼 수 있다고는 말할 수 있다.

수 십만 년 동안 우리의 선조들도 그런 식으로 "아침 안개를 통해 인생을 보고" 저녁 안개를 뚫어 길을 밝혔었다. 햇살 속에 휩싸여 있다고 어떻게 해가 되려 할 수 있는가?

해도 달도 별도 우리의 손끝에서는 너무도 멀리 멀리 떨어져 있지 않은가?

우리는 그저 우리에게 달아진 "이름"이나 때 낀 손으로 주물럭거리며, 앞도 보고 뒤도 살피고 옆도 가끔 눈여겨보자!

2014년 갑오년 정월

지은이 **이우각**(국제정치학박사, 전문전술가)

이름속에 숨겨진
조선역사 비밀 (하)

**하권에 나오는
내용들**

이름속에 숨겨진
조선역사 비밀 (상)
차례

01 | 찰떡 궁합은 이미 이름에서부터 정해져 있었다!

이성계라는 큰 나무 밑에 자라난 향기로운 난초나
소박하고 우아한 목련이 바로 이지란이었던 것이다. 우람한 큰 나무와
키 작은 꽃나무, 계수나무와 난초….
두 장수는 서로 다른 배경을 지닌 채 서로 다른 길을 걸어가면서도
우정만은 고스란히 지켜낼 수 있었다.

조선왕조를 창건한 태조 李成桂이성계(1335-1408)와 여진족 출신 李
之蘭이지란(1331-1402; 혹은 퉁두란) 사이의 우정에 관한 이야기는 마치 한
편의 드라마처럼 얽혀 있다.

종족과 출신 배경과 외모, 관습 등이 모조리 다른 두 사람이 어떻
게 그렇게 평생 동안 피붙이 이상의 정분을 쌓으며 지낼 수 있었는
지, 오늘의 기준으로 생각해도 참으로 감동적이다.

어쩌면 서로 통하는 바가 상상외로 많았는지도 모른다. 태조 이
성계의 고조부高祖父가 이미 여진족이 사는 간도지방으로 이주하여
원 나라의 지방관청 벼슬을 지냈기 때문에, 어찌 보면 이미 4대째
여진족의 풍습과 생활 속에 깊숙이 들어가 있었던 셈이다.

오늘날 우리가 자주 대하게 되는 다민족 사회의 한 단면이 그 당
시에도 존재했을 것으로 짐작된다. 그렇다면 이성계와 이지란의
우정은 다민족 사회에서 흔히 볼 수 있는 아주 자연스러운 현상이
었을지도 모르나, 두 호걸이 전쟁터를 함께 누비는 무인武人이었다
는 점에서, 더욱이나 한 사람은 새 왕조를 세운 뒤 대왕이 되고 다

른 한 사람은 격변기의 혼란 속에서 자신의 목숨과 처지를 보존하기에도 벅찬 이민족의 주류에 속하고 있었다는 점에서, 참으로 경이롭고 특이한 인연이라 아니할 수 없다.

하지만 두 사람의 이름을 보면 이미 오래 전에 깊은 인연, 좋은 사이가 결정되어 있었다는 것을 어렴풋이 짐작할 수 있다.

성계(成이룰 성 桂계수나무 계)는 '신비로운 나무를 키우다' 는 의미이니, 5백여 년이나 이어갈 기적 같은 새 왕조를 창건하여 한반도의 근대사를 이루었을 것이다.

지란(之갈지 蘭난초 란)은 '향기 가득한 꽃동산을 향해 간다' 는 뜻이니, '친구 따라 강남 간다' 는 말처럼 고려를 위해 공적을 쌓아 청해 靑海 李씨의 시조가 되고, 조선 건국에 주춧돌을 쌓아 개국공신 1등에 책봉冊封되었던 것이다.

이성계라는 큰 나무 밑에 자라난 향기로운 난초나 소박하고 우아한 목련이 바로 이지란이었던 것이다. 우람한 큰 나무와 키 작은 꽃나무, 계수나무와 난초….

두 장수는 서로 다른 배경을 지닌 채 서로 다른 길을 걸어가면서도 우정만은 고스란히 지켜낼 수 있었다.

이지란이 李芳遠이방원을 도와 그가 제 3대 왕 태종으로 등극하게 도와준 것도 참으로 신기하기까지 하다. 친구인 태조가 계비(신덕왕후 강씨) 출신의 어린 왕자 芳碩방석을 후계자로 삼았다면 당연히 어느 편을 들어주기가 무척 난처했을 텐데도 어떻게 선뜻 방원을 편들어 줄 수 있었는지….

아마도 그는 호방한 강골형强骨型인 방원을 내세워야만 건국 초기의 기틀을 확고하게 마련할 수 있다고 확신하고 있었을 것이다. 그래서 그는 또 다른 '왕자의 난' 인 방원과 그의 친형 방간과의 피흘리는 싸움에서도 어김없이 방원을 도왔는지도 모른다.

이지란의 이러한 특이한 행보에도 불구하고, 왕자들의 권력다툼에 크게 상심하여 자신의 출생지인 함경도 영흥永興으로 떠나는 태조는 옛 친구 이지란의 진심 어린 동행을 마다하지 않았다.

그러나 조선의 건국에 따른 유혈참극과 1, 2차에 걸친 왕자들의 살육전을 몸소 치르며 인생무상을 통렬하게 느꼈던지, 친구인 태조의 정계 은퇴 후 이지란은 여진의 땅에 근접한 한 사찰에서 머리를 깎고 승려가 되고 말았다.

그 후 친구인 왕보다 네 살 위인 이지란은 사연 많은 생애도 여섯 해 앞서서 접고 말았다.

친구 이지란이 없는 하늘 아래 살게 된 태조는 상왕上王(1398년 둘째 방과가 정종이 됨)에서 태상왕太上王(1400년 방원이 태종이 됨)으로 칭호가 바뀌는 세속의 삶을 접고 불가佛家에 귀의歸依하게 된다.

태조가 승하昇遐한 뒤, 이지란의 혼령도 태조의 묘정廟廷에 배향配享되었으니, 둘은 죽어서나 살아서나 한 몸을 이루었던 셈이다.

이지란의 아들인 李和英이화영은 아버지의 뒤를 이어 건국 초기의 조선을 위해 충성을 바쳐 헌신했다.

그는 趙思義조사의 반란*을 평정하고 군軍 통솔직과 의정부 지사知事(종2품)를 역임하며 아버지를 시조로 한 '청해 이씨' 집안을 한껏 북돋우고 부친 사후 22년 뒤(1424년 세종 7년)에 영면했다.

*趙思義의 반란 : 태조 계비 신덕왕후 강씨의 친척으로 1402년 안변부사로 '신덕왕후의 원수를 갚는다'며 반란을 일으켜 조정에서 보낸 박순, 송류를 죽이고 기세를 올렸으나 곧 아들 '조흥'과 붙잡혀 주살됨

02 | 역사 속 인물들은 못다 한 말을 이름으로 증언한다

한자로 된 이름은 글자 하나 하나가 모여 특별한 의미로 나타나기 때문에, 중국이든 일본이든 일단 곰곰이 뜻풀이를 해 볼 가치가 충분히 있다고 본다.

조선왕조의 개국 역사를 자세히 살펴보면 수수께끼 같은 이야기들이 많이 숨어 있는 것을 알 수 있다. 먼저 조상들의 행적을 보면 한 왕조의 태동과 창건을 어렴풋이 짐작할 수 있을 것이다.

한반도 서남 지방의 한 거점인 전주全州에 뿌리를 내렸던 조상들이 어떻게 해서 여진족의 생활터전인 간도지방으로 이주하게 되었는지도 참으로 흥미진진한 비밀이 아닐 수 없다.

태조의 고조부인 李安社이안사 대에 와서야 중국 원元(혹은 大元; 1271-1368)나라의 지방관리가 되었으니, 오늘날로 보면 조국인 고려를 떠나 고려의 우방이자 초강대국인 원나라로 이민을 갔던 셈이다.

증조부 李行里이행리, 조부 李椿이춘을 거쳐 아버지 李子春이자춘 대에 와서는 다시 한번 놀라운 변신을 한다. 즉, 이자춘은 아들 이성계와 함께 고려를 도와 원元을 쌍성雙城에서 물리치는데 공을 세운 후, 고려에서 벼슬길을 걷기 시작했다.

몽골의 쌍성총관부가 고려의 '화주목和州牧'으로 바뀌는 데는 자그마치 일 백여 년이 걸렸다.

1258년 11월(23대 고종 45년; 22대 강종의 장남인 고종은 이 때 66세였음)에 몽골의 별장이 고려 북방인 화주和州(함남 영흥)를 침략하자 趙暉조휘와 卓靑탁청은 동북면 병마사 愼執平신집평과 여러 관원들을 죽이고 철령 이북 땅을 통째로 내놓으며 몽골에 항복했다.

몽골은 이곳에 '쌍성총관부'를 설치하고 조휘를 총관에, 탁청을 천호千戶에 임명했다. 이로써 식민지 통치가 시작된 것이다.

이후 조휘(한양 조씨) 가문은 증손자 대까지 총관직을 대물림하며 98년간(1258-1356) 쌍성총관부를 통치했다. 당시 몽골은 고려 내정에 적극적으로 간섭하며 마치 속국처럼 취급하였던 것이다.

즉 쌍성총관부의 존재가 바로 고려가 몽골에 예속된 식민지임을 의미하였던 셈이다.

26세의 공민왕(1356년, 31대 공민왕 5년)은 잃어버린 주권을 되찾아야겠다고 결심했다. 그리하여 일단 柳仁雨유인우를 동북면 병마사에 임명하여 몽골의 고려 식민정책을 끝장내도록 했다.

이 때 천호를 맡고 있던 이자춘*이 유인우의 공격에 맞추어 합세해 주었던 것이다.

이자춘은 이 때의 공로로 고려의 수도인 개경에 당당히 입성하게 되었다.

*이자춘 : 1315-1361; 조선 건국 후 '환왕'에 추존되고 태종대에 '환조'로 묘호가 바뀜

고려에서는 그에게 '대중대부大中大夫 사복경司僕卿'이라는 거창한 직함을 주고 개경의 한 저택을 하사했다. 그때 그의 나이 41세였다. 또한 이자춘의 부인 영흥 최씨*에게는 '삼한국대부인三韓國大夫人*'이란 칭호가 주어졌다. 영흥 최씨는 중국 등주登州에서 함경도로 이주해 와 살던 부잣집 딸이었다. 당시 둘째 아들 이성계는 21세의 팔팔한 청년이었다.

이자춘은 죽기 한 해 전에 군기감軍器監 판사로서 서강西江 병마사가 되어 왜구를 격퇴했다.

*영흥 최씨 : 본래는 '조씨'였는데 친정아버지가 자신의 외가 성으로 고쳐 최씨가 됨
*三韓國大夫人 : 아들이 왕이 된 후에는 '의비'가 되고 손자 태종 대에는 '의혜왕후'로 봉해짐

46세로 죽던 해(1361년)에는 장작감將作監 판사로서 삭방朔方 도만호 겸 병마사를 맡아 함경도 일원을 다스렸다.

공민왕은 실지失地를 회복하자마자 즉시 몽골의 쌍성총관부를 철폐하고 '화주목'을 설치했다.

이성계의 위화도회군(1388년 5월 20일)도 바로 이 쌍성총관부와 직간접으로 연관되어 있었다. 즉, 고려 말(1374년)에 우왕禑王이 즉위하자 고려는 갑자기 신생국 명나라로부터 원나라 잔류세력 쪽으로 외교정책의 중심을 옮겨가려 했다.

이를 그냥 묵인하고 있던 명나라는 1388년 3월에 갑자기 몽골이 다스리던 쌍성총관부를 되돌려 달라고 했다. '철령위'를 설치하고 몽골의 식민지를 공식적으로 인수 인계하겠다는 것이었다.

사실은 고려의 북방을 요동 땅에 귀속시켜 아예 고려에서 떼어내려 했던 것이다. 이에 고려는 '정 그렇다면 차라리 명나라의 고려 침략 전진기지인 요동 땅을 정벌하는 게 낫겠다'고 판단하여 최영은 본국에서 총 지휘하고 이성계와 조민수를 투 톱(Two Top)으로 삼아 요동 정벌을 명령했던 것이다.

이성계의 부친인 이자춘은 일단 고려에 귀순한 뒤, 이듬해 고려 군사가 공격할 때 내통하여 고려가 승리를 이끌도록 했다. 요즘 말로 하면, 한 쪽에는 반역을 하고 다른 편에는 충성을 한 셈이다.

1356년. 즉, 원나라가 제 본거지인 몽고평원으로 쫓겨가기 꼭 열두 해 전(1368년에 명 태조 주원장이 명나라를 세움)에 고려에 귀순*해서, 그 후 5년이 지난 1361년 경 고려 땅 동북지방의 실력자로 떠올랐으니, 실로 천운天運, 천복天福을 타고났다고 밖에는 말할 수 없을 것이다. 그만큼 당시의 주변상황, 국제정세가 심하게 요동치고 있었다고 보아야 할 것이다.

*귀순 : '와서 복종한다'는 의미에서 '내부'(來附)라고 했으니 요즘 식으로 옮기면 '귀순' 혹은 '투항'이 되는 셈 아닌가?

이자춘과 이성계 부자는 사병 2천여 명과 관군을 이끌고 동서남

북에서 달려드는 외적과 내부의 반란을 토벌하며 종횡무진으로 국토와 왕권을 지키기에 진력했다. 실로 난세의 호걸들이요 영웅적인 부자였던 셈이다.

안사(安편안할 안 社토지의 신 사), 행리(行다닐 행 里마을 리), 춘(椿참죽나무 춘), 자춘(子아들 자 春봄 춘)으로 이어진 태조 이성계의 조상들 이름을 살펴보자.

'새 땅을 찾아 아늑한 터전을 다시 만든다'는 고조부 安社안사는 간도지방으로 터전을 옮겼고, '마을을 두루 돌아다니며 살핀다'는 증조부 行里행리는 아마도 토지를 넓혀 부농의 터전을 마련했을 것이다. 그리고 '신령한 나무 같은 조상이 된다'는 조부 椿춘은 과연 그 이름 뜻대로, '계수나무를 심어 키운 손자'成桂성계를 자랑스러운 후손으로 두게 되었던 것이다. '아들에게 봄 같은 새 운세를 준다'는 부친 子春자춘의 이름은 곧바로 새 왕조의 용트림으로 연결되고 말았다. 참으로 신기한 이름 뜻이 아닌가? 어디 그 뿐인가.

이자춘, 이성계 부자로 하여금 원나라의 지방관리에서 고려의 실력자로 발돋움하게 하는 사건*에서 고려의 장수로 등장하는 이는 柳仁雨(仁어질 인 雨비 우)라는 이름이다. '만물을 낳는 엄청난 빗줄기'를 뜻하는 인우가 이씨 부자의 은밀한 협공으로 승리를 거두고 새 왕조 창건의 대망을 품은 이씨 부자 앞길에 큰 도랑을 파놓은 셈이다.

*고려가 원나라에 맞서 쌍성총관부를 공격한 일

이성계 장군에 의해 토벌되거나 처단된 사람들의 이름을 모아보면 그 또한 아주 흥미로운 데가 있다.

의유儀濡는 반란을 일으켰다가 토벌되었고, 견미堅味, 흥방興邦은 처형된 권신權臣들의 이름이다.

의유(儀거동할 의 濡젖을 유)는 '거동하여 적신다'는 이름이니 허망한 야심을 품고 무모한 반역을 꾀하지 않았을까? 아마도 이름이 의미하듯이 타고난 재주에 비해 너무 큰 욕심을 품거나, 공연한 공상에 가려져 쉽게 이성을 잃는 무모한 데가 있었던 모양이다.

견미(堅단단할 견 味맛 미)는 '단단한 것에 혀를 댄다' 는 뜻이고, 흥방(興일 흥 邦나라 방)은 '흥분하여 나라를 넘본다' 는 뜻을 가진 이름들이니, 한때는 득세했지만 자신을 제대로 관리하지 못해 처형되고 만 것이 아닐까?

조선왕조 초기에 있었던 '왕자들의 난' 은 조선왕조가 몽고의 원나라처럼 97년(1271년-1368년)만에 제 본래의 땅으로 쫓겨가느냐 아니면 천년왕국으로 굳게 자리잡느냐의 중요한 갈림길이었다.

이 때 한 아버지를 둔 배가 다른 두 부류의 왕자들이 서로 죽고 죽이는 살육전을 벌이게 되는데, 외조부의 이름이 과연 무엇인지 궁금하다.

韓한씨 소생의 왕자들이 康강씨 소생의 왕자들을 꺾고 패권을 잡게 되었는데, 승자의 편에 섰던 왕자들의 외조부는 한경민이고, 죽임을 당한 왕자들의 외조부는 강윤성이다.

이긴 쪽의 외조부 경민(敬공경할 경 敏재빠를 민)은 '공경하는 마음을 지니되 늘 재빨리 결단한다' 는 뜻이고, 패한 쪽의 외조부 윤성(允진실로 윤 成이룰 성)은 '되도록 남의 의견을 따른다' 는 의미이다. 어느 쪽이 더 적극적이고 공세적인 의미인지는 이름을 통해 쉽게 가늠해 볼 수 있을 것이다.

한편, 이긴 쪽 왕자들의 어머니는 신의왕후이고 죽임을 당한 왕자들의 어머니는 신덕왕후이다. 귀신 神신자를 공유하고 아름다울 懿의와 덕 德덕자만 서로 다르다. 결국, '아름다워 찬미할만하다' 는 懿의 이름이 '덕스러워 자애롭다' 는 德덕 이름을 이긴 셈이다. 이 이름에서도 어느 쪽이 더 적극적이고 팽창적인지는 누구나 확연히 구분할 수 있을 것이다.

두 차례의 피비린내가 진동하는 '왕자의 난'을 이겨내고 조선 왕조의 기틀을 반석 위에 올려놓은 태종太宗은 다섯 번째 아들임에도 불구하고 패권을 거머쥐었다. 실로 대단한 운세를 타고난 불세출의 인물이었음을 추측해 볼 수밖에 없을 것 같다.

25세에 당대의 가장 존경받는 유학자였던 포은 정몽주의 일편단심을 확인한 뒤 선죽교에서 무참히 제거했고, 31세에는 이복동생들을 죽여 자신의 앞길을 준비했다. 33세(1400년)에는 친형 방간을 제거한 후 마침내 꿈꾸던 왕좌를 차지했다.

부인은 원경元敬왕후인데 장인 이름은 민제(閔민 齊가지런할 제), 즉 '가지런하게 구색을 갖춰놓는다'는 뜻으로 장인의 이름은 결국 '으뜸으로 공경 받는다'는 元敬원경왕후로 연결되었고, 사위를 왕위에 올려놓은 준비성 많은 지혜로 드러났던 것이다.

한자로 된 이름은 글자 하나 하나가 모여 특별한 의미로 나타나기 때문에, 중국이든 일본이든 일단 곰곰이 뜻풀이를 해 볼 가치가 충분히 있다고 본다.

예를 들어 몽고의 원元나라를 북쪽 평원으로 내몰고 한족漢族 중심의 명明나라를 세운 주원장을 보자.

일개 건달에 불과했던 그가 혼란한 난세를 틈타 홍건적紅巾賊과 백련교도白蓮教徒를 징검다리로 삼고 중국의 곡창지대인 양자강 유역을 차지했다.

한족의 부흥을 내걸고 명나라를 세워 자그마치 276년 동안(1368년-1644년) 이어지게 했으니, 성장 배경이야 어찌 되었건 엄청난 운세를 타고났던 게 틀림없다.

원장(元으뜸 원 璋반쪽 홀 장)의 이름은 '으뜸으로 여겨지던 힘의 상징을 반으로 갈라 요절낸다'는 뜻을 지니고 있다.

더욱이나 이름에 몽고의 국호와 같은 元원 자를 지니고 있으니,

결국 '몽고가 세운 원나라를 반으로 쪼개 흩어놓는다'는 의미로도 풀이할 수 있을 것이다. 죽기 직전까지 몽고의 재침을 염려하여 왕자들과 측근들을 변방으로 보내 자그마치 24명의 왕을 세우고, 몽고를 막는 곳에 있는 왕들은 군대를 마음대로 늘릴 수 있도록 허락까지 했으니, 평생 '元으뜸 원' 이라는 한 글자에 짓눌려 있었던 셈이다.

03 | 왕들의 이름에서 얻을 수 있는 역사적 힌트들

단종은 홍위라는 이름으로 불렸으니 이름에 나타나듯이
은연중에 '해처럼 두루 비춘다'는 포부를 지니고 12살의 소년 왕이
되었을 것이다. 하지만, '순수한 채로 뻗어나간다'는
삼촌 粹之수지(수양대군)의 이름을 이겨내지 못하고
열여섯 앳된 나이에 생애를 마감하고 말았다.

세계에서도 그 유례가 없는 최 장수 왕조(한 성씨, 한 혈통으로 이어진 것을 유일 기준으로 했을 때)인 조선왕조 5백 19년(1392년부터 1910년 8월 29일까지)을 되돌아보면 분명히 최 장수의 뒷면에 숨은 어떤 비밀이 있을 것이다. 왕들이 지녔던 이름들(어릴 때 이름 포함)을 살펴보면 뭔가 비밀스러운 힌트가 있을 것이다.

먼저 조선왕조를 탄생시켜 전주 이씨 일가의 오백 년 왕국을 가능하게 한 태조 이성계를 눈여겨볼 필요가 있다.

태조 이성계

本名 : 成이룰 성 桂계수나무 계
왕이 된 다음의 이름 : 旦아침 단
字 : 仲버금 중 潔깨끗할 결
號 : 松소나무 송 軒추녀 헌 / 태상왕太上王
부친 : 子아들 자 春봄 춘
외조부 : 崔최 閑막을 한 奇기이할 기
장인 : 1.韓한 敬공경할 경 敏재빠를 민 / 신의(神懿)왕후
      2.康강 允진실로 윤 成이룰 성 / 신덕(神德)왕후

몽고의 원나라에 왕권이 휘둘리고 여진족과 왜군이 번갈아 가며 국토를 유린, 침략하는 통에 고려왕조 내내 문인보다는 무인의 활약이 더 클 수밖에 없었을 것이다.

그런 연유로 웬만한 세도가는 수천 명의 사병私兵을 거느린 채 그들을 먹이고 입히기 위해 막대한 양의 토지를 소유해야 했다. 조선왕조를 세우기 직전, 이성계와 그 주변 인물들이 사병 혁파와 토지 개혁을 통해 세도가들의 힘을 대폭 약화시키려 했던 것만 보아도 고려의 비밀무기가 과연 무엇인지 쉽게 짐작할 수 있다.

부친 子春자춘은 '아들에게 봄철의 생기와 활력을 준다'는 이름이고 외조부 閑奇한기는 '가로막아 뛰어나게 한다'는 이름이니, '움트는 기운과 특별한 운세'를 암시하고 있는 셈이다.

장인 敬敏경민은 '재빨리 공경 받는다', 允成윤성은 '진실로 이룬다'는 이름들이다. '재빠르다, 이룬다'는 뜻과 이성계 자신의 이룬다는 뜻을 가진 이름과 일맥상통하는 셈이다.

호가 松軒송헌이니 '소나무를 잘라 새 집을 짓는다'는 의미가 깃들여 있다.

왕이 된 다음에 이름을 旦(므아침 단 혹은 해뜰 무렵의 꼭두새벽)으로 바꾼 것으로 보아 이성계 스스로 수 백년 이어갈 왕조의 첫 시작이라는 확신과 각오가 서 있었던 것 같다.

어부지리로 왕위에 오른 태조의 둘째 아들 방과는 본명 대신 '멀리 가는 강한 빛'이라는 뜻의 光遠광원으로 불렸다. 충신들과 형제들을 죽이고 왕위에 오른 방원의 경우, '덕을 베푼다'는 뜻의 遺德유덕으로 불렸는데, 타고난 그의 거칠고 단호한 품성을 좀 부드럽게 인식시켜 주는 데 아주 유리했을 것이다.

장인의 이름이 제(霽갤 제)이니 20대 중반과 30대 초반의 골육상쟁을 무사히 넘기고 30대, 40대, 50대를 그런 대로 쾌청하게 보낼 수 있었는지도 모른다.

그의 단호한 결단력은 세자를 장남 讓寧양녕에서 둘째 孝寧효령을 제치고 셋째 忠寧충녕으로 과감히 바꾸는 데서도 유감없이 발휘되었다. 그는 하루아침에 24살 된 세자를 갈아치우고는 아예 왕위를 새로 세자가 된 셋째(21세)에게 물려준 후 뒤로 멀찍이 물러나 국정을 감독했다.

훈민정음 창제와 과학국가 건설에 앞장섰던 세종의 경우를 보자.

세 종

本名 : 裪복 도
字　: 元으뜸 원 正바를 정
장인 : 沈심 溫따뜻할 온 / 昭憲소헌왕후

욕심 없이 공부나 열심히 하던 셋째에서 글씨 잘 쓰는 큰 형(1418년 6월까지 세자였음)과 활 잘 쏘는 둘째형을 제치고 갑자기 어떻게 왕위에 올랐을까?

세자였던 큰 형은 후백(厚두터울 후 伯만 백)으로 불렸으니, '선뜻 양보할 만큼 배포가 큰 맏형' 이었던 셈이다. 둘째 효령대군은 보호(補기울 보 祜복 호), 혹은 선숙(善착할 선 叔아재비 숙)으로 불렸으니, '복을 채워주는 착한 형' 노릇을 잘 하며 불교에 심취했을 것이다. 왕이 된 동생과 밤을 새워 국정을 논하며 용기와 지혜를 주었다니, 이름값을 단단히 했던 셈이다.

한 아버지, 한 어머니(원경왕후 민씨)에서 낳아서 한 살 내지 세 살 차이로 운명이 갈라졌지만, 왕이 된 셋째(53세), 왕위를 '양보' *한 첫째(68세), 불경에 푹 빠져 평생을 살다 간 둘째(90세; 원각사 창건 감독) 순서로 생애의 길이가 차이 났다.

*양보 : 양녕의 '양' 은 '양보할 讓' 이다

*글씨 쓰기 : 남대문의 편액인 '숭례문'은 양녕대군의 글씨로 알려져 있다

글짓기, 글씨 쓰기*, 활쏘기 순서로 생애의 길이가 달라진 셈이다.

> **문 종**
>
> **本名** : 珦옥 이름 향
> **字**　 : 輝빛날 휘 之갈 지
> **장인** : 權권 專오로지 전 / 현덕(顯德)왕후

　문종은 휘지(輝빛날 휘 之갈 지) 즉, '빛이 일찍 사라진다'는 이름으로 불린 탓인지, 2년 남짓 왕 노릇을 한 후 사라졌다. 세자 노릇을 스무 해 동안이나 하며 아버지 세종을 열심히 보좌하다 31세 때는 병든 아버지 대신 국정을 담당하기까지 했으니 비록 38세에 붕어崩御했지만 나라 다스리는 일에는 상당기간 관여했던 셈이다.

　장인 이름마저 전(專오로지 전)이니 '오직 한 평생 흙 속 옥처럼'고고하고 겸허하게 살았을 것이다. 스스로 향(珦옥 이름 향)으로 불렸으니 정말 성품과 운세에 아주 적합한 이름이었다.

> **단 종**
>
> **本名** : 弘넓을 홍 暐햇빛 위
> **號**　 : 上王상왕 / 魯山노산군으로 강봉降封
> **장인** : 宋송 玹옥돌 현 壽목숨 수 / 定順정순왕후

　왕다운 왕을 해보지도 못하고 삼촌에게 죽음을 당한 단종은 15세기 중엽의 한반도 운명을 결정하는 하나의 역사적인 분수령이라고 할 수 있다.

　사육신을 비롯하여 숱한 선비, 인재들의 죽음은 조선 역사상 가장 비극적인 사건의 단초端初가 되기도 했지만, 정치적으로는 안정, 성장기로 진입하느냐, 아니면 순리대로 맡긴 채 물 흐르듯 흘러가

느냐의 중요한 갈림길이었던 것이다.

단종은 홍위(弘넓을 홍 暐햇빛 위)라는 이름으로 불렸으니 이름에 나타나듯이 은연중에 '해처럼 두루 비춘다' 는 포부를 지니고 12살의 소년 왕이 되었을 것이다. 하지만, '순수한 채로 뻗어나간다' 는 삼촌 粹之수지(수양대군)의 이름을 이겨내지 못하고 열여섯 앳된 나이에 생애를 마감하고 말았다.

삼촌의 대군大君 칭호가 진평→함평→함양→진양→수양으로 바뀌어 갔는데, 이상하게도 평평하다는 의미인 平평에서 햇볕처럼 밝다는 의미의 陽양으로 고쳐졌다. 조카의 이름에 위(暐햇빛 위)가 들어 있으니 그 어린 빛을 완전히 가리기 위해 자신의 대군 칭호에도 양(陽볕 양)이 들어가도록 은근히 뒤에서 조종한 것이 아닐까?

진평(晉나아갈 진 平평평할 평), 함평(咸다 함 平평평할 평), 함양(咸다 함 陽볕 양), 진양(晉나아갈 진 陽볕 양), 수양(首머리 수 陽볕 양)… '나아간다' '억제한다' 는 晉진 의미에서 '두루 다 차지한다' 는 咸함 의미로 바뀌더니 조카를 밀어내기 27년 전(11세 때)에는 아예 '우두머리가 된다' 는 首수 의미로 바뀌게 된다.

운명적으로 우두머리가 될 사람이었던지, 아니면 우두머리를 꺾고 그 자리를 빼앗는 운세를 타고났던 것인지 모를 일이다.

사위가 조카로부터 왕권을 빼앗아 왕좌에 오르기 일곱 해 전에 64세로 타계한 수양대군의 장인은 번(磻강이름 번, 혹은 줄에 돌을 매달다 번)이라는 이름을 지니고 있었다.

반면에 열여섯 어린 나이로 죽은 단종의 장인은 '흙에 묻힌 옥돌처럼 오래 오래 간다' 는 뜻의 현수(玹옥돌 현 壽목숨 수)라는 이름을 갖고 있었다.

수양대군의 장인 이름은 '돌을 캐내서 줄에 매달아 강물에 씻고 둥그렇게 다듬는다' 는 의미이고, 단종의 장인 이름은 '땅 속에 묻혀 오래 지탱하는 옥돌'을 뜻했으니, 실로 이상야릇한 이름들인 셈이다. 결국 수양대군의 장인이 단종의 장인을 이름 뜻에서 벌써 이기게 되어 있었던 것이다.

왕들의 재위기간을 보면 실로 들쭉날쭉이다. 예종처럼 13개월 정도(18세에 즉위)밖에 안 되는 왕도 있고, 영조는 무려 오십 년 넘게 옥좌에 앉아 있었다. 그리고 단종처럼 합법적으로 왕이 되었어도 삼촌의 야욕에 무참히 모든 꿈이 깨뜨려진 경우도 있고, 성종 임금의 아버지 桃源君도원군*처럼 왕이 될 자리에 있었으나 운명이 그 복을 냉큼 거둬간 경우도 있다.

*桃源君(성종 임금의 아버지) : 세조의 맏아들로 아버지가 왕이 된 후 2년이 지났을 때 20세로 타계 성종 즉위 후 '덕종'으로 추존

한편, 숭장(崇높을 숭 暲해 돋을 장) 혹은 원명(原근원 원 明밝을 명)으로 불렸던 형 도원군이 스무 살에 죽자 대신 세자가 되었다가 18세에 왕이 되었지만 일년을 갓 넘기고 생애를 마감한 예종의 경우를 보자. '밝게 비춘다'라는 뜻의 明照명조라는 이름으로 불렸고, 海陽해양 즉 '바다 위 햇볕'이라는 대군 칭호를 지니고 있었으니, '해처럼 빛나는 삶'을 앞세우고 살았던 셈이다. 하지만 장인의 明澮명회라는 이름 뜻이 '도랑을 비추는 빛' 정도이니, 병약한 체질과 희미한 운세를 극복하지 못하고 13개월의 짧은 기간 옥좌에 머물러 있을 수밖에 없었던 것 같다.

기이하게도 권신權臣 韓明澮한명회는 두 딸을 세조의 둘째 아들(예종; 장순왕후)과 장손(성종; 공혜왕후)에게 시집보내 왕비가 되게 했으니, 각각 숙부와 조카에게 결혼시킨 것이다.

자준(子아들 자 濬칠 준)이라는 이름 그리고 구정(鷗갈매기 구 亭정자 정) 사우당四友堂이라는 아호와 세조 즉위 후 42세에 받은 상당군上黨君이라는 칭호에서 나타나듯, 그는 '도랑을 쳐 물이 많이 흐르게 한다'는 준濬, '벗들과 함께 갈매기 나는 모습을 구경한다'는 구鷗, 우友, '무리 중 우두머리가 된다'는 상당上黨의 의미를 지니고 살았다. 그

래서인지 37세 경에 조상 덕*으로 경덕궁직을 갖게 된 한심한 늦깎이 주제에, 서른 여덟에 계유정난에 휩쓸리는 등, 수양대군이 세조로 뒤바뀌는 역사의 소용돌이 속에서 바다 위를 날아다니는 갈매기처럼 하늘 높이 비상, 한동안 승승장구하였었다.

경덕궁직에서 영의정이 되기까지 겨우 14년 정도 걸렸으니 실로 전광석화 같은 빠른 출세가도를 걸어온 셈이었다. 1등 공신을 자그마치 네 차례(정난공신, 좌익공신, 익대공신, 좌리공신 등)나 차지하며 세도가의 위치를 탄탄하게 다진 걸로 보아 운도 좋았지만, 스스로 자신의 생애를 잘 경영한 측면도 분명히 있는 것 같다.

살아생전 갖은 영화를 누리다가 연산조 때 무덤이 파헤쳐지는 부관참시剖棺斬屍형을 당했으니, 산 한명회를 건드릴 사람이 없어 결국 '죽은 한명회'를 파헤치게 되었던 셈이 아닐지….

흔히들 개인의 운세를 놓고 아홉九 수를 조심하라는 말들을 자주 한다. 즉, 19, 29, 39, 49, 59, 69 등 끝자리에 '9'가 들어간 나이에는 일이 잘 안 풀리게 될 테니 아주 조심하라는 일종의 경험법칙 전수인 셈이다. 개인의 생애나 팔자가 특정 숫자에 어느 정도 영향을 받는 것처럼 한 왕조도 분명히 일정 숫자놀음에 영향을 받는지도 모른다.

조선왕조가 창건된 지 꼭 1백 년쯤 되는 연산조에 와서 패륜과 음행이 온 나라 안을 들쑤셔놓게 된다. 18세에 즉위(1494년)하여 30세 (1506년)에 폐위되었으니 연산군의 생애 자체가 조선왕조 창건 1백 주년 기념을 포함하고 있는 것이다.

겨우 세 살에 어머니 윤씨*가 사약을 받고 죽었으니 즉위 후에 벌어진 피비린내 나는 일대 참극과 본인 자신의 광기狂氣, 살기殺氣, 색기色氣는 순전히 태생적이거나 주위 사람들의 꼬드김 때문이라고 보아야 할 것이다.

외할머니가 피묻은 적삼을 가져다주며 살기를 북돋웠건, 아니면 대신들이 왕을 꼬드겨 살육을 자행하게 했건, 모든 책임은 왕 자신에게 돌아갈 수밖에 없다. 조선왕조 역사상 유례를 찾아볼 수 없는 탕아, 패륜아로 악명을 높인 연산군은 대체 어떻게 해서 세상의 빛을 보게 되는가?

*도원군 : 세조의 장남,
후에 '덕종'으로 추존
*수빈 : 후에 소혜왕후
로 불렸다가 아들이 성
종으로 즉위하자 인수
왕후로 불림)

아버지 성종 임금은 열 살 때 아버지 도원군*을 여의고 어머니 수빈* 밑에서 자라야 했다. 그리고 12세의 어린 나이에 왕이 되어 서른 일곱에 타계할 때까지 성군이 되고자 애썼다.

어쩌면 폐비가 된 후 사약을 마시고 죽은 어미에게서 나온 아들을 왕좌에 올린 그 제도 자체에 문제가 있었다고 보아야 할지도 모른다. 피비린내 나는 복수의 살육이 불을 보듯 분명한데도 굳이 왕을 시킨 제도나 당시의 지도층에게 원죄가 돌아가야 하지 않을까? 손자 되는 연산군에게 머리로 받혀 죽은 성종 임금의 모친(인수대비)이 바로 연산군의 행패를 잘 증명해 주고 있다.

폐비 윤씨가 투기가 심해 궁궐 안에 살기가 넘치니 국모 노릇은 커녕 어린 세자(연산군)를 곁에 두기도 두렵다는 중론에 의해 폐비 신분으로 사약을 받고 죽을 때, 성종은 22세였고 시어머니 인수왕비(혹은 소혜왕후)는 42세였다. 아마도 폐비 윤씨는 남편인 성종이 16세일 때 후궁으로 간택되어 3년 뒤에 세자(연산군)를 낳았으니 나이가 성종과 엇비슷했거나 두세 살 아래였을 가능성이 높다. 그렇다면 20세 전후에 사약을 받고 죽은 셈이 된다.

어떤 여성이었기에 그 어린 나이에 독약을 감추었다가 발각되어 두 살 된 아들(그것도 왕이 될 세자의 신분인)을 둔 왕비에서 빈嬪으로 강등될 뻔하기도 했고, 그 뒤 두 해도 채 넘기기 전에 상감마마의 얼굴을 할퀸 탓에 결국 사약까지 받게 되었단 말인가.

연산군의 할머니인 인수대비는 스무 살에 홀로 되어 32세에 아들이 성종으로 즉위하는 것을 보았다. 하지만 손자 연산군의 행패에 불호령을 내리다 손자의 혈기 충천한 폭력(머리로 들이받기)에 그만 생애를 마감하게 된다. 42세에는 며느리가 사약을 받고 죽는 일을 겪었다.

아들 성종이 타계한 후 꼭 10년을 더 살다가 67세에 그만 28세 된 철부지 패륜아의 머리에 받혀 유명을 달리하고 말았다. 참으로 기구한 팔자를 지녔던 여성들이다. 왕비에서 대역죄인으로 처지가 달라진 며느리나, 세자빈에서 대왕대비로, 그리고 나중엔 병든 노구를 이끌고 나라를 송두리째 망쳐 놓고 있는 손자를 나무라다 바로 그 손자의 폭력에 목숨을 다한 시어머니나, 참으로 기구한 팔자임에는 틀림없다.

인수대비의 친정아버지는 한확(確굳을 확)인데, 즉 '굳세다, 확실하다'는 뜻을 지닌 이름이다. 자는 자유(子아들 자 柔부드러울 유)이고 호는 簡易齋간이재이다.

즉 이름은 '나약한 사람'이란 의미이고, 이름 대신 불린 아호는 '글을 쉽게 쓰는 공손한 사람'이란 뜻인 셈이다. '약하다, 부드럽다, 공손하다'는 의미를 지닌 이름이고 아호이니 자연히 궂은 일을 도맡아하는 성실한 성품이었을 것이다.

세조보다 열 네 살이 위라 죽기 한 해 전인 52세에 단종에서 세조로 시대가 뒤바뀌는 정치적 소용돌이를 체험했지만, 일찍이 누님이 명나라 성조成祖 임금의 왕비인 여비麗妃가 된 탓에 명나라를 자주 오가며 고독한 설득전을 펴야 했다. 결국 조카를 쫓아내고 찬탈한 것이 아니라 양보 즉, 양위를 받은 것이라고 명나라를 설득하고 돌아오다 사하포구沙河浦에서 외롭게 객사했다.

*고종명(考終命) : 제 명대로 살다가 편안하게 죽는 복으로 5복(福) 중의 하나로 침

인수대비는 결국 친정아버지의 고종명考終命*을 누리지 못하고 객사할 팔자와, 큰 고모의 남의 나라 왕비가 되는 신비로운 운세를 함께 타고 난 것 같다.

세자빈에서 왕비로 변하고, 그 뒤 아들이 왕이 된 뒤 다시 대왕대비로 우러름을 받다가, 끝내 왕이 된 손자에게 죽게 되는 기이한 팔자이니, 참으로 귀하고도 험한 인생이라고 말할 수밖에 없을 것 같다.

중종 반정은 조선 개국 100년 뒤에 찾아온 패륜과 패덕의 상징인 연산군의 출현으로 시작된 반세기 동안의 피비린내 나는 엘리트층 내부의 권력다툼을 불붙여 놓았다.

피를 보아야 끝장이 나는 선비들 간의 치열한 쟁투가 반세기 동안 이어지더니 결국 임진, 정유왜란과 정묘, 병자호란을 가져오고야 말았다.

후일 중종으로 즉위하게 되는 진성대군은 연산군의 이복동생으로 이복형의 온갖 기행과 폭력 앞에서 참으로 초조한 나날을 보내야 했을 것이다.

연산군의 12년 집권 동안 그는 6세에서 18세의 기간을 보냈으니, 유년기와 청소년기를 폭군 중의 폭군인 이복형의 폭정 속에서 보낸 셈이다. 하지만 진성(뜯나아갈 진 城성채 성)을 대군 칭호 앞에 내걸고 살았으니 이미 '나아가 나라를 차지한다'는 운세를 은밀히 숨기고 있었던 셈이다. 그리고 낙천(樂즐길 낙 天하늘 천)을 이름으로 했으니, 이미 '어둔 세상을 밝혀 하늘을 다시 밝힌다'는 의미를 지니고 살았다고 보아야 한다.

진성대군에서 중종 임금이 된 이의 장인들 이름을 한 번 살펴보자. 세 사람의 장인들은 각자의 이름 속에 '守지킬 수(신수근; 단경왕후), 弼도울 필(윤여필; 장경왕후), 任맡길 임(윤지임; 문정왕후)' 자를 지니고 있다.

첫째 장인인 愼守勤신수근은 아우 守英수영, 守謙수겸과 더불어 누이가 연산군의 비妃가 된 덕에 연산조에서는 출세가도를 내달렸지만, 좌의정으로 있으며 사위인 진성대군을 왕으로 삼으려는 반정에 반대하다 두 아우와 함께 가장 먼저 살해되고 말았다. 그의 나이 56세였다.

신수근의 자는 근(勤부지런할 근 仲버금 중)이고 아호는 소한당(所바 소 閒틈 한 堂집 당)이다. 즉, 이름은 '부지런하나 늘 둘째가 된다'는 의미이고, 아호는 '집에 틈을 내어 새 기운을 받아들인다'는 뜻이다. 자나 아호에서 보듯이 그의 운명은 어쩔 도리 없이 엇갈리게 되어있었던 것 같다. 누이는 폭군(연산군)의 부인이고, 딸은 그 폭군을 몰아내며 자신과 형제들과 동료 대신들을 모조리 살해하는 입장에 선 중종의 아내(단경왕후)인 판에 무슨 수로 홀로 살아남을 수 있었겠는가. 실로 타고난 운세에 칼날이 들어박힐 틈새를 지니고 있었던 셈이다.

그런데 특이한 점은 중종 반정에 앞장선 이들의 이름에 '늙은이 옹翁'이 많이 들어가 있다.

朴元宗박원종과 함께 반정에 앞장섰던 成希顔성희안의 자는 愚翁우옹이고, 柳順汀유순정의 자는 智翁지옹, 그리고 洪慶舟홍경주의 자는 濟翁제옹이다. 각각 '어리석은 어른 愚翁우옹, 지혜로운 어른 智翁지옹, 어려운 고비를 이겨내는 어른 濟翁제옹'인 셈이니, 초가을(1506년 9월 1일과 2일)의 궁궐 안팎을 온통 핏빛으로 물들이고 희대의 폭군을 갈아치운 후 새로운 임금을 세워 왕국의 앞날을 구한 것이다.

즉, 세 노인이 '앞장서서 혈통을 새로 이어간다'는 백윤(伯맏 백 胤이을 윤)*을 적극적으로 도와 목숨을 건 거사에 성공한 것이다.

중종 반정에 성공하여 자그마치 103명이 정국공신의

*백윤 : 연산군의 부인인 누이가 요절하자 연산군에 대해 심한 반감을 품고 있던 '박원종'의 字

반열에 올랐는데, 8명의 1등 공신에 오른 이들 중에도 운명이 엇갈린 경우가 있다.

즉, 박원종, 유순정, 성희안은 순서대로 영의정에 올랐지만, 申允武신윤무와 朴永文박영문은 반정에 성공한 새 왕조 밑에서 출세가도를 달리다 7년만에 운이 다하고 말았다. 대신들의 탄핵으로 파직되어 별 볼일 없게 된 신윤무가 친구인 박영문의 집을 드나들며 조정을 욕하다 이를 엿들은 한 관노官奴의 고자질로 자식, 형제들과 함께 온 집안이 처형당하는 악운을 만나고 말았다.

결국, '색채를 오래 칠하는' 永文영문, 친구의 욕지거리 때문에 '기질이 본래 굳세고 오만하기까지 한' 允武윤무, 등 멀쩡한 사람이 화를 같이 당하게 된 셈이다. 고자질을 한 의정부 관노의 이름이 정막개(莫없을 막 介끼일 개)였으니, 즉, '보호막을 없앤다' 는 의미인 셈이다.

기질이 굳센 武무는 어렵게 된 친구 永文영문의 긴긴 불평불만을 여러 날 들어주며 술잔을 함께 기울이다 대역죄를 범하게 되었고, '겉껍질을 없애 맨살이 드러나게 한다' 는 莫介막개라는 이름을 지닌 관노로 인해 또 한 번 피를 부르게 되었던 것이다.

세조 이후 벼슬을 누리다가 반정의 1등 공신에까지 오른 柳子光유자광과, 그의 절친한 친구였지만 폭군 연산군이 쫓겨나기 직전 처참하게 죽었다가 나중에 관을 쪼개고 주검을 박살내는 부관참시까지 당한 任士洪임사홍의 엇갈린 운명을 살펴보자.

양반 柳規유규의 서자로 태어나 기껏 건춘문建春文을 지키며 타고난 팔자를 한탄하던 유자광이, 역모(1467년 세조 13년 '이시애 의 난')가 발생하자 자진해서 진압군에 참여, 이로써 자신의 운명을 바꿔 출세가도를 달리게 되었다.

이름이 우복(于어조사 우 復돌아올 복)이니 '운명을 뒤집어 완전히 바꾼다'는 의미인 셈이다. 참으로 기막힌 이름 뜻이 아닌가. 그는 정말 그의 이름 뜻대로 중종 반정의 1등 공신이 되어 실세 8인(103명의 '정국공신' 중 1등 공신은 단 8명뿐이었다)의 범주에 당당히 들어갔다. 반면에 그와 절친한 친구로 중국어(승문원에서 가르칠 정도의 실력)와 붓글씨(특히 해서에 능함)에 능했던 임사홍은 폭군(연산군)의 충신으로 낙인찍혀 역사 속에 간신의 전형으로 남아 있다.

두 아들 光載광재, 崇載숭재등이 각각 예종과 성종의 부마(사위)가 되어 크게 힘을 받게 된 처지였지만, 폭군의 날뜀을 막지 못하고 안주하다 형제 任士英임사영과 함께 살해당하고 말았다.

이름이 이의(而말 이을 이 殺굳셀 의)였으니, 결국 오만 방자하게 보일 정도로 너무 의지나 기질이 굳셌다는 것인지….

중종의 장남으로 29세에 왕이 되어 1년 남짓 자리를 지키다 서른 살에 요절한 인종은 천윤(天하늘 천 胤이을 윤)이라는 이름의 뜻대로 일찌감치 승천했으며 어머니(장경왕후) 역시 인종을 낳고 산후병으로 스물 네 살의 젊은 나이로 요절했다. 18세의 나이로 반정에 성공하여 왕이 된 아버지(중종)가 스물 일곱의 나이로 낳은 아들이니, 어미 잃은 핏덩어리를 지켜보며 얼마나 가슴이 찢어졌겠는가.

장인(인성왕후의 아버지)의 이름이 용(墉담 용)이고 자는 중보(仲버금 중 保지킬 보)이니, '담을 높이 쌓아 지켜준다'는 의미인 셈이다. 결국 장인의 이름은 사위가 세자 노릇을 잘하도록 돕다가 정작 왕이 되자 하늘이 주관하는 운명 앞에 내맡긴 꼴이다.

명종(중종과 문정왕후 사이에서 탄생)은 이복형(중종과 장경왕후 사이에서 탄생한 12대 인종)보다 열아홉 해 늦게 태어났지만 불혹의 나이를 넘긴(46세) 아버지(중종)의 늦둥이(어머니는 33세였다)였으니 귀여움을 많이 받았을 것이다. 하지만 아버지 중종이 56세로 타계하자 11살의 어린 나이로 왕이 되어 어머니 문정왕후의 수렴청정을 지켜보며 평생을 보내야 했다.

비록 열 아홉 살에 친정親政을 허락받았지만 타계하기 2년 전(어머니 문정왕후가 64세로 타계)인 서른한 살에서야 잠시나마 마음껏 숨을 쉴수 있었다.

장인 이름이 강(綱벼리 강)이고 자가 백유(伯맏 백 柔부드러울 유)이니 '부드럽지만 전체를 유지하는 중심이 된다'는 의미인 셈이다. 이름 뜻대로 장인은 사부인査夫人(사돈댁의 높임말)인 문정왕후와 소위 소윤 小尹으로 통하던 사돈댁 식구들(윤원형, 윤원로 형제 등) 사이에서 어려운 줄타기를 하며 사위(명종)를 열심히 지켜주다가, 33세의 젊은 나이로 타계한 사위와 같은 해(1567년)에 53세로 영면했다.

명종의 모친인 문정왕후의 생애 또한 참으로 흥미롭다.

열 여섯에 왕비가 되어 서른 세 살에 외아들(1남 4녀 중) 명종을 낳았지만, 44세에 중종의 타계로 홀몸이 되어 64세로 장수할 때까지 막강한 권력을 누렸다. 어렵게 얻은 늦둥이(명종) 덕에 일찍이 여인 천하를 열었던 셈이다. 하지만, 아들(명종)이 11살의 어린 나이로 왕

*대윤 : 중종비 장경왕후의 친정 오빠 '윤임'이 중심
*소윤 : 중종비 문정왕후의 친정 오빠와 동생인 윤원로(元老)와 윤원형(元衡)이 중심

이 되자마자 때아닌 권력다툼이 생겨 파평坡平 윤씨들 간에 '대윤'*이다, '소윤'*이다 하며 죽고 죽이는 을사사화를 일으키더니, 2년 뒤에는 또 다시 정미사화丁未士禍가 발생하여 친정 오빠(윤원로)가 동생(윤원형 : 1565년, 누이 문정왕후가 죽자 귀양가서 죽음)에게 권력싸움에서 밀려나 사약을 받고 죽는 일이 생겼다.

친정 아버지 윤지임(之갈 지任맡길 임)의 이름대로 그냥 줄기차게 운명에 맡기다가 형제끼리 죽고 죽이는 일이 생기고 만 것인지….

소윤小尹 윤원형의 자는 언평(彦선비 언 平평할 평)이고, 죽음을 당한 대윤大尹 윤임의 字는 임지(任맡길 임 之갈 지)로 이상하게도 소윤 윤원형의 부친 이름 尹之任윤지임을 뒤집어 놓은 모습이다.

결국, '선비를 다스린다'는 이름 彦平언평이 '마냥 맡긴다'는 이름 任之임지를 이긴 셈이다. 소윤 윤원형은 '선비를 다스린다'는 이름의 뜻처럼 두 차례의 사화(을사사화, 정미사화)를 주도하여 수십 명의 선비들을 죽음의 골짜기로 내몰았다. 정말 이름대로 무수한 선비들을 죽인 셈이다.

중종의 둘째 아들인 명종이 후사 없이(순회세자는 명종이 29세 때, 13세로 요절) 죽자, 중종의 일곱 번째 아들인 덕흥군德興君의 3남 하성군이 왕이 되었는데, 이 분이 바로 선조 임금이다. 선조의 이름은 본래 균(鈞서른 근 균)으로 '고르게 한다'는 의미이다. 울퉁불퉁한 땅을 평평하게 만드는 서른 근이나 나가는 쇠로 만든 기구인 셈이다.

외조부의 이름은 정세호(世대 세 虎범 호)로 즉 '대를 이어 호랑이 같은 존재가 된다'는 뜻이다. 두 사람의 장인은 각각 응순(應응할 응 順순할 순), 제남(悌공경할 제 男사내 남)이다. '순순히 응한다'는 이름과 '공경하는 사람'이라는 뜻이다.

외조부의 이름에 호(虎범 호)가 있고 장인들의 이름에 순(順순하다, 공경하다)하다는 뜻이 있으니, 선조는 전형적인 외유내강형이었을 것이다. 그러니 40세에 맞이하여 46세에 끝이 난 두 차례의 왜란을 이겨내고 56세까지 왕위를 지켜낼 수 있었을 것이다.

왜군은 조선 상륙 20여 일만에 서울을 함락하고, 왕은 백성과 나라를 버린 채 북쪽으로 피난길을 떠나게 되었었다. 왕자들(첫째 임해군과 여섯째 순화군)이 가토 기요마사(가등청정) 왜장에게 포로가 되었다 풀려나는 상황이었으니 왕실과 백성들이 겪었던 고통은 이루 말할 수 없었다.

왜란이 끝난 후, 임란 발발 당시 51세로 영의정이었던 李山海이산해가 모든 책임을 지고 귀양(십 년 후 61세에 영의정에 재 임용됨)간 것을 보면 대신들은 선조 임금에게까지 전쟁의 책임을 묻는 것만은 삼갔던 것 같다.

역사는 참으로 이상야릇해서 제10대 왕 연산군(재위 : 1494-1506; 18세-30세)이후 꼭 일 백년 뒤에 제15대 왕 광해군(재위 : 1608-1624; 33세-49세)을 나타나게 해 다시 한 번 폭정을 있게 한다. 한 살 위인 형(임해군)을 제치고 세자가 되더니 임해군을 왕으로 삼으라는 명나라의 외압을 극복, 드디어 대망의 왕관을 쓰게 되었던 것이다.

참으로 신기한 일이다. 선조의 핏줄에 문제가 있었는지, 성질이 포악하다는 이유로 첫째 아들 임해군이 세자 책봉에서 제외되더니, 임해군과 함께 왜장에게 포로가 되었던 여섯 째 아들 순화군(順和君)도 사람을 죽일 정도로 성정이 포악하여 아버지 선조 임금 때(1601년)에 이미 순화군이라는 군호(君號)마저 박탈당하고 만다.

용케 왕이 된 광해군도 예외가 아니어서 형 임해군과 열 살도 안 된 어린 이복동생 영창대군, 그리고 그 이복동생의 외조부까지 무참히 죽여 없앴다. 그래도 성격은 제법 느긋했는지, 15년여 동안 왕의 자리를 지키다가 48세에 28세 된 조카 능양군(인조)에게 왕위를 뺏긴 다음에도 제주도에서 66세까지 살았다.

그의 말년을 지켜본 이들은 이구동성으로 말했다고 한다. 즉, 분한 마음을 삭이지 못해 씩씩거리다가 왕의 자리에서 쫓겨난 그 해에 30세의 젊은 나이로 죽어버린 연산군과 달리, 광해군은 주어진 환경과 처지에 잘 적응하며 느긋하게 장수하더라는 것이다.

광해군은 혼(琿아름다운 옥빛 혼)이라는 이름으로 불렸다. 한창 일어서고 있는 후금(뒤에 '청'으로 개칭)과 망해 가는 명나라 사이에서 교묘히 줄타기 외교를 벌이는 광해군의 그 실리 추구형 외교술에서 보듯이 의외로 침착하고 현명한 데가 있었던 모양이다.

외조부의 이름도 대단히 보수적이다. 효철(孝효도 효 哲밝을 철)이니 성정이 총명하고 충직하다는 뜻이다. 외조부의 이름에 걸맞게 어머니인 공빈恭嬪 김씨는 22세에 광해군을 낳고 아들이 왕의 자리에 오르기 31년 전인 24세(1577년 5월 11일)에 타계했다. 얼마나 기기묘묘한 팔자인가. 임진왜란(1592년 4월 13일부터 시작됨)도 피하고, 폭군으로 쫓겨난 아들 광해군의 온갖 폭정도 보지 않았으니, 참으로 신비롭기까지 한 팔자인 셈이다. 모두 친정아버지의 이름 덕일 것이다.

광해군이 모든 장애*를 극복하고 왕이 될 수 있었던 것은 그나마 자신의 이름과 돌아가신 어머니의 묘호와 묘소 위치 덕분이었을 것이다. 진건면 송릉리에 모셔져 있는데, 진건송릉眞乾松陵(眞참 진 乾하늘 건, 松소나무 송 陵큰 언덕 능)으로, 진짜 임금님 眞乾진건, 소나무로 에워싸인 임금의 무덤 松陵송릉이니 임금님을 두 차례나 강조한 셈이다. 얼마나 신비로운 운명의 조합인가. 외조부의 이름, 어머니 묘소의 위치, 그리고 자신의 이름이 모두 어우러져, 첫째는 왕의 자리에 오를 수 있었고, 둘째는 온갖 폭정에도 불구하고 15년 이상 왕 노릇 잘 할 수 있었고, 셋째는 왕의 자리에서 쫓겨난 다음에도 풍광 좋은 제주도에서 환갑을 훨씬 지나서까지 장수할 수 있었을 것이다.

> *장애 : 장남인 임해군의 존재와 명나라의 외압, '소북파' '실세' 대신들의 반대, 그리고 법통을 주장하는 '계모' 인목대비와 그녀의 아들 영창대군의 탄생 등

인조 반정으로 왕이 된 능양(綾비단 능 陽볕 양)군은 '비단을 볕에 내놓다'는 뜻을 지니고 있다. 또한 이름이 상고시대의 신인을 의미하는 倧종이니, 그야말로 신과 사람의 중간쯤 되는 신기한 존재인 셈이다.

또 다른 이름인 자는 화백和伯이니, '맏이가 되어 화목하게 한다'는 의미로 풀이할 수 있다. 아버지의 군호君號가 정원(定정할 정 遠멀 원)이니 몇 계단 건너뛰어 목표지점을 정한다는 의미로 볼 수 있다.

외손자가 왕이 되기 19년 전에 73세로 타계한 외조부 구사맹의 이름이나 자나 아호가 실로 심상치 않다. 이름은 사맹(思생각할 사 孟맏 맹)이고, 자와 아호는 각각 경시(景볕 경 時때 시), 팔곡(八여덟 팔 谷골 곡)이다.

우두머리 될 것을 생각한다는 이름, 그리고 때 맞춰 비추는 햇볕, 여덟 골짜기 속으로 은밀히 걷기를 뜻하는 자와 아호에서, 폭군을 몰아내는 반정의 핵심에 서 있게 될 외손자(인조)의 운세가 넌지시 짚어지고 있다.

조카가 왕이 될 때 46세였던 외숙부 구굉의 복 받은 팔자가 참으로 부럽다. 이름은 굉(宏클 굉)이고 자와 아호는 각각 인보(仁어질 인 甫클 보) 군산(群무리 군 山뫼 산)이다. 맏이가 된다, 우두머리가 된다는 조카의 이름 백(伯맏 백)과 아버지의 이름 맹(孟맏 맹)을 '크다, 아주 크다(宏클 굉 甫클 보)는 의미로 떠받쳐주고 있는 것이다.

더욱이나 높은 산들 군산(群山)으로 병풍처럼 철통같이 보호하고 있다. 세 번의 형조판서, 네 번의 공조판서, 두 차례의 병조판서를 역임한 뒤 65세로 영면했으니 참으로 복도 많고 일도 많았던 멋진 생애가 아닌가.

28세에 얼떨결에 왕의 자리에 오른 조카(인조)가 한 차례의 국난(이괄의 난)과 두 차례의 호란(인조 4년의 정묘호란과 인조 13년의 병자호란)을 무사히 이겨내고 47세의 적지 않은 나이로 왕권을 탄탄하게 다질 때까지, 혼신을 다해 멸사봉공(滅私奉公)하다가 환갑을 훨씬 넘기고 영면했다.

인조의 둘째 아들로 태어나 왕에 오른 효종 임금은 맑다는 뜻의 호(淏맑을 호), 깊은 연못처럼 고요하다는 의미의 정연(靜고요 정 淵연못 연), 대나무와 벽오동나무 곁에 서서 바람소리를 듣는다는 죽오(竹대 죽 梧벽오동나무 오)라는 이름, 자, 아호를 지니고 있었다.

일곱 살 위인 형 소현세자의 비비꼬인 운명*이 33세로 병사함으로 끝이 나자, 둘째 봉림대군이 30여 년 이상 세자였던 형의 큰아들 인조의 원손(元孫)을 제치고 세자에 책봉되었다.

밝게 나타난다는 昭顯소현 형의 운세가 아버지 인조의 미움(청나라 조정과 내통하여 아버지를 몰아내고 왕이 되려한다는 이유로)과 자신의 질병으로 꺾이자, 숲 속을 노니는 큰 새 鳳林봉림인 동생이 스물여섯의 나이로 세자가 되었던 것이다.

친형의 장인(강석기)은 석기(碩클 석 期기약할 기)이고 동생의 장인(장유)은 유(維밧줄 유)이니, 결국 큰 약속이 질긴 밧줄을 이긴 것이다. 하지만, '숲 속 큰 새인 봉림은 서른에 장조카(소현세자의 장남)를 제치고 왕이 되었지만, 청나라에 대한 원한을 다 풀지 못하고 마흔에 다시 숲 속으로 영영 날아가고 말았다.

*비비꼬인 운명 : 17살 동생 봉림대군과 아내 '강빈'을 데리고 청나라로 끌려가 9년여의 볼모생활을 하며 온갖 수모를 당하고, 사후 일 년 뒤 고생을 함께 한 부인 강빈(姜嬪)이 인조의 총애를 받던 소의(昭儀) 조(趙)씨의 '인조를 저주했다'는 무고로, 세 아들 및 친정 피붙이들과 함께 '불귀의 객'이 되고 말았다

더욱 신기한 것은 효종이 특히 숫자 '9'와 깊은 인연이 있다는 사실이다. 즉, 태어난 해는 1619년이고 왕이 된 해는 1649년, 죽은 해는 1659년이다. 그래서인지, 생애 중 중요한 시기에는 숫자 '9'이 들어가 있다.

즉, 30에 왕이 되어 10년간 왕노릇하다가 40에 생애를 마감했다. 한낱 재미로 되짚어보았지만, 아무리 사소한 것일지라도 일단 의미를 다시 부여하면, 그 내면의 숨은 뜻이 아지랑이처럼 새록새록 되살아 오른다.

현종은 청나라에 볼모로 잡혀간 아버지(봉림대군 : 효종), 어머니(인선왕후) 덕에 심양(瀋陽)에서 출생했다. 귀국하는 부모를 따라 세 살에 한성 궁궐로 돌아와 여덟 살에 왕세손, 왕세자가 되었다. 그리고 열아홉에 왕이 되어 서른 셋에 타계했는데 비록 짧은 생애를 보냈지만 즉위 첫 해와 마지막 해에 부모상을 다 치르게 되었다.

14년간 왕좌에 있었지만 두 차례의 예절시비에 휘말려 많은 신하들이 희생당했다. 두 차례의 예절시비는 사실 상복(喪服)을 몇 년간 입어야 하느냐는 문제가 핵심이었다.

효종이 죽자 계모인 자의(慈懿)대비 조(趙)씨(장렬왕후)가 상복을 얼마

동안 입어야 하느냐와, 현종의 모친이자 효종의 비인 인선왕후가 죽자 자의대비 조씨가 얼마동안 상복을 입어야 하느냐를 두고 서인西人과 남인南人이 대립하여 첫 번째 시비에서는 서인이 이기고 두 번째 시비에서는 남인이 이기게 되었다.

장렬왕후에서 자의대비가 되었으니, 장열자의(莊풀 성할 장 烈세찰 열, 慈사랑할 자 懿아름다울 의)를 명예로운 칭호로 지니고 있었던 셈이다. 즉 풀이 너무 자라 곡식을 가려내기 쉽지 않다. 장렬莊烈, 인자하고 아름답다는 자의慈懿라는 의미로 불렸다. 친정아버지의 이름은 조창원(昌창성할 창 元으뜸 원)이다. '최고로 번성하라'는 친정아버지의 이름대로, 왕비에서 대비가 되어 남편(인조)보다 자그마치 39년을 더 살다가 64세로 생애를 마감했다. 하지만 손자(현종) 치하에 와서 35세와 50세에 각각 아들(효종)과 며느리의 '상복을 얼마 동안 입느냐'로 대신들이 목숨을 걸고 싸우는 추한 꼴을 생생하게 목격해야 했다.

문제의 핵심은 대신들간에 벌어진 원칙과 변칙 사이의 논쟁이었지만, 논쟁의 밑바닥에는 왕의 위상과 원칙이 어긋날 때 이를 과연 어떻게 조율하느냐 하는 고민이 내재되어 있었다.

*소현세자와 강빈 소생의 세 아들은 부친 소현세자 병사 후 일 년 뒤 즉, 효종 즉위 3년 전에 어머니 강빈이 사사될 때 제주도 유배길에 올랐다가 셋 중 둘은 일찍 죽었다

즉, 봉림대군 효종이 친형인 소현세자*(대를 이을 맏아들 즉, 적장자)의 사후에 세자가 되었지만, 소현세자의 장남(적장자가 없는 경우의 적장손)이 버젓이 있었으므로, 효종을 장남이 아니라 차남으로 보아야 한다는 쪽과, 왕가王家에서는 특별한 예외를 적용할 수 있으므로 '차남이라도 왕이 되면 장남으로 보아야 한다'는 쪽으로 의견이 갈라지게 되었다.

문제는 조선왕조의 정신적 지주인 성리학性理學의 예론禮論에서 자식이 부모에 앞서 죽었을 때, 그 부모는 그 자식이 장자인 경우는 3년 상을, 그 이하 차자일 경우에는 1년 상을 입어야 한다고 못 박아 놓았다는 사실이다.

두 번 째 예절시비는 며느리(인선대비)가 죽었을 때 시어머니(자의대비)가 1년 상(장자 부인일 경우)을 입느냐, 아니면 9개월(차자 부인일 경우) 상을 입느냐는 것이었다.

처음에는 장자냐 차자냐를 따지며 원칙을 따르느냐, 예외를 두느냐를 논하다가, 결론이 안내려지자 편의상 『경국대전』의 지침(장자와 차자의 구분 없이 1년 복을 입게 했다)대로 1년 복(서인의 주장)으로 결정했다.

두 번째는 1년 복과 9개월 복 사이에서 고민하다 서인 정권의 예조에서 9개월로 정정해서 올리다가, '아버지 효종을 차남으로 보아야 하느냐는 현종의 이의제기로 서인이 졸지에 물러나게 되고 대신 절치부심하던 남인이 실세로 들어섰다.

13세에 왕위에 올라 59세로 타계할 때까지 46년간 제왕의 자리를 지켰던 숙종은 다른 숱한 치적들보다도 '인현왕후 민씨 폐비사건'과 '장희빈 사사賜死 사건'으로 더 유명하게 되었다. 결국 명보(明밝을 명 譜계 보)로 이뤄진 자신의 이름 때문인지 민씨와 장씨 사이에서 마구 헷갈리다가 애교와 투기의 화신인 장씨를 몰아내 죽이고 본부인인 민씨를 다시 왕비로 복위시키게 되었다.

숙종의 장인은 세 명이나 되는데, 그 이름들을 보면 각각 '가득 찰 만큼 많다' 라는 뜻의 만(萬일만 만)과 '무거운 밧줄에 매여 있다'는 뜻의 유중(維밧줄 유 重무거울 중), '나라의 기둥인 신하들이 섬긴다'는 뜻의 주신(柱기둥 주 臣신하 신)이었다.

숙원淑媛에서 소의昭儀로 승격되고 다시 희빈禧嬪에서 왕비로 그 신분이 올라가더니, 왕통을 이을 아들을 낳았음에도 왕비의 자리를 4년도 채 못 지키고 희빈으로 다시 강등되었다가, 결국 칠 년 뒤 아들이 열세 살 되던 해(1701년)에 무고죄로 사약을 받고 죽게 된다.

든든한 배경이던 오빠(장희재)의 이름이 희망을 싣고 다니는 사람이라는 뜻의 희재(希바랄 희 載실을 재)임에도 불구하고 남매가 한꺼번에 죽음을 맞게 되었다.

어머니 장희빈의 비극적 스토리를 가슴에 묻고 32세에 왕위에 오른 경종은 비록 4년여의 짧은 기간동안만 제왕의 자리를 지켰지만, 어머니의 억울한 죽음을 빌미로 피비린내 나는 보복을 자행했던 연산군과는 전혀 다른 발자취를 남겼다.

대신들의 영향력이 상대적으로 강화되어 병약한 왕이 함부로 흔들어댈 수 없었던 점도 한 가지 이유가 될 수 있었을 것이나, 장희빈의 억울한 죽음이 사나운 원귀冤鬼로 돌변하여 세상을 뒤흔들어 놓지 않은 것만 해도 참으로 다행스럽다 해야 할 것이다.

경종의 장인이름이 심호(沈심 浩클 호)이니, 모든 아픔과 원망을 도도하게 흘러가는 강물 위에 다 흘려보내기로 작정한 것인지도 모를 일이다.

경종의 이복동생으로 노심초사 기회를 엿보던 연잉군은 이복형 경종이 36세로 타계하자 31세로 즉위(영조)하여 자그마치 83세로 영면할 때까지 52년간이나 제왕 노릇을 했다.

이름이 휘諱이나 자가 금(昑밝을 금), 광숙光淑으로 '밝은 빛을 발한다'는 의미가 있는 탓인지, 조선왕조 역사상 가장 길고 막강한 제왕이었던 셈이다. 이복형 경종을 지지하는 소론과 자신을 지지하는 노론 사이에서 목숨을 담보로 한 운명적인 줄다리기를 끔찍하게 오랫동안 경험했기 때문에 즉위하자마자 영조는 국정의 중심이 당파가 아닌 왕의 의지임을 천명하는 탕평책蕩平策이라는 정책을 펼쳐나갔다.

우유부단하기까지 했던 아버지 숙종은 무슨 이유로 자신과 숙빈 최崔씨 사이에서 낳은 연잉군(영조)에게 '성정을 잘 다스려 큰 재목이 되어라'는 뜻의 양성(養기를 양 性성품 성)이라는 아호를 정해 주었을까. 아버지로서 자기 자신과 비슷한 단점을 지녔다고 보았거나 아니면 의외로 독선적인 데가 많다고 보았는지도 모른다.

영조는 아마도 장인들의 이름 덕분에 여든이 넘도록 장수하며 왕위를 오래 오래 지킬 수 있었을 것이다. '높이 우러름 받는다'는 뜻의 종제宗悌, '강물처럼 끝없이 지속된다' 뜻의 한구漢耈라는 이름을 가진 장인들도 영조가 누린 상팔자와 너무나 흡사하지 않은가.

영조는 83년의 긴 생애동안 최소한 두 차례의 큰 위기에 봉착했었다. 목숨이 촌각에 달릴 정도의 위기는 자신이 세자로 책봉되던 해(1721년 경종 1년)로부터 왕이 되기 직전까지의 3년여 동안에 일어났다. 병약한 왕(경종)으로 인해, 노론에 속한 대신들은 줄기차게 연잉군(영조)의 조속한 전면 등장을 주장했다. 몸이 아파 늘 골골하는 왕을 대신해 이미 서른이 다 된 튼튼한 세자가 멀쩡히 곁에 있으니 대리청정代理聽政 형식을 빌려 속히 실세로 등장시켜야 한다는 주장이었다.

하지만, 이러한 논쟁 속에서 임금을 제거하려는 음모라는 주장이 나오고 그 음모의 실체가 드러나자, 대신들(노론 4 대신 등)이 대역죄로 목숨을 잃고 170여 명이나 되는 신하들과 선비들이 처벌을 받는 참화(신임사화)가 일어나고 말았다. 이런 와중에서 목숨의 위협을 느낀 세자(연잉군, 영조)는 계모 인원왕후 김씨(왕대비) 앞에서 차라리 세자 책봉을 없던 일로 해달라며 울먹이기까지 했다. 실제로 역모를 꾀했다는 이들을 자그마치 8개월 동안 국문鞫問 하는 과정에서 세자 자신의 혐의도 기록에 끼게 되었으니, 자칫하면 목숨을 잃거나 최소한 왕좌로 가는 길목인 세자의 위치만은 완전히 상실될 위기에 처하게 되었다.

목숨이 촌각에 달린 그 아슬아슬한 시기는 결국 이복형 경종의 요절로 막이 내리게 되었지만, 마침내 왕의 자리에 올라서도 한 동안 섬뜩하고 아찔했을 것이다.

또 한 번의 위기는 아마도 예순 일곱에 있었던 이른바 생사람 잡기로 불리었던 사도세자 사건이었다. 아들 사도세자를 뒤주 속에 가두고 틈새를 모두 납으로 메워 숨이 막혀 죽게 했으니, 실로 천륜지정天倫之情을 저버린 일이 아닐 수 없었다.

노익장(64세에 왕비가 죽자 66세에 계비를 맞음)을 과시할 정도로 건강한 것은 좋았는데, 모함에 의해 친자식에게 자결을 강요하다가 끝내 뒤주 속에 가둬 굶어죽게 했다는 것은 하늘이 울고 땅이 요동을 칠 일이었다. 왕의 권한을 이용하여 자식을 죽인 셈이니, 어떻게 하늘을 향해 고개를 들고 숨을 쉴 수 있겠는가.

아들을 생죽음으로 몰아넣은 것을 곧 후회하고 '사도思悼'라는 존호를 내렸지만 죽은 뒤에 붙여진 그깟 호칭 따위로 어떻게 원귀가 된 아들을 달랠 수 있었겠는가. 그 존호인 사도(思생각할 사 悼슬퍼할 도)마저도 '슬픔을 생각한다'는 뜻이니 너무 속보이는 것이었던 셈이다.

한편, 어떤 비극적인 드라마보다 더 비극적인 인생을 살다 간 사도세자의 부인인 혜경궁 홍씨*의 이름을 한 번 짚고 넘어가야 할 것 같다.

혜경궁 홍씨는 열살 이전에 동갑내기 세자의 빈으로 간택되어 궁궐에서 살면서 온갖 애환을 온몸으로 겪어야 했다. 형조에 제출된 사도세자를 모함하는 고발장에는 '아내 혜경궁 홍씨를 죽이려 했다'는 죄목까지 포함되어 있었다. 그러니 어찌 보면 자신 때문에 남편이 죽게 되었으니 그 얼마나 가슴아팠겠는가.

사도세자가 뒤주 속에 갇혀 죽을 때 영의정이었던 친정아버지(홍봉한)는 사돈영감(영조)이 겁이나 대신들과 함께 뱃놀이를 떠났다.

사위의 죽음으로 딸이 과부가 되고 외손자(정조)는 아비 없이 자라야 할 판인데도, 임금인 사돈영감의 진노에 찔끔하여 슬그머니 현장을 외면, 스스로 방관자임을 자임했던 것이다. '할아버지, 아버지를 제발 살려주세요!' 하며 통곡하는 열 살 난 아들(정조), 영의정이면서도 사위를 살릴 궁리를 아예 그만둔 59세의 친정아버지, 시파와 벽파로 나뉘어 으르렁거리는 친정 쪽 친척들(풍산 홍씨 일가)을 보며 스물 일곱의 혜빈(정조 즉위 후 '혜경궁' 존호를 받음)은 그 마음이 과연 어떠했을까.

그래도 마흔 고개에 접어들어 아들이 왕위에 오르는 것을 보았지만, 운명은 정말 얄궂기만 한 것인지, 예순 다섯에 아들(정조)을 먼저 보내고 여든까지 장수했다. 실로 한 많은 긴 생애였던 셈이다.

정조는 자신의 이름인 형운(亨형통할 형 運돌 운)처럼 훌륭한 업적을 많이 남겼고, 자신의 아호인 홍재(弘넓을 홍 齋재계할 재)처럼 백성을 위한 참 왕도정치에 진력했다.

아버지가 억울하게 뒤주 속에 갇혀 죽었지만 특별한 보복 없이 오로지 성군의 면모를 갖추고 나라를 다스려 나갔다. 자신을 지독히 미워하며 죽이려 했던 몇 몇 대신들(특히 '벽파'에 속한 신하들)과 그에 연루된 70여 명을 처벌하면서도 그들의 죄상을 하나 하나 『명의록明義錄』을 만들어 철저히 밝혀놓았다.

정당(혹은 붕당)의 시초에는 군자와 소인으로 나뉘어 신하로 기용하기가 쉬웠으나, 세월이 지나면서 한 붕당 안에 군자와 소인이 마구 뒤섞였기 때문에 오히려 사람을 고르기가 어려웠다. 이에 그 붕당을 깨뜨려 군자들을 당에서 이끌어내야만 왕정을 보필하는 신하로 삼을 수 있다는 논리 『황극편皇極編』(32세때 지음)을 내세워, 자신이 국정을 집행하는 방의 이름을 '탕탕평평실蕩蕩平平室'이라 명명했다.

그리고, 백성을 만천萬川에 비유하며 그 위에 하나씩 담겨 비치는

'명월은 태극이요, 군주인 나' 라고 했다. 즉, 백성들에게 직접 닿는 왕정을 지향했던 것이다. 그러한 정조의 사상과 정책은 그가 45세 때 지은 『만천명월주인옹자서萬川明月主人翁自序』에 잘 나타나 있다.

그는 영조 때부터 시작된 궁성 밖 행차와 역대 왕릉 참배를 구실로 도성 밖 일반 백성들을 직접 만났다. 1백 회 이상의 행차는 일종의 민원 수렴, 민성 청취의 현장이었던 셈이다.

누구든 신분에 상관없이 직접 왕에게 억울한 사정을 말할 수 있었으니, 실로 요순堯舜임금 때와 같은 태평성대를 이루었던 것이다.

정조는 마흔 여덟에 타계했지만, 죽기 전에 아버지(사도세자 혹은 장헌세자)의 저술을 손수 편집하여 세 권의 책으로 묶어냈으니 실로 효심이 지극한 왕이기도 했다. 또한 그는 길지 않은 생을 살았지만 자신의 저술을 100권의 책으로 묶어 정리할 정도로 학구파 왕이기도 했다. 지식과 지혜, 그리고 따뜻하고 여린 가슴을 모두 지닌 현군賢君이요 성군聖君이었다.

순조(본래 순종이었으나 철종 8년에 묘호를 순조로 개정)는 형인 문효세자가 아버지 정조 임금의 붕어직전에 요절한 탓에 왕의 자리에 올랐다.

정조 임금이 별세한 1800년에 부랴부랴 세자에 책봉되어 그 해 6월에 즉위했으니 실로 전광석화 같은 운명 역전이었던 셈이다.

이름이 公寶공보로 '모두의 보배가 된다' 는 뜻이고, 아호는 '몸과 마음을 바르게 하여 경건하게 처신한다' 는 의미의 純齋순재였다. 정조의 뒤를 이어 왕이 될 형 문효세자였지만 그의 형이 갑자기 죽음으로써, 열 살 어린 나이에 왕이 되어 마흔 네 살까지 공식적으로는 34년 간이나 왕좌를 지킨 행운을 타고난 사람이었다.

순조의 외조부의 이름에서도 외손자가 왕이 될 운세를 엿볼 수 있다. 朴準源박준원의 이름 또한 '근원이 될 기준을 다시 정한다' 는 뜻을 지니고 있었기 때문에, 생각하지도 않던 왕관을 창졸간에 쓰게 되었을 것이다.

극심한 기근과 난리(1811년, 홍경래의 난)로 온 나라 안이 무척이나 소란했지만 그래도 아버지 정조 임금이 점찍어준 장인(외척 안동 김씨의 세도정치를 자리잡게 한 김조순)의 성품이 워낙 온유해서 그나마 더 큰 혼란이 방지되었는지도 모른다.

그의 이름 祖淳조순에서 나타난 '조상이 될 사람이지만 성정이 순박하다' 뜻대로, 외척 안동 김씨들의 세도정치를 터닦아 놓았지만 피비린내 나는 숙청이나 보복 따위는 자행하지 않았다.

자가 사원(士선비 사 源근원 원)이고 아호가 풍고(楓단풍나무 풍 皐부르는 소리 고)이니, 각각 '뿌리가 되는 충성스러운 선비', '바람에 마구 흔들리는 언덕 위의 단풍나무' 라는 뜻인 셈이다.

친정아버지의 조상과 근원이 되고, 언덕에 우뚝 선 한 그루 큰 나무가 될 운세를 왕비가 된 그의 딸(순원왕후: 1789-1857)이 고스란히 물려받은 셈인지, 일곱 살에 즉위한 손자(헌종) 대와 뒤이어 즉위한 철종 대에 수렴청정을 하게 된다. 그녀는 철종 비妃를 안동 김씨 가문(김문근의 딸 철인왕후)에서 맞게 함으로써 친정(안동 김씨) 일가의 세도정치를 단단하게 다져놓은 뒤 69세로 별세했다.

또한 그녀의 친정 오빠 김좌근도 대단한 홍복洪福을 타고났는지, 철종 대에 연거푸 세 차례나 영의정을 역임하고 72세로 영면했다.

자가 경은(景볕 경 隱숨길 은)이고 아호가 연하옥(蓮연꽃 연 荷연꽃 하 屋집 옥)이니, 각각 '햇빛을 몰래 숨긴다'와 '연꽃이 핀 지붕' 이라는 뜻을 지니고 있다. 그리고 좌근(左왼쪽 좌 根뿌리 근)이라는 '엉뚱한 방향으로 뻗어나간 뿌리'를 뜻하는 이름에 걸맞게 성정이나 기질이 은밀하고 엉뚱해서 상대의 허를 찌르는 데가 있었다. 그러니 정치 9단의 실력을 유감없이 발휘하여 영의정을 세 번이나 지내며 56세부터 66세까지 화려한 말년을 장식할 수 있었을 것으로 짐작된다.

조선의 17대 왕 헌종은 아버지(효명세자, 후에 익종으로 추존)*와 할아버지가 스무 살 고개에 요절한 탓에 일곱 살의 나이로 왕이 되었다.

그러나 오랫동안 할머니(순조 비 순원왕후)의 수렴청정 아래 놓여 있었던 헌종은 참으로 기구하게도 아버지의 요절운夭折運을 고스란히 물려받았는지, 21세에 요절한 아버지처럼 자신도 22세의 젊은 나이로 왕의 자리를 이어갈 아들 하나 남기지 않은 채 서둘러 세상을 하직하고 말았다.

그래도 아버지(효명세자 : 익종)의 자가 '어질고 큰 인물'이라는 뜻인 덕인(德덕 덕 寅셋째 지지 인)이고, 아호가 '우러름 받는 처소'라는 의미의 경헌(敬공경할 공 軒추녀 헌)이니, 22세의 단명으로 생애를 마치면서도 15년간 왕위를 지키지 않았겠는가.

외조부의 '오래 오래 살아라'는 뜻의 趙萬永조만영이라는 이름과는 아주 동떨어진 팔자였지만, 그래도 어머니(신정왕후 : 고종 즉위를 주도한 조대비)가 외조부의 당부대로 82세까지 장수하며 친정 일가 풍양豊壤 趙조씨의 세도정치를 꽃피워 냈다.

강화도에서 평민으로 살던 19살 청년이 조선 왕조의 25대 왕 철종이 된 일은 누가 보아도 한 편의 드라마임에 틀림없다.

비록 32세로 일찍 세상을 하직했지만, 권불십년權不十年이라는 옛말을 3년 정도 위반한 셈이다. 2대에 걸친 비극을 딛고 꿋꿋이 살아남아 元範원범에서 덕완군德完君으로 바뀌고 곧이어 조선의 25대 왕이 된다. 실로, 한 편의 신데렐라 이야기인 셈이다.

숙부(완풍군: 뒤에 상계군으로 고쳐짐)의 역모사건*의 역모 가담과 뒤이은 강화도 강제 이주, 그리고 천주교 신자였던 할머니와 숙모의 순교(1801년 순조 11년의 신유교난)와 할아버지 은언군의 사사賜死….

철종이 된 원범의 할아버지인 은언군의 생애야 말로 한 편의 고전적 비극이다.

친아버지 영조에 의해 뒤주에 갇혀 숨이 막힌 채 굶어죽은 사도세자(뒤에 장헌세자로 개봉됨)의 서자(장남; 어머니는 숙빈 임씨)로 태어난 것도 기구하지만, 열여섯에 장사꾼에게 진 빚이 할아버지에게 탄로나 3년간이나 유배생활을 해야 했다.

서른 한 살에 아들(완풍군 ; 뒤에 상계군으로 개봉됨)이 역모에 연루되어 자살하는 것을 보게 되더니, 결국은 46세 나이에 아내와 며느리가 신앙 때문에 처참하게 죽는 것을 본 후 자신도 사약을 받고 죽게된다.

그래도 죽은 지 48년만에 손자 원범이 왕이 되는 것을 저승에서 지켜보게 된다. 그리고, 자신의 친동생*이 자신의 사후 62년만에 고종황제의 할아버지(1771년, 손자가 왕이 되기 92년 전에 제주도 유배 중 죽음)가 되는 것을 저승에서 지켜보게 되었다.

*숙종의 6남 연령군의 손자로 입양된 은신군-흥선대원군의 생부인 남연군이 본래는 인조의 3남인 인평대군의 6세손 이병원의 아들이었으나, 뒤에 은신군의 양자로 입적됨

'으뜸 기준이 된다' 는 원범(元으뜸 원 範법 범)이라는 이름 탓인지, 아니면 '길을 다시 정한다' 는 도승(道길 도 升되 승)이라는 자 때문인지, 혹은 '성정이 아주 급하지만 의외로 심성이 곱다' 는 대용재(大클 대 勇용감할 용 齋재계할 재)라는 아호 때문인지, 아니면 '널찍한 곳간' 을 의미하는 광(壙넓을 광)이라는 아버지 전계군의 이름 덕분인지, 촌뜨기 강화도령이 완전히 망조가 든 흉가凶家 같은 처지에서 조선반도를 13년간(19세에서 32세까지)이나 호령하는 제왕이 되었다.

철종이 후사 없이 죽자 왕통은 다시 한 번 철종의 작은 할아버지(은언군의 친동생인 은신군) 쪽으로 이어지게 되었다. 사도세자는 비록 억울하고 참혹하게 목숨을 잃었지만, 그의 소생은 두 번(철종 즉위와

고종 즉위)이나 정치 곡예를 부리며 당당히 왕통을 잇게 된다.

인평대군(인조의 3남)의 후손인 남연군(흥선대원군 이하응의 생부)이 영조의 후손인 은신군(사도세자의 서자)의 양자로 입적됨으로써, 결국 고종의 생부인 흥선대원군 이하응과 연결이 된 것이다. 흥선군 이하응(1820-1898)이 서른 두 살에 낳은 둘째 아들이 순조의 며느리이자 헌종의 어머니인 조대비(신정왕후: 1808-1890)의 은밀한 조율에 힘입어 임금님이 된 것이다.

어떤 복으로 생각하지도, 생각할 수도 없는 왕권이 겨우 열 두 살된 파락호破落戶(팔난봉) 궁도령宮道令(이하응을 놀리려 붙여준 별명)의 차남에게로 굴러 들어온 것일까.

자가 '성스러운 빛이 비춘다' 는 聖臨성임이고, 아호가 '연못에 빠진 영롱한 구슬' 을 의미하는 珠淵주연이니, 일단 고귀한 신분을 타고난 셈이다. 아버지의 이름은 '마침내 안락하게 지낸다' 는 하응(夏여름 하 應응할 응)이고, 자는 '때 맞춰 맏이가 된다' 는 시백(時때 시 伯맏백), 아호는 '돌을 깨뜨린다' 는 의미의 석파(石돌 석 破깨뜨릴 파)이니, 분명히 놀라운 운세 역전을 예고하고 있었던 셈이다.

더욱이나 고종의 장인 이름의 뜻이 '복을 네게 보낸다' 는 치복(致보낼 치 祿복 록)이니 대체 무엇을 더 장황하게 말하랴.

하지만, 장인의 '복을 보내주마' 라는 이름 뜻도 외부에서 몰래 들어온 살인자들에 대해서만은 결코 용한 부적이 될 수 없었나 보다. 사위가 될 사람을 왕(고종)의 자리로 이끌어 딸을 왕비(명성왕후 민씨)로 들어 앉혔지만, 일제의 왕비 시해작전을 막지 못해 결국 1895년 10월 8일 꼭두새벽에 일본 낭인들에 의해 44세로 무참히 난자당하게 하고 말았다. 건청궁乾淸宮 숙소에서 무자비하게 도륙당했던 것이다.

'하늘이 맑다' 라는 뜻의 건청乾淸이라는 이름을 지닌 궁궐 건물에서,마흔 세 살 된 남편(고종)과 스물 한 살 된 아들(순종)이 한 담벼락 안에서 숨쉬고 있는 동안에 일본 깡패들의 칼날에 난자당한 뒤 석유 불에 이글이글 타오르게 되었던 것이다.

시해된 뒤 2년이 지난 1897년 11월에야 뒤늦게 국장國葬이 치러져 홍릉洪陵에 묻히게 되었으니,2년여 이상을 떠돌이 원귀로 구슬프게 울며 보내야 했을 것이다.건청궁에서 죽어 청량리에 묻혔으니, 맑은 하늘 건청乾淸에서 생애를 마감하고 맑고 서늘한 청량淸凉한 곳에서 영면하게 된 셈이다.

하지만,왕비가 마지막 이승 잠을 자던 옥호루玉壺樓 침소가 바로 '옥돌을 빚어 만든 병을 올려놓는 다락' 이란 뜻이니,왕비는 죽어서도 목 좁은 병 속에 답답하게 갇혀 있었을 것이다.때늦은 국장을 통해 병 속에 갇혀 지내던 원귀가 모처럼 맑고 시원한 바람을 실컷 들이쉴 수 있게 되었을 것이다.

명성황후明成皇后 민비의 비극적인 최후는 어쩌면 시아버지 흥선대원군의 독특한 기질과 자주 충돌되어 운명적으로 귀착된 '피할 수 없는 독배毒盃였는지도 모른다.

43세에 둘째 아들 命福명복이 왕이 되자 대뜸 권불십년에 도전하여,10여 년 넘게 막강한 권력을 휘두르게 된다.고종이 성년이 되자 권력을 내놓고 뒤로 물러서긴 했지만,노욕을 막지 못하고,62세 때는 임오군란이 일어나 며느리 민비가 서울 화개花開동 尹泰駿윤태준의 집을 거쳐 충주 장호원長湖院으로 피신하자,때는 이 때다 하며 느닷없이 중전 민비의 국상을 선포해 멀쩡히 살아있는 며느리를 장례 지내려 했다.

청나라의 개입으로 졸지에 천진 보정부로 잡혀가 4년여 동안 유폐되었지만,타오르는 욕망을 이기지 못해 67세(1887년)에 청나라의 실력자 袁世凱원세개와 결탁하여 맏아들 載晃재황을 왕으로 옹립하고자 획책하다 실패했다.

죽기 3년 전인 75세에 일제 앞잡이들과 결탁하여 권력을 다시 틀어쥐었지만, 재집권에 성공한 바로 그 날에 며느리가 정체불명의 일본 낭인들에 의해 난자 당해 궁궐 숲 속에 아무렇게나 내팽개쳐진 참극(을미사변)이 벌어졌기 때문에 민심이 가만히 있을 리 없었다. 결국 애국충신 崔益鉉최익현의 탄핵을 받고 '구름이 쉬어 넘는 고개' 인 운현궁雲峴宮으로 영원히 은퇴하게 된다.

공덕리孔德里 아소정我笑亭에 머물다가 일본군을 앞세우고 궁궐을 다시 차지했지만, '어둔 곳을 밝힐 큰 덕' 이라는 동네 이름이나 '나는 웃는다' 는 처소 이름이 무색하게, 너무도 짧고 불안한 재집권이었다.

그래도 고종황제는 아버지의 끝없는 집권욕에 동정이 갔는지, 1907년(광무 11년)에 아버지 흥선대원군을 대원왕大院王에 추봉했다. 살아서 왕보다 더 센 힘을 지니려던 한 노인은 죽은 지 9년만에 드디어 왕의 칭호를 얻었던 것이다.

참으로 신기하기만 하다. 명성황후가 시아버지에게 목숨의 위협을 느껴 충주까지 피신했을 때 죽지 않고 여기 시골 민가에 숨어있으니 어서 빨리 궁궐로 되돌아가게 해달라는 서신을 적어 고종황제에게 전하려 할 때에 그 다급한 연락을 취해 준 이가 바로 '큰 준마' 라는 뜻의 泰駿태준이라는 이름을 지닌 사람이었다.

민비는 결국 '큰 호수로 둘러쳐진 곳' 장호원長湖院에서 목을 축이고 '꽃을 피우는 곳' 인 화개동花開洞(민비가 서울에서 피신했던 윤태준의 집이 있는 동네)으로 되돌아갈 수 있었다. 아홉 살에 고아가 된 가련한 처지에서 힘없다는 오직 한 가지 이유로, 외척의 세도정치에 신물이 난 시아버지가 아내의 친정 쪽 친척 중에서 고르고 고른 규수가 바로 민비였다.

고종의 44년 재위기간에서 가장 눈에 띄는 사람은 바로 순조의 며느리로 헌종의 모친이 되는 조대비(효명세자, 혹은 익종의 비인 신정왕후 조씨)일 것이다.

아버지 순조를 대신하여 대리청정을 하던 동갑내기 남편이 갑자기 죽자 21세에 청상과부가 되었지만, 수렴청정을 도맡아 하는 시어머니(순조 비 순원왕후 김씨)의 그늘에서 용케도 잘 버티다가 49세 때 시어머니가 68세(1857년)로 타계하자 궁궐의 실세 어른으로 자리잡게 되었다. 비록 어린 나이에 등극하여 스물 두 살로 유명을 달리한 아들(헌종)을 41세 때 절규하며 보냈지만, 오십 고개에서 당당히 실력자로 등장하게 되었던 것이다.

즉, 시어머니(순원왕후)가 영면하자 바로 그 해(1857년 철종 8년)에 대왕대비가 되고 뒤이어 자그마치 12개의 존호尊號가 붙여졌다. 시어머니가 살아서 6개의 존호를 받고 죽어서 4개의 존호를 붙였는데, 존호 개수에서만은 며느리가 당당히 이긴 셈이다.

팔은 안쪽으로 굽어지기 마련인 가보다. 고종황제 때에 과거에 있었던 여러 억울한 일들을 많이 되돌려 놓았지만, 특히 사도세자에 관련된 이들이 집중적으로 명예 회복되었다.

사도세자(아들 정조가 장헌세자로 바꿈)는 장조莊祖로 추존 되고 혜빈(아들 정조가 혜경궁으로 바꿈) 홍씨는 경의왕후로 추존되었다. 그리고 정조대왕은 1900년 대한제국에서 선황제宣皇帝로 추존되었다. 영조대왕 직손直孫들의 합동 명예 회복이었던 셈이다.

조선의 마지막 황제인 순종은 아버지 고종황제와 어머니 명성황후, 그리고 할아버지 흥선 대원군 사이에서 끝이 없이 벌어지는 불꽃 튀는 권력싸움을 지겹도록 보았을 것이다. 그리고 선진 열강들의 온갖 간섭과 무례와 탐욕이 빚는 나라간의 이권다툼을 겪으며 국제정치의 한 단면을 직접 목격했을 것이다. 스물한 살에 어머니 명성황후가 난자당해 죽는 것을 보았고, 바로 그 해에 일흔 다섯이나 된 할아버지 대원군이 권력에서 초라하게 밀려나는 것을 보았다.

일제의 간섭으로 억지로 밀려난 아버지 고종황제를 대신해 서른 세 살의 적지 않은 나이에 망해 가는 왕국의 힘없는 허수아비 왕이 되었지만, 겨우 3년만에 왕국 역사의 마지막 장을 넘기고 총총히 물러나야 했다.

아버지 고종황제는 58세의 나이로 왕국의 최후를 목격했고, 마지막 황제 순종은 36세의 나이로 왕국의 멸망을 바라보았다. 그리고 망한 왕국의 구슬픈 하늘 아래서 고종황제는 9년을 더 살다 영면했고, 순종은 16년을 더 견디다 피눈물을 목구멍으로 넘기며 한 많은 생애를 마감했다.

어째서 조선왕조의 마지막 황태자(영친왕; 순종의 이복동생)는 하필 '땅 끝 낭떠러지'를 뜻하는 은(垠끝 은)을 이름으로 정했는지…. 11살에 일본에 인질로 끌려가 정략결혼을 한 뒤 56년만에 인사불성인 채로 귀국하여 73세로 병사했으니, 실로 땅 끝 낭떠러지에 서서 한 평생을 보내야 했던 셈이다.

04 | 적敵과 동지同志 사이

허목이 송시열보다 12년 먼저 태어나 7년 먼저 타계했으니,
탄생에서나 죽음에서 허목이 선배 세대였던 셈이다.
하지만 붕당정치 상의 편가름이 달라 다투게 된 것도 많지만,
그 보다는 두 사람의 학문적 배경이 많이 다르고
또한 두 사람 공히 성품이 유별난 탓에 더 극심한
대립관계에 서 있었을 것이다.

-宋時烈송시열과 許穆허목-

　서인西人과 남인南人으로 갈려 서로 으르렁거리며 보냈지만, 항간
에는 아직도 참말 같기도 하고 거짓말 같기도 한 이야기가 전해져
내려오고 있다. 즉, 병이 깊이 든 송시열이 허목에게 처방전을 부탁
했는데 약에 독성이 강한 약재를 함께 넣은 탓에 처음에는 당연히
오해가 있었으나, 곧 송시열의 체질이 독특한 탓에 독한 성분을 일
부러 집어넣어 약 성분이 몸에 제대로 흡수되게 했다는 사실을 알
고, 송시열은 그만 무릎을 치며 허목의 깊은 뜻에 감탄했다는 전설
같은 일화가 전해져 내려오고 있다.

　송시열은 당시 자신의 소변을 받아 마시는 특이한 방법으로 건
강을 유지했는데, 뱃속에 오줌성분이 이끼처럼 더께를 이루고 있
어 약 성분이 배어들지 못하기 때문에 일부러 독약 성분을 처방전
에 섞어 약의 흡수를 가능하게 했다는 식의 이야기인 것이다.

　세상에 전해진 이야기가 어떠하든 두 사람은 어차피 정치적 붕

당이 전혀 달랐기 때문에 원수처럼 으르렁거릴 수밖에 없었을 것이다.

허목이 송시열보다 12년 먼저 태어나 7년 먼저 타계했으니, 탄생에서나 죽음에서 허목이 선배 세대였던 셈이다. 하지만 붕당정치상의 편가름이 달라 다투게 된 것도 많지만, 그 보다는 두 사람의 학문적 배경이 많이 다르고 또한 두 사람 공히 성품이 유별난 탓에 더 극심한 대립관계에 서 있었을 것이다.

송시열은 율곡 이이의 학맥學脈을 잇고 있었고 허목은 퇴계 이황의 학풍을 잇고 있었다. 그런 까닭에 송시열을 중심으로 한 서인 쪽에서는 주자학에서 정한 원리원칙에 충실하며 왕권보다도 사대부, 즉 사족士族의 권위를 높이 보고자 하는 편이었다. 반대로 허목을 중심으로 한 남인에서는 왕권 강화에 우선순위를 두고 사대부의 기회 균등을 중시했다.

80세를 훨씬 넘기며 장수한 것까지 두 사람이 똑 같으니, 두 사람은 아마도 운명적인 호적수였음이 분명하다. 하지만, 송시열은 왜란(임진, 정유) 이후 세대에 속하는 반면 허목은 임란 중에 태어났으니 전쟁세대라고 보아야 할 것이다. 그래서 그런지는 몰라도 허목은 과거시험을 거치지 않고 재야선비 입장에서 국정에 참여했고, 송시열은 스물여섯에 과거시험을 거쳐 공직경력을 쌓기 시작했다.

두 사람 다 효종 대에 와서 본격적인 관직생활을 한 셈인데, 허목은 50세가 넘은 나이였고 송시열은 40이 넘은 나이였다. 과거시험을 통해 공직을 시작한 송시열은 효종이 왕이 되기 전인 대군시절부터 선생님으로 인연을 맺기 시작했지만, 허목은 효종이 왕이 되어 8,9년이 지나 송시열의 영향력이 막강하게 되었을 즈음부터 중앙정치 무대에 본격 진출했다.

즉, 오십 고개에 실세로 부상한 송시열과 환갑이 훨씬 넘은 나이로 송시열의 독주를 가로막으려는 허목이 1660년대에 들어서며 칼과 총을 안든 피 튀기는 싸움을 본격화하기 시작했던 것이다. 그러니, 두 사람간의 전쟁 아닌 전쟁은 송시열 편에서 보면 말년 30여 년이고, 허목 편에서 보면 말년 20여 년이 되는 셈이다.

실로 원수가 따로 없었을 것이다. 제자들과 추종자들까지 줄줄이 거느릴 정도로 학문과 권력이 막상막하인 두 늙은이가 허구 헌 날 맞서며 뾰족한 각을 이루었을 테니, 그 노후가 얼마나 불편하고 심난했겠는가?

송시열은 여든 두 살의 고령高齡에 사약賜藥을 받고 타향(정읍)에서 죽었고, 허목은 여든 다섯에 삭탈 관직되어 고향에 내려와 2년여 세월동안 어린 제자들을 가르치다 백면서생白面書生의 처지로 죽었다.

두 사람의 거칠고 힘든 노년을 낱낱이 그려낼 수 있다면 실로 노욕老慾이 너무 넘쳐 탈이 된 사례로 꼽을 수 있을 것이다. 좋게 보면 적극적, 능동적인 기질이고 나쁘게 보면 공격적, 대립적인 기질이었던 셈이 아닐지….

허목은 이미 서른 고개를 막 넘어서며 과거 응시를 금지 당하는 처벌을 받았다.

광해군을 몰아내고 들어선 인조가 생부(정원군)를 왕으로 추숭 하려 하자 당연히 신하들과 재야 선비들간에 논쟁이 뜨거웠는데, 재야 선비였던 허목은 인조의 뜻을 지지한 사람, 일례로 朴知誡박지계를 유생명부에서 지웠다가 오히려 자신이 처벌받게 되었던 것이다. 그래서 허목은 과거시험 안 보고 정승이 된 몇 안 되는 사례에 속하게 되었던 것이다.

두 사람이 역사적 고비에서 시대상황에 휩쓸리며 한 쪽이 일어서면 다른 쪽이 사그라지는 운명의 시소게임을 했지만, 송시열의 말년이 훨씬 더 비참했다.

6년 전에 이미 죽어 귀신이 된 호적수 허목이, 삭탈削奪되었던 관직과 명예를 모두 회복(1688년)한 것을 본 후, 자신은 나는 새도 떨어뜨릴 세력을 키운 장희빈의 아들(후에 경종으로 즉위)을 세자로 책봉하지 말라고 반대하다 그만 사약을 받고 여든 두 해의 긴 생애를 마감했다. 칠십 후반에 접어들자 모든 노욕을 훌훌 털고 정계를 은퇴한 후 조용히 청주(화양동)에 살고 있었는데, 무엇 하러 다시 피비린내 나는 붕당정치에 끼어들었을까.

숙종의 눈을 멀게 할 정도로 미색美色과 재주가 남다른 장희빈의 물불 안 가리는 모성애(아들을 왕세자로 세우려는)에 맞서다가 전라도 땅 정읍에서 사약을 받게 되었으니, 한 번의 실수가 평생을 비극으로 만든 셈이다. 80이 넘은 노구로 자갈길과 비탈길을 무수히 지나, 바다 건너 제주도로 유배를 간 것도 상상이 안되는 험한 여정인데, 그는 대역죄인을 다스리는 국청鞠廳의 특별 심문(국문)을 받기 위해 서울로 압송되다 중도에서 사약을 받고 피를 토하며 죽었던 것이다.

송시열의 자는 영보(英꽃 영 甫클 보)이고, 아호는 우암(尤더욱 우 庵암자 암)이다.

허목의 자는 문보(文무늬 문 甫클 보), 혹은 화보(和화할 화 甫클 보)이고, 아호는 미계(眉눈썹 미 戒경계할 계)이다.

두 사람은 이상야릇하게도 클 보甫 자를 자신들의 자에 지니고 있다. 자는 공히 크다는 의미를 지니고 있는데, 호는 이상하게도 정반대의 의미를 지니고 있다. 즉, 송시열의 아호는 '암자'를 지니고 있고, 허목의 아호는 '눈썹'을 지니고 있다. 허목의 고향이 경기도 연천군 미산嵋山면 동이東梨리라서 '산 이름 미嵋' 자를 동음인 '눈썹 미眉' 자로 슬쩍 바꿔놓은 것은 아닌지….

하여튼 허목은 '오래 살아 하얗게 된 늙은이의 눈썹' 이라는 자신의 아호처럼 환갑이 넘어 가장 활발하게 국정에 참여하다 여든 일곱까지 정말 오래오래 살았다.

송시열은 '뚝 떨어진 곳에 자리잡은 초막' 이라는 아호처럼, 사직辭職과 복직復職을 번갈아 하며 참으로 가파른 나날을 보내다가 끝내 죽어 원귀가 되어서야 자신의 초막으로 되돌아올 수 있었다.

시열(時때 시 烈세찰 열)이라는 그의 이름처럼 그는 정말 시대정신에 투철하게 살았다. 여든이 넘은 고령임에도 거꾸로 도는 시대를 바로 잡으려 분연히 일어섰다가, 운이 그만 다했는지 독한 극약을 마시고 숨을 거둬야 했다.

세찰 열烈과 화목할 목穆! 만일 송시열이 조금만 덜 세차게 일찍 변하고, 허목이 자신의 자나 이름에 든 의미처럼 화합和合하고 화목和睦하는 성정을 더 좀 발휘했더라면, 과연 두 사람의 운명이 어떻게 변했을까?

아마도 두 사람은 자신들의 자에 붙어있는 클 보甫처럼 정말 빛나는 큰 별로 평탄한 생애를 누릴 수 있었지 않았을까 하는 생각을 해본다.

05 자식을 잘못 둔 죄로 운세를 그르친 예

숙종은 허적의 잔칫날 마침 비가 오자
궁궐의 특별한 차일(기름을 먹여 비가 새지 않게 만든 것)을
일부러 보내려 했으나 허락도 없이 먼저 가져간 사실을 알게 되었다.
그것은 곧 세력을 믿고 함부로 행동하고 있다는 것이
백일하에 드러나고 만 것이었다

─許積허적과 許堅허견─

*현종 대에 있었던 2차
례 예송 중 효종의 사
후 인조 비 자의대비가
얼마동안 상복을 입어
야 하느냐를 두고 있었
던 1차 예송 때, 차남 이
하 아들의 사망에 해당
되는 '1년 복상'을 주
장하여, 결과적으로 효
종을 '차남임에도 왕통
을 이은 예외적 상황으
로 만들었다는 것

許積허적은 송시열과 앙숙관계에 있었지만, 송시열의 죄*를 엄하게 다스릴 필요가 없다고 하여 강경론인 청남淸南 대신 온건론인 탁남濁南을 이끌었다.

송시열보다 3살 어리지만 관운官運은 훨씬 더 좋았던 것 같다. 송시열이 61세에 우의정이 되었을 때 허적은 58세로 좌의정이 되었다. 61세에 영의정이 되었지만 송시열이 반대하여 잠시 좌천되었다가 64세에 영의정에 다시 복귀했다. 실로 대단한 관운이었던 셈이다. 하지만 송시열보다 9년 앞서서 70세에 사약을 받고 죽었다.

조부 許潛허잠이 시호받게 된 것을 축하하기 위해 자신의 집에서 잔치 연시연延諡宴을 베풀며 임금 행차 시 궁궐에서만 사용하게 되어있는 용봉차일龍鳳遮日이라는 천막인 유악帷幄을 무단히 사용한 것과 아들 許堅허견이 영의정인 아버지 배경을 믿고 황해도에서

수천 그루를 벌목하여 집을 짓고 유부녀를 욕보이는 등, 개망나니 짓을 일삼은 일이 비난의 표적이 되었다.

뿐만 아니라, 아들(서자) 허견이 소위 '3복福 사건'에 연루되어 역모를 꾀했다는 것이 결정적인 꼬투리가 되고 말았다. 즉, 인조의 손자인 인평대군麟平大君의 아들들(숙종의 5촌)인 복창福昌, 복선福善, 복평福平군이 허적의 서자인 허견과 역모를 꾀했다는 것이다.

숙종은 허적의 잔칫날 마침 비가 오자 궁궐의 특별한 차일(기름을 먹여 비가 새지 않게 만든 것)을 일부러 보내려 했으나 허락도 없이 먼저 가져간 사실을 알게 되었다. 그것은 곧 세력을 믿고 함부로 행동하고 있다는 것이 백일하에 드러나고 만 것이었다. 그로 인해 일종의 괘씸죄를 마음속에 품고 있던 터에 거기에다 모함이건 진짜 건간에 한 달 뒤에 아들 허견의 역모죄가 서인들의 자체 탐색에 의해 드러나고 말았으니, 나는 새도 떨어뜨린다는 허적인들 어떻게 목숨을 부지할 수 있었겠는가. 처음에는 몰랐다는 것이 통했으나 역적질한 아들을 두둔하고 비호했다는 이유로 결국은 사약을 받고 말았다.

허적을 죽게 한 고자질에는 당연히 당파싸움이 개입되어 있었다. 즉, 서인들이 계획적으로 대대적인 남인 숙청(숙종 6년인 1680년 봄의 경신환국 혹은 경신대출척)을 일부러 꾸몄던 것이다. 교활한 과격파인 金錫胄김석주(병조판서에서 남인축출 후 우의정이 됨)로 하여금 全翊載전익재와 鄭元老정원노를 꼬드기게 만들어 허견과 '3복福 형제'들의 역모를 고발하게 했던 것이다.

허적의 자는 '네가 탈 수레가 되겠다'는 여차(汝너 여 車수레 차)이고, 아호는 '묵묵히 예를 다한다'는 묵재(黙묵묵할 묵 齋재계할 재), 혹은 '편히 쉬고 있는 늙은이'라는 휴옹(休휴식 휴 翁늙은이 옹)이다.

결국 굳센 기질을 타고 난 아들 견(堅굳셀 견)이 함부로 저질러 놓은 일에 아버지의 성공적인 생애가 완전히 엉망진창이 되고 만 것이다.

허적을 제거하여 남인을 숙청하려 했던 김석주(1634-1684)의 자는 사백(斯이 사 百백 백)이고 아호는 식암(息숨쉴 식 庵암자 암)인데 '숨을 쉬는 초막' 이라는 의미가 재미있다. '편히 쉬는 늙은이' 인 휴옹(休翁)이라는 허적의 아호가 '숨을 쉬는 초막' 인 식암(息庵)이라는 김석주의 아호에 꼼짝없이 갇히고 만 것이다. 허적은 김석주의 계략에 의해 초막(김석주의 아호) 안에 갇힌 힘없는 늙은이(허적의 아호)가 되고 만 것이다.

06 | 한 맺힌 조선왕조의 여인들

태조는 특히 남편(개국공신 이제)을 왕자들의 난리 통에 잃고
비구니가 된 딸 경순공주의 처지를 슬퍼했다.
모녀(신덕왕후 강씨와 경순공주)는 실로 슬픈 운명을 타고난
여인들이었던 셈이다. 차라리 평범한 민초民草로 태어났더라면
아마도 천수를 누리며 평안히 지낼 수 있지 않았을까.

조선왕조 519년간 너무도 많은 사건들이 일어나 아까운 이들이
수없이 죽어갔다. 그 와중에서 숱한 궁궐 여인들이 억울한 사연을
안고 죽어가거나 한을 가슴에 묻어둔 채 숨을 거두어야 했다.

먼저 조선왕조를 개국한 태조 이성계의 계비인 신덕왕후 강씨의
경우를 보자.

고려의 마지막 왕인 공양왕의 양위 형식을 빌려 전주 이씨 왕조
를 창건했지만 처음부터 피비린내 나는 다툼은 아주 엉뚱한 곳에
서 일어나기 시작했다. 왕자들 모두가 일종의 권세가들이었던 탓
에 제 집에 수백, 수천의 사병을 거느리고 있었기 때문에 감정이
복받치면 자연히 소규모 전쟁이 일어날 수밖에 없었다.

차남으로 태어나 아버지가 이룩해 놓은 탄탄한 기반(아버지 이자춘
은 고려 말에 이미 북방 지역의 실력자로 대두되어 있었다)을 활용하여 자신과 후
손들을 위한 왕국을 주도면밀하게 건설한 태조 이성계는 왕이 되
기 이전의 부인인 신의왕후 한씨에게서 여섯 아들을 두었고 계비
신덕왕후 강씨에게서는 두 아들과 경순慶順공주를 두었다.

태조와 계비 강씨는 여덟 째 아들이자 막내인 방석(1382-1398)을 왕위를 이을 세자로 책봉함으로써 '왕자들의 난'을 자초한 셈이다. 결국 16살, 17살의 방석, 방번은 이복형인 다섯 째 방원(1398년 당시 31세; 후일 태종으로 즉위)에 의해, 왕이 되기는커녕 소년의 나이에 그만 목숨을 잃고 말았다.

어머니 강씨는 두 아들의 억울하고 비참한 죽음이 홧병이 되었는지 그 해 8월 13일에 李得芬이득분의 집에서 타계했다. 태조 이성계는 그때 나이 이미 환갑이 지난 나이(63세)였다. 아들들의 골육상쟁의 비극에 염증이 난 태조는 그 해 9월에 둘 째 방과(정종)에게 양위하고 자신이 말을 몰며 활을 쏘았던 북방지역 함흥으로 홀연히 떠나고 만다.

태조는 특히 남편(개국공신 이제)을 왕자들의 난리 통에 잃고 비구니가 된 딸 경순공주의 처지를 슬퍼했다. 모녀(신덕왕후 강씨와 경순공주)는 실로 슬픈 운명을 타고난 여인들이었던 셈이다. 차라리 평범한 민초民草로 태어났더라면 아마도 천수를 누리며 평안히 지낼 수 있지 않았을까.

비록 왕의 자리에서 거리가 아주 먼 다섯 째 왕자로 태어났지만, 이복동생들과 친형(방간)을 제거하고 왕의 자리에 올라 조선왕조를 전제왕정으로 탄탄하게 다져놓은 태종은 주위에 한 맺힌 이들을 참으로 많이 만들어 놓은 것 같다. 그의 부인 원경왕후 민씨도 그 중의 한 사람임이 너무도 분명하다.

33세에 왕이 되어 51세에 셋째 아들 충녕대군(22세; 세종)에게 선위禪位하고 상왕으로서 국정을 감독하기만 했지만 이십 년도 채 안되는 재위기간 동안에 처갓집을 완전히 박살 내놓았다.

문제의 발단은 태종의 변덕 때문이었다. 왕에 오른 지 6년이 지난 1406년 8월, 서른 아홉이 되던 해에 갑자기 맏아들인 12세 양녕

대군(세자의 자리에 있었다)에게 왕위를 물려주고 뒤로 물러나 앉으려
한 것이 뜻밖의 문제를 잉태하고 말았던 것이다.

매부인 태종과 누이인 원경元敬왕후를 믿고 어린 세자(1418년 세자에
서 폐위된 후 양녕대군에 봉해짐; 세종보다 세 살 많음)주위에 몰려든 것이 외척
의 득세로 왕권이 약화되어서는 절대 안 된다는 원칙을 위반한 게
되었다.

그 결과 원경왕후의 네 동생이자 태종의 손아래 처남들이 줄줄
이 사약을 받고 죽어야 했다. 민무질, 민무구, 민무휼, 민무회 등이
바로 그들이다. 민무구, 민무질 형제는 워낙 방자하고 무례한 탓에
3 공신들(개국공신, 정사공신, 좌명공신)로부터도 집중적으로 탄핵을 받았
으니, 이미 스스로 묘혈墓穴을 판 셈이다. 하지만 민무휼과 민무회는
엉뚱한 일로 죽음을 자초하고 말았다.

즉, 형들이 유배되었다가 유배지에서도 방자하게 군다는 이유로
사약을 받고 죽었는데, 몸져누운 누이(원경왕후)를 병문안와서 '여차
저차 해서 형들이 억울하게 죽었다' 고 고자질하다가 그만 죽게 되
고 말았다.

친정 식구들이 모조리 박살이 난 후 원경왕후는 10년 더 살다가
상왕의 자리에 있는 남편 태종보다 2년 먼저 세상을 하직했다.

부부는 참으로 묘한 인연인지, 원경왕후는 태종보다 두 살 많았
지만 두 해 먼저 세상을 떠났다. 하지만 55세의 생애는 부부가 같았
다. 왕비의 친정 아버지 민제는 오묘하게도 방자하고 무례한 아들
들이 목숨을 잃기 2년 전인 1408년에 69세로 세상을 떴다.

이름이 제(霽갤 제)이니 '집안이 쑥대밭이 되기 직전에 눈을 감게
된' 것이다. 흐린 날을 보지 않기 위해 갠 날에 세상을 뜬 것이다.
자는 '거의 캄캄하다' 는 뜻의 중회(仲버금 중 晦그믐 회)이고, 아호는
'이익을 챙겨 숨긴다' 는 의미의 어은(漁고기잡을 어 隱숨길 은)이다. 아버

지의 자와 아호가 어찌된 일인지 네 아들들에 관한 세상사람들의 평판과 거의 비슷하다. 민무구, 민무질 두 형제의 방자함이 장차 왕권을 훼손하고 왕국의 미래를 어둡게 할지도 모른다며 탄핵한 사람은 李和이화라는 이름이다. 반면에 무질, 무구 형제와 함께 죽은 사람에는 辛克禮신극례가 있다.

참으로 신기하지 않은가. 극례(克이길 극 禮예도 례)라는 이름 뜻이 '예절과 공손을 능히 뛰어넘는다'는 의미이니, 그는 무례, 방자하여 감히 왕권까지 우습게 보고 여흥 민씨 일족의 세도정치까지 꿈꾸던 무구, 무질 형제와 쉽게 어울렸지 않았을까.

세종의 왕비인 소헌昭憲왕후 심沈씨의 경우를 보자. 남편인 충녕대군(후일 세종)보다 두 살 위로 8세에 가례를 올려 '경숙옹주'에 봉해지고 경빈, 공비를 거쳐 37세 되던 해(세종 14년 1432년)에 마침내 왕비가 된다.

남편이 왕에 오르던 해(1418년)에 영의정의 자리에 있던 친정아버지 심온이 갑자기 역적이 되어 사약을 받고 죽고 말았으니, 참으로 축복과 저주, 행복과 불행이 교차하는 한 해였던 셈이다. 그 해에 세자 자리가 양녕대군에서 충녕대군으로 옮겨지고 시아버지 태종이 상왕으로 물러앉으며 남편 충녕대군이 왕이 되었으니, 그 얼마나 대단한 축복이고 큰 행복이었겠는가.

하지만, 영의정의 자리에 있던 친정아버지가 형들을 제치고 3남인 세종이 즉위하게 된 사연을 명나라에 설명하기 위해 사은사謝恩使로 중국을 가게 되었는데, 그만 그 사이에 국내에서는 엄청난 일이 벌어지고 말았던 것이다.

친정 숙부 되는 도총제都摠制 沈種심종이 태종의 국정 간섭을 비난하다가 그만 병조판서 朴習박습의 밀고로 역모죄에 걸려들고 만 것이다. 하필 그 역모의 괴수로 친정아버지 심온이 지목되고 급기야는 국가 일로 먼 타국에 갔다가 귀국하는 길에 의주에서 체포되고 결국은 수원에서 사약을 받게 되었으니, 후일 소헌왕후가 되는 심씨의 심정이 과연 어떠했겠는가.

심온(溫따뜻할 온)의 이름 뜻은 '심성이 온유하다' 이고, 자는 '고귀한 티가 나는 사람' 이라는 중옥(仲버금 중 玉옥 옥)인데, 어째서 사위(충녕대군: 세종)가 왕이 되는 것을 보자마자 세상을 하직하게 되었는지….

소헌왕후는 친정아버지가 역적으로 몰려 죽었기 때문에 왕비 자리에서 거의 쫓겨날 뻔했지만, 평판이 좋고 공로가 많아서 국모로서의 지엄한 자리를 지키게 되었다.

8남 2녀를 낳고 남편(세종)보다 5년 앞서서 50세로 세상을 하직했다. 그래도 문종文宗과 세조世祖가 그녀의 8남중에서 나왔으니, 그만하면 괜찮은 일생이었다고 보아야 하지 않을까.

하지만, 사후 12년이 지나 여섯 째 아들 금성대군 瑜유가 순흥에 유배되었다가 그 곳 현감 李甫欽이보흠과 단종 복위를 꾀했다는 죄로 사약을 마시고 죽었다. 이보흠의 자는 敬夫경부, 호는 大田대전이다.

42세 때 남편(세종)의 뜻을 따라 다섯 째 광평대군 璵여와 여섯 째 금성대군을 왕자의 난(1398년) 때 억울하게 죽음을 당한 무안대군撫安大君 芳蕃방번과 芳碩방석의 양자로 입적시켜 대를 잇게 했는데, 어째서 한스러운 일들이 그렇게 끊이지 않고 이어졌는지…. 착하고 공부 잘 해 아버지 세종을 쏙 빼 닮았다고 칭송을 받던 다섯 째 광평대군 璵여는 어머니보다 한 해 먼저 20세 젊은 나이로 요절하고 말았다.

열여섯 어린 나이로 불귀의 객이 된 단종*의 모친과 아내야말로 진실로 한 맺힌 조선의 여인들이었을 것이다.

모친인 현덕왕후 권씨는 열세 살 어린 나이에 세자궁

*단종 : 세조 즉위 후 상왕이 되었다가 사육신의 역모로 다시 노산군으로 강봉되었으나 숙종 24년 1698년, 사후 241년만에 단종으로 추숭됨

의 궁녀로 들어갔다가 세자(후일 문종)의 눈에 들어 왕비로 올라선 조선의 신데렐라였다. 승휘承徽에서 양원良媛으로, 다시 순빈純嬪 봉奉씨가 폐위된 이후인 19세에는 드디어 세자빈에 책봉되었다. 하지만, 세자빈 가례도 못 올린 채 단종을 낳자마자 23세로 요절했다. 핏덩어리에 불과한 아들을 두고 눈을 감아야 했으니 가슴이 실로 갈기갈기 찢어졌겠지만, 그래도 삼촌에게 쫓겨나 어린 나이에 죽어야 했던 아들의 비참한 운명을 살아서 보지 않아도 되었으니, 그나마 다행이었다고 해야 할지….

그녀는 사후 15년 되던 해에 일어난 친정 동생 權自愼권자신(예조판서로서 조카 단종의 복위를 꾀하다가 거열형을 당해 죽음)의 비극적인 죽음도 살아서 몸서리치며 보지 않아도 되었다.

친정아버지의 이름이 전(專오로지 전)이니, 왕비는 결국 아버지의 이름처럼 '짧지만 오로지 자신의 운명을 개척하는 데만 집중한' 듯하다. 궁녀에서 세자빈으로 올라서고 마침내는 왕비로까지 추봉되었으니, 그만하면 외길로 혼신을 다해 산 셈이 아닌가.

친정 동생은 '스스로 조심한다'는 自愼자신이라는 이름 뜻을 끝끝내 못 지켜내고 죽었지만, 그래도 조카 단종을 위해 어진 충신들과 함께 목숨을 바쳤으니 가치 있는 삶을 살았다고 할 수 있을 것이다.

단종 비로 남편 사후 자그마치 64년이나 더 산 정순定順왕후 송씨(1440-1521 중종16년)의 경우를 보자. 열 네 살에 왕비가 되었지만 남편인 단종의 운명을 따라 의덕懿德왕대비에서 일반 부인으로 강봉되어야 했다.

친정 아버지 宋玹壽송현수는 세조의 절친한 친구였음에도 이어지는 정변의 소용돌이를 이겨내지 못하고 사위인 단종이 죽던 해에 주살誅殺되고 말았다.

세조의 친동생인 금성대군*이 순흥 현감 이보흠과 단 *1426-1457; 11세에 왕자의 난에 희생당한 방석의 양자로 입적됨
종의 재등장을 계획하다가 현감은 처형되고 대군은 사
사되었는데, 그 와중에 친정아버지도 그만 죽음을 당하고 말았던
것이다. 다행인지 불행인지 그나마 자식이 없었으니 참담한 일을
덜 당하지 않았을까.

'진정한 복수는 더 오래 살아남는 것'이라는 서양 격언처럼 왕
비는 복수를 하듯 네 임금(세조, 예종, 성종, 연산군)을 모두 제치더니, 중종
이 폭군 연산군을 쫓아내고 왕이 된지 16년이 지나서야 81년의 긴
생애를 마감했다.

연산군의 생모인 폐비 윤씨의 경우야 이미 잘 알려진 이야기이
기 때문에 재론의 여지가 별로 없지만, 그래도 한 많은 조선의 여
인들을 들먹일 때마다 언급되지 않을 수 없을 것이다. 6년의 세월
을 두고 후궁에서 왕비로, 다시 폐비에서 사사되기까지 실로 천당
과 지옥을 오고간 기구한 운명이었다.

'질투심은 곧 사랑의 또 다른 얼굴'이라는 말이 무색할 정도로
그녀는 바로 질투심 때문에 왕이 될 아들을 낳은 어엿한 왕비였음
에도 그 자리를 끝까지 지켜내지 못하고 그만 피맺힌 죽음을 맞고
말았다.

아들 연산군이 왕이 되어 아버지(성종)의 유언을 어기고 억울하게
죽은 어머니를 제헌왕후로 추숭하고 묘는 회릉懷陵으로 개칭했지
만, 중종반정으로 다시 없었던 일로 되돌려지고 말았다. 함안 윤씨
집안에 경사가 났지만 그야말로 3년만에 왕비를 낸 집안에서 죄
인을 낳은 집안으로 전락하고만 것이다.

폐비 윤씨로 인한 피비린내 나는 마녀사냥은 연산군 시절 내내
온 강토를 마구 뒤흔들어 놓고 말았다. 여러 신하들이 선왕의 유언
(폐비를 추숭해서는 안된다는)을 어겨서는 안 된다며 폐비사건 자체를 재

론해서는 안된다고 우기다가 목숨을 잃거나 유배당했다.

특히, 대사간으로 있던 姜銶강영이란 이는 폐비 윤씨의 신위를 별묘別廟에 모시는 것을 반대하다 능지처참 당했다. 더욱 안타까운 것은 그의 아내 김씨가 한 달간 먹지 않고 울기만 하다 죽었다는 사실이다. 새 임금(1507년, 중종 2년)이 들어서자 정문旌門을 세워 표창했다지만 백년해로하지 못한 애달픔을 어떻게 잊을 수 있었겠는가.

한 여인 폐비 윤씨의 원한이 또 다른 여인 강영의 부인 김씨의 억울함으로 이어지고 만 것이다. 그래도 연산군의 장인인 윤기견은 딸이 숙의淑儀나 왕비王妃가 되는 것도 못 보고 일찍 죽었으니, 그저 『세종실록』 편찬에 참여한 고결한 학자로 흠결 없이 남을 수 있게 된 셈이다.

중종(1488-1544)은 열두 살 위인 이복형 연산군(1476-1506)의 상상을 초월하는 폭정을 잘 피하고 왕의 자리에까지 올랐으니 대단히 길한 운세를 타고난 것이 분명하지만, 그의 조강지처 신씨 부인은 말 그대로 날벼락의 연속일 뿐이었다.

열두 살에 왕자님(진성대군)과 결혼하여 열아홉에 바로 그 왕자님이 혁명적 정변으로 왕이 되었지만, 친정아버지와 두 숙부가 왕자님을 왕으로 만든 그 반정 세력에 의해 목숨을 잃자, 그녀 또한 왕비의 자리에서 쫓겨나 본가로 되돌아가야 했다. 자식도 없이 열아홉에 생과부가 되어 일흔까지 장수했다.

왕이 된 사랑하는 남편보다 13년을 더 살다가 쓸쓸하게 죽어갔지만 영욕이 교차한 친정집을 생각하며 얼마나 가슴을 쥐어뜯었겠는가. 고모가 연산군의 부인이었던 것이 집안의 족쇄가 되어 친정아버지 신수근과 그 형제들(신수겸 등)이 모두 죽게 되었던 것이다.

여덟 살 어린 나이에 자신보다 네 살 정도 더 먹은 예쁜 고모가 임금님(연산군)과 결혼하는 것을 보게 되었을 테니, 얼마나 어린 가슴이 콩닥콩닥 뛰었겠는가. 자신도 정확히 4년 뒤에 열두 살 어린 나이로 왕자님(진성대군: 중종)과 결혼했으니, 실로 신데렐라가 되고 싶어했던 어린 날의 꿈이 그대로 이루어진 셈이다.

친정아버지의 이름 수근(守지킬 수 勤부지런할 근)은 '분수를 지키나 근심이 많다'는 뜻이고, 자는 '첫째가 되지 않으려고 부지런히 애쓴다'는 근중(勤부지런할 근 仲버금 중), 아호는 '틈이 있는 집'이라는 소한당(所바 소 開틈 한 堂집 당)이다.

결국 그 근심과 틈이 현실로 나타나 권불십년이란 말 그대로 갑자기 급전직하가 되고만 듯하다. 어찌 보면 궁궐의 온갖 소란으로부터 멀리 벗어나 오히려 실컷 그리워하고 부러워하며 평범하게 사는 것이 더 나은 팔자였는지도 모른다.

친정아버지의 분수 지킨다, 타고난 몫을 잘 지킨다는 이름 뜻이나 첫 째가 되지 않으려 부지런히 애쓴다. 자字의 의미가 그대로 적중한 듯도 하다. 모든 걸 다 잃었어도 결국 목숨을 부지하며 일흔까지 오래오래 살았고, 죽은 후 182년(1739년 영조 15년)만에 단경端敬왕후라는 자신의 명예로운 칭호를 다시 얻었지 않은가?

소현세자의 운명도 참으로 딱하지만 그의 부인으로 청나라에 가서 굴욕적인 9년 인질생활을 함께 하다가 귀국한 세자빈 강씨의 비극적인 운명은 너무너무 참담하다. 귀국 후 2개월만에 남편이 급사하자 화불단행禍不單行이라는 말을 증명이라도 하듯이 그녀 또한 어린 세 아들과 함께 비극을 맞고 만다.

남편 소현세자가 열세 살에 세자가 되고 24세에 청나라 심양으로 인질이 되어 끌려갔으니 강빈도 아마 엇비슷한 연령대로 같은 운명을 겪었을 것이다.

33세에 아버지(인조)와 조정 대신들의 냉대*속에서 급사한 남편을 두고 슬퍼할 새도 없이 인조 후궁인 소의昭

*대신들의 냉대 : 청나라를 배척하는 분위기가 팽배했으므로 청나라 조정의 비위를 맞추기에 급급했다고 오해받고 있던 소현세자를 미워했을 것이다

儀 趙조씨의 무고(인조와 자신을 저주하고 왕의 음식에 독약을 넣었다는 혐의)로 3월 봄볕을 뒤로 한 채 사약을 마셔야 했다. 친정 어머니와 친정의 네 형제들, 그리고 어린 세 아들이 모두 맞아 죽거나 유배지로 떠나다 죽었으니, 그 얼마나 한스러웠겠는가.

그래도 사후 71년(1717년 숙종 43년)만에 세 아들과 함께 그 억울함이 풀어지고 민회빈愍懷嬪 강姜씨로 불리게 되었으니 그나마 정말 다행이었다고 해야 할지….

저주를 낳은 소의 조씨(혹은 귀인 조씨)도 강빈이 사사되고 난지 5년만에 金自點김자점의 역모에 연루되어 사사되고 말았다.

사돈인 김자점의 계략에 빠져 두 아들 숭선군, 익선군과 외동딸 효명옹주, 그리고 사위(김자점의 손자인 김세룡)까지 줄줄이 귀양가거나 죽게 하고 자신도 사사되었으니, 소현세자의 부인인 강빈을 저주하여 죽게 한 대가를 톡톡히 치른 셈이다.

역모의 핵심으로 등장했던 장남 숭선군崇善君이나 사위 金世龍김세룡은 처형당했으나 행실이 바른 둘째 아들 낙선군樂善君은 5년 뒤에 석방되고 그 후 3년이 지나 관직에 다시 나가 숙종 때(1695년)까지 국정에 헌신했다. 강빈과 조 귀인은 며느리와 시어머니로 만났지만 저주의 악연이 끼어들어 죽고 죽이는 관계로 변했던 것이다.

姜嬪강빈의 경우, 친정아버지의 이름은 '큰 걸 약속한다' 는 석기(碩클 석 期기약할 기)이고, 자는 '다시 뒤집는다' 는 복이(復돌아올 복 而말이을 이), 아호는 '연못에 비친 달' 이라는 뜻의 월당(月달 월 塘못 당)이다.

친정아버지의 운세가 이름과 자에서 나타나듯, 너무 소극적이고 퇴행적, 관조적이라 급박한 정변의 소용돌이를 결코 넘어설 수 없었을 것이다.

사위(소현세자)의 요절과 딸(강빈)의 비운과 외손들(강빈 소생의 세 아들들)의 안타까운 최후, 그리고 자신의 부인과 네 아들들의 비참한 운명을 직접 보지 않고, 비극이 생기기 3년 전(1643년)에 63세로 죽고 말았으니, 자기 한 몸만은 가까스로 구한 셈이다.

여동생 남편 김세룡과 여동생 시할아버지 김자점의 꾐에 빠진 형 숭선군이 역모에 휘말렸기 때문에 졸지에 죽을 운명에 놓이게 되었다가 가까스로 살아나 오래오래 관직과 수명을 누린 인조의 막내아들(여섯 째 아들) 낙선군樂善君을 보자. 형 숭선군의 이름은 징(石+比)이고 동생 낙선군의 이름은 숙(瀟빠를 숙)이다. 빠른 탓에 멸문지화의 악운을 피해 오래오래 살아남을 수 있었을 것이다.

결국 '착하게 사는 것을 높이 본다'는 崇善숭선이 '착하게 사는 것을 즐긴다'는 樂善낙선이 갑자기 들이닥친 악운을 더 재빠르게 이겨낸 셈이다. 함께 악운에 휩쓸렸지만 한 쪽은 죽음을 맞고 다른 한 쪽은 8년만에 죽음의 골짜기를 벗어나 다시 찬란한 햇빛을 오래오래 누릴 수 있게 된 것이다.

죽을 고비(1651년)를 넘기고 자그마치 44년이나 더 오래 살면서(1695년까지) 여러 관직을 두루 섭렵했으니, 그야말로 가장 이상적인 늦복쟁이로 정말 행복한 말년을 보낸 셈이다.

제 피붙이에게 화를 당한 여인들이 있다.

손자(연산군)에게 매 맞아 죽은 성종 임금의 생모 인수대비(세조의 장남으로 세자 시절에 요절한 추존왕 덕종 비 소혜왕후: 1437-1504)의 경우가 그 중 하나이다. 자신보다 한 살 아래인 왕세자를 스무 살 젊은 나이에 먼저 보내고 궁궐의 청상과부가 되었지만 17세에 낳은 장남 월산군(동생 성종이 즉위한 후 대군이 됨)과 20세에 낳은 둘째 자산군(11세에 잘산군으로 바뀜. 후일 성종으로 즉위), 그리고 막내 명숙공주를 키우며 꿋꿋이 살았다.

하지만, 마흔 중반에 딸을 먼저 보내고 뒤이어 오십 둘에 장남(월산대군 : 35세에 타계)을, 오십 칠 세에 차남 성종 임금(37세로 영면)을 먼저 떠나보내야 했다.

어디 그 뿐인가. 그녀는 이미 19세에 아버지 한확이 세조의 왕위 찬탈簒奪을 양위라고 설득하려 명나라에 다녀오다가 사하포에서 53세로 객사했다는 비보를 접해야 했다. 고모가 명나라 성조成祖의 비, 여비麗妃가 되었기 때문에 명나라 임금의 매제妹弟가 된 아버지 한확은 이래저래 명나라 왕실이나 조정과 아주 가까운 사이일 수밖에 없었다.

그런 연유로 자신이 적극적으로 도와 조카 단종을 상왕으로 올려보내고 임금(세조)이 된 삼촌(수양대군)을 위해 명나라 조정의 오해를 불식시킬 책임을 떠맡을 수밖에 없었을 것이다.

열 여덟에 시아버지 수양대군이 임금(세조)이 되자 장남인 남편 도원군(아들이 성종으로 즉위한 뒤 덕종으로 추존됨)은 세자가 되었다. 그에 따라 자신도 수빈粹嬪으로 책봉되었다.

하지만 행복도 잠시 일뿐, 한 해 뒤에 시아버지(한확)가 명나라를 다녀오다 포구에서 객사했고, 다음 해에는 남편이 열 아홉 나이로 요절했다. 32세에 아들이 성종 임금이 되는 것을 보았지만, 꼭 10년 뒤인 마흔 둘에 며느리 윤씨(연산군의 생모)가 광적인 투기심 때문에 사약을 받고 죽는 것을 보아야 했다.

자매가 한 쪽은 세종 임금의 서자(신빈 김씨와의 사이에서 출생)로 글과 글씨에 능해 세종 임금의 사랑을 한 몸에 받던 계양군*의 아내가

*계양군 : 세조 임금 시절 좌익공신 1등으로 측근 중의 측근이 되어 세조 곁에서 서무 출납을 담당하다 세조보다 5년 먼저 타계

되고, 다른 한 쪽은 세종의 둘째 아들로 후일 세조 임금이 되는 수양대군의 며느리(도원군의 아내로 후일 도원군이 세자가 되자 세자빈이 됨)가 되었으니, 실로 명문가였던 셈이다.

자녀 교육을 잘 시킨 탓에 두 아들(월산대군과 성종)이 끝까지 효성과 우애가 극진하여 동생이 임금이 된 뒤로도 형을 위해 손수 시를 지어 주고 정자 이름을 형의 아호를 따 '풍월정風月亭' 이

라 지어줄 정도였다. 그리고 형이 자신보다 5년 먼저 35세로 죽자 글 잘 쓰는 任士洪임사홍을 시켜 형의 '신도비명神道碑銘'을 짓게 했다.

하지만 문제는 손자와의 관계였다. 57세에 열 여덟 살로 왕이 된 손자는 즉위하자마자 어머니(폐비 윤씨)의 원수를 갚아야 한다는 복수심에 불타 아버지 성종 임금의 후궁인 정씨와 엄씨를 제 손으로 직접 죽여 궁궐 뒷산에 아무렇게나 내다버리게 했다.

30세에 왕의 자리에서 쫓겨나 바로 그 해에 홧병으로 죽었으니 12년 동안 온 나라 안을 음행과 살육과 암흑으로 가득 채웠던 셈이다. 결국, 인수대비는 67세의 노구를 이끌고 손자 연산군에게 불호령을 내리다 그만 손자의 손에 매맞아 죽고 말았다.

친정아버지의 이름이 확(確굳을 확)이고, 자는 자유(子아들 자 柔부드러울 유), 아호는 쪽 간이재(簡대쪽 간 易쉬울 이 齋재계할 재)이니, 온갖 어려움 속에서도 67세까지 굳세게 잘 버틸 수 있었을 것이다. 그리고 비록 못된 손자의 손찌검에 목숨을 재촉하게 되었지만, 자에서 보듯이 두 아들의 남다른 우애와 효성을 지켜보며, 아호에서처럼 오로지 모든 고통을 불교 신앙과 저술로 승화시켰다.

불경에 심취하여 전문가의 반열에 오른 후 범어, 한문, 한글로 불경을 편찬하기도 하고, 부녀자들의 예의범절을 위해 몸소 『여훈女訓』을 저술하기도 했다. 실로 간이재簡易齋라는 친정아버지의 아호에 딱 들어맞는 일생이었던 셈이다.

피붙이로 인해 인생의 비극을 맞이했던 또 다른 여인은 바로 선조 임금의 계비였던 인목왕후(혹은 인목대비)이다. 열여덟 꽃다운 나이로 50세의 늙수그레한 임금님과 결혼하여 4년 뒤인 22세에 영창대군(선조의 14왕자들 중 정궁正宮에서 태어난 유일한 왕자)을 낳았지만, 24세에 남편인 임금님(56세)을 여의자마자 때 아닌 먹구름이 몰려오고 말았다.

새 어머니인 자신보다 아홉 살 아래인 세자(광해군)가 첫째 왕자인 형 임해군을 제치고 왕이 되자마자 겨우 두 살인 이복동생 영창대군(1606-1614)을 못 잡아먹어 안달하기 시작했다.

송골매에게 쫓긴 병아리를 보호하듯 전전긍긍하며 노심초사했지만, 결국 불행을 완전히 피하지 못하고 5년 뒤(1613년)에 기어이 일을 당하고 말았다.

광해군을 옹립한 대북파大北派가 영창대군과 그 외조부 되는 金悌南김제남을 제거하려고 무서운 계략을 꾸민 탓에, 61세 된 친정 아버지(김제남)는 죽고 일곱 살 난 외아들 영창대군은 강화로 귀양을 가게 되었다.

영의정 朴淳박순을 비롯한 양반 귀족층의 서자(첩의 아들)들이 자칭 '강변칠우江邊七友'라며 여주 북한강변에 무륜당無倫堂을 짓고 술과 노래로 낮과 밤을 보내며 떼강도 짓까지 서슴지 않았다.

하루는 이들*이 조령을 넘던 은銀상인을 급습하여 은 수백 냥을 강탈했는데 이 사건을 처리하며 대북파(정인홍, 이이첨 등) 일각에서 잔머리를 굴렸던 것이다.

*예: 영의정 박순의 서자인 박응서, 서익의 사자인 서양갑, 심현의 서자인 심우영, 이제신의 서자인 이준경, 그리고 박치인, 박치의 형제, 허홍인)

즉, 김제남과 일단의 소북파小北派 인사들이 영창대군을 왕으로 옹립하려 거사자금을 마련하는 과정에서 은을 강탈하고 살인을 자행하게 되었다는 식으로 자백하면 눈감아 주겠다고 꼬드겨 기어이 허위자백을 받아냈던 것이다. 朴應犀박응서만 살려두고 나머지는 모조리 죽였으니, 허위자백을 받아내기 위한 교묘한 미끼에 글줄이나 안다는 대감댁 첩 자식들이 늙은 대신들의 잔꾀에 줄줄이 당하고 만 것이다.

사면赦免에 벼슬까지 누린 박응서도 꼭 10년 뒤에 찾아온 인조반정의 소용돌이에 그만 힘없이 고꾸라져 주살당하고 말았으니, 이를 두고 인과응보요 사필귀정이라 하는 것인지….

결국 29세 때에 친정아버지 김제남과 친정 형제들이 알지도 못하는 역모에 멋대로 뒤섞여 목숨을 잃는 것을 생생하게 목격해야 했다. 한 해 전에 자신을 죽이려던 尹瑠윤유를 朴承宗박승종이 막아주어 간신히 목숨을 보전했는데, 그 일 년 뒤에 기어이 비극이 터지고 만 것이다.

친정아버지는 사사되고 어린 아들은 바다 건너 외딴섬 강화도로 유배를 가고 말았으니, 남편(선조)을 잃은 지 꼭 5년 뒤에 날벼락을 만난 셈이었다. 그나마 친정어머니와 친정 막내동생 天錫천석이 구사일생으로 목숨을 건졌으니 불행 중 다행이라고 해야 할 지….

인목대비는, 계모인 자신보다 아홉 살이나 위인 남(공빈 김씨)이 낳은 아들녀석 광해군으로 인해 친정이 멸문지화를 당하고 친자식(영창대군)이 강화에 유배당했다가 강화 부사 鄭沆정항의 손에 찜살*당하는 피눈물나는 일들을 다 겪은 후, 기어이 폭군 광해군이 쫓겨나는 것을 보고서야 눈을 감았다.

*찜살 : 밀폐된 방에 불을 마구 때 죽였기 때문에 증살 혹은 소살이라고 함

광해군은 제주도로 쫓겨가 66세까지 자그마치 18년이나 더 살았고, 인목대비도 실로 증오스럽기까지 한 미운 자식 광해군이 쫓겨난 후 9년을 더 살며, 억울하게 목숨을 빼앗긴 친정식구들과 아들을 위해 밤낮으로 열심히 글씨를 쓰며 명복을 빌었다.

33세의 적지 않은 나이로 왕이 되었음에도 어째서 그리 못된 짓, 몹쓸 짓을 많이 저질러 놓았는지, 광해군의 15년 집권은 계모인 인목대비에게는 진정 지옥보다 더한 고통의 나날이었을 것이다.

친정아버지의 이름이 제남(悌공경할 제 男남녘 남)이고, 자는 '공손할 공(恭공손할 공 彦선비 언)이니, 따지고 보면 '공손하여 공경할 줄 아는 훌륭한 선비'라는 의미인 셈이 아닌가.

하지만 갑자기 들이닥친 권력의 음모인 1613년에 일어난 계축화

옥(癸丑禍獄에 사약을 마시고 죽어야 했고, 그 후 3년 뒤 딸(인목대비)의 폐모론(廢母論이 조정의 암투거리로 등장했을 때, 두 번 죽는다는 부관참시(剖棺斬屍형을 당했다. 그리고 딸이 서궁西宮에 유폐되어 죽지 못해 살아도 아무 힘이 되지 못했고, 강화부사가 여덟 살 어린 외손자를 찜을 쪄 죽일 때도 아무런 도움을 주지 못했다.

겨우 자신의 아내와 어린 막내아들을 살린 것이 전부이다. 하지만 인목대비는 친정아버지의 공손한 성품과 공경하는 인품 덕분에 목숨을 부지하여 끝끝내 원수 같은 자식(광해군)이 제주도로 쫓겨가는 것을 똑똑히 보게 되었는지도 모른다.

광해군의 이름이 혼(琿아름다운 옥 혼)이니, 결국 오래 아름답게 빛나는 한 줄기 가녀린 빛인 영창(永길 영 昌창성할 창)대군이 아름다운 빛을 발하는 옥인 광해군을 위해 어린 나이에 희생당하게 된 것이다.

그리고 영창대군의 이름이 의(檍나무이름 의)이니, 광해군의 이름에 꺾이고 부러지게 된 셈이 아닐까. 더욱이나 남편인 선조 임금의 이름이 균(鈞서른 근 균)으로 '가락과 음률을 고르게 맞춘다'는 뜻이니, 미운 오리새끼인 광해군의 골육상잔(骨肉相殘을 무슨 힘으로 막을 수 있었겠는가.

결국은 지나치게 온유한 사람들 편(인목대비, 김제남, 영창대군 등)이 광해군과 정인홍, 이이첨 등이 만든 깊은 함정과 탄탄한 올가미에 희생당하고만 셈이다. 닫힌 방에 불을 때서 영창대군을 죽인 강화 부사 정항(沆넓을 항)의 이름 뜻이 '괴어있는 큰 물'을 의미하니, 그 지독한 찜질과 장작불과 벌겋게 달궈진 돌 구들장을 무슨 수로 피할 수 있었겠는가. 어린 영창대군은 어머니 인목대비를 목놓아 부르다가 뜨거운 공기에 질식되어 죽었을 것이다. 펄펄 끓는 물보다 더 뜨거운 찜질에 작고 여린 몸이 힘없이 녹아내려 그만 죽고 말았을 것이다.

인현왕후 민씨(숙종 계비)와 장희빈(숙종의 후궁으로 경종의 생모)도 조선왕조의 한 많은 여인들이다. 인현왕후 민씨는 여섯 살 위인 숙종이 첫째 왕비인 인경왕후(1661-1680) 김씨(김만기의 딸)가 오래 못 살고 죽은 공주만 둘을 낳고 19세로 요절하자 제2 왕비로 책봉되었다.

14살 때 스무 살 홀아비인 남편 숙종 임금과 결혼한 것이다. 한데, 갑자기 어여쁘고 성깔 사나운 장씨(희빈)가 한창 나이인 이십대 초반의 임금을 홀려 제 치마폭에 폭 감싸안고 말았다. 그 결과 기다리던 아들(경종)을 낳고 숙종은 급기야 정비인 인현왕후를 궁궐 밖으로 몰아내고 대신 요염한 장희빈을 왕비로 삼고 말았다. 그때 인현왕후 민씨의 나이는 한창 때인 23세였고 숙종은 29세였다.

4년여의 결코 길지 않은 세월동안에 엎치락뒤치락하며 두 여인(인현왕후와 장희빈)은 천당과 지옥을 교대로 오고가야 했다. 한 쪽이 왕비가 되면 다른 한 쪽은 폐비가 되어 벼슬 하나 못한 벙거지 뒤집어쓴 백성으로 변하고 마는 거였다.

결국 인현왕후는 사필귀정事必歸正의 자연 순리를 따라 27세에 왕비로 복위되고 그 대신 장희빈은 왕비의 자리에서 쫓겨나더니 결국 인현왕후가 34세로 죽던 해에 사약을 받고 오빠 張希載장희재와 함께 죽고 말았다. 열 세 살 된 아들(경종)이 32세로 왕이 되기 꼭 19년 전에 죽었으니, 자신의 기구한 팔자가 그 얼마나 한스러웠겠는가.

왕비 자리 하나를 놓고 엎치락뒤치락하다가 죽는 것도 비록 그 모양은 하늘과 땅만큼이나 달랐지만 같은 해에 앞서거니 뒤서거니 하며 생애를 마감하고 말았다. 실로 악연 중의 악연이라 아니할 수 없다. 지옥과 천당 사이에 있는 호젓한 갈림길에서 철천지원수로 마주친 운명의 여인들이었던 셈이다.

인현왕후 민씨는 어쩌면 시어머니 명성왕후 김씨(현종 비 : 김우명의 딸)와 시할머니 인선仁宣왕후 장씨(봉림대군 즉, 효종 비 : 장유의 딸)의 가파른 팔자를 많이 전수받은 듯하다. 먼저 시할머니가 되는 인선왕후는 남편인 봉림대군이 청나라에 볼모로 끌려갈 때 함께 심양에 가서 8년간이나 살다가 26세 되던 해(1644년)에 세 살 난 아들(현종)을 데리고 영구 귀국했다.

31세에 왕비가 되었지만 권불십년이라고 겨우 10년만인 41세에 과부가 되고 말았다. 남편인 효종이 죽고 바로 그 해에 19세 아들(현종)이 즉위했으니 궁궐 여인들의 팔자란 실로 밤과 낮이 나란히 같이 있고 천당과 지옥이 바로 곁에 함께 있는 셈이다. 아들 현종이 33세로 타계하고 손자 숙종이 13세로 즉위하던 해에 56세로 한 많은 생애를 마감했다.

시어머니 명성왕후 김씨는 비록 41세로 영면했지만 머리가 비상하고 성정이 과격한 여인으로 통해 있었다. 32세에 남편인 현종이 죽자 과부가 되었는데, 열 세 살 난 아들(숙종)이 왕이 되자 정무에 깊이 관여하다가 대신들의 호된 비판을 받기까지 했으니, 어찌 보면 실로 여걸다운 데가 있었던 모양이다.

아들 숙종이 22세로 어엿한 왕의 자태를 지녔을 즈음, 41세로 영면했다. 실로 그리 짧지도 길지도 않은 생애였던 셈이다. 시할머니 인선왕후는 1남 6녀를 낳고 시어머니 명성왕후는 1남 3녀를 낳았다. 인현왕후 민씨는 최소한 출산 면에서는 시어머니나 시할머니를 전혀 닮지 못했다. 아무 소생이 없이 34세로 생애를 마감했으니, 시어머니나 시할머니에 비해 너무너무 외롭고 서러운 일생이었던 셈이다.

사도세자의 부인이자 효성이 지극한 현군이었던 정조대왕의 생모인 혜경궁 홍씨(1735-1815;혜빈에서 정조 즉위 후 혜경궁이 됨)의 생애야말로 한 편의 비극적인 드라마 같고 슬프기 한이 없는 장편소설 같다.

이복형 효령세자가 요절하자 세자로 책봉된 사도세자(정조 즉위 후 장헌세자로 바뀜)의 운명도 기묘하지만, 동갑내기 세자빈인 홍씨(남편이 죽은 후 '사도'라는 존호를 추존받을 때 혜빈에 봉해짐)의 팔자도 참으로 기구하기 이를 데 없었다.

남편인 세자가 27세의 적지 않은 나이로 갑자기 일반 백성(서인)으로 강등되어 뒤주 속에서 굶어죽는 것을 열 살 난 아들(후일 정조대왕)과 함께 지켜보아야 했다. 남편이 죽던 날 영의정인 친정아버지 홍봉한은 대신들과 함께 뱃놀이를 즐기고 있었다.

친정아버지는 49세였고 시아버지 영조는 68세였다. 시아버지는 41세에 낳은 아들을 죽인 셈이고 친정아버지는 31세 때 맞이한 아홉 살 어린 사위의 서러운 죽음을 외면한 셈이다.

27이란 숫자는 시아버지나 남편이나 홍씨 자신에게 모두 의미심장한 숫자였다. 시아버지 영조는 27세에 이복형 경종(장희빈의 아들)이 즉위하자마자 경종이 병약하다는 이유로 노론에 의해 왕세제로 책봉되었고, 사도세자는 27세에 뒤주 속에 갇혀 산 채로 죽었다. 홍씨는 동갑내기 남편을 잃었으니 27세에 외아들(정조)을 둔 청상과부가 되고 말았다.

홍씨의 비극은 이래저래 유별난 성품을 지닌 시아버지와 시어머니 사이에서 필연적으로 생길 수밖에 없었다. 영조가 아직 연잉군일 때 12살 어린 나이로 결혼한 첫 번째 시어머니인 정성왕후(서종제의 딸) 서씨(1692-1757)는 65세로 생애를 마감했지만 소생이 없이 아주 담담하게 살다 갔다.

하지만, 시아버지가 66세 고령일 때 맞이한 15세의 어린 시어머니(정순왕후 : 김한구의 딸)는 홍씨나 동갑내기 남편(사도세자)보다 정확히 열 살 아래였다. 뿐만 아니라 그녀의 친정은 사도세자를 뒤주 속에 가둬 죽이도록 함부로 무고한 노론계열의 벽파(僻派)에 속해 있었다.

반면에 홍씨의 친정(친정아버지인 영의정 홍봉한을 비롯하여)은 사도세자와 그의 외아들인 어린 세손(정조)을 방어하는 남인계열의 시파時派에 속해 있었다.

젊은 시어머니(정순왕후 김씨)는 늙은 시아버지를 제치고 열 살 아래의 아들(사도세자)과 며느리(홍씨)를 몹시 미워했다. 31세에 82세 남편(영조)을 먼저 보내고 과부가 된 시어머니는 29년이나 더 오래 살면서 어린 손자(정조)를 제치고 여자 국왕 노릇을 철저하게 해냈다.

스스로 여주女主니 여군女君이라 칭하며 대신들로부터 개인별 충성서약까지 받아냈으니 실로 큰 일 저지를 여성이었던 셈이다. 자신이 쥐고 흔들던 손자(정조)보다 5년 더 살다가 60세로 죽었지만 죽기 2년 전(1803년 12월)인 58세 때까지 권력의 중심에 앉아 있으려고 많은 애를 썼다.

그녀는 자신보다 열 살 위인 아들(사도세자)이 뒤주 속에 갇혀 죽도록 은근히 조장했고, 뒤이어 자신보다 겨우 일곱 살 아래인 손자(정조)가 24세에 왕이 되었음에도 불구하고 수렴청정을 강행하며 스스로 여황제女皇帝인 듯 착각했다. 실로 서른 살을 겨우 한 해 넘긴 결코 많지 않은 나이에 할머니 역할 하나만은 정말 톡톡히 했던 셈이다.

어디 그뿐인가. 그녀는 손자(정조)가 48세로 죽자, 55세의 나이임에도 고손자高孫子(정조의 손자로, 익종 혹은 효명세자의 아들인 순조 임금)가 열 살을 갓 넘긴 어린 나이로 즉위(1800년 6월)하자 또 다시 권력의 중심에 서려 안간힘을 썼다.

하지만, 그녀가 온갖 극성을 떨며 일으켜 세운 경주 김씨의 천하는 지는 해로 서서히 사라지고, 순조 임금의 장인인 안동 김씨(김조순)의 천하가 뜨는 해로 서서히 떠오르고 있었다.

결국 손자(정조)가 세워놓은 덫(김조순의 딸을 손자인 순조의 비로 삼으라는 유지)에 걸려들어 김조순이 고손자(순조)의 장인으로 결정된 1802년부터 힘이 가파르게 빠지기 시작하더니 마침내 그 한 해 뒤인 1803

년 12월(14살인 순조 임금이 친정 시작)에 완전히 이빨 빠진 종이 호랑이로 전락하고 말았다.

그녀는 사도세자를 죽이도록 뒤에서 조종하고 앞에서 외쳐댄 벽파 세력의 핵심이었던 친정오빠 金龜柱김구주를 비롯한 친정 식구들(김관주, 김일주, 김용주 등)과 영의정 沈煥之심환지 일당의 든든한 뒷받침 아래, 이씨 왕조 속에서 경주 김씨 세상을 27년 가까이 계속되게 만들었다.

손자(정조)의 장례식이 끝나기가 무섭게 정적政敵인 시파 일당을 숙청하기 위해 다시 칼을 빼들었다. 그 결과 사도세자와 숙빈 임林씨 사이에서 출생한 은언군恩彦君(1755-1801, 정조의 이복동생으로 강화도령 철종의 조부가 됨)과 열 살 위 며느리(사도세자의 부인이자 정조의 생모인 혜경궁 홍씨)의 친정 동생 樂任낙임을 꼬투리 잡아 처형했다.

그리고 이듬해(1801년)에는 대대적인 천주교인 처단을 진두지휘하여 정약용 등 남인의 뿌리를 모조리 뽑아냈다.

사도세자의 비극은 본인 한 사람의 죽음으로 끝나지 않고 새 어머니인 정순왕후의 45년 궁궐 생활(15세에 66세의 영조와 결혼하여 왕비가 된 이후 60세로 죽을 때까지) 내내 고통을 당해야 했다.

자신은 아들(정조)이 결혼한 바로 그 해(1762년 2월) 5월에 죽어야 했고, 죽은 후 2년 뒤(1764년 2월)에는 아들(정조)이 자신의 이복형(영조가 25세 때 얻은 맏아들로 아홉 살에 요절한 효장세자 혹은 진종)의 장자로 입양되는 것을 보아야 했다.

그리고 죽은 후 9년 뒤(1771년)에는 자신과 숙빈 임林씨 사이에서 태어난 은신군恩信君*이 정순왕후의 친정오빠인 김구주 일당의 무고로 제주도에 유배되었다가 죽고 만다.

또한 은언군의 아들 즉, 사도세자의 손자 담(완풍군 혹은 상계군)은 정조의 측근 중의 측근이었던 홍국영의 누이(정

*은신군 : 은언군의 동생. 숙종의 6남인 연령군의 손자로 입양됨. 인조의 아들 인평대군 6세손 이병원의 아들로 태어난 흥선대원군의 생부 남연군이 은신군의 양자가 되었기 때문에, 은신군은 자연히 고종의 증조부가 됨.

조의 후궁이 되어 원빈으로 봉해졌으나 소생 없이 일 년 뒤에 요절)의 양자로 입양되어 명목상의 왕위 계승자(그때까지 정조의 후사가 없었으므로)가 되었다가 홍국영의 야심에 위험을 느끼고 자살하고 말았다.

실로 끝이 없이 이어진 불행의 사슬, 비극의 고리였던 셈이다.

그래도 은신군은 고종의 증조부가 되고, 은언군은 철종의 조부가 되었으니 결국 사도세자의 핏줄들이 조선왕조의 마지막을 장식하게 된 셈이다. 억울하게 죽은 사도세자의 가련한 혼령을 뭇 조상들이 지켜주고 하늘과 땅이 기氣를 살려 준 셈이다.

정순왕후와 혜경궁 홍씨는 시어머니와 며느리로 만났지만, 좋은 고부간이 못 되고 악연으로 점철되고 말았다.

31세에 과부가 된 시어머니와 27세에 과부가 된 며느리가 한 하늘 아래 살면서 참으로 기이하기 짝이 없는 궁중 역사를 만들어 내며 29년간을 삐거덕거리다 끝내는 며느리의 판정승, 시어머니의 판정패로 대단원의 막을 내리고 말았다.

며느리인 혜경궁 홍씨가 시어머니 정순왕후 김씨보다 자그마치 10년이나 더 오래 살아남아, 시어머니의 온갖 티검불과 핏자국으로 얼룩진 발자취를 일필휘지一筆揮之로 급히 내려 쓴 일기체 역사책 『한중록閑中錄』으로 말끔히 지워 없앴다.

붓과 먹과 종이만으로 여인의 한恨을 녹이고 삭혀 비극과 불행으로 얼룩진 여든 해 긴긴 일생을 주옥 같은 역사로 엮어낸 것이다.

시어머니가 죽기 10년 전(1795년 정조 19년)에 자신의 회갑을 맞으며 친정 조카 洪守榮홍수영의 청에 따라, 지난날의 슬프고 원통한 이야기들을 일기형식으로 상세하고 힘있게 써내려 가기 시작했으니, 그 또한 자신보다 열 살 아래인 시어머니(정순왕후 김씨)의 흔적을 지워 없애기 위한 은밀한 시도였지 않았을까.

며느리의 친정 아버지는 홍봉한(鳳봉새 봉 漢한수 한)의 이름 뜻은

'물을 따라 날아가는 큰 새'이고, 자는 '너의 날개가 되어주마'라는 익여(翼날개 익 汝너 여), 아호는 '날개에 날개를 달고 공손히 맞이한다'는 익익재(翼날개 익 翼날개 익 齋재계할 재)이니, 비록 사위(사도세자)의 억울한 죽음은 가로막지 못했지만 딸(혜경궁 홍씨)의 일생만은 제대로 잘 지켜준 것이다.

시어머니의 친정 아버지는 김한구(漢한수 한 耉늙을 구)는 딸이 영조의 계비로 들어가자 오흥繁興부원군이 되었다. '물가에서 늙어간다'는 의미이니, '물을 따라 날아가는 큰 새'에 비해, 보다 안정적인 생애를 누릴 수 있었을 것이다.

결국 '물가 늙은이'의 딸인 정순왕후가 '물 위를 나는 큰 새'의 딸인 혜경궁 홍씨보다 더 안정적인 생애를 살게 되었던 것이다.

참으로 신기한 일이다.

친정아버지의 봉록이 오흥부원군인데 야릇하게도 자라 오鰲, 흥할 흥興 자를 쓰고 있다. 딸을 비롯한 친척 일가들이 자라처럼 강하고 끈질기게 일어나라는 의미가 아닌가.

자라 이빨과 그 단단한 등 껍질을 닮은 딸과 가족들이 줄줄이 세도를 부리다 큰 불행 없이 다들 천수를 누렸다. 정순왕후보다 다섯 살 위인 친정 오빠 金龜柱김구주도 온갖 악명을 떨치다 36세에 흑산도로 귀양을 갔지만 8년 뒤에 특사를 받아 나주에 머물다 46세로 병사했으니, 그리 비참했다고 말할 수는 없을 것이다.

어쨌거나 정순왕후의 여걸 티내기는 고스란히 증손자(순조) 비妃인 순원純元왕후(안동 김씨 김조순의 딸)에게로 전수된다. 열 세 살에 왕비가 되어 3년간 증조할머니 정순왕후의 극성스럽고 대단한 파워게임을 지켜보다가, 자신이 손자(현종)의 수렴청정을 하게 될 때 실속 있게 권력의 꿀을 요리조리 빼먹었다.

증조할머니는 31세에 조선왕조 최초로 24세나 되는 손자(정조)를 대신해 수렴청정을 했지만, 증손자 비는 45세에 일곱 살 먹은 손자(현종)를 대신해 수렴청정을 시작했다.

증조할머니도 2대(정조, 순조)에 걸쳐 권력을 휘둘렀고, 증손자 비도 2대(현종, 철종)에 걸쳐 권력을 거머쥐었었다. 영향력을 미친 기간은 비록 증조할머니가 26년간이고 증손자 비가 23년간이니, 증조할머니 정순왕후 김씨 쪽이 3년 정도 더 길게 권력을 누린 셈이다.

하지만, 증손자 비妃 순원왕후 김씨는 19세 강화도령 이원범에서 조선의 왕으로 등극한 철종을 위해 왕비를 간택하며 안동 김씨 일족의 세도정치를 확고히 뿌리내리게 했다.

즉, 김문근의 딸을 철종 비로 맞게 함으로써 증조할머니 정순왕후 김씨가 쌓아올린 경주 김씨 일족의 세도정치를 안동 김씨 일족의 태평성대로 완전히 바꿔치기 해 놓았다.

두 여인 모두 쇠심줄같이 억센 운명을 타고 난 탓인지, 증조할머니는 31세에 과부가 되어 55세 때 48세로 죽은 손자(정조)를 보아야 했고, 증손자 비는 41세 때에 21세 아들(효명세자 혹은 익종)이 죽는 것을 보더니 45세에는 스스로 과부가 되어 60세 때는 22세 손자(현종)가 죽는 것을 보아야 했다.

오래 사는 것이 욕이 된다더니 옛말 하나 어디 그른 것이 없는 모양이다.

증손자 비 순원왕후의 장수와 권력 누림은 과연 어디서 오는 복 때문인가.

친정 아버지 김조순(祖조상 조 淳순박할 순)의 이름 뜻은 '순박한 조상이 된다'이고, 자는 '모범적인 선비가 된다'는 사원(士선비 사 源근원 원)과 '물가 언덕 위에 선 단풍나무처럼 눈에 띈다'는 의미로 볼 수 있는 풍고(楓단풍나무 풍 皐부르는 소리 고)이다.

하나같이 근원이 된다, 조상이 된다, 모범이 된다, 돋보이는 나무가 된다는 식으로 풀이될 수 있다.

적극적이고 공세적이고 팽창적인 이름들이다. 친정아버지의 이름이나 칭호가 이만하니까, 그 딸이 두 마리 토끼(권력과 장수)를 다 잡을 수 있지 않았겠는가.

아마도 조선의 여인들 중 고종의 부인인 명성왕후 민씨가 가장 비극적인 최후를 맞이했을 것이다. 일곱 살에 아버지(민치록)를 여의고 아홉 살에 어머니마저 잃어 고아가 되었다.

하지만 시어머니가 될 흥선대원군의 부인인 민씨의 선택에 힘입어 열 다섯 살에 열 네 살 임금님(고종)과 결혼하여 졸지에 신데렐라가 되었다. 하지만 시아버지 흥선興宣대원군(이하응)의 그늘에 가려진 남편(고종) 때문에 꼭 십년간은 숨도 제대로 못 쉬고 조용히 보내야 했다.

그녀는 드디어 25세가 되던 해에 민씨 일족과 남편을 꼬드겨 시아버지의 그늘에서 일거에 벗어났다. 즉, 남편인 고종임금의 친정 체제로 왕국의 질서를 바꿔 놓은 것이다. 그러나 악운은 멈추지 않고 되찾아와 마구 괴롭혀대기 시작했다. 서른 중반에 들이닥친 임오군란(1882년)으로 인해 다시 몸을 피하지 않을 수 없었다.

자신을 괴롭히는 일본 조정과 친일파들이 머리를 들 때마다 그녀의 운명에는 어두운 그림자가 짙게 드리우곤 했다.

시아버지가 민비를 든든히 받쳐주는 청나라 군사들에게 붙잡혀 중국 천진으로 끌려가 4년여 동안 유폐생활을 하자 한 동안 온 나라 안이 조용한 듯했지만, 일본세력을 업은 젊은 신하들이 갑신정변(1884년)을 일으키자 다시 한 번 목숨이 위태롭게 되고 말았었다.

청나라 군사들이 끼어들어 무모한 혁명가들의 천하가 겨우 '3일 천하'로 끝나고 말았지만, 일흔 고개를 훨씬 넘어서도 권력욕을 불태우는 시아버지의 등쌀을 좀처럼 배겨낼 수 없었다.

결국 74세의 시아버지가 일본을 업고 재집권(1894년 7월)하자, 불혹의 나이를 훨씬 넘긴 43세의 민비는 하는 수 없이 러시아에 접근해야 했다. 동학농민봉기(1894년 5월 전주 점령)에 화들짝 놀라고 겁이 잔뜩 난 조선 조정은 먼저 청나라에 원병을 요청했다.

그러자, 조선반도를 제 영지領地처럼 여기고 있던 일본이 출병(1894년 6월)했다. 시아버지와 며느리의 권력싸움이 외세를 조선반도로 끌어들여 대리전代理戰을 치르게 했던 것이다. 하지만 제국주의의 기치를 높이 들고 호시탐탐 노리던 일본이 가만히 보고만 있을 리 없었다.

미우라 고로(삼포오루三浦梧樓)일본 공사를 앞세워 시아버지 흥선대원군을 꼬드기고 뒤이어 일본 폭력배들(낭인들)을 대거 끌어들여, 1895년 10월 8일에 명성황후 민비를 난자시해亂刺弑害하고 말았다. 칼로 마구 찔러 목숨을 빼앗은 것으로 끝나지 않고 궁궐 밖으로 질질 끌어내 석유를 뿌리고 불을 붙였던 것이다.

죽은 민비는 44세이고, 남편인 고종은 43세, 그리고 그녀의 둘째 아들(순종)은 21세였다. 건청궁乾淸宮에 피 바람이 불어닥친 그 사건은 얄궂게도 순박하기 이를 데 없는 양띠 해에 일어난 을미사변乙未事變이었다.

시아버지 흥선대원군(1820-1898)은 원수 같던 최고의 악질 정적이 비참한 최후를 맞은 것을 다 지켜본 후 4년 더 생존하다 78세로 구절양장九折羊腸같던 일생을 마쳤다.

죽은 며느리가 폐위되어 서인이 되었다가 다시 제 자리(왕비)로 돌아와 광무 1년(1897년)에 '명성明成'이란 시호를 받는 것까지 다 지켜본 후 그 일년 뒤에 생애를 마감했으니, 실로 한편의 야릇한 드라마 같다고나 해야할지….

명성황후 민씨의 친정아버지 민치록(致보낼 치 祿복 록)의 여성(驪검은 말 여 城재 성)부원군에 시호는 효정(孝효도 효 貞곧을 정)이니, 각각 '복을 멀리 보낸다, 검은 말을 타고 성채를 지킨다, 효성스럽고 올곧은 성품이다' 라는 뜻이다.

'복을 보낸다' 는 친정아버지의 이름 뜻이, 처음에는 '크고 큰 복을 불쌍한 내 딸에게 고이 보낸다' 는 의미로 제법 먹혔지만, 나중에는 그 뜻이 '복을 멀리 내쫓는다' 는 것으로 갑자기 뒤바뀌고 만 듯하다.

딸의 비극적인 최후와 오백 년 왕국의 멸망, 그리고 외세에 의한 강토의 유린으로까지 이어졌으니, 검은 말이 비운을 불러오고 복이 스스로 도망을 친 형국이 되고만 셈이다.

결국 시아버지의 이름과 자와 아호에 눌리고만 셈이 아닌지…. '더위를 피해 그늘진 곳에 안거한다' 는 하응(昰여름 하 應응할 응), '때가 되어 우두머리가 된다' 는 시백(時때 시 伯맏 백), '돌을 쌓아 둑을 견고하게 한다' 는 석파(石돌 석 坡고개 파)에 '번창하게 되어 많이 베푼다' 는 흥선(興흥할 흥 宣베풀 선)이니, 실로 대단한 의미들인 셈이다. 방어벽防禦壁도 대단히 높고 그 기세 또한 활기차다고 할 수 있을 것이다. 명성황후가 힘을 쓸 나이가 될 때까지 열심히 옆에서 뒷받침했던 친척 閔奎鎬민규호의 이름이나 자나 아호가 그나마 좀 더 든든하다.

규호(奎별 규 鎬냄비 호)라는 이름 뜻은 '별을 닮은 냄비' 이고, 자는 '볕이 든 정원' 이란 경원(景볕 경 園동산 원), 아호는 '누렇게 색이 바랜 역사책' 이라는 황사(黃누를 황 史역사 사)이다.

그는 서른 살 되던 해에 고아인 친척 아가씨가 왕비로 책봉되어 가례를 올리는 것을 보고 '사람 팔자란 참으로 신기하기도 하다' 며 미지의 어떤 힘에 경탄을 금하지 못했을 것이다. 그리고 열심히 왕비를 도와 시아버지(흥선대원군)의 섭정을 끝내게 해야 한다고 각오했을 것이다.

　그런 각오와 의지 때문인지 그는 42세에 영의정에 올라 27세의 왕비와 26세의 임금님(고종)을 위해 죽도록 헌신하겠다고 다짐하게까지 되었다. 하지만, 그는 다시 한 번 별빛처럼 신비하기도 하고 냄비처럼 속되기도 한 운명의 장난을 실감하지 않을 수 없었다.

　영의정이 되어 한참 포부를 밝힐 때쯤에 급사하고 말았던 것이다. 왕을 제외하면 실질적인 최정상인 영의정이 되었는데도 꿈 한 번 펴보지 못한 채 7일만에 죽고 말았다. 볕이 갑자기 사라지고 누런 흙빛이 들이닥친 셈이다. 그는 자신보다 열다섯 살 아래인 왕비의 비극적인 최후를 17년이나 먼저 슬쩍 암시하고 홀연히 사라진 것인지….

07 | 폭군을 지켜준 사람들

조선왕조의 대표적인 폭군은 누가 뭐라 해도 연산군과 광해군을
손꼽아야 할 것이다.
폭군을 지켜 준 사람들이 모여 일을 꾸민 것 중에
가장 돋보이는 것은 누가 뭐라 해도 단연 억울하게 죽은 어머니를
대신해 복수해야 한다며 왕을 부추겨 일으킨 갑자사화일 것이다.

조선왕조의 대표적인 폭군은 누가 뭐라 해도 연산군과 광해군을
손꼽아야 할 것이다. 누가 과연 이러한 폭군들을 지켜주고 밀어주
고 기를 살려 주었는가?

먼저 조선의 열 번째 왕이 되어 재위 12년간 온갖 못된 짓을 밥
먹듯이 해댄 연산군을 지켜준 악신惡臣들을 살펴보자.

이극돈, 임사홍, 유자광… 이들이 바로 폭군 연산군을 지켜주며
마치 개미가 진딧물 꽁무니에서 단 오줌을 빨아먹고 받아먹듯이,
그렇게 온갖 이권을 챙긴 사람들이다.

이극돈은 연산군이 18세로 즉위할 때 59세였고, 임사홍은 49세였
다. 유자광이 죽은 해는 분명하나 태어난 해가 불분명하지만 그의
행적을 놓고 추측해 보면 최소한 50세는 족히 되었을 것이다. 그러
니, 세 명의 중늙은이들이 혈기방장하고 광기충천한 18세 폭군을
가라앉히기는커녕 도리어 북돋우고 부채질하여 더욱 더 미쳐 날
뛰게 만들었다.

폭군 연산군이 22세가 되자 이극돈 일파는 자신의 행실을 비방

하는 글을 실록의 기초자료가 될 사초史草에 삽입한 김일손을 제거하고자 한 꾀를 생각해 냈다. 마침 사림파의 표적이 된 이극돈은 훈구파의 실세로 『성종실록』 편찬의 책임자였기 때문에, 실록 작성의 기초자료가 될 사관들의 기록을 일일이 다 훑어볼 수 있었다. 그걸 기회로 여긴 이극돈은 평소 자신을 비방하는 상소를 올린 김일손을 제거할 구실을 찾기에 분주했다.

그때 그의 눈을 번쩍 뜨이게 한 구실이 바로 김일손의 스승인 김종직이 쓴 『조 '의제' 문』이었다. 『조 '의제' 문』은 김종직이 중국고사를 빗대어 쓴 글인데 진秦나라 말기의 혼란기를 틈타 劉邦유방(후일 한나라 고조)과 천하를 다툰 項羽항우(BC 232-BC 202)에게 죽은 초楚나라 회왕懷王, 즉 의제義帝를 조상弔喪하는 내용이었다. 이 글을 본 이극돈은 조카인 단종을 내쫓고 왕이 된 수양대군, 즉 세조를 빗대어 쓴 것이라고 단정짓고 이를 연산군에게 알려 선왕先王을 욕되게 한 역모죄로 다스리게 되었던 것이다.

그 결과 무수한 선비들이 목숨을 잃거나 귀양가거나 파직되었다. 물론 김일손은 참형斬刑되고 스승인 김종직은 이미 죽고 없었으나 부관참시를 당했다.

이 일을 두고 후세 사람들은 무오년戊午年에 일어난 참화慘禍라 하여 '무오사화戊午士禍'라고 부르고 있다. 이때 이극돈, 임사홍, 유자광은 각각 63세, 53세, 54세(추정)였다. 50대, 60대가 모여 22세의 폭군을 꼬드겨 충신과 인재들을 모조리 잡아죽인 것이다.

폭군을 지켜 준 사람들이 모여 일을 꾸민 것 중에 가장 돋보이는 것은 누가 뭐라 해도 단연 억울하게 죽은 어머니를 대신해 복수해야 한다며 왕을 부추겨 일으킨 갑자사화甲子士禍(1504년)일 것이다.

60이 다 되거나 70이 다 된 늙은이들이 모여 한창 기고만장한 프로급 폭군의 코털을 냅다 뽑고만 것이다. 연산군의 나이 그때 28세로, 쫓겨나 홧병으로 죽기 꼭 두 해 전이었다.

아버지 성종의 후궁이니 따지고 보면 제 어머니나 마찬가지인데도 정鄭씨와 엄嚴씨를 제 손으로 직접 죽여 뒷산에 내다 버리게 했다. 그리고 할머니 인수대비를 머리로 들이박고 주먹으로 때려 죽게 하고, 수 십 명의 선비들을 새끼줄에 굴비 엮듯이 온갖 죄목으로 묶어 한꺼번에 죽였다. 25년 전에 죽은 자기 어머니의 복수극을 천지를 진동하는 피비린내로 끝낸 것이다.

이제 세 사람의 이름을 뜯어보자.

우선 이극돈(克이길 극 墩돈대 돈)의 이름은 '야트막하게 높여놓은 둔덕을 넘는다' 는 의미이고, 자는 사고(士선비 사 高높을 고)이니, '높은 척 뽐내는 지식인' 이라는 의미이다.

이름처럼 그는 언덕을 넘듯이 한 발 한 발 출세길을 밟아갔다. 22세에 관직에 나가 30대 중반에 참판이 되고 50대 후반에 판서가 되었다. 60대에 종1품 벼슬인 좌찬성에까지 올랐으니 언덕 넘기에서 마침내 뽐내기 단계로 들어선 셈이다. 그는 1445년에 출생하여 1506년에 세상을 하직했다.

임사홍(士선비 사 洪큰물 홍)의 이름은 '큰 물에서 노니는 선비' 라는 뜻이고, 자는 이의(而말 이을 이 毅굳셀 의)이니, '과감하여 일을 저지를 기질' 을 의미하는 셈이다. 이름 그대로 그는 참으로 기고만장하여 온 사방에 잡음을 내며 요란을 떨었던 듯하다.

임사홍(1445~1506)은 20세에 관직에 나가 33세에 선배, 동료들의 탄핵을 받고 유배될 정도였으니 가히 그 천성을 짐작하고도 남는 일이다. 결국 두 아들을 잘 둔 덕택에 여러 차례의 탄핵과 극형의 위기를 모면했으니, 사람 팔자란 참으로 기기묘묘하다.

첫째 光載광재는 예종의 사위(부마)가 되고 둘째 崇載숭재는 성종의 사위가 되었으니, 두 임금과 사돈을 맺은 그 든든한 배경을 어떤 간관諫官이 감히 그 위풍당당한 실세를 꺾을 수 있었겠는가.

그는 또 글재주나 기억력이 출중하여 40대에는 왕명으로 월산대군의 묘비명(신도비명)을 짓기도 하고 명나라를 오가며 중국어를 익혀 외교문서를 관장하는 승문원承文院에서 중국어를 가르치기도 했다. 그래도 환갑을 넘기고 죽었다가, 후일 중종반정 때 기껏 부관참시 되었으니, 그럭저럭 상팔자에 해당하는 셈이다.

유자광은 여러 모로 연구대상이 될만한 유별난 사람이다. 한직에 해당하는 중추부지사(종2품으로 당상관에 해당) 柳規유규의 서자로 태어나 문지기 노릇(건춘문 지키는 갑사로 치안, 국방을 담당하는 하급 병졸에 해당함)이나 하고 있었지만 본래 재주가 많고 야심이 컸던 것 같다.

아마도 자신과 같은 갑사甲士 출신으로 온갖 무공을 세우고 마침내 세조가 죽던 해(하루 전에 둘째 아들 예종에게 양위하고 1468년 9월 8일에 영면)에 78세의 고령으로 영의정에까지 올라간 康純강순(1390-1468)을 제 야망의 푯대로 삼았는지도 모른다.

이시애의 난(1467년)에 자원해서 출전하여 공을 세우고 일약 정5품인 병조兵曹 정랑正郎으로 승진했으니 실로 대단한 인생역전이었던 셈이다.

그는 아마도 품성이 기이하여 남이 잘되는 것을 절대 못 봐주는 특이체질이었던 것 같다. 특히 자신보다 뛰어난 사람을 반드시 죽여 없애야만 직성이 풀리는 편이었던 것 같다. 그의 뒤틀린 성정에 표적이 된 위인이 바로 南怡남이 장군이다.

16세에 무과에 장원급제하고 28세의 젊은 나이에 이미 공조판서를 거쳐 병조판서에 올랐으니, 어떻게 질투, 시기에 독이 잔뜩 오른 유자광의 비수 같은 해코지를 피할 수 있었겠는가. 기껏 첩의 자식으로 태어나 하급 병졸로 대궐 문이나 지키다가 가까스로 정5품 벼슬에 오른(그것도 자원하여 목숨 바쳐 싸운 뒤에) 자신의 별 볼일 없는 쌍

팔자와 견주며 얼마나 이를 갈았겠는가.

40대 중반에 접어든 세조는 선왕 태종의 외손자(태종의 넷째 딸 정선 공주의 아들)인 팔팔한 젊은 장군 남이를 마치 자신의 젊은 날을 바라보듯 기특하게 여겼지만, 뒤이어 18세 병약한 몸으로 왕이 된 예종은 이상하게도 신출귀몰한 젊은 장군을 그렇게 탐탁하게 여기지 않았다.

선왕 태종의 외손자이니 자신에게는 할아버지뻘이 되는 젊은 장군이어서 어딘가 좀 거리감이 느껴졌는지, 아니면 병약한 자신에 비해 너무 건장하고 늠름하여 그의 앞에만 서면 저절로 기가 죽고만 탓인지, 하여튼 국가의 큰 재목이고 비범한 무인이었음에도 별로 좋아하지 않았다.

유자광이 그 점을 놓칠 리가 없었다. 젊고 패기만만한 겸사복장兼司僕將*이 마침 당직 중이라 대궐마당에서 밤하늘의 별을 올려다보게 되었다. 그때 문득 꼬리가 긴 혜성彗星을 발견하고는 '묵은 것이 없어지고 새 것이 나타날 징조'라고 혼잣말처럼 내뱉었다.

마침 병조참지兵曹參知(정3품)의 직책에 앉아 기회를 엿보던 유자광은 '때는 바로 이 때다' 하며 쾌재를 불렀다. 역모를 꿈꾸는 역심逆心을 자기도 모르게 보이고만 것이라고 확신했다.

불현듯 남이가 여진토벌 때 읊었다는 '북정北征'이란 시가 생각났다. 꼬투리를 잡을 수 있는 좋은 소재라고 생각하고 우선 그 시구를 다시 떠올려 보았다.

*겸사복장 : 종2품으로 타 직책과 겸직. 예종 즉위 후 남이에게 맡겨진 직책으로, 국왕의 호위를 담당한 겸사복의 종2품 무관직. 겸사복은 왕의 친위부대격인 금군 3청의 하나로 선발기준이 가장 엄격했음.

백두산석마도진白頭山石磨刀盡

두만강수음마무豆滿江水飮馬無

남아이십미평국男兒二十未平國

후세수칭대장부後世誰稱大丈夫

위의 시구에서 특히 미평국未平國이란 대목에 눈독을 들였다.

유자광은 평平대신 득得으로 바꿔치면 열 여덟 임금(예종)을 충분히 속여넘길 수 있다고 생각했다. 즉, '나라를 평정하지 못하면'을 '나라를 얻지 못하면'으로 바꿔치기 했던 것이다. 결과적으로 조국 강토를 지키기 위해 목숨을 초개같이 여겼던 장수들(변영수, 조경치, 문효량 등)이 줄줄이 처형당했다. 여든 살이 다 된 노장군 康純강순도 남이장군과 함께 처형되고 말았다.

남이 장군의 부친은 南暉남휘인데, 임금의 사위가 되었기 때문에 '의산위宜山尉'로 봉해졌다. 남이 장군도 이시애의 난을 평정한 후 적개공신敵愾功臣 1등'의 칭호를 받고 의산군宜山君에 봉해졌다. 아버지의 이름은 휘(暉빛 휘)이고, 자신의 이름은 이(怡기쁠 이)인데, 도대체 무엇이 불길한 징조를 드리워 그렇게 젊은 나이에 간신 중의 간신에 의해 말도 안 되는 모함을 받고 목 베임을 당했을까.

아마도 열쇠는 이미 여러 차례 나라를 구했고 또 다시 나라를 위해 몸을 바쳐 죽고자 하는 뭇 장군들을 죽음으로 몰아넣고 익대공신翊戴功臣 1등에 책록된 유자광이 쥐고 있을 것이다.

유자광은 실로 문제의 인물이었다. 장군들의 생피를 강토에 뿌리고도 성이 안찼는지, 8년 뒤에는 당대의 최고 실세인 한명회를 모함하다가 도리어 관직에서 쫓겨나기도 했고, 10년 뒤에는 조정을 문란하게 한 죄로 가산이 몰수되고 공신 명부에서 그 더러운 이름이 지워지기도 했다. 하지만 지독히도 운이 좋았던지 삭탈, 몰수된 지 3년 뒤에 고스란히 되찾고 있다.

'악화가 양화를 구축한다'는 경제상식을 '간신은 늘 충신을 역적으로 뒤바꾸어 죽게 한다'는 조선왕조의 이면사裏面史로 고쳐놓아야 할 정도로, 유자광의 승승장구는 실로 혀를 내두를 정도로 눈

부셨다.

세조, 예종, 성종, 연산군으로 이어지며 종1품 숭록대부崇祿大夫의 높은 벼슬에까지 올랐으니 정말 대단한 용오름이 아닌가.

늙은 나이로 폭군 연산군 곁에서 끝이 없는 야망을 불태우던 그에게 미운 털이 단단히 박힌 김종직을 죽여 없앨 꾀가 하나 떠올랐다. 언젠가 함양으로 나들이를 갔다가 취한 김에 우쭐거리는 본성이 도져 시를 한 수 지어 현판懸板하도록 조치했었다. 그런데 그 뒤에 함양 군수로 부임해 온 김종직이 이맛살을 찌푸리며 그 현판을 떼어버리도록 지시했다.

이 때부터 유자광은 김종직을 해칠 궁리에 몰두하게 되었지만 그는 연산군이 즉위하기 2년 전에 61세를 일기로 이미 세상을 떠난 뒤였다. 그런 중에 이극돈이 마침 『성종실록』을 편찬하는 책임자가 되어 결정적인 트집거리를 찾아냈던 것이다.

김종직의 제자인 김일손이 스승 김종직이 지은 『조 '의제' 문弔義帝文』을 실록의 기초자료가 될 사초에 삽입시켜 놓은 사실을 알아냈던 것이다.

'꿩 대신 닭' 이라고 스승인 김종직이 이미 죽고 없으니 죽은 자에 대한 복수는 그 무덤을 파헤쳐 부관참시하면 될 터이고, 진짜 분풀이는 제자인 34세 김일손의 산 목숨을 뺏으면 될 일이었다.

네 임금을 넘나들며 출세가도를 치달리던 유자광에게 중종반정은 하나의 위기이자 기회였다. 그는 평소 가깝게 지내던 반정의 우두머리 成希顔성희안과 손잡고 다시 한 번 노욕老欲을 불태웠다. 그 결과 103명의 정국공신靖國功臣 중 1등 공신 8명에 포함되는 엄청난 행운을 거머쥐었다.

2등 13명, 3등 30명, 4등 52명으로 103명의 공신들이 분류되었는데, 연산군에게 아부와 참언을 밥먹듯이 해대던 늙은 승냥이가 흥악한 폭군을 몰아내고 나라를 평안하게 한 정국공신의 반열에 오른다는 것이 어떻게 가능했는지….

그래도 조정에 살아 있는 목소리들이 넘쳐났었는지, 반정이 있던 다음 해에 모든 양심적인 선비들이 다 나서서 늙은 간신을 탄핵했다. 그 결과 쇠심줄 같고 칡넝쿨 같던 그의 출세욕에 금이 가기 시작했다. 훈작勳爵이 모두 취소되고 홍양, 해평으로 유배지가 바뀌다가 나중에는 경상도 어느 변두리로 옮겨져 결국 그 호젓한 곳에서 영영 사라지고 말았다.

유자광(子아들 자 光빛 광)의 이름은 '빛을 받은 사람'을 의미하고, 자는 우복(于어조사 우 復돌아올 복)으로 '일어나 뒤집어놓는 사람'을 의미한다.

또한 남이 장군을 없앤 후 군호가 무령군(武군셀 무 靈혼령 령)군에 봉해졌는데, '오만하여 남을 업신여기는 죽은 자의 귀신'이란 뜻이다.

빛을 받는다, 뒤집어놓는 일을 행한다, 오만하여 남을 업신여긴다, 귀신처럼 그 노는 양이 종잡을 수 없다는 의미들을 지닌 이름과 자, 그리고 군호이니, 유자광이 여러 임금들을 농락하며 많은 충신, 인재들을 죽음으로 내몰고 그 시체 위에서 제 출세가도를 신나게 닦을 수 있었던 것이다.

조선왕조의 또 하나의 폭군은 바로 광해군*이다. 누가 그 폭군을 지켜주며 출세가도를 달렸던가.

폭군으로 하여금 이복동생 영창대군과 그 이복동생의 외조부 김제남, 그리고 친형 임해군과 조카 능창대군*을 죽이고, 계모인 인목대비를 서궁에 유폐하도록 했다.

이산해, 이이첨, 정인홍 등이 바로 폭군을 지켜주며 온갖 이득을 챙긴 사람들이다. 먼저 이산해의 면면을 살펴보자.

*광해군 : 1575년 출생, 1608년부터 1623년까지 15년간 재위, 1641년 7월 유배지인 제주도에서 사망. 부인 유씨는 1623년 10월 첫 유배지인 강화도에서 먼저 사망.
*능창대군 : 선조 5남 정원군과 인헌왕후 구씨의 소생으로 능원대군과 인조의 친동생

39세에 대사간이 되었을 때 서인의 핵심 실세라는 이유로 윤두수(1533-1601; 68세에 영의정을 지냄), 윤근수(1537-1616; 25세 때 조광조의 신원에 대한 상소를 올려 과천현감으로 좌천됨) 형제를 탄핵하여 파직시켰다.

임진왜란이 일어나기 2년 전, 51세에 영의정에 올랐는데 바로 그 이듬해 제 아들 李慶全이경전을 시켜 서인西人 鄭澈정철*을 탄핵하여 유배시키게 했다.

그러나, 임진왜란이 발발하자 국정을 그르쳐 왜적의 침략을 자초했다는 비난을 받고 파직되었는데, 파직 당한 이후에도 평양에서 다시 탄핵받아 강원도로 귀양을 가야 했다. 하지만, 임진, 정유의 왜란이 다 끝난 후 61세에 영의정에 복귀하여 영화를 다시 누리다 70세로 생애를 마쳤다.

폭군 광해군이 쫓겨난 이듬해에 세상을 하직했으니 시간 하나만은 기가 막히게 잘 맞춘 듯하다. 어릴 때부터 신동으로 불릴 만큼 재주가 출중했다는데, 결국 재승박덕材勝薄德의 표본이 되고 만 듯하다.

처음에는 동인東人에 속했다가 다시 북인北人에 가담했고 나중에는 광해군을 지켜준 대북大北파의 우두머리가 되었다. 실로 변화무쌍한 변신이고 곡예였던 셈이다.

이산해(山뫼 산 海바다 해)라는 이름 뜻은 '산처럼 바다처럼 커져라' 이고, 자는 '너로부터 받아 챙기겠다' 는 의미인 여수(汝너 여 受받을 수)이다. 그리고 아호로는 '거위가 노니는 산골짜기 시냇물' 이라는 아계(鵝거위 아 溪시내 계)와 '이것 저것 챙겨 남쪽으로 가져가 몸 웅크리고 자는 늙은이' 라는 종남수옹(綜잉아 종 南남녘 남 睡잘 수 翁늙은이 옹)이다.

그는 우선 이름부터가 한참 거창하다.

산과 바다를 다 거머쥐겠다는 포부이니 하늘만 하는 수 없이 남

*정철: (1536-1593; 첫째 누이, 둘째 누이가 각각 인종의 귀인, 계림군의 부인이 되어 어릴 적부터 궁중 드나들며 후에 명종이 되는 어린 경원대군과 사귐. 15세에서 25세까지 성산(星山) 기슭의 송강(松江) 주변 마을에서 수학한 후 관직에 나감. 44세부터 47세까지 강원, 전라, 함경도 관찰사 지내며『관동별곡』등 숱한 시조와 훈민가를 지음. 49세부터 53세까지 고향 창평(昌平)에 머물며『사미인곡』『속미인곡』『성산별곡』등을 지음. 53세 이후 우의정, 좌의정 지냄. 임진왜란이 일어나자 선조를 의주까지 호종(扈從)하고 사은사로 명나라 다녀옴. 말년은 강화도 송정촌에서 보냄.

겨놓은 셈이다. 받아 모은다, 산골짜기 계곡 물에서 노니는 거위, 잠자는 늙은이라는 의미들이 모두 어딘가 엉큼하고 음흉해 보이지 않는가.

당파가 갈리고 옳고 그름이 나뉠 때, 제대로 방향을 잡아줄 키잡이로서는 아무래도 좀 부적격일 듯하다. 뭔가 사심私心, 흑심黑心, 탐욕이 짙게 드리운 것 같지 않은가.

다음으로는 이이첨의 면면을 뜯어보자. 유별나게 과거시험을 자주 보아 그 실력을 유감없이 증명했다. 22세, 34세, 48세에 이런 저런 과거를 보아 스스로 출세길을 활짝 열었다. 그런 연유로 그는 나중에 과거시험을 총괄하는 자리에 올라 제 파벌(대북파)을 집중적으로 챙겨 대궐 내의 대궐을 이루었다. 고양이에게 생선가게를 맡긴 격이 되고 만 셈이다.

48세 때는 영창대군을 세자로 삼으려는 선조 임금과 영의정 유영경에게 반기를 들고 이미 세자 자리에 있던 광해군을 지지했다. 멀리 유배를 보내라는 어명이 떨어졌으나 재수 좋게 임금이 그만 죽게 되어 자신이 지켜준 광해군 밑에서 승승장구할 수 있게 되었다. 예조판서, 대제학에 오르더니 급기야는 광창廣昌부원군에 봉해졌다.

53세 때는 75세의 정인홍과 짜고 38세의 광해군을 부추겨 이복동생 영창대군을 강화도로 쫓아내고 그의 외조부인 김제남을 사사하게 했다.

권력가들의 첩 자식들이 여주 강가에 무륜당無倫堂을 짓고 자칭 '강변칠우江邊七友'라 하며 술과 놀이로 일을 삼기도 하고 때로는 강도질도 서슴지 않았는데, 이들이 조령(새재)에서 은銀상인을 죽이고 6,7백 냥이나 되는 은을 강탈하자 때는 이 때다 하며 잔꾀를 짜냈던 것이다.

즉, 이복동생 영창대군의 외조부인 김제남이 핵심이 되어 영창대군을 왕으로 삼고자 거사자금으로 은銀상인을 죽이고 은을 강탈하게 했다고 허위자백을 하게 했던 것이다. 실로 손바닥으로 하늘을 가리고 엉덩이로 산을 뭉개려는 짓이 아닐 수 없었다.

당시 영창대군은 7세였고 어머니 인목대비는 39세였다. 인목대비의 친정아버지 김제남은 51세였다. 영창대군은 선조가 54세, 인목대비가 22세 때 얻은 눈에 집어넣어도 안 아플 귀한 아들이었다. 영창대군이 태어날 때 세자로 있으며 큰 위협을 느껴야 했던 광해군은 31세로 이미 알 거 다 아는 완전한 어른이었다.

이이첨과 정인홍은 여기서 음모를 끝내지 않고 4년 뒤에 다시 일을 꾸몄다. 즉, 광해군보다 9살이나 어린 계모를 없애지 않으면 아들을 죽인 자신들의 악질적인 죄상이 후일 낱낱이 드러나 멸문지화를 당할 수도 있다고 여겼을 것이다.

그들은 이미 영창대군을 없애기 이전부터 호랑이 새끼(영창대군)를 보호하고 있는 인목대비를 죽여 없애고자 여러 방법을 동원했었다. 유인이란 자를 시켜 죽여 없애고자 했으나 용감한 충신 박승종이란 자가 목숨을 걸고 저지하여 암살계획이 그만 수포로 돌아가고 말았었다.

이이첨이 57세, 정인홍이 79세, 광해군이 42세 때 드디어 인목대비를 제거하기로 작정하고 폐모론을 앞세우며 일단 서궁에 유폐시켰다. 18세 꽃다운 나이에 50세 선조 임금과 결혼하여 4년 뒤에 간신히 얻은 아들을 3년 전에 이미 잃고, 피눈물을 흘리며 복수의 날만을 기다리고 있던 한 많은 여인이었다.

이이첨은 마침내 48세의 폭군 광해군이 강화도로 쫓겨가자마자 63세로 참형되고, 그의 세 아들들도 못된 아버지를 둔 죄로 모두 처형되었다. 한 맺힌 여인 인목대비의 저주가 끝내 효험을 발휘한 셈이다. 그녀는 비록 쫓겨난 광해군보다 9년 먼저 세상을 떠났지만 그래도 광해군이 쫓겨나고 없는 궁궐에서 9년을 더 살다가 48세로 한 많은 생애를 마감했다.

도대체 이이첨은 어떤 연유로 폭군을 그토록 충성스럽게 지켜주며 함께 영화를 누렸는가.

우선 그의 이름과 자를 뜯어보자. 이첨(爾너 이 瞻볼 첨)은 '너를 우러러본다' 는 뜻이고, 자는 '수레를 얻어 탄다' 는 의미인 득여(得얻을 득 輿수레 여)이다. 그리고, 아호는 '소나무 숲을 관찰한다' 는 관송(觀볼 관 松소나무 송)과 '두 마을이 짝을 이루고 있다' 는 의미인 쌍리(雙쌍 쌍 里 마을 리)이다.

우러러보는 그 좋은 기질이 오로지 자신의 출세를 위해 폭군을 지켜주는 쪽으로만 100% 쏠렸으니 어떻게 공정한 판단이 가능했겠는가. 결국, 폭군의 수레를 얻어 타고 호가호위狐假虎威를 일삼으며 못된 짓만 꾸민 것이다.

어디 그뿐인가. 한 쪽으로는 그저 소나무 숲이 우거진 한적한 마을에 살며 한가로움을 만끽하고 싶다고 입버릇처럼 말했을 테니, 진실로 이중적이고 위선적인 기질이었을 것이다. 욕심이 없는 듯이 꾸미며 한사코 좋은 자리, 큰 잇속은 혼자서만 움켜쥐는 전형적인 승냥이 기질인 셈이다.

이제 정인홍이라는 인물을 살펴보자. 오래 산 것이 오히려 치욕이 되고 죄업이 된 그런 경우에 해당하기 때문에 뜯어볼수록 흥미롭다. 88세까지 장수한 것까지는 좋았는데 그 고령에도 자연사하거나 앓지 않고 쉽게 숨을 거두는 '고종명考終命'을 한 것이 아니라, 폭군을 감싸며 나라와 백성을 구렁텅이 속으로 밀어 넣은 책임을 지고 목이 베어지는 참형을 당했다.

그의 일생을 살펴보면 전형적이 '늦깎이' 에 해당한다는 사실을 쉽게 알 수 있다. 퇴계退溪 李滉이황과 쌍벽을 이루는 남명南冥 曺植조식의 문하에 들어가 학문에만 전념하다가 38세가 되어서야 그것도 과거가 아니라 특별전형 식의 천거를 받아 6품작을 받았다.

40세에 황간 현감이 되고 46세에는 감찰업무를 담당하는 사헌부 장령掌令(정4품)이 되어 관찰사를 지내고 있는 45세의 정철과 48세의 윤두수를 탄핵하다가 오히려 자신이 해직되고 말았다.

두 차례의 왜란이 다 끝난 후 영의정에 올랐다가 3년 뒤에 68세로 죽은 윤두수는 정인홍에 의해 탄핵을 받을 때 50을 내다보는 처지였다. 탄핵받기 바로 2년 전에 도승지를 지내다 파직된 후 일년간 근신하기도 했다. 그는 탄핵받기 바로 1년 전에 연안 부사로 복직되어 선정善政을 베푼 탓에 임금님으로부터 상품으로 표리表裏(관복을 만들 명주, 비단을 하사 받음)를 받기까지 했다.

정인홍은 자기 나름의 국가관 하나만은 아주 투철했던 것 같다. 임진왜란이 일어나자 그는 이미 57세의 적지 않은 나이였음에도 합천에서 의병을 모아 혁혁한 전공을 세운 탓에 '영남 의병장' 이라는 칭호를 듣기까지 했다. 3천여 명의 의병을 모아 성주, 합천, 함안 등지에서 국토를 방어했으니, 그는 확실히 난리 통에 그 진가를 더 발휘하는 전형적인 위기관리형 리더, 즉 특별히 위기에 아주 강한 인물형이었던 셈이다.

왜란이 다 끝나고 전란에서 강토가 많이 회복됐을 때쯤인 1602년에 67세의 나이로 대사헌, 공조참판 등을 역임했다. 실로 외모는 백발이 성성한 원로형이지만 실제로는 나이를 잊고 열심히 뛰어다니는 끝없는 실무형이었던 셈이다.

하지만, 제 버릇 남 못 준다는 말처럼 그는 그 고령에도 불구하고 환갑을 맞아 모든 정치활동을 그만두고 조용히 은거생활을 즐기고 있던 유성룡을 탄핵하여 그나마 형식적으로 지니고 있던 명예

직마저 그만두게 만들었다. 결국은 남인에 기울어 있던 유성룡*이

*유성룡 : 도체찰사로 군을 총지휘하며 왜란에서 강토를 구했고, 왜란을 겪는 동안 두 차례나 영의정의 자리에 있었다

라는 거물을 제거하고 북인정권을 세우기 위한 정략이었다.

72세의 정인홍은 유성룡이 65세를 일기로 죽고 없는 조정에서 노구를 이끌고 폭군 광해군 시대를 예비하며 마지막 노욕을 불태우고 있었다. 즉, 임종을 얼마 남겨두지 않고 있던 52세의 병약한 선조 임금으로 하여금 세자 광해군에게 왕위를 양위하라고 주장하다가 도리어 자신이 영변으로 유배를 떠나야 했다.

이미 16년간이나 세자 자리에 있던 공빈 김씨 소생의 광해군을 제치고 정실부인 인목왕후의 소생인 영창대군을 세자로 다시 책봉하는 것이 바로 적통嫡統에 의한 정상적인 왕위 계승이라고 주장하던 57세의 유영경(1550-1608;50대 중반 이후 영의정이 됨)과 맞닥뜨렸으니, 칠십을 넘긴 고집쟁이 늙은이 주제에 무슨 수로 화를 모면할 수 있었겠는가.

하지만, 하늘은 역시 쇠심줄보다도 더 질긴 운명을 타고난 정인홍의 손을 들어주었다. 천운이 늙은 여우를 가련하게 여기고 '에라, 모르겠다. 이게 마지막이다' 하며 늙은 정인홍 편에 선뜻 서준 것이다.

선조 임금이 갑자기 죽자 폭군 광해군의 15년 폭정이 활짝 열리고 폭군을 끝까지 지켜줄 늙은 여우 정인홍의 노욕에도 마침내 횃불이 당겨지고 말았다.

현군의 탄생도 아슬아슬하지만 폭군의 등장에도 손에 땀을 쥐게 하는 그 나름의 스릴과 서스펜스가 있다.

네 형제 중 셋째로 태어난 세종 임금이 어떻게 왕이 되었는가를 눈여겨보면 실로 한 편의 박진감 넘치는 드라마라고 아니할 수 없

다. 11세에 충녕군, 16세에 충녕대군이 되어 그저 글 공부나 열심히 하고 있었을 뿐이다. 더욱이나 두 살 위인 큰 형(양녕대군)이 10살에 세자가 되어 이미 24세의 건장한 청년이 되어 있었다. 활도 잘 쏘고 말도 잘 타 아버지 태종 임금을 쏙 빼 닮은 멋진 임금이 될 형이었다.

불경에 통달한 둘 째 형(효령대군)도 있고 막내 동생도 있어, 어머니 원경왕후(민씨) 소생으로 전부 네 형제가 있었다. 한데 아버지 태종 임금이 죽기 4년 전인 51세 때 갑자기 세자를 교체하겠다고 마음먹고 22세의 충녕대군을 세자로 책봉하더니, 급기야는 그 해(1418년) 8월에 왕위마저 양위하고 상왕으로 물러났다.

숱한 피를 뿌리고 33세의 늦은 나이에 왕이 되어 조선왕조의 기틀을 튼튼하게 다져 놓은 대단한 카리스마의 소유자인데도, 어떻게 18년 집권만에 훌훌 털고 아무 미련 없이 뒤로 물러나 앉을 수 있었던 것인지….

현군賢君 세종 임금은 확실히 아주 독특한 형식의 조용한 무혈 친위 쿠데타에 의해 하루아침에 전격적으로 결정된 것이다.

광해군의 경우도 실로 숨막히는 한 편의 드라마에 의해 폭군으로 등장했다. 후궁(공빈 김씨) 소생임에도 16세에 세자에 책봉되었는데, 한 살 위의 형(임해군)이 성정이 포악하여 세자감이 못 된다는 조정 대신들의 중론에 의해 형을 제치고 간신히 책봉되었다.

당대의 문장가이자 두 누이가 다 왕(인종의 귀인)이나 왕자 계림군*의 부인이 되었기 때문에, 왕족과 친밀했던 송강 정철(1536-1593)이 거의 혈혈단신으로 광해군을 지지하다가 선조 임금의 노여움을 사 진주와 강계로 유배당했다. 함께 광해군을 밀기로 했던 영의정 이산해(1539-1609)가 갑자기 꽁무니를 뺐기 때문에 하는 수 없이 홀로 목숨을 건 행동을 할 수밖에 없었던 것이다.

*계림군 : 성종의 3남 계성군의 양자로 정철이 9세 때 중종의 계비 문정왕후의 남동생 윤원형 일파의 모함으로 참수되어 효수됨

*신성군 : 인빈 김씨 소생으로 임진왜란 초기에 의주에서 죽음

선조는 속으로 은근히 넷째 아들 신성군信城君*을 세자로 삼고 싶어했다. 약아빠진 52세의 영의정 이산해는 선조 임금의 그러한 속뜻을 훤히 알고 있었기 때문에 정철과의 굳은 약속을 깨고 막판에 슬그머니 뒤로 빠지고만 것이었다.

대신들이 보기에는 이미 기다릴 만큼 충분히 기다린 후였다. 선조가 17세에 맞이한 왕비(의인왕후 박씨 : 1555-1600;청백리 박응순의 딸)는 이미 35세였고 왕 자신은 39세의 중년이었다. 그리고 선조의 다섯째 아들로 후일 폭군 광해군을 몰아내고 왕(인조)이 되는 능양군의 아버지인 정원군定遠君(1580-1619)은 겨우 11살이었다.

위에서 잠시 살펴보았듯이 광해군이 열 여섯에 세자에 책봉될 때도 아슬아슬했지만, 정실왕비인 22세의 인목왕후가 54세의 남편(선조)에게서 갑자기 아들(영창대군)을 얻었을 때 결정적인 위기를 맞이하게 되었었다. 15년간이나 세자 직함을 가지고 노심초사 왕이 되기를 기다리고 기다리던 광해군은 그때 이미 31세의 늙수그레한 청년이었다.

55세를 넘기며 점점 더 건강에 자신이 없어지고만 선조는 열 여덟 꽃다운 나이에 중년을 훨씬 넘긴 홀아비인 자신에게 시집와 요행히도 옥동자까지 낳아준 젊은 왕비에게 뭔가 큰 보답을 해주고 싶었을 것이다. 영의정 유영경이 선조의 그런 마음을 읽고 정실소생을 왕으로 삼아야 한다며 적통론嫡統論을 들고 나왔다.

하지만, 이이첨과 정인홍은 뭔가 앞을 내다보는 특별한 안목이 있었는지 이미 세자 자리에 있는 광해군을 왕으로 삼는 것이 법통을 제대로 지키는 것이라며 '정통론正統論'을 들고 나왔다. 게임은 싱겁게 끝이 나고 말았다.

젖먹이에 불과한 영창대군(1606-1614)을 왕으로 삼으려던 선조가 갑자기 세상을 하직하자 모든 것이 광해군 쪽으로 한꺼번에 쏠리고

말았다. 58세의 영의정 유영경이 유배지(경흥)에서 사약을 받고 인생을 마감하자 드디어 폭군 광해군의 15년 철권통치, 반反 인륜통치가 막을 올리게 되었던 것이다.

다시 정인홍에 대한 이야기로 되돌아가 보자.

광해군이 즉위하자마자 갑자기 문묘文廟*에 모셔진 현인들 속에서 李彦迪이언적과 李滉이황을 제외시켜야 한다며 이의를 제기, 한바탕 소란을 피웠다.

결과적으로 전국의 유생들에 의해 자신의 이름이 청금록靑衿錄. 즉 유적儒籍에서 삭제되고 말았지만, 칠십을 넘긴 나이였는데도 불구하고 그가 가는 곳이면 어디든 소란과 시비가 회오리바람처럼 급하게 일어났었다.

*문묘: 당나라 때 문선왕으로 추봉되었기 때문에 공자를 제사 지내는 곳을 문선왕묘(文宣王廟), 혹은 줄여서 문묘(文廟)라 불렀음.

77세에 우의정이 되자 그는 계축옥사癸丑獄事를 일으켜 선왕(선조)이 금지옥엽으로 여기던 어린 영창대군을 보통사람인 서인庶人으로 바꿔 강화도로 쫓아냈다가 끝내 뻘겋게 달아오른 방구들 위에서 새끼짐승처럼 몸부림치다가 죽게 만들었다.

78세의 늙은 실세 대신이 여덟 살 된 어린 왕자를 죽여 서른 살 힘없는 과부가 된 왕비(인목왕후)의 가슴에 영원히 뽑아지지 않을 피 묻은 비수를 꽂아놓은 것이다.

노老 대신은 어린 왕자를 찜쪄 죽인 공으로 서령瑞寧부원군에 봉해졌으니, 훗날에 '나는 몰랐다. 나는 안했다' 하며 발뺌을 할 수 없게 아예 이마에 도장이 찍히고 만 셈이다. 80이 다 되어 좌의정에 올랐지만, 아직도 할 일이 더 남았다고 여겼는지, 그는 자식을 빼앗긴 원통한 어미가 되어 자신의 구곡간장을 녹여 없애고 있던 왕비를 마저 해치고자 다시 한 번 칼을 뽑았다.

마침내 그는 83세의 노구를 이끌고 58세의 이이첨과 43세의 광해군을 꼬드겨 폭군의 계모인 인목대비를 서궁에 유폐시켰다. 왕비는 결국 폭군이 쫓겨나기까지 5년여의 긴 세월동안 감옥으로 변한 서궁 밖으로 단 한 발짝도 걸어나올 수 없었다.

국왕의 어머니를 집 속에 가둬놓은 공으로 여든을 훨씬 넘긴 정인홍은 드디어 영의정에까지 올랐다. 결국 그는 88세에 찾아올 자신의 운명을 까맣게 모르고 있었던 것이다. 폭군이 강화도로 쫓겨가고 자신은 목이 잘리는 형벌을 당한다는 것을 전혀 모르고, 늦복이 터졌다며 친인척과 제자들과 패거리들을 모아 자축연을 몇 날 몇 일 치렀을 것이다.

정인홍(仁어질 인 弘넓을 홍)의 이름 뜻은 '어질고 도량이 넓다'이고, 자는 '덕행이 사람의 이목이 미치지 못하는 곳까지 뻗어나간다'는 덕원(德덕 덕 遠멀 원)이다. 그리고 아호는 내암(艹 +來풀이름 내 菴풀이름 암)으로, 그저 단순히 '온갖 풀과 나무가 우거진 모습'을 뜻한다. 결국 '풀과 나무에 가려져 눈에 띄지 않다가 늦게 세상에 알려져 그 이름과 위세가 멀리까지 퍼지고 오래오래 이어진다'는 좋은 의미인 셈이다.

하지만, 성정이 괴팍하여 자기 뜻을 내세우기만 우기다보면 아무리 좋은 이름이나 자나 아호도 백 팔십 도 달라질 수 있는 것이다. 그의 자의 의미가 '덕이 멀리 퍼진다'가 아니라 '덕행과는 아예 담을 쌓고 제 주장대로 산다'는 의미로 뒤바뀔 수 있는 것이다.

마찬가지로 '풀과 나무가 우거진 모양'을 뜻하는 아호도 '풀과 나무가 우거진 곳에 몸을 숨기고 있다가 때가 되면 급습한다'는 식으로 바꿔 생각할 수 있다. 정인홍의 경우가 그 대표적인 예라고 본다. 80을 전후하여 온갖 악행을 저지르며 폭군을 지켜주고 그릇되게 이끌다가 결국 자신도 88세에 참형을 당했으니, 주어진 운명과 타고난 탤런트를 거꾸로 활용한 격이다. 옷을 뒤집어 입듯이 자신의 모든 것을 철저하게 뒤바꿔놓고 산 셈이다.

08 | 폭군暴君을 몰아낸 사람들

박원종은 반정에 성공하여 새 임금을 세운 후,
우선 대국인 명나라로 달려가 폭군을 몰아내고 새 임금을 세웠으니
경하할 일이라며 명나라 조정을 잘 납득시키고 돌아왔다.
그후 그는 실세 공신이 되어 형조판서, 우의정을 거쳐 생애를
마감하던 52세 되던 해에는 영의정의 자리에까지 올랐었다.

성공하면 충신이고 실패하면 역신이 되는 것이 만고불변의 진리이지만, 멀쩡히 앉아있는 왕을 몰아내고 새로운 왕을 앉힌다는 일은 자신의 목숨은 물론 가문의 멸망을 걸고 시도해야 하는 무시무시한 모험이었을 것이다. 특히, 폭군들일수록 제 신변에 대한 위협과 주변 사람들의 증오심을 훤히 알고 있기 때문에 여간 위험은 더욱 클 수밖에 없었으리라.

어디 그뿐인가. 폭군을 지켜주는 간신들도 자신의 출세를 위해 하는 수 없이 폭군 옆에 있다고 생각하기 때문에 항상 도망칠 준비를 하며 반대세력의 동태를 감시하기에 여념이 없었을 것이다.

먼저 폭군 연산군을 몰아내고 새로운 왕을 세운 조선왕조의 람보(Rambo)들, 서울 장안의 마쵸(Macho)들을 나열해 보자.

박원종, 성희안, 유순종, 신윤무, 홍경주, 김수동, 심정, 남곤, 박영문, 장정 등…. 이들은 무예의 달인이자 주변 상황을 꿰뚫어보는 남다른 통찰력을 지닌 명실상부한 조선의 매스터 앤 커맨더'(Master and Commander)들이 아니었을까.

그리고 열거하고 싶지 않지만 연산군을 부추겨 온갖 못된 짓을 하던 유자광은 용케도 반정대열에 깊이 관여하여 다시 한 번 1등 공신의 반열에 올랐다. 실로 처세의 달인, 출세의 불사조인 셈이다.

먹을 것이 있으면 으레 큰 새, 작은 새 가리지 않고 모두 모여들게 되어 있는 모양이다. 아니, 어쩌면 목표 달성이 가장 급한 특수 상황에서는 이것저것 가릴 것 없이 함께 거들어야 하니, 별의별 인간들이 다 모여들고 끼어들기 마련인 것이다.

우선 박원종을 살펴보자. 그는 워낙 무예가 출중하여 성종 임금의 총애를 독차지하며 항상 임금 가까이 있었다. 그리고 연산군 때는 누이가 연산군의 비로 들어갔기 때문에 어차피 폭군 주위에서 얼씬거릴 수밖에 없었다. 경기관찰사, 함경도병마절도사를 지내며 가능한 한 밖으로 돌았다. 그 덕에 민심이 얼마나 흉흉한지도 알게 되고 선비들이 폭군에 대해 얼마나 이를 갈고 있는지도 잘 살펴보게 되었다.

그리고 무엇보다도 연산군의 변태적인 섹스놀음에 기가 질렸는지 그의 누이는 너무도 일찍 생애를 마감했다. 누이를 생각하면 폭군 연산군과 함께 한 하늘 밑에서 숨을 쉬고 있는 것 자체가 굴욕스럽기 짝이 없었다.

그는 먼저 자신과 처지가 비슷한 좌의정 신수근에게 은밀히 접근했다. '당신이 비록 연산군의 처남이기는 하나 우리는 당신의 사위인 진성대군을 새로운 왕으로 옹립하려고 하니, 함께 힘을 합쳐 폭군을 몰아내고 도탄에 빠진 백성을 구합시다' 하며 은밀히 제안했지만 신수근은 반정이 성공하리라 생각하지 않은 탓이었던지, 박원종의 제안을 거절했다.

신수근의 그 한 번의 거절이 자신과 자신의 형제들, 그리고 무엇보다도 왕비가 될 딸의 운명을 백 팔 십 도로 바꿔놓고 말았다.

실로 무서운 선택의 갈림길이었던 셈이다. 한 사람의 결정과 선택이 무수한 사람들의 운명을 생과 사로 나눠놓고 천당과 지옥으로 갈라놓았다.

박원종(元으뜸 원 宗마루 종)은 '가장 뛰어난 우두머리가 된다, 새로운 조상이 되어 새로운 가계를 일으킨다'는 뜻이니, 실로 새 왕조를 일으켜 박씨 일문을 제왕의 자리에 앉혀 놓을만한 거창한 이름인 셈이다.

자는 백윤(伯맏 백 胤이을 윤)이니, '맏이가 되어 가문을 이어간다'는 의미인 셈이다. 그리고 박원종은 평성군平城君이라는 군호君號까지 받았는데, 그 의미 또한 심상치 않다. '도읍을 평정한다'는 뜻이니 나라가 혼란할 때는 역모를 막을 운세이지만 폭군을 몰아낼 때는 반정의 우두머리가 된다는 의미가 아닌가.

박원종은 반정에 성공한 이후 막강한 실세로 군림하게 된다. 비록 43세로 죽었지만 죽기 일 년 전에 영의정에 올랐으니 제왕의 반열 바로 밑에까지 도달했던 셈이다. 왕조시대의 팔자로 보면 실로 우두머리 중의 우두머리요, 으뜸 중의 으뜸이 되었던 셈이다.

다음으로는 성희안이란 인물을 살펴보자. 성품이 본래 괄괄하고 담대했던 것 같다. 43세 때 이조참판으로 연산군의 양화도 뱃놀이에 동행했을 때는 왕의 횡포를 빗댄 시를 지어 임금에게 바친 탓에 문관직에서 무관직으로 좌천되기도 했다.

박원종보다 여섯 살 위로 폭군을 몰아내려 거사를 은밀히 추진할 때 그의 나이는 45세였다. 여차하면 멸문지화를 당할 수도 있었기 때문에 그는 마흔 중반에 이른 자신의 삶을 되돌아보며 실로 만감이 교차했을 것이다.

그는 반정에 성공하여 새 임금을 세운 후, 우선 대국인 명나라로 달려가 폭군을 몰아내고 새 임금을 세웠으니 경하할 일이라며 명나라 조정을 잘 납득시키고 돌아왔다. 그 후 그는 실세 공신이 되어 형조판서, 우의정을 거쳐 생애를 마감하던 52세 되던 해에는 영의정의 자리에까지 올랐었다.

이름은 '희망에 찬 표정' 이란 뜻인 희안(希바랄 희 顔얼굴 안)이고 자는 '어수룩한 노인' 이라는 우옹(愚어리석을 우 翁늙은이 옹), 아호는 '어질고 공손하다' 는 의미인 인재(仁어질 인 齋재계할 재)이다.

이름과 자와 아호가 모두 그의 감춰진 정의감과 대담한 의협심을 암시하고 있다. 옳고 그름을 따져 옳은 쪽에 서야만 직성이 풀리고 마음이 편해지는 체질인 정의파이니 폭군을 몰아내는 일에 목숨을 걸고 앞장섰을 것이다.

창산부원군에 봉해졌으니, 그 의미 또한 자못 신기하다. 창성할 창昌 뫼 산山이니, '높은 산처럼 번성한다' 는 의미인 셈이다. 폭군 치하에서 벼슬을 하면서도 무사했고 반정을 주도했으면서도 실패하여 멸문지화를 당하지 않고 성공하여 복록을 누렸으니, 실로 산처럼 번성한 일생이고 기세였던 셈이다.

종4품인 사복시司僕寺(가마, 말, 목장을 관장) 첨정僉正의 벼슬로 반정에 합류한 홍경주는 후일 조광조 등 사림파 학자들을 죽여 없애는 기묘사화(1519년)를 일으키는데 큰 몫을 하게 된다.

반정에 성공하여 실세(정국공신 1등에 올려진 8명중의 한 사람)로 부각된 이후 13년만에 훈구파의 핵심멤버로까지 나름대로 막강해졌던 것이다.

이름은 '해뜨는 날에 신나게 항해한다' 는 경주(景볕 경 舟배 주)이고, 자는 '곤경에서 구해내는 나이 든 사람' 이라는 제옹(濟건널 제 翁늙은이 옹)이니, 실로 반정공신에 들만한 이름이고 자인 셈이다.

그가 죽은 후 임금으로부터 받은 시호諡號가 도열(度법 도 烈세찰 열)이니 '법질서 지키기를 아주 엄격했다, 법제도 세우는 일에 목숨을 걸었다'는 의미로 아주 특이한 셈이다.

반정으로 폭군을 몰아내고 15년간 새 임금을 받들어 모셨으니 그만하면 '새 나라 세우는 일에 전념했다'는 시호의 의미에 잘 부합되는 일생이었다고 보아야 할 것이다.

연산군 밑에서 총애를 받던 신하들의 운명도 중종반정으로 인해 하루아침에 명암이 뒤바뀌었다. 어떤 이들은 워낙 백성들과 조정 대신들의 신망과 존경이 높아서 반정세력에 포섭된 경우도 있고, 어떤 이들은 연산군의 총애를 받는 측근 중의 측근으로 중요한 기밀을 알고 있었기 때문에 반정을 모의하는 주동자들에게 선정된 예도 있었을 것이다.

우선 많은 이들의 칭송을 받았기 때문에 반정세력에 포섭된 경우를 하나 예로 들어보자. 사십대 중반의 나이로 폭군 연산군 치하에서 이조판서를 지내고 있던 유순정이 바로 그런 예에 속한다.

47세의 나이에 반정에 가담하여 정국공신 1등이 되고 새 임금 중종 밑에서 영의정을 지낼 만큼 그에 대한 주위의 신망이 아주 높았었던 것 같다. 반정 이후 세워진 새 임금을 위해 6년여 동안 헌신하다가 53세로 죽을 때에도 그는 영의정의 자리를 지키고 있었다. 실로 대단한 인품과 학문(김종직의 문하생)을 지니고 있었던 모양이다.

폭군이 갈아치워지고 어중이떠중이 할 것 없이 권력과 부를 챙기려 마구 날뛰는 과도기에서도 아무 탈 없이 오랫동안 영의정으로 많은 이들의 우러름을 받았으니, 실로 대단한 운세인 셈이다.

그의 이름은 순정(順순할 순 汀물가 정)이고, 자는 지옹(智슬기 지 翁늙은이 옹)이다. '도리에 순응하며 큰 뜻을 이루고자 물가에서 때를 기다린다'는 이름 뜻에 걸맞게 그는 정말 47세의 나이에 찾아온 일생일대의 전환점을 성공적으로 활용하여 마지막 6년의 생애를 찬란하게 꽃피운 것이다. 그리고 '꾀 많은 어른'이라는 의미를 지닌 자에 걸맞게 그는 또한 폭군이 남긴 추악한 발자취를 쓸어 없애고 새 임금을 맞아 모든 기틀을 다시 짜 맞추고 다시 일으켜 세우는 일에 있어서도 영의정의 자리에 있으면서 무난하게 잘 처리했다.

특히 새 임금 중종이 등극한 이후 맨 처음 거론된 중요한 사안은 왕자시절(진성대군)에 맞아들인 조강지처 신慎씨(신수근의 딸)를 그대로 왕비로 책봉하느냐, 아니면 반정에 반대하여 살해된 역적의 딸이니 궁궐 밖으로 내쫓아야 하느냐를 결정하는 일(신비손위사건)이었다.

결국 새 임금의 눈물겨운 심정을 뒤로 한 채 명분을 앞세워 궁궐 밖으로 내쫓게 되고 말았지만 임금을 모시는 신하들의 입장에서나, 천륜과 인륜을 받들어야 하는 성리학의 도리로 보나, 참으로 난감하기 짝이 없는 난문難問 중의 난문이었을 것이다.

폭군과 현군을 오가며 재치로 사람들을 살리고 웃기고 생각하게 했던 재롱둥이 재상이 있다. 바로 야사에도 많이 나오는 김수동이라는 인물이다. 연산군 치하에서 곤경에 처한 많은 대신들을 재치로 구명해 주었다. 변덕과 의심이 많고 항상 색기와 살기가 가득한 폭군 연산군의 총애까지 독차지하며 형조판서와 이조판서의 요직도 두루 거쳤다.

그는 49세에 폭군을 몰아내고 새 임금을 세우는 반정에 가담하여 마지막 6년의 생애를 밝은 세상에서 살다가 55세로 말 그대로 소풍 왔다가 떠나듯 가벼운 몸과 마음으로 훌쩍 생을 마쳤다. 영의정 유순 밑에서 우의정을 지냈으니, 가파른 세상에서도 타고난 운명을 잘 펼치며 성공적으로 일생을 경영한 셈이다.

이름은 '아이처럼 살며 나이를 차곡차곡 쌓아간다'는 수동(壽목숨 수 童아이 동)으로 해학과 재치를 알며 적시 적소에서 잘 활용하여 인명을 구하고 위기를 모면하게 도와 준 그의 발자취에 아주 잘 어울린다. 자는 '눈썹이 하얗게 쇤 늙은이'라는 뜻의 미수(眉눈썹 미 叟늙은이 수)이니, 여러모로 조숙한 면이 많아 주위 사람들의 이런저런 사정과 형편을 두루 잘 챙겨주었을 것이다. 그리고 아호는 '뒤늦게 나서서 집을 지킨다' 는 만보당(晩늦을 만 保지킬 보 堂집 당)이니, 격변기에 관직에 나가 판서벼슬을 한 그의 팔자로 보면, 늦은 나이에 결심을 새롭게 다져 나라를 구한다는 의미로 바꿔 풀이해 볼 수 있을 것이다.

그는 그의 이름이나 자나 아호처럼 만년 아이 같은 어른으로 온갖 고민을 깊숙이 숨긴 채 재치와 해학으로 남들을 웃기며 지내다가, 늦은 나이인 오십 고개에 혁명에 끼어들어 어지러운 나라를 폭군의 손에서 구해낸 후 '흰 눈썹과 백발을 흩날리며 말년을 보냈다.

또 한 사람 유순이란 인물을 살펴보자. 65세에 반정의 격변을 맞게 되었는데, 그는 환갑을 훨씬 지난 나이에 어울리게 폭군 치하에서 이미 호조판서, 우의정, 좌의정을 거쳐 관직의 최정점인 영의정에 올랐다.

연산군 치하에서 1498년 무오사화 때, 문제가 된 김종직의 『조의제문』이 김일손에 의해 사초史草에 삽입되도록 방치했다는 죄목으로 파직당한 적도 있었지만, 그는 무수한 사건, 사고를 잘 넘기고 영의정의 자리에까지 올랐던 것이다.

그는 반정에 가담하여 정국공신 2등(정국공신 2등에 올려진 13명중 한 사람)에 올라 노구를 이끌고 새 임금을 섬겼으나, 68세에 '폭군 연산군의 최고신하였던 자가 어떻게 새 시대에도 머리를 높이 들고 다닐 수 있느냐' 는 식의 탄핵을 받아 잠시 자리에서 물러나 있어야 했다.

하지만 그는 말년 운이 어지간히도 좋았던지, 73세의 꽉 찬 나이에 영의정의 자리에 다시 올라 2년여 동안 봉직하다 결국 나이를 이유로 스스로 자리에서 물러났다.

그 뒤 한 해를 더 살다가 76세의 나이로 생애를 마감했지만 그는 시부詩賦와 의약과 지리에도 조예가 깊어 만인의 존경을 받았다.

이름은 순(洵참으로 순)이니, '마음이 진실 되어 쉽게 감명을 받는다' 는 의미인 셈이다. 자와 아호는 각각 희명(希바랄 희 明밝을 명)과 노포(老늙은이 노 圃밭 포)이다. '밝은 세상을 꿈꾼다' 는 자의 의미에 맞게 그는 비록 영의정의 자리에 앉아있으면서도 폭군 연산군이 쫓겨나고 새 임금이 들어서서 제발 '밝은 세상이 한 번 왔으면 좋겠다' 고 간절히 바라고 있었을 것이다.

아호의 뜻이 실로 기가 막히다. '밭에 앉아 있는 늙은이' 를 의미하는 셈이니, 75세에 모든 관직에서 미련 없이 물러나 백발이 성성한 채 채마밭을 일구며 후회 없는 말년을 보냈을 것이다.

이제 폭군을 내몰고 새 임금을 세운 뒤 그런 대로 만사가 잘 풀렸지만 도중에 이런저런 일로 운명이 다시 꼬여 삭탈관직되거나 아예 처형되고만 경우를 살펴보자.

우선 박영문과 신윤무는 각각 연산군 치하에서 종3품 벼슬인 군기시軍器寺(군기 제조 담당) 첨정僉正과 군자부정軍資副正을 맡고 있던 사람들인데 반정에 합류하여 큰 공을 세우고 공신의 반열에 올랐다. 폭군 연산군을 지켜준 핵심인물들을 처단하는 일에 앞장섰기 때문에 둘 다 정국공신 1등에 올랐다.

전체 정국공신이 103명(13년 뒤 조광조 등의 사림파가 훈호를 남용한 케이스라며 상소를 올려 이 중 76명이 훈호에서 삭제됨)에 이르지만, 1등은 겨우 핵심인물로 자타가 공인하는 단 8명(박원종, 성희안, 유순정, 유자광, 신윤무, 박영문, 장정, 홍경주)이니, 실로 대단한 부상이었던 것이다.

그러던 중에 박영문은 공조판서를 지내다가 탄핵을 받아 궁궐 출입을 못하게 되었다. 생각할수록 부아가 치밀어 오른 박영문은, 한 때는 영천군寧川君에 봉해지기도 하며 공조판서, 병조판서를 지냈지만 어느 날 갑자기 파직되고만 신윤무의 집을 드나들며 새 임금과 조정을 노골적으로 비난했다.

정작 목숨을 걸고 거사를 단행한 장본인은 자신들인데 엉뚱한 놈들이 노른자위 벼슬을 다 차지했다며 폭음에 폭언을 일삼았을 것이다. 더욱이나 연산군 치하에서 출세가도를 달리던 놈들마저 하나 둘 배경과 연줄을 이용해 궁궐을 채워가고 있다고 생각했을 테니 실로 심장이 터지고 머리가 폭발할 지경이었을 것이다.

비난하는 것으로 끝나지 않고 홧김에 뭐 한다고 박영문은 아예 임금을 바꿔야 한다고 말했던 것 같다. 즉, 영산군寧山君 전悛을 추대하여 새 시대를 열어야 살 길이 열린다고 여겼다는 것이다.

'낮 말은 새가 듣고 밤 말은 쥐가 듣는다'고 결국 두 사람의 화풀이식 밀담은 엿들은 의정부 관노 정막개란 자에 의해 조정에 알려지고 급기야는 두 사람 모두 교수형에 처해지고 말았다. 폭군을 몰아내고 새 임금을 모신지 꼭 7년여만에 운세가 완전히 꺾이고만 것이다.

신윤무(允진실로 윤 武군셀 무)는 '정말 기질이 억세고 도도하다'는 뜻이고, 박영문(永길 영 文무늬 문)은 '타고난 기질이 유별나 먼 곳에서도 소문을 듣는다'는 의미이다.

신윤무는 영천(寧편안할 영 川내 천)이라는 군호까지 받았는데도 타고난 무인기질을 잠재우지 못한 것 같다. 거기에다 파직까지 당했으니 숨죽인 채 기회를 엿보기보다 다시 한 번 목숨을 걸고 새 시대를 열어보고자 했을 것이다.

박영문의 이름도 그가 만일 무인기질을 버리고 학문에 정진하며 천성을 좀 잘 가다듬었더라면 역적으로 몰려 목숨을 잃지는 않았을 것이다. 하지만 불끈거리는 성깔을 못이기고 길길이 날뛰다가 끝내 대역죄인이 되고만 것이다.

또 한 사람 심정의 일생을 보면 참으로 야릇한 느낌이 절로 든다. 31세의 늦은 나이에 과거에 급제하여 연산군의 악정이 극에 달했을 때 벼슬을 시작했다. 35세에 맞이한 폭군 몰아내기에 가담하여 정국공신 3등에 올랐다.

그 덕에 화천군花川君이라는 멋들어진 군호도 받았지만, 얼마 안 지나 사림파의 탄핵으로 삭탈관직 당하기도 했다. 하지만 56세에 다시 행운이 다가와 우의정, 좌의정에까지 올랐다. 하지만, 까맣게 잊고 지내던 예전의 김안로와의 악연이 그만 그의 목숨을 빼앗는 비수로 되돌아오고 말았다.

아들(김희)이 중종의 맏사위(연성위 : 효혜공주의 남편)가 되자 김안로는 불혹의 나이인 40 고개에 접어들어 막강한 실세로 부상했다.

이미 40 초반에 부제학과 대사헌을 지낸 어엿한 원로급임에도 얼마나 궁궐 안을 설치고 다녔던지, 영의정 남곤과 대사헌 이항, 그리고 심정의 탄핵을 받아 경기도 풍덕으로 귀양을 가게 되었다. 제 버릇 개 못 준다고 그는 유배지에서도 절치부심하며 복수의 날만을 기다렸다.

김안로가 46세 되던 해에 영의정의 위치에서 그를 탄핵한 남곤이 먼저 일생을 마감하자 그는 그 후 2년만인 48세에 드디어 귀양에서 풀려나 다시 벼슬길에 올라설 수 있었다. 우선 그는 50세로 이조판서의 자리에 앉아, 죽고 없는 남곤 대신에 아직 시퍼렇게 살아 있는 환갑 나이의 심정을 표적으로 삼았다.

마침 그때(1531년)가 중종이 43세였으니 아마도 중종의 후궁 경빈 박씨도 제법 나이가 얼마간 들었을 법한데도 느닷없이 그는 '심정이란 늙은 놈이 무엄하게도 감히 입에 담기조차 어려운 짓을 저질렀다'며 입에 게거품을 물었다.

그는 감히 겁도 없이 중종의 후궁인 경빈 박씨*와 심정이 통정通情했다고 주장했다.

그 결과 심정은 자신이 50대 중반에 탄핵하여 내쳤던 자로부터 되돌아온 부메랑에 사약을 받고 죽어야 했다.

말이 독이 되는 세상이 아니라 말이 칼이 되어 목숨을 마구 난도질하는 험악한 세상이었다. 목숨을 걸고 새 임금(진성대군; 중종)을 세운 무인으로, 평생을 그만의 프라이드(pride)로 살아왔던 심정은 죽음을 앞에 두자 그저 눈앞이 캄캄할 따름이었다. 이래저래 한 번 죽는 인생이지만 개 같은 놈에게 목을 꽉 물린 채 앗 소리 한 번 못 지른 채 죽는 것이 참으로 너무도 원통했다.

심정(貞곧을 정)의 자는 정지(貞곧을 정 之갈 지)이고, 아호는 소요정(逍거닐 소 遙멀 요 亭정자 정)이다. 공신으로서 받은 군호는 화천(花꽃 화 川내 천)군이다.

이름이나 자에 '여자의 정조나 절개'를 의미하는 곧을 정貞이 들어가 있는 것이 아무래도 좀 이상하다. 결국 여자의 정조와 관련되어 화를 당하게 된다는 암시가 아니었을까. 자를 곧이곧대로 풀이하면 '여자의 정조 때문에 멀리 떠나는구나'라는 의미인 셈이다.

또한 아호에는 '멀리 거닌다'는 의미가 들어있다. 자와 아호에 모두 '간다, 멀리 간다'는 의미가 들어있는 셈이다. 환갑의 나이에 죽었지만 죄목이 '왕의 부인과 잠을 잤다'는 것이니 실로 죄목치고는 대단히 기이하지 않을 수 없다. 절대왕정의 시절에 임금의 부인과 정을 통했다면 그 사실을 대담하다고 보아야 할지, 아니면 죽지 못해 환장을 했다고 해야 할지 모를 일이다.

폭군을 몰아내는 데 직접 공헌하지는 않았지만, 폭군 연산군 치하에서 곧은 신하 노릇을 하다가 불이익을 당했다는 이유로 새 임

*경빈 박씨 : 복성군福城君 미嵋의 모친. 김안로와 그의 아들 김희의 무고로 아들과 함께 1533년에 사사됨. 즉, 1527년 2월, 12살 인종의 생일날에 있었던 소위 '작서의 변'으로 중종의 맏아들인 왕세자 인종을 저주하여 없애고 대신 아들 복성군을 왕세자로 삼고자 했다는 무고를 받고 모자가 함께 사사되었다가 1541년에 무고였음이 드러나 신원됨.

금 밑에서 승승장구한 인물들이 있다. 그 중 특별히 기억될만한 인물이 바로 남곤과 유숭조일 것이다.

둘 다 전형적인 지식인의 모습으로 일생을 경영하거나 말년을 채웠다. 과연 어떤 모습이 전형적인 지식인의 모습이라는 것인가,

먼저 남곤의 경우를 살펴보자.

경빈 박씨를 범했다는 자못 어처구니 없는 죄목으로 목숨을 잃은 친구 심정과 동갑내기인 탓인지, 두 사람은 나라에 대한 공로를 앞세워 벼슬과 특혜를 차지하려는 훈구파의 핵심세력이 되어 자신들이 야생귀족으로 비아냥거리던 사림파에 대해 일대공격(예 : 1519년 11월의 기묘사화)을 가할 때도 똘똘 뭉쳐 있었다.

즉, 103명의 정국공신(중종반정에 앞장섰다고 해서 반정 성공 이후 공신 훈호를 줌) 명단에서 오르지 않을 자들이 공신명단에 너무 많이 올라 나라의 위엄과 체통에 먹칠을 했다며 조광조 등 사림파 신하들이 자그마치 76명(정국공신 3등인 심정도 삭제되었음)을 삭제한 것이 공격의 빌미가 되었던 것이다.

남곤은 연산군 치하에서 33세에 유배(1504년 갑자사화 때)를 당해 자칫 끝없는 내리막길에 들어설 뻔했다. 하지만 요행히 폭군이 쫓겨나게 되어 서른 중반에서부터는 다시 새로운 운명을 개척할 수 있었다.

새 임금이 들어서자마자 그는 유숭조, 심정과 함께 대어大魚를 한 마리 낚았다.

즉, 서얼 출신으로 서예에 능한 朴耕박경이란 자가 제 주위의 몇 사람(서자 출신 의관인 김공저 등)과 작당하여, 공신이라며 설치고 다니는 박원종과 유자광 등을 없애고 해평부원군 鄭眉壽정미수를 영의정으로 삼아야 정치가 올바로 된다고 떠들어댔던 것이다.

그저 말만 하고 말았어야 하는데 그들은 공조참의로 있던 유숭

조 등에게 자기네 거사계획을 의논하며 합류하기를 은근히 바랐던 것이다. 실로 사자 굴에 머리를 들이민 격이 되고 말았다.

그 길로 유숭조는 남곤, 심정 등과 합쳐서 조정에 고발하였다. 그 결과 박경과 김공저는 참형되고 정미수는 울진으로 귀양을 갔다.

남곤은 그 공으로 이조참판, 대사헌 등을 거치며 출세가도를 달렸다. 그러던 중에 마흔 중반을 넘긴 나이에 다시 한 번 대어가 그를 기다리고 있었다. 이번에는 역모사건이 아니라 조선왕조의 가장 큰 고민거리를 해결하러 명나라 조정을 다녀오는 일이었다.

조선왕조가 세워진 지 꼭 2년 되는 태조 3년(1394년)에 그냥 놓아두었다가는 정말 큰일이 날 '역사 왜곡사건'을 발견했다. 즉, 명나라의 『태조실록』과 『대명회전大明會典』 등에 '이성계는 고려의 권신 李仁任이인임의 아들이다'라고 적혀 있는 사실을 알아내고 조정이 발칵 뒤집혔던 것이다. 이인임은 고려 우왕 시절에 이성계의 정적이었던 인물인데 이성계를 이인임의 아들이라고 해놓았다니 정말 기가 막힐 노릇이었다.

이인임이란 자는 공민왕이 후사 없이 살해되자, 때는 이 때다 하며 요승 신돈의 아들로 알려진 우왕을 세우고 친원배명정책을 폈던 인물이다. 살인과 매관 매직 등 온갖 못된 짓을 저지르다, 최영과 이성계에 의해 귀양 보내졌다가 1388년에 사형된 자였다.

조선왕조는 그 이후 줄기차게 주청사奏請使를 보내어 고쳐달라고 했지만 명나라는 약속만 하고는 계속 능장을 부렸다.

남곤에게 대어로 다가온 것이 바로 종계변무宗系辨誣로 지칭되는 이 문제였다. 남곤은 주청사로 명나라에 가서 '잘못된 기록이니 어서 빨리 고쳐놓으시오'라고 요구한 뒤, 속히 고쳐놓겠다는 약속만 받고 돌아왔다.

하지만 조정에서는 왕실의 고민거리를 해결하기 위해 고생하고

왔다며 그를 예조판서의 자리에 올려주었다. 그리고 48세 되던 이 듬해에는 졸지에 훈구파의 우두머리가 되어 사림파를 격퇴시킨 기묘사화를 일으킨 뒤 좌의정에 올랐다.

4년 뒤 52세 때에는 드디어 영의정의 자리에 올랐으니, 실로 47세 에 얼떨결에 낚은 대어가 5년 뒤 그를 최정상의 자리로까지 끌어 올렸던 것이다. 그때 그는 정상의 자리에서 내려올 걱정을 하기 시 작했다. '산의 정상에 오르면 내려갈 생각을 해야 한다'는 말을 떠 올렸던 것이다.

그는 조광조를 비롯한 무수한 선비들을 죽이거나 귀양보낸 기묘 사화가 후일 무시무시한 부메랑으로 반드시 되돌아온다는 것을 미리 알아차렸던 것일까' 지난 일을 후회하며 자신의 저서나 기록 들을 모조리 불태워 없애기 시작했다.

그렇게 후회하며 불태워 없앴기 때문인지 그는 56세를 일기로 생애를 편히 마감했지만, 죽은 후 31년 뒤(1588년, 명종 대에 중종의 계비인 문정왕후가 수렴청정 할 때)에 삭탈관작削奪官爵되었다. 비록 죽고 없는 사 이에 생긴 굴욕적 사건이지만 그의 후손들에게는 지울 수 없는 치 욕이 되었을 것이다.

남곤(袞곤룡포 곤)의 자는 사화(士선비 사 華꽃 화), 아호는 지정(止발 지 亭 정자 정)과 지족당(知알지 足발 족 堂집 당)이 있다. 우선 이름이 참으로 특 이하다. 임금님의 정복을 의미하는 곤룡포이니 누가 알면 참으로 난감해질만한 이름이 아닌가. 아마도 그는 그런 이름 덕택에 폭군 을 몰아내는 일에 앞장선 일이 없는 데도 오십 초반에 영의정에 오 를 정도로 관운이 별나게 좋았던 것 같다. 자 또한 참으로 잘 어울 리는 의미인 듯하다.

자는 '유능한 사람이 되어 꽃처럼 활짝 핀다'는 의미이니 그야 말로 경쟁과 시기와 파벌이 극심할 수밖에 없는 출세가도에서 기어이 승승장구하는 행운을 거머쥔 것이다.

아호는 둘이나 있는데, 지정은 '여행객이 묵는 곳에서 잠시 쉰다' 는 의미이고, 다른 하나 지족당은 '언제 어디서 멈출 지를 깨닫는다' 는 뜻이다. 마흔 후반에 명나라에 다녀와서 출세길이 더욱 활짝 열렸으니, 그의 팔자에는 '먼 여행을 다녀와야 운세가 펴는' 어떤 암시가 깃들여 있었던 듯하다.

그리고, '멈출 곳을 잘 안다' 는 아호에서 나타나듯 그는 말년에 지난날을 되돌아보며 스스로 자신의 죄 많은 과거를 지워 없애기 시작했다. 역사나 과거는 반드시 되돌아오기 마련이라는 그 엄연한 철칙을 확연히 깨닫고 있었던 것 같다. 그는 정말 이름과 자와 아호의 의미에 걸맞게 한 세상 잘 경영하다 그런 대로 괜찮은 임종을 맞았던 것이다.

유숭조의 경우를 한 번 살펴보자. 반도에 성리학이 들어와 교육과 국가운영과 인재선발의 기틀이 되었지만, 도학정치를 실현하고자 진정으로 자신의 한 몸을 던진 이는 별로 없었다. 아마도 유숭조라는 인물이 도학정치를 실현하고자 했던 최초의 성리학자였었는지도 모른다.

그는 인륜이나 천륜에도 어긋나고 왕도정치를 가르친 옛 성현들의 가르침에도 안맞는 폭군 연산군의 악정, 폭정을 보며 무척이나 분개했을 것이다.

그러나, 그는 절이 싫으면 중이 절을 떠나야지 어떻게 절을 떠나라 할 수 있느냐며 훌훌 다 털어 내버리고 책이나 읽고 글이나 쓰며 한 세상 조용히, 편안히 살고자 했던 남들과 달리 끝까지 관직을 고수하며 오로지 학문에만 정진했다.

연산군 치하에서는 감찰업무를 담당하는 사헌부의 장령(정4품)으

로 임금의 실정失政을 극간極諫하다가 원주로 유배형을 당하기도 했
다. 중종반정으로 유배에서 풀려났지만 그는 도학정치 실현을 위
해 조정의 정신적 지주로 남고자 했다.

공조참의, 황해도관찰사로서 목민관 체험과 관료경험도 쌓았지
만, 관직생활의 대부분에 해당되는 18년간을 오로지 성균관에만
재직하며 성리학을 토착화시키고 생활화시키는데 진력했다.

그가 오십대 후반일 때 30살 아래의 趙光祖조광조*가
28세의 좀 늦은 나이에 진사시를 장원으로 통과하고 성
균관에 들어와 공부했으니, 따지고 보면 사림의 태산준
령으로 통하는 조광조도 그의 제자에 해당한다고 보아
야 할 것이다.

그의 도학정치에 대한 비전은 결국 조광조를 비롯한
수많은 성균관 유생들을 중심으로 중종 초에 꽃이 피게
되었으니, 그의 한결같은 집념이 마침내 응답을 얻은 셈
이었다.

그가 뿌린 씨앗이 조광조라는 독특한 '도학자'를 만나 꽃이 피
었는데, 그의 가르침을 받은 성균관 유생들이 거름을 주고 전국의
향교를 중심으로 한 사림에서 열심히 물을 뿌린 셈이다.

'국왕을 가르쳐 왕도정치를 펴게 한다, 성리학의 바른 이념을 전
파시켜 나라의 정신을 바로 잡고 향촌의 질서를 뜯어고친다, 전국
사림의 유능한 인재들을 대거 등용하여 새로운 중흥을 도모한다,
공신을 남발하고 왕과의 인척을 내세우며 파벌을 일삼는 훈구파
들 중심의 훈구정치를 과감히 혁파한다'는 목표를 내걸고, 국가를
새롭게 고쳐 백성의 행복을 증진하려 노력했다.

조광조는 자신의 이상을 현실정치에 접목시키려 애쓰며 자신의
이념과 목표를 '도학을 높이고 인심을 바르게 하며, 성현을 본받고

지치를 일으킨다'는 말로 '지치至治'가 곧 도학정치 구현의 지향점임을 명백하게 밝혔다.

유숭조(崇높을 숭 祖조상 조)는 '우러름 받는 웃어른'이 된다는 뜻이니, 결국 조광조를 제자로 두어 성균관 유생들을 중심으로 실현된 조선조 도학정치의 주춧돌이 될 수 있었을 것이다.

자는 '웃어른이 되어 우러름 받는다'는 의미인 종효(宗마루 종 孝효도 효)이다. 아호는 둘이 있는데 하나는 '타고난 대로 오로지 경건하고 공손하게 행동한다'는 진일재(眞참 진 一한 일 齋재계할 재)이고, 다른 하나는 '돌로 쌓아올린 집'을 뜻하는 석헌(石돌 석 軒추녀 헌)이다.

결국 경건하고 공손한 도리를 가르치고 몸소 보여 도학정치라는 새로운 집을 짓고 새 길을 닦은 셈이다.

마지막으로 유자광이라는 실로 찰거머리 같은 벼슬아치를 살펴보지 않을 수 없다. 연산군 치하에서 온갖 권력을 누리며 출세가도를 달리더니, 폭군 연산군을 몰아내고 새 임금을 세우는 반정에도 앞장을 서서 정난공신 1등에 올랐다. 예종 시절과 연산군 시절에 그가 앞장서서 저지른 참화는 실로 입에 담기조차 부끄러울 정도이다.

18세 어린 나이로 즉위하여 겨우 13개월 동안 왕 노릇을 한 예종 임금 치하에서 그는 27세에 병조판서를 지낸 南怡남이 장군과 78세의 영의정 康純강순을 역모죄로 엮어 죽게 하고 말았다.

그는 영웅들을 죽게 한 공로로 신숙주, 한명회 등과 함께 익대공신翊戴功臣(38명을 1,2,3등으로 나눴음) 1등에 올랐다. 연산군 치하에서는 이극돈을 앞세워 무오사화(1498년 연산군 4년)를 일으켜 무수한 선비들을 죽게 하고 귀양보냈다.

야릇하게도 사화의 발단이 된 이극돈이 '너는 어째서 그릇된 『조의제문』이 사초에 들어가는 것을 일찍 발견해 내지 못했느냐는 힐책을 듣고 파면되었기 때문에 그는 용케도 출세가도를 독주할 수 있었다.

양반 중추부지사 柳規유규의 첩 자식으로 인생을 시작하여 건춘문建春文*이나 지키던 그의 보잘것없는 출발로 보면 참으로 천우신조의 기회였을 것이다.

*건춘문: 경복궁 동문으로 왕족, 척신,상궁들만 출입.대궐에 열병식이 열릴 때는 임금을 직접 모시는 신하들이 모여 명령을 기다렸음. 안에는 왕세자의 거처인 춘궁이 있었음.

그는 국가재정을 다 탕진하고 텅 빈 돈궤를 채우려 공신들의 가산을 뺏고 싶어 안달이 나있던 폭군 연산군이, 외할머니 신申씨와 임사홍의 고자질로 24년 전에 폐출廢黜된 서인으로 사약을 받고 죽은 제 어미의 복수극을 펼칠 때도 그는 59세의 임사홍을 도와 한 몫을 단단히 했다.

*갑사 : 군역에 의해 의무적으로 소집된 병졸이 아니라 특기에 의해 특채된 하급 무인

폭군 연산군 밑에서 승승장구하며 건춘문 갑사甲士*출신이 종1품인 숭록대부가 되었다면, 그가 과연 폭군 밑에서 무엇을 했는가를 확연히 알 수 있을 것이다.

하지만 새 임금 중종 치하에서는 조정이 제법 살아있었기 때문에 그의 피비린내 나는 전과를 모른 척 넘길 리가 없었다. 주제넘게도 정국공신 1등(총 103명 중 1등은 겨우 8명 핵심인물들인데 그 속에 끼였음)에 올라 다시 한 번 출세가도를 이어가려 했지만 반정 다음 해에 탄핵을 받아 훈작이 취소되고 귀양을 가야만 했다.

결국 그는 경상도 어느 변두리에서 치욕과 탐욕으로 얼룩진 일생을 총총히 마감했다.

유자광(子아들 자 光빛 광)의 자는 우복(于어조사 우 復돌아올 복)이고, 무령(武군셀 무 靈신령 령)군이라는 군호도 받았다. 이름과 자와 군호가 '빛난다,되돌아 다시 온다,귀신처럼 기이하다' 는 의미이니 외줄 타기 곡예와 음흉한 꾀' 로 가득 찬 그의 일생과 너무도 많이 닮았다.

중종반정 이후 반정에 공로가 있는 이들을 포상하기 위해 정국공신 103명을 선정하며 1등에는 겨우 8명만 올렸는데,유일하게 그

족적이 그렇게 상세하게 드러나지 않은 인물이 있다. 바로 수원부사를 지내고 반정에 참여하여 큰 공을 세우고 정국공신 1등에 오른 張珽장정이라는 인물이다.

정(珽옥홀 정)이라는 이름 뜻에 걸맞게 그는 아마도 그리 큰 욕심을 안내고 비록 1등 공신으로 토지와 재물과 노비를 많이 받았지만 말년을 명예 하나로 만족한 채 조용하게 보냈는가 보다.

흥미로운 인물이 또 있다. 홍문관에 재직할 때 연산군의 실정을 논하다가 전라도로 귀양을 가게 되었던 인물인데, 유배지에서 병졸을 모아 폭군 연산군을 몰아내고 진성대군을 추대하려했던 인물이다.

그의 그런 의도가 후일 조정에 알려져 공신 반열에 올랐지만 곧이어 벼슬이 낮다며 불평을 늘어놓다가 새 임금이 된 중종을 몰아내고 견성군甄城君* 惇돈을 추대하려고 역모를 꾀하다 32세에 처형당한 인물이다.

> *견성군 : 성종과 숙의 홍씨 사이에서 출생. 1507년 사사되었다가 이듬해에 무혐의로 드러나 신원됨

이름은 이과(顆낟알 과)이고, 자는 과지(顆낟알 과 之갈 지)이다. 정국원종공신靖國原從功臣이 된 후 전산군全山君이라는 군호를 받았다.

이름이나 자 모두 낟알 과顆를 지니고 있어 '한 알의 밀알이 되겠다' 는 소신으로 살았는지도 모를 일이다. 31세에 유배지에서 거병舉兵하여 폭군을 몰아내고 새 임금을 세우려 할 정도였으니, 아마도 성정이 단순하면서도 대단히 거칠고 미련했던 것 같다. 결국 그는 한 알의 밀 알이 되어 흙으로 돌아가고 만 것이다.

'산처럼 반듯하고 늠름해라' 는 군호가 이색적이다. 아마도 너무 쉽게 발끈하는 성정 때문에 주위에서 그의 사주팔자를 풀이한 후 그런 식으로 누르고 덮어주려 했는지도 모를 일이다. 그의 그런 설불리 덤벼대는 기질과 설익은 야심 때문에 공연히 애꿏은 인물(견성군)만 저승길에 동행하고 말았다.

많은 선비들이 폭군에서 현군으로 뒤바뀌는 난세를 살며 운명이 엇갈리고 말았다. 어떤 이들은 새 임금 밑에서 승승장구하며 몇 차례 영의정까지 지내고 행복한 노후를 보내기도 했지만 많은 이들이 가짜 공신으로 비아냥거림의 대상이 되거나 새 임금 밑에서 변변히 출세도 못한 채 스타일만 왕창 구기고만 경우도 많이 있었다.

李艇이정이라는 이는 반정에 공로가 있다고 해서 공신명단에 당당히 올랐지만 45세에 金銀김은이라는 이가 상소를 올려 스캔들에 휘말리고 말았다.

즉, 8년 전에 폭군을 몰아낼 때 尹璋윤장, 曹繼衡조계형 등과 함께 입직승지入直承旨로서 반정군에 가담하여 공을 세운 것처럼 가장했으니 이제라도 그 내막을 가려 처벌해야 마땅하다고 문제를 제기했던 것이다.

그 결과 맞다고 판명이 나 그는 녹권祿權이 박탈되고 말았다. 후일 안동부사를 지내며 수령 중 모범이 되었다 하여 1계급 특진을 받기도 했으니 가까스로 명예회복을 이루고 48세로 죽을 수 있었다.

이름은 '작은 배를 타고 간다' 는 정(艇거룻배 정)이고, 자는 '그저 둘째에 만족하자' 는 명중(明밝을 명 仲버금 중), 아호는 '소나무 숲 속에서 경건한 마음으로 공손히 기다린다' 는 의미 의 송재(松소나무 송 齋재계할 재)이다.

공신에 오른 후 받은 군호가 청해(靑푸를 청 海바다 해)군인데, 즉, '파란 바다로 멀리 나가라' 는 의미인 셈이다. 배를 타고 항해하듯 기우뚱거리며 살았지만 소나무 숲에서 경건히 기다릴 줄 아는 성품이기 때문에 마흔 중반에 큰 고비를 만났지만 다시 일어나 죽기 몇 해 전에 겨우 겨우 명예를 회복할 수 있었던 것이다.

李坤이곤이라는 인물도 반정에 가담하여 정국공신 4등에 올랐지만 공로가 없으면서 반정 주모자에게 청탁하여 공신에 올랐다는 평을 들었다. 아니나 다를까, 조광조를 비롯한 사림파에서 103명 정국공신 중 자그마치 76명을 삭제할 때 당연히 그의 이름도 지워지고 말았다. 조광조 등 사림파들이 훈구파에 의해 대대적으로 숙청당하는 기묘사화(1519년) 이후 다시 공신에 올랐지만, 여주 목사 시절 너무 갑자기 죽어 정부에서 검시를 하게 되었다.

결국 노비들이 공모하여 독살했다고 판명이 났으니, 60세로 끝이 난 한 평생이 그렇게 떳떳하지만은 않았던 것 같다.

곤(坤땅 곤)의 자는 자정(子아들 자 靜고요할 정)이다. 이름과 자를 합하면 '땅처럼 고요해라!' 는 의미도 되지만 다시 풀어보면 '땅으로 돌아가 잠잠해라' 는 의미도 된다.

54세에 반정이라는 정변을 만나 다시 한 번 출세가도를 달리려 애를 쓴 탓에 가파르고 힘든 말년을 보내다 끝내 노비들에게 독살당했으니, '땅처럼 고요해라' 는 이름이나 자의 의미가 실로 딱 들어맞는 암시였던 게 아닌가.

具壽永구수영이란 자는 정말 희한한 사람이었던 것 같다. 집안은 쟁쟁해서 증조할아버지 具成老구성노는 태조 이성계와 함께 위화도 회군에 가담한 이후 줄곧 이성계파에 속했던 인물이고, 큰아버지 具致寬구치관은 강직하고 올곧은 신하로 정평이 난 탓에 처음에는 낮은 벼슬에만 머물렀으나 후일 세조의 총애를 받아 환갑의 나이로 영의정을 지냈던 유명인사였다.

할아버지 具揚구양은 광주 목사를 지냈고 아버지 具致洪구치홍은 중추부지사를 지냈다. 실로 막강한 집안 배경인 셈이다.

집안 배경이 대단했던 탓인지 그는 12세에 세조의 아우인 영응대군의 사위가 되었다. 40대에 이미 종1품 돈령부판사가 되더니 곧이어 의금부 최고직인 판사벼슬에 올랐다.

하지만 연산군 말기에 49세의 적지 않은 나이로 장악원掌樂院(궁중

제조提調를 맡아 연산군의 변태적인 음욕과 나라 망치는 방탕을 적극적으로 채워주고 도와주고 키워주었다.

즉, 2천명 이상의 흥청興淸, 운평運平, 광희光熙를 양성하여 폭군의 여자 사냥과 섹스 파티를 열심히 도와주었다. 여러 대신들과 함께 채홍준사採紅駿使, 채청녀사採靑女使로 전국을 다니며 홍녀紅女(미녀)와 청녀靑女(시집 안간 여자들), 그리고 정력에 좋다는 백마를 거둬들이게 했을 테니, 실로 폭군의 입맛을 맞추기에 급급했을 것이다.

50세의 나이에 반정에 가담하여 정국공신 2등에 올랐지만, 곧이어 폭군의 충복이었던 인물이 간교하게 공신명단에 올랐다는 탄핵을 받고 53세에 파직 당했다. 실로 잘나가던 생애에 갑자기 먹구름이 끼고 만 것이다.

그래도 이름이 수(壽목숨 수 永길 영)인 탓에 53세에 파직되어 한가로이 보내다가 68세로 생애를 마감했다.

자는 미숙(眉눈썹 미 叔아재비 숙)인데 어딘가 아귀가 좀 안맞는 것 같다. 즉, '노인의 흰 눈썹에 젊은 기질을 뽐낸다' 는 의미로 풀어볼 수 있으니, 어딘가 불안정하게 느껴지는 의미인 셈이다.

*임금의 사위이며 청백리의 본보기로 널리 알려진 영의정 구치관의 조카. 할아버지 구양은 세조 13년에 일어난 이시애의 난을 평정하고 나서 이시애, 이시합 형제의 목을 가지고 서울로 와 효시하게 한 인물

나이나 배경*을 생각해서라도, 수천 명의 여자들을 궁궐에 모아다 놓고 매일 주지육림酒池肉林에 빠져 있던 폭군 연산을 목숨을 걸고라도 막았어야 했지 않았을까. 그는 아마도 헛된 야심에 눈이 어두워 폭군을 위해 너무 많은 충성을 바쳤던 것 같다.

과도기의 줄 바꿔 타기에 실패한 이들과 달리, 정국공신에 간신히 올라 연산군 때의 과오를 지우고 승승장구하며 말년을 그런 대로 잘 보낸 인물들이 많다.

金克成김극성이란 이는 32세에 반정에 가담하여 정국공신 4등에 올랐는데, 대사헌을 지낸 후 한 때 권신權臣 金安老김안로의 횡포로

유배를 당하기도 했지만 관직에 복귀하여 영의정까지 지내고 66세로 생애를 마감했다.

이름은 극성(克이길 극 成이룰 성)이고, 자는 성지(成이룰 성 之갈 지), 아호는 청라(靑푸를 청 蘿무 라)와 우정(憂근심할 우 후정자 정)이다.

이름이나 자에 모두 '이룬다, 적극적으로 이뤄간다' 는 의미이니 과도기의 험난한 파도를 무난히 넘어서서 긴 항해를 이뤄낸 것 같다. 두 가지 아호는 각각 '무나 미나리 같은 파란 푸성귀' 와 '걱정을 함께 토로하는 나그네 숙소' 를 의미한다.

파란 푸성귀에서 암시되듯 될 수 있는 한 큰 욕심 안내며 살고, 걱정을 나누는 길가 숙소가 암시하듯 될 수 있는 한 걱정거리나 화근이 될 소지를 안만들며 산 탓에 난세를 잘 넘어간 것 같다.

연산군 밑에서 이조판서를 지낸 송질이란 이는 52세에 반정에 가담하여 정국공신 3등에 올랐지만, 환갑의 나이에 영의정을 지냈다.

간관諫官들이 일제히 나서서 무능하고 탐욕스럽다며 탄핵했지만 그런 대로 잘 지내다가 66세로 생애를 마감했다.

자가 가중(可옳을 가 仲버금 중)이니, '둘째로 만족한다' 는 의미인 셈이다. 아마도 전면에 잘 나서지 않는 약간은 소극적이고 신중한 성품이었을 것이다. 난세에는 그저 가만히 죽치고 앉아서 중간만 가려고 노력하면 그럭저럭 목숨과 자리를 부지할 수 있는 것이 아닐지….

연산군 때 형조판서를 지낸 이손이란 이는 67세에 폭군이 물러나고 새 임금이 들어서는 것을 보게 되었지만, 죽마고우 柳洵유순*과 함께 반정에 가담하여 함께 정국공신 리스트에 올랐다.

반정 당시 친구 유순이 65세였으니 그야말로 노익장들의 대활약이었던 셈이다.

이손은 벼슬길을 정리하고 죽마고우 유순, 安琛안침*과

*유순 : 1441-1517; 연산군 때 60초반에 이미 영의정을 지냈고 새 임금 밑에서도 73세에 영의정을 다시 한번 지냈음. 서거정과 연주시격 聯珠詩格을 한글로 번역했음
*안침 : 1444-1515; 연산군 때 평안도관찰사를 지냈고 70세에 공조판서를 지냈음

더불어 친목회인 '구로회九老會'를 만들었다.

안침이 71세로 먼저 죽고 2년 있다가 유순이 76세로 죽은 후 3년 있다가 이손이 81세로 죽었으니, 실로 대단한 운세들이었던 셈이다.

이손(蓀향풀 이름 손)의 자는 자방(子아들 자 芳꽃방울 방)이고, 군호는 한산(漢한수 한 山뫼 산)군이다. 이름이나 자에 모두 '향기로운 풀'이라는 뜻이 들어있다. 군호는 '큰 물과 큰 산'을 의미하니 이름이나 자에 들어있는 '향기로운 풀'과 궁합이 척척 들어맞는 셈이다.

성격이 느긋하고 온유한 탓에 폭군과 현군을 오가며 입신양명하다가 산과 물가에 피어난 풀꽃처럼 오래오래 장수한 것이 아닐까.

다음으로 광해군을 몰아낸 인조반정의 주역들을 한 번 살펴보자.

폭군 연산군을 몰아내고 새로운 강토를 만든 지 꼭 102년만에 또다시 폭군 광해군이 등장했으니, 개인에게는 '9' 수가 고비라더니 나라에는 결국 '100'이라는 숫자가 고비인 모양이다. 연산군을 몰아낸 중종반정과 광해군을 몰아낸 인조반정 사이에는 눈에 안보이는 일정한 끈이 이어져 있는 것 같다.

즉, 광해군의 아버지가 바로 중종의 손자인 선조 임금이니, 광해군은 결국 중종의 증손자가 되는 셈이다. 중종과 창빈 안씨 사이에

*덕흥군 : 아들 선조 즉위 8년 전에 죽어 아들의 즉위 후에 대원군으로 바뀜. 부인은 정세호의 딸

서 중종의 7남으로 태어난 덕흥군*의 3남이 후에 선조 임금이 된 하성군(河城君)이고, 선조와 공빈(恭嬪) 김씨 사이에서 선조의 3남으로 태어난 이가 바로 광해군이다. 쉽게 말해 폭군을 몰아내고 새로이 들어선 혈통에서 정확히 100년 뒤에 다시 폭군이 나온 셈이다.

선조 임금의 내면에 포악한 구석이 감춰져 있었던지, 이상하게도 아들들이 거의 다 성정이 포악하다는 이유로 조정 대신들의 배척과 탄핵을 받았다.

광해군의 한 살 위 친형인 임해군臨海君이 성정이 너무 거칠어 왕이 될 재목이 못 된다는 대신들의 총평에 의해 세자 책봉에서 제외되고 그 대신 광해군이 세자의 자리를 차지했던 것이다.

그리고 광해군의 이복형인 순화군順和君(선조와 순빈 김씨 소생)은 임해군보다 한 술 더 떠 툭하면 사람을 죽이고 재물을 강탈한 탓에 순화군이라는 군호마저 죽기(광해군 즉위 한 해 전에 죽음)6년 전에 박탈되었다가 죽은 후 한참 되어 복원되었을 정도이다. 이렇게 놓고 보면 광해군의 몸 속 어딘 가에도 분명히 포악한 성정이 감춰져 있었을 것이다.

형 임해군과 어린 동생(영창대군), 그리고 그 어린 동생의 외조부와 외삼촌들을 죽이고, 계모이자 죽은 어린 동생의 생모인 인목대비를 폐출하려 온갖 노력을 기울이다가 결국은 수년간 서궁에 가택연금(유폐)시켰을 정도이니, 그만하면 숨겨져 있던 포악한 성격을 어느 정도 드러낸 셈이다.

폭군 광해군은 그래도 인복이 많았던지 아버지 선종 대의 현신賢臣들을 많이 거느려 주위에 인재만은 말 그대로 쨍쨍했었다.

52세의 이항복, 57세의 이덕형, 61세의 이원익이 '나를 통해 세상을 경영하시오' 하며 도열해 있었는데도, 성정이 포악, 야비했던 탓인지 그만 폭군으로 흐르고 말았다.

죽마고우로 알려진 이항복과 이덕형은 광해군이 즉위하고 나서도 각각 10년과 5년을 더 살았고, 오리梧里대감으로 알려진 李元翼이원익은 자그마치 26년이나 더 살았다.

백사白沙 李恒福이항복과 한음漢陰 李德馨이덕형은 세상이 다 아는 절친한 친구사이였지만 사실은 이덕형이 다섯 살 위였다. 한데도 둘이 힘을 합쳐 임진, 정유의 왜란에서 나라를 구하고 난리로 피폐해진 강토와 백성을 어루만지며 여생을 보내다, 다섯 살 위인 이덕형이 5년 먼저 세상을 하직했다.

둘이 태어나고 죽은 해는 서로 다르지만 똑같이 62세로 영면했다. 나이는 달라도 같은 해(1580년)에 과거에 급제하여 관직생활을 함께 시작했다.

이항복은 왜란으로 어지러운 조정에서 다섯 차례나 병조판서를 지내며 전란으로부터 나라와 조정을 구했다. 이덕형은 명나라에 달려가서 원병을 얻어왔고 한성부판윤을 지내며 李如松이여송 장군과 명나라 군사들을 열심히 도왔다.

광해군은 33세에 왕이 되었으니 그래도 철은 좀 들었던 가보다. 초기에는 환갑이 지난 이원익대감을 영의정으로 모시고 있었으니 그나마 첫 출발은 상궤를 든든히 밟고 있었던 것 같다.

하지만 그 놈의 폐모론*으로 인해 아버지 선조가 육성한 인재 중의 인재들을 다 잃고 말았다.

*폐모론 : 계모인 인목대비를 궁궐에서 내쫓아 서인으로 강봉시키려는 획책

이항복과 이덕형이 모두 폭군 광해군의 영창대군 살해와 인목대비 학대를 앞장서서 반대하다가 둘 다 삭탈관직된 채 유배를 가서 죽었다. 이원익 마저 홍천으로 유배를 가야 했으니, 그 당시 조정의 분위기가 과연 어떠했는지 대강 짐작할 수 있는 일이다.

그래도 이들 세 사람의 현신 중에서 오리 대감 이원익만 살아남아 광해군이 쫓겨나고 새 임금 인조가 들어서는 것을 회한에 젖어 지켜볼 수 있었다. 단순히 지켜보는 것으로 끝나지 않고 77세의 노구를 이끌고 李适이괄의 난(반정 이듬해인 1624년 2월)을 앞장서서 진압했다. 그는 87세로 영면할 때까지 오로지 나라와 백성을 위해 마지막 열정을 다 바쳤다.

이제 폭군 광해군을 몰아낸 충신들의 면면을 살펴보자.

우선 거론되는 인물이 바로 이귀이다. 65세에 폭군 몰아내기에 앞장섰지만, 그는 25세에 관직을 시작한 이후 전국을 누비며 많은 일을 했던 사람이다. 임진왜란이 일어나자 그는 군졸과 우마牛馬와 군량미를 징발하여 당시 '도체찰사'로서 전군을 총지휘하고 있던 유성룡에게 수송했다. 하지만 광해군 시절에는 운이 따르지 않아 고생을 했다.

광해군 초기에는 숙천부사로 있으면서 죄수로 옥에 수감되어있는 해주목사 崔沂최기를 만났다는 이유로 이천으로 귀양을 가야했다. 그때 그의 나이는 52세였다. 귀양에서 풀려 나오자마자 14살 아래인 김류를 만나 폭군을 몰아낼 계책을 은밀히 논의했다.

반정에 성공한 이후 계해癸亥 정사공신靖社功臣* 1등에 책록되고 69세 때는 병조판서, 이조판서를 지냈다.

*정사공신 : 인조반정 이후 공로가 있는 53명을 선정하여 1등 10명, 2등 15명, 3등 28명으로 나누어 훈호를 줌

70세에 맞게 된 정묘호란 때는 인조 임금을 강화도로 호종하고 후금이 점점 커져 중원의 맹주(1632년에는 북경을 공격)로 떠오르자 최명길과 함께 '화의'를 주장하다 탄핵되기도 했다. 하지만, 그는 병자호란(1636년 12월부터 1637년 2월까지)으로 임금이 야만족의 괴수(후금 혹은 청 태종)에게 언 땅에 이마를 부딪혀 피를 흘리며 항복하는 꼴을 보지 않고 76세로 영면했다.

'귀한 사람이 될 운세'란 이귀(貴귀할 귀)의 자는 옥여(玉옥 옥 汝너 여)이고, 아호는 '과묵하고 공손한 사람'이라는 의미인 묵재(黙묵묵할 묵 齋재계할 재)이다.

귀한 자리에 올라 귀타나게 살 사람이라는 운세였기 때문에 반정에 앞장서서 새 임금을 세우고 장수할 수 있었던 것 같다. 아마도 그리 욕되게 살지 않았을 것이다.

이귀와 짝꿍을 이루며 등장하는 인물이 바로 金瑬 김류이다. 52세에 광해군을 몰아내고 광해군의 조카인 능양군綾陽君을 옹립하여

인조 임금 시대를 열어놓았다.

집안 내력에서 벌써 무골武骨 기품이 물씬 묻어난다. 그는 임진왜란 초기에 申砬신립 장군과 함께 충주 탄금대에서 44세로 투신 자결한 김여물 장군의 아들이다.

거사 3년 전부터 자신보다 14살 위인 이귀와 폭군 몰아낼 계책을 의논했다니, 지략도 뛰어나고 병사를 모을 재간과 실력도 있었던 모양이다.

무엇보다도 목숨을 걸고 비밀을 지킬만한 배포와 신의를 겸비했던 것 같다. 반정에 성공한 이후 1등 공신에 올랐고 뒤이어 이조판서, 좌의정, 도체찰사를 거쳐 영의정을 역임했다.

그러나 난리 통에 사람 됨됨이 알아본다고 그는 병자호란이 발발하자 주화와 척화 사이에서 우유부단하다는 평판을 들었을 뿐만 아니라, 전쟁을 책임진 도체찰사로서 나라를 보전하기보다 오히려 제 가족과 재물을 지키는데 휘하 군관을 동원했다.

설상가상으로 인조반정에 공을 세우고 2등 공신에 오른 후 도승지와 한성부판윤을 지낸 아들 慶徵경징이, 방어책임을 지고 있던 강화도가 청의 수군에 함락되자 탄핵을 받고 48세로 처형당하고 마는 끔찍한 일이 생겼다.

병자년 섣달에 후금을 청이라 부르며 그 수령인 태종이 쳐들어오자 조정에서는 봉림대군을 비롯한 왕족과 많은 대신들이 강화도로 피난을 했는데 강화도 방어 총책을 맡고 있던 경징은 매일 술만 마시며 '원나라가 고려를 다 유린할 때도 강화만은 끄떡없었던 이유를 아느냐? 북방의 야만족들은 본래 물에 약하기 때문이다' 라고 억지 주장을 늘어놓았다.

청의 수만 수군水軍이 저들의 구왕九王을 총지휘자로 앞세우고 삼판선三板船과 홍이포紅夷砲로 공략하자 조선의 수군은 도망치기에 급급했다. 하는 수 없이 봉림대군이 병졸을 모아 싸워보았지만 결과는 항복 후 포로로 잡힌 이들을 구해오는 쪽 뿐이었다. 그래도 후에 청에 끌려가 십여 년 가까이 볼모생활을 하다 후일 효종 임금이 되는 봉림대군은 꽤나 용맹스러웠던 것 같다.

강화에서 항복을 하고 뭍으로 나와서는 다시 남한산성에서 분투 중인 아버지 인조 임금 곁으로 달려가 함께 싸우다가 나중에 항복할 때서야 비로소 성을 나왔다. 그때 대군의 나이 겨우 18세였다. 그만하면 그 긴 인질생활 속에서도 어떻게 그리 기죽지 않고 훗날에 '북벌계획'을 세울 배짱이 있었는지, 가히 짐작이 가고도 남는다.

아들이 처형되었으니 아버지인 김류도 마땅히 탄핵될 수밖에 없었다. 사임하고 물러나 죽은 아들의 혼령을 위로하며 지낼 수밖에 없었다. 하지만 반정의 핵심인물인 탓에 7년 뒤에 영의정으로 다시 복귀하여, 갑자기 불거져 나온 역모사건*을 잘 처리하여 다시 공신 반열에 올랐다.

*역모사건 : 유생 신분으로 반정에 참여하여 혁혁한 공을 세우고 1등 공신에 올랐던 심기원이란 자가 역모를 꾀한 일

봉림대군이 효종으로 즉위하기 한 해 전에 77세로 죽었지만, 노老 대신의 마지막 과업으로 봉림대군의 세자 책봉을 강력히 주장하여 효종 시대를 일찍 열어놓았다. 즉, 청나라 심양에서 돌아온 후 2개월만에 갑자기 죽은 소현세자의 빈 자리를 서둘러 봉림대군으로 채워야 한다며 봉림대군을 세자로 책봉할 것을 주장하여, 결국 십대 후반에 청나라에 끌려가 이십대 중반에 돌아온 26세의 대군을 차기 왕이 될 왕세자로 세워놓았다.

류(瑬면류관 류)라는 이름이 참으로 특이하다. 자기가 왕관을 쓰거나 남이 왕관을 쓰게 할 운세인 셈이다. 폭군 광해군의 머리 위에서 능양군綾陽君의 머리 위로 왕관을 옮겨 인조 임금으로 만들었으니, 이름 뜻대로 면류관 옮기는 일을 마침내 성사시킨 셈이다.

인조의 본래 군호가 능양(綾비단 능 陽볕 양)군이니, '비단 옷을 입고

햇빛 아래 나선다'는 의미가 아닌가, 실로 면류관과 비단 옷은 찰떡궁합인 셈이다.

자는 '옥으로 만든 갓을 쓴다'는 관옥(冠갓 관 玉옥 옥)이고, 아호는 '북 쪽 물가로 나아간다'는 북저(北북녘 북 渚물가 저)이다. 공신에 오른 후에는 승평(昇오를 승 平평평할 평)부원군이라는 칭호가 봉해졌다. 귀하게 된다는 의미와 '방향을 바꿔 놓고 물러선다'는 의미가 깃들어 있는 이름과 자와 칭호가 신기하다.

비록 아버지(44세에 자결)와 아들(48세에 처형됨)이 모두 40대에 비참하게 죽었지만, 그는 이름과 자와 아호, 그리고 반정에 성공한 이후 오십 대 초반에 받은 부원군 칭호 덕분에, 가문의 비극과 치욕을 딛고 일어나 영의정을 두 차례나 역임하며 77세의 긴 생애를 살 수 있었을 것이다.

다음으로 각각 장단과 이천에서 군사를 일으켜 반정에 가담한 李曙이서와 李重老이중노의 경우를 살펴보자.

*홍제원 : 서울 홍제동에 조선 말 고종 때까지 있었던 국영여관으로 중국 사신이 오면 서울로 들어오기 전에 묵었음
*창의문 : 태조 때 서울 성곽을 쌓으며 만든 4소문의 하나로 북문 혹은 자하문으로도 부르는데 태종 이후 풍수지리상 사람이 왕래하면 왕조에 안좋다고 하여 폐쇄했다가, 중종 즉위 후 개방. 인조반정 이후 공신들의 명단을 새겨 다락에 걸어놓았음.

이들 두 사람은 각각 자기 군대를 이끌고 홍제원弘濟院*에서 김류와 만나, 능양군(인조)을 앞세우고 창의문彰義門*으로 진격했다.

하지만 훈련대장으로 있던 李興立이흥립이 내응內應해 주어 손쉽게 중요거점을 차지할 수 있었다. 밖에서 밀고 안에서는 잡아끄는데 와르르 무너지지 않을 담벼락이 어디 있고, 옹기장수의 지게 작대기처럼 쿵하고 힘없이 넘어지지 않을 울타리가 어디 있겠는가.

李曙이서는 반정 성사 후 정사공신 1등에 올라 완풍完豊부원군에 봉해졌다. 마흔 중반의 나이에 날개를 달고 호조판서, 호위대장을 지냈다. 병자호란이 발발하자 남한산성에서 싸우다 57세로 진중에서 병사했다.

이중노는 반정 성공 이후 정사공신 2등에 올랐는데 애석하게도 이듬해에 일어난 이괄의 난 때 반란군 장수인 李守百이수백에게 피살되었다.

이서(曙새벽 서)의 자는 인숙(寅셋째 지지 인 叔아재비 숙), 아호는 월봉(月달 월 峰봉우리 봉)이다. 이름이 새벽을 의미하니 새로운 왕조를 열 운세인 셈이다. 그는 결국 그의 이름과 아호의 뜻대로 새벽 별과 새벽 달을 보며 폭군을 몰아내고 43세에 새 임금을 세운 것이다. 자는 '삼가다, 크다' 는 의미를 지닌 인寅자를 지니고 있지만 12지지地支를 동물로 바꿔보면 범에 해당한다. 무인기질을 지닌 사람임을 알 수 있다.

그는 결국 범처럼 굴속에서 박차고 나와 새 임금을 옹립하여 새 시대를 열고, 외적이 침입하여 왕조 자체가 풍전등화의 운명에 놓이자 지금이 바로 내가 죽을 때라고 여겼던 것이다.

그는 57세의 결코 적지 않은 나이로 앞장서서 싸운 후 진중陣中에서 전우들인 후배 병사들이 지켜보는 가운데 죽었다. '선비는 책상머리에 머리를 쳐 박고 죽어야 하고, 무인은 싸움터에서 나라를 위해 피흘려 싸우다 죽어야 마땅하다' 고 입버릇처럼 말하던 그였다.

'노쇠한 늙은이와 무거운 짐' 을 뜻하는 이중노(重무거울 중 老늙은이 노)의 이름은 누가 보아도 어딘가 좀 어색하다. 결국 그는 새 임금을 세워 새 시대의 주역이 되었음에도 살아서 누리지 못하고 반란군 괴수에게 목숨을 잃고 말았다.

하지만 그가 죽은 뒤 꼭 10년 뒤에 두 아들이 아버지의 원수를 갚아주었다. 이괄에게 생포되었지만 끝까지 버티다가 46세로 참살된 풍천부사 朴榮臣박영신의 세 아들과 도모하여 이수백을 죽였던 것이다.

이수백은 반란이 실패로 돌아갈 것을 알고 제가 상관으로 받들고 있던 이괄의 목을 베다가 관가에 바치고 항복했는데, 조정에서는 그를 외딴 섬에 유배 보냈다가 세상이 잠잠할 때쯤 슬쩍 풀어준 후 여주에 살게 했다.

그런데 박영신의 큰아들인 30대 중반의 朴之屛박지병이 之垣지원, 之蕃지번 두 동생과 방어사로 이수백에게 죽은 이중노의 두 아들 文雄문웅, 文偉문위와 합세하여, 여주에 숨어 있는 이수백이 벼슬자리를 구하러 제 발로 서울로 오게 한 뒤 기습하여 아버지의 원수를 갚았던 것이다.

조정에서는 당연히 격론이 벌어질 수밖에 없었다. 즉, 사람을 죽였으니 마땅히 살인죄에 해당된다는 측과 역적을 죽였으니 충신이 아니냐는 쪽으로 팽팽하게 갈렸다. 金時讓김시양 등은 벌을 주라고 했고 吳允謙오윤겸 등은 용서하라고 주장했다. 결과는 잠시 의성으로 귀양을 보냈다가 이듬해에 풀어주는 쪽으로 끝이 났다.

복수극을 진두지휘한 박지병은 조정에서 참봉 벼슬 등을 내렸지만 사양하고 고향에서 평생 근신하며 지내다 83세로 조용히 영면했다.

박지병의 자는 여장(汝너 여 障가로막을 장)이고, 아버지 박영신의 자는 인보(仁어질 인 輔덧방나무 보)이다. 그리고 아들의 이름은 지병(之갈 지 屛병풍 병)이고, 아버지의 이름은 영신(榮꽃 영 臣신하 신)이다.

정말 기가 막히는 이름들이고 자이다. 아버지의 이름은 '수레바퀴를 받쳐주는 나무가 되어 꽃처럼 향기로운 신하가 된다'는 의미이니, 역적에게 항복하여 대대로 치욕을 떠안게 되니 깨끗이 죽어 후손과 나라에 본보기가 된 것이다.

아들은 병풍이 되어 아버지의 억울한 혼령과 명예를 지켜주고, 가로막는 담벼락이 되어 집안과 나라의 수치를 단 한 번의 칼질로 꽉꽉 틀어막은 것이다.

조선이 명나라에서 청나라로 사대事大의 대상이 바뀔 무렵 주화파로서 일찌감치 청의 실체를 인정한 최명길의 경우를 살펴보자.

영흥부사 崔起南최기남의 아들로 백사白沙 李恒福이항복과 申欽신흠에게서 배우고 20세에 과거에 나가 관직생활을 시작했다. 그는 스승을 잘 둔 탓인지 아니면 본인 스스로 처신도 잘하고 재주도 출중했는지 승문원, 예문관을 거치며 가장 화려하게 관직에 데뷔했다. 28세에 병조좌랑을 지내다 북인의 견제로 삭직削職되어 잠시 쉴 수밖에 없었다.

하지만 37세에 이귀의 반정 계획에 참여하여 그때부터 자신의 실력을 아낌없이 발휘했다. 점술이 프로급이라 반정을 앞두고 길흉을 점쳐 거사시기를 결정짓는데 결정적인 역할을 하기도 했다. 기억력이 뛰어났는지 그는 점술만이 아니라 양명학(장유 등과 양명학을 후대에 전수함)과 병법과 풍수지리에도 조예가 깊었다.

반정에 성공한 이후 정사공신 1등에 책록되고 직위가 올라 50세였던 병조호란 당시에는 병조판서를 맡고 있었다. 남한산성에서 만여 명이 약간 넘는 병사로 이십만에 육박하는 청태종의 군사와 맞설 때, 항복문서를 직접 쓰고는 그걸 빼앗아 찢는 김상헌 등의 척화파 대신들에게 『싸우자니 힘이 부치고… 감히 화의하자고 못하다가 하루아침에 성이 무너져 위 아래가 어육魚肉이 되면 종묘사직宗廟社稷을 어디에 보존하겠소?』하며 갈기갈기 조각이 난 항복문서를 주섬주섬 모았다고 한다.

50대 초반에 우의정, 좌의정을 거쳐 영의정에 올랐다. 실로 난리가 나서 수십만 명이 청에 붙잡혀 가고 수천 필의 우마가 만주족의 손으로 넘어가는 그런 위기 상황 속에서, 오히려 그는 인생의 전성기를 맞았던 것이다.

하지만 전성기는 잠시 한 때일 뿐 반정의 핵심세력인 김류, 김자점과 뜻이 안맞아 54세에 사직하지 않을 수 없었다. 2년을 쉬고 나서 56세에 영의정으로 다시 복귀했지만 환갑 이전에 죽을 고비를 넘겨야 했다.

즉, 임경업 장군을 통해 승려 獨步독보를 명나라에 보내 비공식 외교관계를 유지한 일이 발각되어 이듬해인 57세 때에 청나라에 끌려가 수감되고 말았다. 2년 후 영구 귀국하는 소현세자 일행과 귀국하여 61세로 죽기까지의 마지막 몇 년은 별로 좋지 않았다.

대신들과 세상에서 불길한 일을 자초하는 소인배로 비난했기 때문이다. 하지만 손자 崔錫鼎최석정이 숙종 임금 밑에서 영의정을 지내며 할아버지 최명길의 불명예를 말끔히 씻어주었다.

최명길이 청나라에 항복하도록 앞장선 후 청의 후광을 입어 일신의 출세만을 도모했다는 후세의 평판을 듣더라도, 한 가지 반드시 짚고 넘어가야 할 점이 있다. 즉, 이괄의 난이 일어나 새로 세워진 인조 임금(서울이 점령되어 공주로 피난을 가야했음)의 위치가 마구 흔들릴 때, 그는 죽음을 무릅쓰고 임진강을 건너 원수 張晩장만*을 찾아가 계책을 세워 안현 전투에서 대승을 거두게 했다.

장만이 이끄는 관군은 안현 전투 승리로 그동안 승승장구하던 반란군의 예봉을 꺾고 진압의 전기를 마련할 수 있었으니, 최명길이 장만에게 가르쳐준 비책秘策이 바로 효자노릇을 한 것이다. 그때 최명길은 38세였고 장만은 58세였다.

1636년 청의 기동대가 급습했을 때도 최명길은 50의 나이로 자원하여 적장을 직접 찾아가 목숨을 걸고 침략 행위에 항의했다. 그의 그런 엉뚱하고 무모하기까지 한 행동은 다 계산된 것이었다. 즉, 왕과 세자를 비롯한 왕족, 대신들이 남한산성으로 피신할 시간을 벌어주기 위한 어쩔 수 없는 모험이었다.

그는 비록 주화파로 몰려 후세의 비난을 한 몸에 받았지만 그의 확실한 색깔 짓기로 그는 청나라 조정을 오가며 온갖 난제들을 앞장서서 해결했다. 그리고 사족士族들에게 청에 끌려갔다가 ' 속전 '을 주고 풀려나 귀국한 부녀들과 혼인관계를 계속 유지해야 옳다' 고 주장했다.

개인적으로도 그는 덕스러운 사람이었다. 아들이 생기지 않자 조카를 양자로 들였는데 뒤늦게 그만 부인이 아들을 낳게 되었다. 하지만 그는 한 번 양자로 맺은 조카를 그대로 후사後嗣 삼게 해달라고 조정에 탄원하여 허락을 받아냈다.

39세 때는 관직체계, 토지제도, 군사제도 등 국정전반에 걸친 개혁안을 올려 병자호란 이후 국정혁신의 기본 청사진이 되게 했다. 재상의 권한을 확대하여 행정의 능률을 기하고 호패법을 실시하여 백성의 부담이 균등하게 되도록 했다. 또한 관료들의 분란을 최소화할 수 있도록 업무 추진 절차와 권한의 한계를 명확히 했다.

본래가 명분보다 실용과 실리를 중요시하는 현실론자였던 탓에 인조가 생부 정원군定遠君을 왕으로 추존하고자 할 때 임금의 지극한 효심을 따라 찬성한 탓에 대신들로부터는 탄핵을 받았다. 기회주의자가 아니라 분명한 실용주의적 원칙을 고수했던 것이다.

죽기 한 해 전에는 인조가 한 해 전에 급사한 소현세자의 부인 세자빈 강씨를 왕과 왕비를 저주하고 독살하려 했다는 죄목으로 사사하려 하자, '나라가 청의 압제 아래 어려울 때 남편 소현세자를 따라 청에 끌려가 십여 년 가까이 고생하다 왔으니, 제발 급서한 소현세자의 혼령을 생각해서라고 용서해 주십시오' 라고 왕에게 간청했다.

최명길(鳴울음소리 명 吉길할 길)의 자는 자겸(子아들 자 謙겸손할 겸), 아호는 지천(遲늦을지 川내 천)이다. 공신 리스트에 오른 후 완성(完완전할 완 城

성채 성)군에 봉해졌는데, 이름과 아호가 참으로 신기하다. 이름은 '소리를 내 기쁜 소식을 전한다'는 의미이고 아호는 '느리게 흐르는 냇물' 혹은 '게으른 물귀신'을 뜻한다. 30대 후반에 얻은 군호가 '나라를 완전하게 해 놓는다'는 뜻이다.

울음소리로 길흉을 알린다는 이름처럼 그는 평생 나라를 위기에서 구하는 일에 매달렸다. 폭군 광해군을 몰아내고 인조 임금을 세운 일, 곧 이어 터진 이괄의 난을 평정한 일, 정묘호란과 병자호란을 실용노선, 실리외교로 대처하여 나라를 구한 일들이 모두 그의 이름 속에 내포되어 있다.

30대 후반에 받은 군호의 의미(나라를 완전하게 해 놓는다)대로 그는 61세의 전 생애 중 마지막 10년을 가장 활발하고 화려하게 보냈다. 또한 아호의 의미대로 그는 '늦게 꽃을 피우는' 운세였던 것이다. 52세에 맞이한 병자호란으로 그는 일생 중 그 어느 때보다도 더 혁혁한 족적을 남기며, 정말 늦게 찾아온 관운과 일복을 아낌없이 소화해 냈다.

반정으로 폭군을 몰아내고 다들 공신 리스트에 올랐지만 몇 사람은 아주 비극적인 최후로 끝나고 말았다. 이괄, 심기원, 김자점이 바로 그들이다.

먼저 이괄의 경우를 살펴보자. 30대 중반에 폭군을 몰아내고 새 임금을 세우려는 거사계획을 접하게 되었다. 함경도 병마절도사로 부임하기 직전에 반정에 가담하여 큰 공을 세웠지만, 계해정사공신 1등 10명에 못 들어가고 2등 15명 중 한 사람으로 끼였다.

거기에다 중앙관직을 원했음에도 후금이 침략할지 모르니 북방을 방어하는 일이 중요하다며 그를 평안도 병마절도사로 임명하여 영변에 머물게 했다. 이런저런 일로 부아가 치밀어 오르는 판에 집안에 큰 일이 터지고 말았다.

아들 旆전이 지식인들과 교류하며 '무식한 공신들이 권력을 독점하여 그 횡포가 너무도 극심하다'며 크게 개탄했는데, 그만 그 일이 반역을 꾀한 것으로 조정에 밀고되어 영변 군영을 향해 이미 의금부도사가 출발했다는 불길한 소식이 들려왔다.

잘못하다가는 정말 멸문지화滅門之禍를 당할 참이었다. 이괄은 부하 이수백, 기익헌, 그리고 구성부사 한명련을 앞세워 1만여 군사로 서울을 향해 진격했다. 그의 투정과 아들의 개탄이 前敎授전교수 文晦문회에 의해 반역을 꾀하고 있다는 식으로 조정에 밀고되었던 것이다.

조정에서는 재빨리 한양에 있던 이괄의 아들을 체포하고 뒤이어 77세의 영의정 이원익을 도체찰사로 삼아 반란군 토벌에 나섰다. 반란군과 내응할지도 모른다며 억울하게 낀 사람들도 분명히 있었을 텐데도 35명 이상을 처형했다.

그 중에는 영의정을 지낸 奇自獻기자헌도 있고, 임진왜란 때 20대 후반의 나이로 趙憲조헌과 의병을 일으켜 싸우고 명나라에 찾아가, 쌀 10만 석은 너무 많으니 조선의 사정을 감안하여 감량해 달라고 요청하여 실제 감량되게 한 全有亨전유형(58세로 처형된 후 4년 뒤에 '죄 없다' 하여 신원됨)도 끼어 있었다.

이괄은 초전박살의 기세로 남하하여 서울을 점령한 후 임금이 공주로 피난 가고 없는 도성에서 선조 임금의 열 번 째 왕자인 흥안군興安君 瑅제를 왕으로 추대하고 3일 천하를 열었다.

1623년 2월 11일이었다.

흥안군은 말 그대로 뭔가가 단단히 씌워 죽으려고 환장을 했던 것 같다. 그렇지 않아도 흥안군(온빈 한씨 소생)이 역모를 꾀한다는 소문이 나돌아 걱정한 인조 임금이 이괄의 난을 피해 공주로 피난 갈

때 그를 데리고 갔었다.

　그런데 무슨 정세판단을 그런 식으로 했던지 그는 도중에 도망쳐 이괄의 진중으로 들어가고 말았다. 공연한 욕심만 있고 용기나 지혜는 전혀 빵점이었던 것 같다. 이괄이 도망치자 그도 소천으로 도망을 쳐 민가에 몰래 숨었는데 그 쪽 현감으로 있던 安士誠안사성이 체포하여 서울로 압송하자 도원수 심기원 등이 처형했다. 참으로 희한한 일생이다. 헛된 야망이 난세를 만나 마치 부나비나 하루살이처럼 허망하게 사라지고 만 것이다.

　그날 밤 58세의 노장군 張晩장만은 패잔병을 모아 전선을 가다듬은 후 안령에서 이괄의 반란군을 대파했다. 이괄은 황급히 광희문을 빠져나가 이천으로 도주했다. 그 뒤를 임진왜란 때 권율 장군 휘하에서 싸우며 의주로 피난간 임금과 이항복에게 권율 장군의 장계狀啓를 전달하기도 했던 48세의 鄭忠信정충신 장군이 맹렬히 추격했다.

　일이 잘 안 풀리면 내부 분란이 생기기 마련인 법, 이괄이 쫓기는 신세가 되자 그 부하들이 가만히 있을 리가 없었다. 부하 장수인 기익헌과 이수백 등이 대장인 이괄과 구성부사였던 한명련 등 총 9명의 목을 베어 들고 관군에게 항복했던 것이다. 이괄의 나이 겨우 37세였다.

　이괄(适빠를 괄)의 자는 백규(白흰 백 圭홀 규)이다. 이름대로 그는 빨리 가려다 그만 서른 후반에 목숨이 끊어지고 말았다. 자의 의미가 특히 신기하다. 흰 백白에는 '날이 새다'는 의미가 있는데, 그는 정말 말 그대로 이미 위엄이 사라진 껍데기 '홀' 즉, 관작官爵의 심볼을 들고 나라를 집어먹으려 반란을 일으켰던 것이다. '홧김에 뭐 한다'는 말이 있지만 궁지에 몰리게 되었다고 함부로 목숨을 내걸 일이 결코 아니라는 것을 이괄의 최후에서 쉽게 깨달을 수 있다.

이괄의 난과 함께 꼭 기억해야 할 인물들이 있다.

한 사람은 이괄의 친한 친구로, 이괄이 절대 반란을 꾀할 사람이 아니다며 변호하다가 정작 반란이 일어나자 그만 35세로 참살된 사람이고 다른 한 사람은 의주부윤을 협박하러 온 이괄의 부하를 죽이고 그 길로 병사를 이끌고 한양으로 들어와 안현전투에 참가한 사람이다.

金元亮김원량은 金長生김장생*의 문인으로 스승의 아들인 열 다섯 살 위인 金集김집*과 함께 학행學行으로 천거된 인물이다.

비록 죽은 뒤 37년만(1661년 현종 대)에 훈작이 복구되어 명예회복을 이뤘지만 실로 친구 따라 강남 간다고 그야말로 역적인 친구를 변호하다 죽은 몇 안되는 케이스일 것이다.

그의 일생은 어쩌면 인조 임금이 들어설 때부터 꼬이기 시작했던 것 같다. 李時白이시백의 권유로 반정 모의에 참가하긴 했으나 정작 거사 당일에는 두문불출하고 전혀 움직이지 않았다. 심지어 임금이 될 능양군을 맞이하는 그 중요한 모임에도 불참했다. 그런 탓에 반정의 핵심인물들이 모여 논공행상을 할 때, 스승 김장생 밑에서 동문수학한 이후원과 함께 공이 전혀 없으니 공신 리스트에 들 자격이 없다며 극구 사양했다.

하지만 운명의 장난인지 그는 정사공신 3등에 당당히 올려지고 말았다.

金泰巖김태암은 워낙 용맹스럽고 무예가 출중하여 일찍이 유명세를 단단히 치르던 인물이다. 정묘호란이 일어나기 5년 전에 후금에 쫓긴 명나라 장수 毛文龍모문룡이 평북 지방에 무단히 들어와 양민

*김장생 : 1548-1631. 임란시 정산현감으로 피난 온 사대부들의 생활을 도와주고 호조정랑으로 명나라 원군의 군량을 조달해 주었음. 광해군 말엽 10여 년간 고향에서 제자양성. 정묘호란이 일어나자 의병 모집하여 싸움. 송시열, 송준길, 이후원, 신민일, 이유태, 장유 등 후일 서인, 노론의 핵심인물들이 그의 제자임.
*김집 : 1574-1656. 광해군이 실정을 거듭하자 아버지 김장생과 함께 연산으로 낙향. 인조반정 뒤에 부여현감, 공조참의를 지내고 효종 때는 북벌계획을 함께 세움. 중추부판사 지내다 죽음.

을 노략질하며 혼란을 조성했다.

김태암은 명나라 군사 수십 명을 죽이는 것으로 화끈하게 분풀이를 했고, 화가 난 모문룡은 300명의 군사를 보내 김태암의 집을 포위했다. 김태암은 말을 타고 일단 포위망을 뚫은 후 뒤쫓아오는 명나라 군사들을 모조리 죽였다.

이에 감탄한 모문룡은 조선에는 정말 날아다니는 장수, 비장군飛將軍이 있구나 하며 한 번 만나고 싶다고 말했다. 실로 대단한 무용담인 셈이다.

김태암은 이괄의 난을 평정한 후 진무공신振武功臣에 책록되었다. 3년 후 정묘호란 때는 의주성을 수비하다 적군이 겹겹이 에워싼 것을 알고 전세가 기운 것을 직감한 뒤 장렬히 자결했다.

친구를 변호하다 죽은 김원량(元으뜸 원 亮밝을 량)은 명숙(明밝을 명 叔아재비 숙)이라는 자와 미촌(麋천궁 미 村마을 촌), 율촌(栗밤나무 율 村마을 촌)이라는 두 개의 아호가 있다. 기질이 밝고 다정다감한 탓에 친구를 멋모르고 옹호한 것이다. 실로 저 죽을 줄 모르고 앞뒤 안가린 채 앞장서서 구명에 나서 준 것이다.

이름과 자에 모두 밝다는 의미와 명석하다, 돕다는 의미가 깃들여 있다. 두 개의 아호는 각각 '풀이 우거진 마을'과 '밤나무 우거지고 알곡이 여물어 가는 마을'을 뜻한다.

명석하고 온유하나 기질이 너무 소박하고 순수하다보니, 뒤로 물러서서 관망할 때에 그만 앞장서서 속을 드러냈다가 서른 중반에 목숨을 잃고 만 것이다.

김태암이란 사람에 대해 살펴보자.

그의 이름 태암(泰클 태 巖바위 암)에는 '넉넉하고 아늑하다'는 의미와 '바위로 장식된 험준한 낭떠러지'라는 의미가 함께 들어있다. 이름에 위태로워야 오히려 편안함을 느끼는 대단히 용맹스러운 기질을 암시하고 있다. 용맹스럽지만 명예욕, 또한 그 용맹 못지 않게 대단함을 은근히 드러내고 있는 것이다. 불타는 의협심과 수치를 혐오하는 명예심이 그의 대표적인 특징이라고나 할까….

자반(子아들 자 盤소반 반)이라는 자의 의미가 참으로 신기하다. '주춧돌이 될 사람'이라는 의미인 셈이다. 목숨을 초개같이 여기는 그의 본성 탓에 그는 국난이 있을 때마다 최전선을 지키며 후손을 위해 나라를 지켜 준 것이다.

끝내 자결로 생애를 마감하여 항복이라는 수치를 피했고, 후일 그의 집 앞에 충신열사를 상징하는 정문旌門이 숙종 임금 때에 세워져 그가 목숨 걸고 지키려 했던 명예가 보란듯이 지켜진 것이다.

다음으로는 沈器遠심기원이란 사람을 눈여겨보자.

특이하게도 유생儒生신분으로 반정에 참여하여 1등 공신에 올랐으니 그 공로가 실로 대단했던 모양이다.

반정이 나던 해에 그의 나이가 36세였으니, 이팔 청춘도 아니고 이십 대 피끓는 청년도 아닌데 어떻게 그리 화끈하게 자신의 운명을 개척했는지, 되돌아보면 그저 운명이라고 말할 수밖에 없을 것 같다.

스승이 權韠권필*이니, 이미 그 제자인 심기원의 성향을 가히 짐작할 수 있는 게 아닌가?

심기원의 30대 후반은 말 그대로 날개를 달고 훨훨 나는 기세였다. 형조좌랑, 동부승지, 병조참판을 거치며 파격적인 승진을 거듭했다. 이괄의 난 때는 도원수로 반란 진압을 지휘했다.

불혹의 나이에 맞은 정묘호란 때는 경기, 충청, 전라, 경상도 도검찰사로 소현세자를 수행했다. 강화유수, 공

*권필: 1569-1612. 자는 여장, 호는 석주; 정철의 문인으로 과거에 뜻이 없어 시와 술로 소일하던 중 강화도로 건너가 제자들을 양성. 명나라 대문장가로 알려진 고천준이 사신으로 오자 접빈을 맡은 이정구가 사신과 교류할 문사를 엄선할 때 야인 신분으로 뽑혀 문명을 떨침. 임진란 때는 주전론主戰論을 폈고 광해군 때는 권신 이이첨이 교제를 청해도 거절. 광해군의 비인 유씨의 아우 유희분 등 척족이 방종하게 굴자 그는 시를 지어 이를 비방. 대로한 광해군이 비방한 시의 출처를 찾던 중 김직재의 옥에 연루된 조수윤의 집을 수색하다가 그의 시를 발견. 그는 친국을 받은 후 유배형에 처해졌는데 동대문밖에 이르자 사람들이 술을 가져와 그에게 마시게 하자 폭음한 후 이튿날 43세를 일기로 죽음. 반정 후 정5품 사헌부 지평에 추증됨.

조판서를 지내다 49세에 맞은 병자호란 때는 유도대장으로 서울을 방어했다. 패전 뒤에는 우의정, 좌의정을 지냈는데, 일생일대의 고비가 바로 좌의정으로 남한산성 수어사를 겸직하고 있던 57세 때에 생기고 말았다.

역모를 꾀한다는 보고가 조정에 들어온 것이다. 심복장수들을 호위대扈衛隊에 두고 지사를 지낸 이일원, 광주부윤 권억 등과 짜고 회은군懷恩君* 德仁덕인을 추대하고자 한다는 밀고였다.

*회은군 : 사은사로 중국 심양에 가 종실 포로들의 본국 송환을 교섭하여 많은 이들을 구해냈는데, 후일 우의정과 경상감사를 지내며 선정을 베풀어 칭송이 자자했던 '이숙'이란 이도 그가 주선하여 귀국한 사람임

그의 부하인 황헌, 이원로 등이 훈련대장 구인후에게 일러바쳤다니, 단순한 뜬소문이 아니었던 모양이다. 결국 심기원과 그 충복들은 처형되고 회은군은 사사되었다.

명나라로 망명하여 명나라 군대의 총병總兵으로 청나라와 싸우다 청의 포로가 되어 있던 林慶業임경업도 연루되었다고 밀고되었다. 인조 임금의 요청으로 청나라가 그의 본국 송환을 허락하자 그는 죄수로 송환되어 고문을 받다가 52세를 일기로 비참하게 죽었다.

그가 워낙 골수 반청파反淸派라, 청나라의 힘에 빌붙어 조선반도의 정세와 조정의 일거수일투족을 청에 은밀히 알려주고 있던 김자점이 형리刑吏를 매수하여 그를 장살杖殺시켰다는 설이 있다.

24세에 무관으로 관직에 나가 30세에 48세의 鄭忠信정충신 장군 휘하에서 이괄의 난을 진압하고 '진무공신 1등'에 올랐다.

그 후 정묘, 병자의 호란을 연거푸 맞아 나라를 지키는 일에 온몸을 불살랐지만, 이상하게도 40대에는 명나라와 청나라 사이에서 곡예를 하며 파란만장한 10년 세월을 보내야 했다. 그는 조선의 충신열사로 자리매김하다가 말년에는 명나라의 충신열사로 자신을

국제화시켰던 것이다.

심기원(器그릇 기 遠멀 원)의 자는 수지(遂이를 수 之갈 지)이고, 반정공신으로 받은 군호는 청원(靑푸를 청 原근원 원)부원군이다.

이름은 '스스로 그릇이 되어 그 쓰임새를 멀리 퍼뜨린다'는 뜻이니, 한낱 유생의 신분으로 폭군을 몰아내고 새 임금을 세우는 일에 불쑥 앞장서서 1등 공신 리스트에 올랐던 것 같다.

자는 '반드시 이루고야 만다'는 의미이니, 비록 서른 후반부터 벼슬길에 나섰지만 승승장구하며 실로 눈부신 승진을 거듭할 수 있었을 것이다. 그리고 '파란 관복을 입고 우두머리가 된다'는 군호처럼 그는 확실히 오로지 용맹과 기백만으로 30대 후반에서 50대 중반까지 멋지게 살다가 마지막 단계에서 그만 삐끗하고 만 것 같다.

그는 자신보다 한 살 위인 최명길과 한 살 아래인 김자점의 으르렁거리는 반목과 대립의 사이에서 최명길에 동조했기 때문에 김자점의 반감을 사게 되었다.

그가 57세로 역모죄를 뒤집어쓰고 처형되고 난 후 김자점의 전성시대가 열린 것만 보아도 그를 죽음으로 내몬 역모사건의 내막에 뭔가 숨겨져 있다는 것을 쉽게 짐작할 수 있다.

이제 문제의 인물인 김자점의 일대기를 뜯어보자.

정적인 최명길보다 겨우 2년 더 살고 63세로 생애를 마감했지만 참으로 많은 잡음과 피비린내 나는 족적을 남겼다. 마치 중종 임금 대에 자신에 반기를 들면 종친宗親이던 공경公卿이던 가리지 않고 죽여 없애야 직성이 풀렸던 金安老김안노(1481-1537)의 일생과 아주 흡사하다.

광해군 대에 병조좌랑을 지내고 새 임금(인조)을 세우는 반정에 적극 가담하여 1등 공신에 올라 서른 중반부터 출세가도를 달리기

*성혼 : 1535-1598. 좌의
정이 추증된 성수침과
파평 윤씨 사이에서 출
생. 같은 고을에 살던
이이와 1572년부터 6년
간 사단칠정론四端七
情論과 이기론理氣論
을 주제로 서신왕래하
며 이황의 이론을 지지.
이이, 정철과 함께 서인
진영에 속해 북인인 정
인홍의 심한 견제를 받
음. 조헌, 황신, 이귀, 정
엽 등이 제자들임.

시작했다. 한성부판윤을 맡아 조선의 서울을 관장할 때
는 대단히 강직하다는 평판을 얻기도 했다.

아마도 스승 成渾성혼*의 제자로 글공부 하나는 제대
로 배웠을 테니, 40대 중반까지는 그런 대로 괜찮은 관
료로 자리매김될 수 있었을 것이다.

하지만 48세에 맞은 병자호란 때부터 본색을 드러내
기 시작했다. 도원수로서 밀려오는 청나라 군대를 임진
강 이북에서 막았어야 하는데 싸움을 회피한 채 서울로
진격하는 청군을 그저 방관만 하고 있었다.

조정에서 이를 알고 처형해야 한다고 목소리를 높였지만 반정
공신인 탓에 유배형에 처해지고 끝이 났다. 4년 뒤인 52세에 재기
용되어 강화유수와 호위대장을 지내며 슬금슬금 자신의 실추된
이미지를 회복하기 시작했다.

반정의 동지이자 자신보다 한 살 위로 거칠 것 없이 승승장구하
던 심기원이 마침 역모를 꾀한다는 귀띔을 듣고 기회는 바로 이 때
다 하며 쾌재를 불렀다. 결국 그는 심기원과 회은군이 연루되고, 청
의 포로로 잡혀있던 임경업 장군마저 관련이 있다고 판단, 대대적
인 숙청을 가했다.

그 결과 그는 전보다 더한 기세로 용오름을 보이며 조정의 핵심
실세로 급부상했다. 2년 뒤에 58세로 영의정이 된 것만 보아도 그
가 단기간 내에 얼마나 권력기반을 확고하게 잘 다졌는지 쉽게 짐
작할 수 있는 일이다.

소현세자와 함께 패전한 조국을 등진 채 승전국 청나라의 초기
수도 심양으로 끌려가 남편과 함께 8년간이나 인질생활을 하다가
귀국한 세자빈 강姜씨가 인조의 후궁인 소의昭儀 조趙씨의 모함(인조
임금을 저주하고 음식에 독약을 넣어 죽이려 했다는)을 받아 죽게 되었을 때 환

갑을 내다보는 정승임에도 그는 죽여야 한다고 주장했다.

그 결과 1645년 3월에 세자빈은 사사되고, 두 해 전에 중추부영사로 있다가 63세로 죽은 친정아버지(강석기 : 1580-1643)는 관작이 추탈되었다. 그리고 친정어머니와 친정의 네 형제들, 그리고 소현세자의 세 아들들도 모두 참화를 당하고 말았다.

9년 뒤 효종 임금 대에 황해도 관찰사로 있던 金弘郁김홍욱(1602-1654)이 억울하게 죽은 강씨를 명예회복 시켜야 한다고 상소했다가 그만 더 이상 언급하지 말라는 효종의 엄명을 어긴 죄로 친국親鞫을 받고 장살杖殺되고 말았다.

뒤늦게 후회한 효종이 죽고 없는 그를 용서했지만, 정작 세자빈 강씨와 친정아버지는 숙종 대(1717년, 영의정 김창집이 발의)에 이르러서야 신원되었다.

김자점의 본색은 효종 대에 와서 더욱 적나라하게 드러나기 시작했다.

산림山林세력으로 불린 송시열, 송준길 등이 효종*()과 더불어 북벌계획을 추진하자 그는 청의 앞잡이인 역관 정명수를 시켜 청의 조정에 알리도록 했다. 하지만 부메랑은 오히려 김자점 자신에게 돌아오게 되고 급기야는 탄핵을 받아 광양으로 유배를 가게 되었다.

김자점의 청나라에 빌붙기는 거기에서 끝나지 않았다.

송시열이 지은 장릉지문長陵誌文(장릉은 인조와 인조비 인열왕후 한씨의 능)에 청나라 연호대신 명나라 연호가 기록되어 있는 것을 알아내고 원본 자체를 청의 조정에 보냈다. 청은 대군을 국경에 배치해 놓고 어찌된 연유냐며 힐난하기 시작했다.

영의정 李景奭이경석*이 나서서 가까스로 수습했지만,

*효종 : 왕자시절 형 소현세자와 함께 청에 끌려가 8년여 간 인질생활을 한 탓에 청에 대한 증오심이 컸음

*이경석 : 1595-1671. 정종 임금의 후손으로 22세 때는 과거급제 했으나 인목대비 폐모론에 반대하여 급제가 취소됨. 예문관 제학으로 있을 때 청의 승전을 기념하는 '삼전도비'를 지음. 효종 초에 북벌정책이 누설되어 청의 조사관이 왕과 대신들을 협박할 때, 영의정으로서 모든 책임을 지겠다고 하여 위급한 사태를 해결. 청은 그의 처형을 주장했으나 왕이 간청하여 처형은 면하고 대신 백마산성에 감금되었다가 이듬해인 1651년에 풀려남.

김자점의 청나라에 대한 충신 짓으로 나라 자체가 위태로운 상황이었다.

그때 마침 진사 신호 등이 김자점의 역모를 상소로 고발했다. 효종이 직접 김자점의 아들 金鉽김익을 인정문仁政門에서 심문하니 그는 공모한 무장들의 이름을 낱낱이 실토했다. 김자점은 아들, 손자 金世龍김세룡와 함께 역모죄로 처형되었다.

인조의 후궁이자, 김세룡(효명옹주의 남편)의 장모인 귀인貴人 조趙씨는 큰아들 숭선군을 왕으로 추대하려고 꾸몄을 뿐만 아니라, 큰며느리 신申씨(큰아들 숭선군의 아내)를 저주한 일이 발각되어 마침내 사사되고 말았다.

조귀인의 두 아들(숭선군, 낙선군)과 효명옹주는 유배형에 처해졌는데, 인조의 여섯째 왕자이자 막내인 낙선군 潚숙만 5년 뒤에 석방되어 현종과 숙종의 총애를 받으며 정2품인 중추부판사를 지냈다.

무엇이 김자점의 63년 생애를 그렇게 얼룩덜룩 만신창이로 만들어놓았는가?

김자점(自스스로 자 點점 점)의 이름 뜻은 '몸소 일어나 하나하나 점검한다'는 뜻이고, 자는 '이루고야 만다'는 성지(成이룰 성 之갈 지), 아호는 '강물을 이용해 종착점에 이른다'는 낙서(洛강이름 낙 西서녘 서)이다.

이름과 자에서 '스스로 꼼꼼히 헤아린다'와 '기필코 이루고야 마친다'는 치밀하고 굳센 의지를 엿볼 수 있다. 아호에서는 '큰물에 배를 띄워서라도 반드시 이를 곳에 이르고야 만다'는 똥고집이 물씬 풍겨난다.

35세에 인조반정을 만나 출세길이 열렸지만, 기회를 엿보며 출세를 위해 수단방법을 가리지 않는 근성 탓에 그는 그만 엉뚱한 길로 빠지고 만 것이다. 즉, 마흔 후반에 맞게 된 전란(1636년의 병자호란) 속에서 너무 재빨리 실리와 현실 쪽에 기울고 만 것 같다.

망해 가는 명나라와 떠오르는 청나라 사이에서 청나라를 택해 빌붙고자 한 것은 이해가 되나, 그는 한 걸음 더 나아가 조선을 버리고 청을 택하는 데까지 이르고만 것이다. 강 위에 배를 띄우고 어디로 갈까 망설이다가 그는 엉뚱한 곳으로 배 머리를 돌리고' 만 것이다.

그래도 인조반정의 1등 공신이고 성혼이라는 학계의 거물 밑에서 같은 반정 공신인 이귀와 함께 배운 탓에 '후금'이 청으로 바뀌기 이전까지는 그런 대로 자신의 실력을 발휘하며 이루고 또 이루는 일에만 매달렸었다.

하지만 그는 초강대국 청의 위용 앞에서 그만 넙죽 엎드러지고 만 것이다. 환갑이 넘은 나이에 제 나라 임금과 자기 나라 조정이 청나라를 쳐들어가려는 비장한 책략을 적국에 고스란히 고자질하여. 또 한 번 의 굴욕을 준 일은 참으로 백 번 죽어 마땅한 대역죄임이 확실하다고 볼 수밖에 없다.

그는 아마도 고려가 원나라의 속국이 되었던 것처럼 조선도 청의 속국이 되어야 한다고 생각했는지도 모른다. 아니면, 병자호란 초기에 물밀 듯이 몰려오는 청나라 십만 대군을 보고 놀라 길을 선뜻 내주고 만 일을 정당화시키기 위해, 청나라와의 좋은 관계를 지상과제로 여겼는지도 모른다.

청에 굴복하는 것은 역적질이 아니라 현실을 직시한 실리외교 노선이라는 식으로, 자신의 전과前過와 현재의 빌붙기를 항변했을 것이다.

반정과 더불어 여러 사람들의 팔자가 뒤바뀌고 말았지만 다음의 두 사람이 겪은 과도기는 남보다 더 특이한 데가 있다. 우선 李德泂이덕형(1566-1645)의 경우를 보자. 30세에 과거에 급제하여 반정 당시에는 57세의 적지 않은 나이로 정7품 벼슬인 예문관 봉교奉敎를 맡고 있었다. 직급은 그리 높지 않아도 승지와 더불어 왕의 측근에서 일하며 임금의 교칙을 마련하는 일을 하기 때문에 근시近侍로 불렸던 중요 직책이다.

그는 광해군이 내몰리고 새 임금이 될 능양군이 대궐로 들어서자마자 쏜살같이 인목대비에게 달려가 반정 상황에 대해 상세히 보고했다. 그리고 뒤이어 능양군에게 '어보御寶(임금의 도장인 옥새와 옥보)를 내리셔야 하옵니다' 라고 조언했다.

반정 후 뒤늦게 출세길이 환하게 열려 형조판서, 의금부판사, 우찬성을 역임했다. 실로 중요한 시기에 중요한 장소에서 중요한 역할을 한 덕택에 말년(57세에서 79세까지)을 화려하게 꽃피울 수 있었던 것이다.

이덕형(德덕 덕 泂멀 형)이란 이름은 '어질면서도 차가운 성품' 이란 뜻이고, 자는 '벼슬이 높아 우러름 받는 어른' 인 원백(遠멀 원 伯맏 백), 아호는 '샘물 가에 자라는 무성한 대나무 숲' 을 의미인 죽천(竹대나무 죽 泉샘 천)이다.

늦게 관직에 나가 임금 곁에서 오래 일하다보니 굽실거리는 몸가짐만 늘어났는데, 환갑 직전에 임금의 어보御寶가 그에게 날개를 달아주어 벼락을 맞은 듯 활활 타오른 것이다.

정말 멀게만 느껴졌던 종1품 우찬성을 늦은 나이에 맡아보았으니 비록 3정승(정1품인 영의정, 좌의정, 우의정)에는 못 이르렀으나 실로 소원 성취한 셈이다.

반정을 통해 특이한 운명반전을 겪었던 이가 또 한 사람 있다.

임진, 정유의 왜란 이전과 이후에 두 차례나 영의정을 지내고 70세로 장수까지 한 李山海이산해의 아들 李慶全이경전(1567-1644)이 바로 그 사람이다.

23세 때에 이미 아버지의 코치를 받고 송강 정철을 탄핵하여 유배형에 처해지게 했고, 41세 때는 정인홍과 더불어 세자로 있는 광해군을 폐위시키고 대신 어린 영창대군을 세자로 옹립하려는 영의정 유영경을 탄핵하다가 도리어 자신이 강계에 위리안치圍籬安置* 되기도 했다.

*위리안치 : 집 주위에 가시나무 울타리를 쳐 죄인을 가두어 둠

하지만 광해군의 등장으로 대북파가 정권을 잡자 자연히 풀려나게 되었다. 덕분에 광해군 치하에서는 관찰사를 두루 거치며 나름대로 한산 이씨의 집안 배경을 적절히 활용했다. 45세 때는 아버지(이산해)와 이이첨이 합세하여 소북파를 몰아내려는 음모에 깊숙이 개입하기도 했다. 즉, 봉산군수가 병조문서를 위조하여 들고 다니는 김경립이란 자를 취조하게 되자, 이를 역모사건으로 꾸미고자 획책했다.

성균관 학유學儒인 김직재, 김백함 부자가 광해군의 이복형인 순화군의 양자 진릉군晉陵君을 왕으로 추대하려 역모를 꾀하고 있다는 식으로 단순한 문서 위조범을 전형적인 역모사건으로 뒤바꿔놓았던 것이다.

이를 통해 조정에서는 역모사건을 잘 처리했다며 이이첨, 이산해 등 대북파에게 형난공신亨難功臣의 훈호를 내렸다. 그런 덕인지 이경전도 51세에 정2품인 좌참찬에 이르렀다.

이경전의 잔재주는 인조반정 이후 그 진가를 톡톡히 발휘했다. 반정의 핵심세력인 서인에게 아첨하여 목숨을 부지한 후 주청사奏請使로 명나라에 달려가 새 임금, 인조의 임금 책봉을 요청했다.

일을 마치고 돌아오니 '고생했다'며 한평韓平부원군이란 군호를 내려주었다. 70세에 병자호란에 패하고 항복하게 되자 청의 승전을 기념하는 '삼전도비'를 쓰라는 명령이 떨어졌지만 그는 예의 그 꾀를 내, 몸이 늙고 아파 도저히 글이 안 써진다며 거절했다.

*이경석 : 1595-1671; 효종 즉위 후 영의정으로 북벌정책을 트집 잡는 청의 협박을 홀로 막아 냄

후일 치욕이 될 것을 미리 내다보고 '내가 안하면 남이 하겠지' 하며 '고난의 십자가를 옆으로 슬쩍 밀어낸 것이다. 결국 예문관 제학으로 있던 李景奭이경석*대감이 대신 '삼전도비'를 쓰고 후에 송시열 등의 학자들로부터 혹독한 비판을 받았다.

이경전은 요리조리 몸을 피하며 요령을 피운 덕택에, 77세로 죽기 4년 전에도 형조판서의 자리에 있었다.

이경전(慶경사 경 全온전할 전)의 이름은 '좋은 일이 겹쳐 매우 흡족하다'는 뜻이고, 자는 '앞장서지 않고 최대한 실속을 찾는다'는 중집(仲버금 중 集모을 집), 아호는 '돌을 쌓아 만든 다락에서 안심하고 편히 지낸다'는 의미인 석루(石돌 석 樓다락 루)이다.

영의정을 지낸 아버지와 십 수년간 대궐을 함께 드나들며 아버지의 후광을 최대한 누렸으니 남들에 비해 경사가 겹친 격인 셈이다. 아들이 과거에 막 급제하여 본격적으로 관직생활을 시작할 때 아버지 이산해는 이미 영의정의 자리에서 광해군을 옹립한 대북파의 우두머리였다.

앞장서기 보다 약간 뒤에 쳐져 오히려 실속을 크게 차리는 성격이니 광해군 때 막강한 실세(소북파의 우두머리였던 영의정 유영경)를 탄핵하여 유배보다도 더한 형벌(외딴 집에 가택연금 상태로 방치되는 위리안치)을 받았지만 용케 광해군이 즉시 즉위하게 되어 오히려 핵심 실세로 재등장하게 되었다.

그때 그의 나이 41세였으니 마흔 고개에 접어들자마자 출세길이 활짝 열린 것이다. 그리고 56세에 자신이 충성을 다 바치며 출세가도를 신나게 달렸던 광해군 시대가 가고 새 임금이 들어서게 되자 그는 '좋은 일을 확실히 거머쥔다'는 자신의 이름이나 '실속파로 살아간다'는 자신의 자가 지닌 의미처럼, 잽싸게 반정의 실세들인

서인들에게 빌붙어 당당히 재기했던 것이다.

광해군의 심복이 새로 들어선 인조임금의 왕 계승을 사후 결재를 맡으러 명나라로 가게 되었으니, 이미 갑자기 들이닥친 새 시대에서도 재빨리 핵심 실세로 옷을 바꿔 입은 셈이다. 가장 절묘하게 자신의 계산대로 실속을 챙긴 경우가 바로 인조의 왕위 책봉을 요청하러 주청사로 명나라를 다녀온 케이스일 것이다.

그리고, 뭐니뭐니 해도 그저 안전이 제일이니 함부로 앞장서지 말자는 처세술은 그의 자나 아호가 이미 분명하게 암시하고 있다. 70세에 맞이한 야만족 괴수*의 침략과 조선의 항복, 그리고 적군의 승전을 기념하는 '삼전도비' 제작 등이 일생일대의 도전과 위기로 다가왔을 것이다.

> *본명이 홍타이지인 청태종 : 1592-1643; 후금을 건국한 누르하치의 8남

하지만 그는 실속이 없으면 덤비지 않는다는 그의 자가 암시하는 의미처럼 그는 병이 깊어 쓸 수 없다고 핑계를 대는 것으로 그 도전과 위기를 가까스로 모면했다.

사약을 들고 갈 책임을 진 이가 훗날 멸문지화를 당할 수도 있다'고 판단하여 출근길에 일부러 말에서 떨어져 다리를 부러뜨리고 다시 집으로 돌아가며 급히 조퇴하게 되었다고 말하게 되는 경우와 아주 흡사하다. 연산군의 생모인 폐비 윤씨의 경우와 경종의 생모인 장희빈의 경우가 그런 케이스에 속할 것이다.

어머니를 잃은 왕자가 나중에 왕이 되면 보복의 일대 싹쓸이가 자행될 것은 너무도 자명한 일이 아닌가. 아마도 사도세자가 뒤주에 갇혀 죽도록 방치하거나 적극적으로 조장한 이들도 죽은 이의 아들이 왕이 될 경우에 들이닥칠 일대 보복을 반드시 염두에 두고, 자나 깨나 전전긍긍했을 것이다.

이경전이 삼전도비 쓰기를 회피한 것은 공인답지 않은 치사한 처세술이고 약아빠진 소인배 짓이지만, 개인적으로 생각하면 가문

의 안녕과 일신의 치욕방지를 위해 꼭 필요했던 핑계이고 거절이
었던 셈이다.

　폭군 광해군의 실정에 크게 실망하며 은거하거나 그저 마지못해
국사에 참여하는 식으로 지내다가 인조반정 모의에 깊이 가담하
여 반정공신에 녹훈錄勳된 후 비로소 본격적으로 관직생활을 한 사
람들이 있다.

　우선 48세에 반정의 선봉장으로 활약하여 공신 리스트에 당당히
오른 사람이 있다. 임진왜란 초기에 충주 탄금대에서 자결한 申砬
신립 장군의 아들인 申景禛 신경진이 바로 그 사람이다.

　병자호란이 일어나 나라가 풍전등화의 처지에 있을 때는 병조판
서로서 3대장을 겸하고 남한산성을 지켰다. 65세에 평성平城부원군
에 봉해지고 68세로 죽기 한 해 전에는 영의정이 되었다. 17세에 아
버지 신립 장군이 왜적을 무찌르지 못하고 46세로 자결했다는 소
식을 접했던 아들이, 영의정에까지 오르며 남다른 관운을 누리다
가 68세의 나이로 생애를 마감한 것이다.

　신경진(景볕 경 禛복받을 진)의 자는 군수(君임금 군 受받을 수)이다.

　그는 자신의 이름 뜻대로 '최선을 다해 찬연히 빛나는 복을 받아
낸 것'이다. 폭군 광해군 밑에서 한심한 나날을 보내다가 마침내
새 임금을 맞아들여 큰 복을 누리며 대운을 올라탔으니 그만하면
그의 자가 의미하는 대로 임금을 받아들여 이익을 본 셈이 아닌가.

　아버지 신립(砬돌소리 립)장군의 자는 입지(立설 립 之갈 지)이니, '돌 무
너지는 소리를 들으며 넘어지지 않고 일어서려 무진 애를 쓰는'
운세를 타고났던 셈이다. '왜 하필 배수진을 치고 왜적을 맞아 싸
웠느냐는 식의 논의도 중요하지만, 일단은 그 자신의 운세가 뜻대
로 잘 안되어 거꾸러지고 마는 쪽이었음을 인정할 필요가 있다.

　그래도 29세의 늦은 나이에 낳은 아들 신경진이 폭군을 몰아내

고 새 임금을 세운 후 영의정에까지 오른 것과 일흔이 다 된 나이로 장수한 것으로, 아버지가 못다 피운 꿈이 성공적으로 실현되었다고 보아야 할 것이다.

나라가 무너지는 국난을 당해 장수로서 침략군을 물리치고자 최선을 다하다, 끝내 46세로 자결했으니, 신립 장군은 자신의 이름과 자에서 암시된 팔자대로 살다간 셈이다.

신경진과 함께 金長生김장생*에게 수학한 張維장유는 비록 인조반정에 가담하여 2등 공신이 되었지만 늘 광해군을 몰아낸 것을 죄스럽게 여겼던 인물이다.

*김장생 : 1548-1631; 선조 때 서인 중진 김계휘의 아들. 효종 대에 북벌계획 입안한 김집의 생부

비록 75세의 노구였지만 33세로 왕위에 올라 왕 노릇 15년만에 48세로 강화도로 쫓겨가는 광해군을 보았을 때 왠지 눈물이 앞을 가렸다.

그는 주周나라의 곡식을 먹느니 차라리 수양산首陽山의 푸성귀나 뽑아먹으며 살겠다며 불사이군不事二君을 온 몸으로 실천했던 은殷나라의 마지막 충신 형제 백이伯夷, 숙제叔齊를 생각했다. 그리고 무엇보다도 어린 임금 단종의 자리를 빼앗은 삼촌(수양대군; 세조)을 결코 왕으로 섬길 수 없다며 절의가節義歌 혹은 충의가忠義歌를 지어 읊고, 38세의 나이로 형장의 선홍빛 이슬비로 사라진 성삼문(1418-1456)을 생각했다.

그는 「수양산 바라보며 백이, 숙제를 한스러워 한다. 굶어죽으면 죽었지 무엇 하러 고사리는 캐먹었느냐? 비록 저절로 나는 풀일망정 그게 대체 어느 땅에 난 것이더냐」고 보다 극렬하게 불사이군을 외쳤었다.

장유는 선비는 모름지기 두 임금을 섬기는 불충不忠을 범하면 안 되는데… 다 늙어 언제 죽어도 미련이 없는 몸으로 대체 무슨 욕심을 더 낸다는 건가' 라며 스스로 부끄러워하고 죄스러워 했다.

판서를 지낸 張雲翼장운익의 아들이고 우의정을 지낸 金尙容김상용의 사위인데, 정작 자신의 딸은 후일 효종비(인선왕후)가 되었으니, 실로 대단한 배경을 타고났던 셈이다. 하지만 그는 호가호위狐假虎威하지 않고 늘 청렴과 공평이 강조되는 깨끗한 직책만을 단골로 맡았다. 병자호란 이후에는 최명길의 화의주장에 동조하여 현실에 대한 책임을 지기도 했다.

최명길이 우의정을 맡아달라고 했지만 그는 극구 사양하고 오로지 학문연구에만 진력했다. 양명학의 체계를 세워 후학들의 길잡이가 되었고 많은 저서를 남겨 후진의 귀감이 되었다.

장유(維밧줄 유)의 이름에는 '받쳐주다'라는 의미가 들어 있고, 자는 신기하게도 '나라를 보전하다'라는 의미가 있는 지국(持가질 지 國나라 국), 아호는 계곡(谿시내 계 谷굴 곡)이다.

이름과 자의 뜻대로 그는 확실히 자신의 사사로운 입신양명보다도 '나라를 바로 지키고 세우는 일'에 더 큰 관심과 열정을 보이며 살았던 것 같다.

남들이 영양가가 있다, 영향력을 발휘할 수 있다, 제 세력을 키울 수 있다, 재물을 끌어 모을 수 있다'고 생각하는 소위 노른자위 자리를 일부러 피한 채 그는 오로지 나라와 백성을 위해 일만 열심히 하는 그런 청직淸職만을 원했다.

아호에서 드러나듯 '산골 물이 졸졸 흐르는 좁은 골짜기'를 가장 이상향으로 여기는 스타일이니, 그는 타고난 관료가 아니라 타고난 학자였던 셈이다.

沈命世심명세는 광해군 시절에는 아예 세상이 싫어 거의 은둔에 가까울 정도로 세상일에 관여하지 않으며 살았다. 하지만 36세에 새 임금을 세우는 반정에 합류하여 2등 공신에 올랐다. 청운군靑雲君이란 군호도 받았으니 비로소 새 임금 밑에 진짜 실력을 발휘할 수 있게 되었던 것이다.

이괄의 난 때는 공주로 피난 가는 임금을 호종했고, 40세 때는 정묘호란을 맞아 임금을 강화도로 호종했다. 공조참판을 지내고 45세로 생애를 마감했다.

그는 결국 마지막 10년의 세월을 새 임금 밑에서 일했지만, 연거푸 터지는 난리로 인해 피난 가는 임금을 곁에서 모시며 보내야 했다. 그 일로 건강을 잃고 마음이 깊이 상했던지 그는 마흔 중반에 죽고 말았다.

심명세(沈목숨 명 世세대 세)의 자는 덕용(德덕 덕 用쓸 용)이니, '때를 만나 목숨을 걸고 결행한다'는 이름이나, '어진 이에게 등용된다'는 자나 모두 반정 공신에 올라 새로운 전기를 마련할 운세인 셈이다.

군호의 의미마저도 '푸른 빛이 감도는 구름'이라는 뜻이니, 타고난 성정 자체에 은둔적이고 소극적인 데가 있었던 것 같다. 비록 새 임금을 맞았어도 전란이 계속되어 피난 떠나는 임금을 자주 보게 되었을 테니, 세상살이가 너무도 부질없음을 통감했을 법하다.

폭군 광해군을 몰아내고 새 임금이 된 인조의 외가는 능성綾城 구具씨 가문이다.

어머니 인헌왕후*의 친정아버지가 바로 具思孟구사맹*이니 반정의 공신 중에는 당연히 구씨들이 많이 있었을 법하다.

*인헌왕후 : 1578-1626: 아들이 임금이 된 후 3년 더 생존하다 48세로 타계
*구사맹 : 1531-1604; 외손자가 왕이 되는 것을 못 본 채 선조 말년에 타계

우선 인조의 생모인 인헌왕후의 친정 오빠인 具宏구굉 (1577-1642)이 있다. 김장생의 문인으로 31세에 무과에 급제하여 선전관과 장연 현감을 지내다가 폭군 광해군을 몰아낼 모의에 가담하게 되었다. 결국 46세에 반정에 성공하여 1등 공신에 오르고, 이괄의 난 때는 공주로 왕을 호종했다. 병조호란 때는 공조판서로서 남한산성을 지켰다.

병자호란이 끝나고 병조판서에 올라 흐트러진 국방을 바로 잡기 위해 애썼다. 의금부판사, 훈련대장, 어영대장, 포도대장 등을 두루 거치며 참으로 많은 관직을 섭렵했다.

평생동안 형조판서 3번, 공조판서 4번, 병조판서 2번을 지냈으니 그야말로 조카인 인조 임금에게는 믿고 의지할 유일무이한 외삼촌이었던 셈이다.

구굉(宏클 굉)의 자는 인보(仁어질 인 甫클 보), 아호는 군산(群무리 군 山뫼 산)이다. 이름 뜻대로 그는 국정운영의 요직이란 요직을 두루 다 거치며 폭넓은 역할을 한 것이다.

자와 아호의 의미도 참으로 심상치 않다. '어질고 배포와 아량이 크다'는 자나 '첩첩산중에 머문다'는 아호는 그의 타고난 성품과 생애의 중요한 시기에 관한 운세를 점쳐볼 수 있게 만든다. 그는 확실히 자신의 이름이나 자나 아호의 암시처럼, 다들 부러워하는 요직들을 두루 섭렵한 후, 권세와 명예와 임금의 두터운 총애를 듬뿍 받으며 65세로 영면했다.

대사성大司成을 지낸 具宬구성 아들로 인조의 외종형인 구인후의 경우를 살펴보자.

그는 아저씨 되는 구굉과 같이 김장생 밑에서 수학했다. 25세에 무과에 급제하여 33세에 갑산 부사를 지냈다. 반정이 일어나기 한 해 전인 43세 때는 진도 군수로 재직했다.

광해군의 폭정에 울분을 품고 일찍부터 반정모의에 가담했지만 막상 그 중차대한 거사일에는 서울에 도착할 수 없었다. 하지만 그는 일찍부터 '큰 뜻'에 합류했다는 인정을 받고 2등 공신에 책록되고 능천군綾川君에 봉해졌다.

45세에 수군통제사가 되고 49세에 맞은 정묘호란 때는 임금이 피난 가 있는 강화도를 지켰다. 50세에는 자헌資憲대부에 올라 한성부윤, 전라도관찰사, 포도대장을 역임했다.

58세 때에 병자호란이 일어나자 그는 3천 군사를 이끌고 남한산성에 들어가 임금을 지켰다. 66세 때는 반정공신이기도 한 심기원이 역모를 꾀한다는 고변이 들어오자 은밀히 내사하여 역모사실을 적발해 내고 그 공로로 영국寧國공신 1등에 책록되고 능천부원군에 봉해졌다.

75세에 효종 밑에서 우의정이 되고 76세 때는 사은사로 청나라를 다녀왔다. 그 해에 황해도 관찰사로 있던 52세의 金弘郁김홍욱(1602-1654)이 인조 임금 때에 임금을 저주하고 독살하려 했다는 귀인 조씨의 무고로 억울하게 사사된 소현세자빈 강씨와, 유배되었다가 죽은 어린 자식들의 명예회복을 주장하다가 장살될 때 김홍욱을 옹호하다가 76세의 노구로 관직을 박탈당했다.

하지만, 곧 복관되어 좌의정을 지낸 후 80세로 타계했으니, 여러 차례의 고비에도 불구하고 입신양명에 오복五福*의 하나인 장수長壽까지 누린 셈이다.

구인후(仁어질 인 厚두터울 후)의 자는 중재(仲버금 중 載실을 재)이고, 아호는 유포(柳버들 유 浦개 포)이다. '어질고 후하다'는 이름 뜻대로 그는 온후하고 도량이 커 많은 이들로부터 흠모를 받았던 것 같다. 80이 다 된 고령에도 정승을 지내고, 가고 오는 데만 몇 개월이 걸리는 명나라에도 사신으로 다녀온 걸 보면 건강과 인품이 실로 타의 추종을 불허할 만 했던 것 같다.

76세의 나이로 목숨을 잃게 될 지도 모르는 일(관찰사 김홍욱의 소현세자빈 강씨 신원 요청 상소건)에 팔 걷고 달려들 정도로 청년 같은 의협심도 자타가 공인할 정도였던 것 같다.

자에서 풍기듯 그는 '될 수 있는 한 제일 좋은 자리는 남에게 양보하는' 성품이라, 임금의 외가 쪽 형임에도 불구하고 비교적 말년

*오복 : 유교에서 말하는 수壽, 부富, 강령康寧, 유호덕(攸好德- 도덕 지키기를 낙으로 삼음), 고종명(考終命- 영종 혹은 고종; 제 명대로 살다 편히 죽음)을 말함.

에 가서야 관복이 터졌던 것 같다. 환갑의 나이 때까지는 전쟁터를 오가며 청년처럼 살다가 환갑이 지나고 나서야 비로소 관운이 꽃피기 시작했다.

아호는 '버드나무 우거진 포구나 물가'를 의미한다. 말년이 좋고 수명이 길 것을 암시하는 아호인 셈이다. 그는 결국 버드나무의 그 낭창낭창한 유연성처럼 76세에 스스로' 뒤집어쓴 올가미(김홍욱을 옹호하다 삭탈관직된 일)를 곧 바로 벗고 재기할 수 있었다.

구씨 가문에서 나온 반정공신이 또 한 사람이 있다. 인헌왕후의 친정 조카인 구인기이다. 그는 어릴 때부터 두 살 위인 능양군 종倧(후에 인조임금이 됨)과 함께 공부를 하여 아주 친했다.

그는 아버지와 함께 반정 모의에 가담하여 반정공신 3등으로 책록되었다. 공조판서를 거쳐 77세 때는 종1품인 돈령부敦寧府* 판사判事를 지내고 능풍綾豊부원군에 봉해졌다.

*돈령부 : 왕실의 친인척을 관리하는 부서

구인기(仁어질 인 墍매흙질할 기)의 '어질어 벽을 깨끗이 수리한다'는 이름의 의미가 아주 신기하다. 그의 이름에 나타난 대로 폭군을 몰아내고 새 임금을 세우는 일에 부친과 함께 뛰어들었을 것이다. 그리고 어릴 때부터 친하게 지낸 형 능양군을 위해 26세의 젊은 나이로 흔쾌히 목숨을 걸었을 것이다.

자는 후경(厚두터울 후 卿벼슬 경)으로 '벼슬한 이력이 높이 쌓인다'는 기가 막힌 의미를 지니고 있다. 여러 요직을 두루 거치며 79세까지 장수할 수 있었을 것이다. 부자로 건강하고 편안하게 오래 살며 학문과 수양을 즐기다가 천수를 다하고 편히 임종을 맞이했을' 테니, 그는 실로 오복을 다 누렸다고 보아야 할 것이다.

이름은 그의 후덕하고 헌신하는' 성품을 암시하고, 자는 그의 꺾이지 않고 마르지 않는 벼슬 운을 암시하고 있다. 죽은 후에 영의정에 추증되었으니 그는 죽어서 관직이 더욱 높아졌다.

09 환난을 용케 피하고 목숨을 건진 행운아들

수틀리면 잡아 죽이는 난장판에서 구사일생으로 살아난 것과
진배없을 정도로 문정왕후의 수렴청정 기간은 목숨을 부지하기가 대단히
어려운 난세 중의 난세였다.
출세는 둘째 치고 그저 목숨만 잘 부지해도 본전치기는 되는
그런 막가는 세상이었다.

광해군 5년(1613년)에 희한한 사건이 일어났다.

권세가의 핏줄로 태어났지만 첩 자식 이른바 서얼庶孼이라는 이유로 출세길이 막힌 이들이 모여 당을 짓고 도적질을 일삼은 희한한 일이 있었다.

朴淳박순*의 아들 朴應犀박응서를 비롯해 徐益서익*의 아들 徐羊甲서양갑, 沈鉉심현의 아들 沈友英심우영, 李濟臣이제신*의 아들 李耕俊이경준, 商山君상산군 朴忠侃박충간*의 두 아들 朴致毅박치의, 朴致仁박치인, 許弘仁허홍인, 金平孫김평손 등 모두 일곱 명이었다.

이들 7인은 중국 魏위(225-265; 조조의 아들 조비가 헌제의 선양을 받아 세운 국가) 나라 말기, 晉진(265-419; 서진, 동진의 시대에 위나라 권신인 '사마' 씨들이 왕위 계승) 나라 초기의 '죽림칠현竹林七賢'*이나 고려 후기에 있었던 강좌칠현江左七賢*을 저희의 선배쯤으로 생각했다. 그래서 자기네 패거리도 정확히 일곱 명의 숫자에 일치시켰다. 그리고 대선배님들의 명칭

*박순 : 1523-1589; 서경덕의 문하생으로 선조 5년 49세에 영의정에 올라 14년간 재직
*서익 : 1542-1587; 의주목사 때 탄핵받은 이이를 변호하다 파직됨
*이제신 : 1536-1584; 진주목사 때 병부를 잃어버려 파직되기도 했고 함경북도 병마절도사 때는 여진족 우두머리 이탕개를 막지 못해 의주에 유배되었다 그 곳에서 죽음.이듬해에 신원되어 병조판서로 추증 됨
*박충간 : 1589년 재령군수 때 한준, 이축, 한응인 등과 함께 정여립의 모반을 고변하여 평난공신 1등에 책록되고 형조참판으로 특진 됨. 임진왜란 때 순검사로 적병과 교전하다 도주하여 파직되었으나 후에 영, 호남에 파견되어

군량미 조달 책임 맡음.
임란 중에는 진휼사로
백성 구호에 노력함.
1600년에는 붕당의 폐
해를 상소하다 실력자
남이공 등에게 수차 탄
핵받음

*죽림칠현 : 친구사건
에 휘말려 39세로 처형
된 혜강, 낙양 최고의
갑부로 진나라 왕의 측
근으로 출세한 막내 뻘
의 지독한 구두쇠 왕융,
53세에 죽은 거문고를
잘 탄 맏이 뻘의 완적,
그리고 벼슬길에 나간
산도 및 완함, 향수, 유
영을 지칭.

*강좌칠현 : 의기투합
하여 망년지우로 뭉쳐
시와 술을 즐긴 이인로,
오세재, 임춘, 조통, 황보
항, 함순, 이담지를 지칭

을 흉내 내어 동아리 명칭을 '강변칠우江邊七友'로 결정
했다.

그들은 여주의 북한강가에 멋들어진 정자를 짓고 무
륜당無倫堂이라는 편액을 달았다. 그리고는 낮이고 밤이
고 간에 강이 훤히 내려다보이는 정자에 질펀히 앉아 시
도 짓고 거문고도 타며 술과 시로 일거리를 삼았다.

첩의 자식으로 태어난 것을 원망해 보았자 이미 하늘
이 정해준 팔자인지라 아무 소용이 없었다. 차라리 술에
취해 있는 시간이 행복 그 자체였다.

그런데 쾌락이 도를 지나치면 악행으로 흐르듯이 그
들의 신분자각과 파괴적인 폭발욕구는 급기야 살인강
도 짓까지 서슴지 않게 만들었다. 이들은 경상도를 오가
며 은을 사고 파는 소위 은상인銀商人들을 습격하여 목
숨을 빼앗고 은 6,7백 냥을 강탈하기까지 했다.

이때 광해군을 옹립하여 제 세상을 만난 대북파의 이이첨, 정인
홍 등은 이 은 상인 강탈사건과 살해사건을 정략적으로 활용하고
자 했다. 정치 10단으로 자처하는 이들인지라 그 무엇이든 손에 잡
히면 일단 꺼리가 되어야 했다.

즉, 광해군이 늘 눈엣가시처럼 여기며 공연히 제자리 뺏길까봐
걱정하는 것을 알아차린 대북파는 왕권을 확립, 강화하는 것이 곧
나라를 반석 위에 올려놓는 일이라는 섣부른 신념에 집착하기 시
작했다.

영창대군을 옹립하여 새 임금으로 세우고자 혁명자금이 필요해
은 상인을 죽이고 은을 빼앗은 것이라는 식으로 붙잡혀온 첩의 자
식(서얼)들에게 허위자백을 받아냈다.

음흉한 음모가들의 꼬드김에 넘어간 풍류객이라는 자칭하는 이

들 술주정뱅이들은 그만 목숨이라도 건지고 보자는 일념에서 그만 고단수의 정치꾼들의 꼬임과 속임수에 홀딱 넘어가고 말았다.

목적을 향해 수단방법을 안 가리고 집요하게 덤벼들면 악인에게도 반드시 전화위복만 아니라 전복위화轉福爲禍의 기회가 생기는 법이었다. 이이첨, 정인홍에게는 광해군의 총애와 신임을 단번에 거머쥘 수 있는 절호의 기회였던 것이다.

처음부터 단순 살인 강도사건을 정략에 이용하려 했던 것이므로 결과는 뻔한 살육전일 수밖에 없었다. 공권력을 활용한 합법적인 살인이 자행되고만 것이다.

영창대군의 외조부이자 인목대비의 친정아버지인 김제남과 단순 살인 강도짓을 자행한 서얼들은 무참히 처형당하고 정략적 음모의 한가운데에 서 있던 일곱 살의 영창대군은 강화도로 내쫓았다.

특히 대비의 친정식구들이 날벼락을 맞아야 했다. 친정의 세 형제들이 죽고 환갑이 된 친정어머니와 어린 막내동생 天錫천석이만 구사일생으로 목숨을 부지했다.

광해군 시절은 말 그대로 혈육지친血肉之親을 죽여 없애는 골육살해骨肉殺害의 시대였다. 즉위 이듬해에 35세인 형 임해군臨海君을 진도에 유배 보냈다가 죽였다. 서얼들의 강도 살인사건을 악용하여 배다른 막내 동생이자 아버지 선조 임금의 유일한 정실 자식인 영창대군을 강화도에 위리안치시켰다가 강화부사 정항을 시켜 구들장 열에 익혀 죽게 만들었다.

영창대군*을 죽인 이듬해에는 조카인 16살의 능창대군을 강화도에 위리안치시켰다가 죽여 없애고 말았다.

*능창대군 : 정원군과 인헌왕후의 아들로 인조의 친동생)

명분은 왕권 강화를 통한 정치 안정, 정국 안정이었지만, 사실은 주도면밀한 살인이고 왕실의 씨를 말리려는 무참한 도살이었다.

여기서 꼭 꼬집고 넘어가고 싶은 일이 하나 있다.

즉, 권문세도가의 첩 자식으로 태어나 불우한 신분에 울분을 품고 술과 시와 강도질로 소일하던 일곱 명의 철부지들이 살인 강도 짓과 정략적인 함정에 의해 다 죽거나 귀양*가고 말았는데, 딱 한 사람이 용케도 살아남아 연기처럼 홀연히 사라졌던 것이다.

*박순의 서자인 박응서만이 귀양갔다가 7년 후인 1622년에 사면되어 관직을 가졌으나 이듬해 인조반정 때 붙잡혀 주살당함

바로 박충간의 서자이자 함께 붙잡혀 처형당한 박치인의 형인 朴致毅박치의가 바로 그 사람이다.

아버지 박충간(忠충성 충 侃강직할 간)의 이름 뜻은 '충성스럽고 강직하다'이고, 자는 '아재비 숙정(叔아재비 숙 精정미한 쌀 정)'이니, 아버지는 전형적인 관료였던 것 같다. 즉, 그저 나라에 충성하며 나라가 주는 대로 받아먹는 그런 관료의 생애를 암시하고 있다.

용케 도망쳐 목숨을 부지한 그의 서자 치의(致보낼 치 毅군셀 의)는 '모든 걸 하늘과 운에 맡기고 과감하게 행동하는' 독불장군식의 기질 때문에 목숨이 촌각에 달린 그 위급한 상황에서도 무사히 도망을 칠 수 있었던 것이다.

형리를 뇌물로 꼬드겼을 수도 있고, 아니면 강탈한 보물을 어디어디에 감춰두었으니 함께 나눠 갖자고 홀렸을 수도 있다. 그는 결국 이름 뜻대로 과감한 성격, 내던지는 기질 때문에 호랑이 굴에서 도망쳐 하나뿐인 목숨을 건진 것이다.

행운을 거머쥐고 죽을 고비를 잘 넘겼을 뿐만 아니라, 네 임금을 섬기며 줄기차게 출세가도를 달린 인물이 있다.

중종 임금 때에 간신 김안로 일당의 온갖 악행과 횡포에서도 잘 살아남았을 뿐만 아니라, 명종 임금 때의 '사화'에서도 잘 살아남아 영의정과 정1품인 중추부영사를 지낸 후 73세로 장수한 李浚慶이준경이 바로 그런 부류에 속한다.

32세의 늦은 나이로 과거에 급제하여 종6품인 부수찬副修撰에 올랐지만 34세에 당대의 세력가였던 18세 위의 김안로에게 밉게 보여 파직되었다.

4년여의 공백기간을 와신상담하며 보낸 후 정유3흉丁酉三凶*으로 불렸던 김안로 일당이 사사되자 38세의 나이로 관직에 복귀했다.

*정유3흉 : 명종의 생모인 문정왕후의 폐위를 모의하다 죽은 김안로, 허항, 채무택을 지칭

정4품인 응교應敎와 정3품 당상관堂上官인 승정원承政院(국왕의 비서실) 승지承旨를 거쳐 부제학副提學(정3품)이 되었다. 44세로 문신정시에 나가 장원하여 한성부우윤漢城府右尹과 대사성을 지냈다. 45세에 중종이 붕어하자 고부부사告訃副使로 명나라에 다녀와 형조참판이 되었다.

이듬해 명종이 즉위하자 을사사화乙巳士禍*가 생겼을 때는 요행히도 평안도관찰사로 외지에 나가있었기 때문에 화를 면할 수 있었다.

*을사사화 : 1545년 중종의 아들이자 재위 8개월만에 죽은 인종의 이복동생 명종이 즉위하자 명종의 모친인 문정왕후와 그 친정 형제인 윤원로, 윤원형이 인종의 모친인 장경왕후 쪽 일가들과 수많은 선비들에게 화를 입힌 일.

수틀리면 잡아 죽이는 난장판에서 구사일생으로 살아난 것과 진배없을 정도로 문정왕후의 수렴청정 기간은 목숨을 부지하기가 대단히 어려운 난세 중의 난세였다.

출세는 둘째 치고 그저 목숨만 잘 부지해도 본전치기는 되는 그런 막가는 세상이었다. 막가파, 지존파 권력가들이 눈에 쌍심지를 켜고 다니며 희생양을 찾고 먹음직스러운 사냥감을 찾느라 늘 바쁜, 그런 무시무시한 세상이었다.

모두들 이구동성으로 '벼슬아치의 운명이란 저승과 이승 사이에 놓인 높은 담장 위를 걷는 것'이라고 말했다. 삐끗 잘못 디디면 순식간에 저승으로 직행하고 마는 것이 곧 벼슬아치의 파리 목숨이라고 했다.

이준경은 49세에 병조판서와 한성부판윤을 지내고 51세에는 대

사헌이 되었다. 하지만 '죽음의 그림자' 는 다시 한 번 그를 괴롭히기 시작했다. 李無彊이무강이란 자의 탄핵으로 을사사화에서 죽은 尹任윤임의 일파로 몰려 보은으로 귀양을 가야 했다.

그나마 주위의 평판이 좋은 탓에 이듬해에 풀려나 중추부지사가 되었다. 54세 이후 2년간은 함경도 순변사와 전라도 순찰사로서 왜적을 격퇴하고 병조판서에 재 등용되었다.

59세 이후에는 3정승을 두루 거치며 66세에는 드디어 영의정 자리에 올랐다. 72세에는 영의정을 그만두고 같은 정1품인 중추부영사가 되었다. 죽을 때, 붕당이 일어나 그 폐해가 참으로 어지러울 것입니다 라는 유소遺疏를 남기기도 했다.

임진왜란이 일어나기 꼭 20년 전에 73세로 영면했지만 그가 죽으면서 남긴 예언은 불행하게도 그 뒤에 적중하고 말았다.

준경(浚기쁠 준 慶경사 경)이라는 이름 뜻은 '기쁜 일, 좋은 일을 늘려간다' 이고, 자는 '길한 운세를 타고났다' 는 뜻의 원길(原근원 원 吉길할 길)이다. 이름과 자만 보아도 그가 얼마나 대단한 관운을 타고났는지 쉽게 짐작해 볼 수 있다.

아호는 '해 뜨는 쪽에서 부르는 소리를 듣는다' 는 동고(東동녘 동 皐부르는 소리 고), '양지바른 남향 집' 이라는 남당(南남녘 남 堂집 당), '집을 넓게 키운다' 는 양와(養기를 양 窩움집 와), '귀한 열매를 가려먹는 고귀한 신분' 이라는 홍련(紅붉을 홍 蓮연밥 련)거사 등이다.

아호는 네 개나 있어서 약간 헷갈리지만, 동고와 양와에서 나타나듯 그는 아예 처음부터 양지를 타고난 길한 운세였던 것이다.

그리고 양와와 홍련거사 라는 의미에서 풍기듯, 그는 본래 뻗어나가는 운세, 복을 누리는 운세였다.

하지만 아무리 좋은 운세, 쭉쭉 앞으로 뻗어나가는 팔자를 타고났다 해도 모함과 적대가 판을 치는 권력싸움에서는 누구나 죽거나 다칠 수밖에 없었을 것이다.

그도 34세와 46세, 그리고 51세와 사후에 큰 고비를 넘겨야 했다. 30대 중반에는 김안로라는 무지막지한 공격수로부터 피해야 했고, 40대 중반에는 왕실의 외척들 싸움에 그야말로 새우등이 완전히 박살이 날 뻔했다.

그리고 50대에 들어서자마자 정말 죽을 고비를 만났지만, 그나마 몇 단계 낮은 귀양 정도로 간신히 액땜을 하는 것으로 끝낼 수 있었다. 하지만 죽기 직전에 임금에게 올린 상소로 인해, 살아 있는 후손들이 멸문지화를 당하거나 자칫 잘못했다가는 이미 죽은 자신이 부관참시를 당할 뻔했다.

당파 싸움이 뭔지도 모를 뿐만 아니라 아직 그런 유행어도 생기지 않은 판에, '멀지 않은 날에 반드시 붕당이 생겨 조정과 나라가 크게 어지러울 것'이라는 식으로 감히 임금에게 경고도 하고 겁도 잔뜩 주었으니, 재수 없는 말이고 불길한 저주라는 식으로 트집을 잡으면 어마어마한 화근이 될 수도 있었던 일이다.

무엄하게도 상감마마의 총기聰氣를 흐려 나라를 위태롭게 할 전형적인 참언讒言이라고 집중 공격했으면 분명히 큰 화근이 되었을 것이다.

맞는 예언이든 틀린 예언이든 사람들은 왠지 두려워하며 무조건 꺼린다. 앞을 내다보는 예언을 곧 저승사자의 입바른 소리 정도로 아는 것이다. 눈이 앞에 달려있는 탓에, 나는 너의 뒤통수를 보았다, 나는 너의 엉덩이를 보았다고 하면 무조건 기분 나쁘게 여기는 것이다. 제대로 앞을 내다보는 예언 치고 세상 사람들로부터 흔쾌히 접수된 적이 없었던 것은 바로 이런 특이한 인간심리 때문이다.

10 고자질의 명수들

임금과 나라의 입장에서 보면 충신'일 수도 있지만 누군가를
해치기 위해 일부러 꾸민 일이라면 그보다 더 악한 일은
아마 없을 것이다. 세 치 혀와 한 줌 두뇌 소프트웨어로 사람의
생목숨을 빼앗는다면, 그 얼마나 살기 힘든 세상이 되겠는가.
믿음이 없어진 사회, 언제 누군가에 의해 개죽음을 당할 지도 모르는
세상이라면, 그건 세상이 아니라 바로 지옥일 것이다.

'낮 말은 새가 듣고 밤 말은 쥐가 듣는다'는 말처럼 사람의 수다
스러움과 그로 인한 화근을 경계한 옛 사람의 지혜는 없다고 본다.

남녀를 막론하고 누구나 자기 입에서 나온 말로 인해 해를 입고
때로는 하지도 않은 말로 인해 영혼이 갈기갈기 찢기고 하나뿐인
목숨을 잃을 수도 있는 것이다.

자기가 한 말이 밖으로 새어나가 해를 입는 경우가 더 치명적일
수 있다고 본다. 하지 않은 말이야 '나는 떳떳하니 믿든 말든 네 맘
대로 해라' 하며 아예 신경을 끊으면 될 일이지만 정작 제가 쏟아
낸 말이 부메랑이 되어 돌아올 때는 실로 빼도 박도 못하는 궁지에
빠지고 마는 것이다.

조선의 519년 긴긴 역사를 다시 들여다보면 분명히 고자질로 사
람의 목숨을 빼앗은 고수들이 있었다.

임금과 나라의 입장에서 보면 충신일 수도 있지만 누군가를 해
치기 위해 일부러 꾸민 일이라면 그보다 더 악한 일은 아마 없을
것이다. 세 치 혀와 한 줌 두뇌 소프트웨어로 사람의 생목숨을 빼

앗는다면, 그 얼마나 살기 힘든 세상이 되겠는가.

믿음이 없어진 사회, 언제 누군가에 의해 개죽음을 당할 지도 모르는 세상이라면, 그건 세상이 아니라 바로 지옥일 것이다. 누가 말했던가. 이웃이 사라진 세상이 곧 지옥이고 불에 타 없어진 소돔과 고모라라고….

고자질은 어느 때고 일이 있을 때마다 판을 쳤었다. 조선의 건국을 전후할 무렵에도 고자질이 무척 범람했었다. 왕씨*에서 이씨로 왕족이 뒤바뀌는 대대적인 지각변동의 시기였으니 개개인의 치열한 생존전략 중에서 가장 손쉬운 고자질이 빠질 리가 없었을 것이다.

하지만 여기서는 실록 등에 기록된 고자질의 명수들만을 집중적으로 살펴보고자 한다.

성종 임금 때인 1489년 1월(성종 20년), 일개 병졸에 불과한 김방이란 자가 '역모가 있습니다' 라며 밀고했다가 의금부의 정밀한 조사로 출세를 위한 무고임이 드러나 참수된 사건이 일어났다.

보초나 순찰이 임무인 파적위破敵衛*에 소속된 일개 병사가 판서 李封이봉, 申浚신준, 盧公弼노공필, 李沆이항 등이 공모하여 성종 임금이 문소전文昭殿*에서 제사 지내는 날에 거사하기로 했다고 일러바쳤다.

하마터면 죽을 뻔했다가 살아난 사람들의 면면을 보자.

먼저 李封이봉*이란 인물을 뜯어보자.

이봉(封봉할 봉)의 이름 뜻은 '북돋워진다, 벼슬과 명예에 오른다' 이니 반드시 벼슬길에 나가야 될 팔자인 셈이다. 자는 '두 번 째 순번을 택한다' 는 번중(番갈마들 번 仲버금 중)이고 아호는 '한해살이 야생초처럼 납작 엎드린

*왕씨 : 사실은 왕건 자체가 이름일 뿐인데 후에 이름을 둘로 나누어 아예 왕을 성씨로 했음

*파적위 : 5위의 하나로 충좌위에 소속된 정원 2500명인 부대. 하층 평민과 천민이 주로 입대. 5교대 근무로 한번에 4개월씩 500명 복무. 연중 3회에 걸쳐 각종 시범으로 선발하며 근무 일수로 녹을 주는 대신, 평민에게 부여된 군역 중 정규 군사인 호도를 뒷받침하는 봉족 2명과 토지 1결, 즉 <보>로 지급.

*문소전 : 태조 이성계의 첫 부인으로 정종, 태종 등 6남 2녀를 낳고 조선건국 1년 전에 54세로 타계한 신의왕후 한씨의 사당

*이봉 : 1441-1493; 대제학 지낸 이계전의 아들로 52세에 형조판서 지내고, 문장이 뛰어나 어세겸, 이극돈과 함께 성종이 직접 논제 내고 채점한 시험에서 공동 합격하기도 했음

다'는 소은(蘇차조기 소 隱숨길 은)이니, 좀 소극적이고 은둔적인 측면이 엿보인다.

그리고 될 수 있는 한 앞장서지 않고 한발 늦게 나간다는 안전위주의 처세술과 신중한 성격을 암시한다.

그런 모나지 않게 살고 미움받지 않고 살려는 기질 덕분에 그는 역모의 모함에서도 아무 탈 없이 잘 넘어갈 수 있었던 것이다. 48세에 엉뚱한 병졸의 무고로 큰일을 당할 뻔했지만 무난히 고비를 넘기고 52세로 영면했다.

세조의 등극에 공을 세우고 정난공신 1등과 좌익공신 2등에 올라 한성漢城부원군에 봉해지고 55세로 작고한 아버지 李季甸이계전(1404-1459)의 이름과 자와 아호를 한 번 참고삼아 살펴보자.

계전(季끝 계 甸경기 전)의 이름 뜻은 '맨 끝자리에 놓인 밭뙈기'이고, 자는 '큰 병풍을 쳐 보호한다'는 병보(屛병풍 병 甫클 보), 아호는 '안전하게 지켜주고 잘 보살펴주는 경건하고 공손한 사람'이라는 존양재(存있을 존 養기를 양 齋재계할 재)이다.

아버지의 이름이 암시하듯, 아들의 안전위주 처세와 신중한 몸가짐은 이미 아버지의 '변두리에 서 있을 수 있는 인내심'에서 이어받은 셈이다.

그리고, 무고사건이 있기 30년 전에 타계한 아버지가 조상 귀신이 되어 병풍 역할을 해주고 지키고 기르는 역할을 맡아주었기 때문에, 아무 변고 없이 천수를 다 누릴 수 있었을 것이다.

특히, 광란적인 폭군 연산군이 등장하기 직전에 죽었으니, 어려운 시절에 벼슬길에 나간 사람 입장에서는 그보다 더 큰 행운이 없었다고 보아야 하는 게 아닌가.

申浚신준*과 盧公弼노공필*도 과대망상증에 걸린 한 병졸의 돌발적인 무고로부터 간신히 벗어나 벼슬길에 잘

*신준 : 1444-1509; 성종 때에 이조, 공조판서와 대사헌을 지내고 연산군 때는 공조, 형조판서를 지냄. 중종반정에 참여하여 고양부원군에 봉해짐

적응했지만, 두 사람 모두 폭군 연산군의 등장을 보며 먹구름이 몰려오고 피비린내가 풍겨오는 것을 몸소 목격해야만 했다.

*노공필: 1445-1516; 6조의 판서를 두루 지냈으나 갑자사화가 있던 59세에는 유배형을 당하기도 했음. 중종반정으로 우찬성에 특진되고 62세 때는 1차 사절이 실패했던 중종의 승습 즉, 중종의 왕위 계승에 관한 승인을 명에 가서 얻어내고 귀국하여 중추부영사에 오름.

신준에 대해 알아보자.

이름 준(浚깊을 준)의 뜻은 '빼앗아 채운다' 는 의미이니, 성종과 연산군과 중종을 두루 섬기며 40대와 50대에 주요부서의 판서를 오래 오래 섭렵할 수 있었을 것이다.

자는 '후덕한 선비체질' 이란 의미의 언시(彦선비 언 施베풀 시), 아호는 나헌(懶게으를 나 軒추녀 헌)이다.

자와 아호에서 암시되었듯이 그는 후덕한 선비 체질과 게으른 건달 기질을 함께 지니고 있었기 때문에, 강약과 완급을 교대로 활용할 수 있었을 것이다.

따라서 그는 45세에 맞닥뜨린 역모사건을 무사히 넘기고, 50대에 맞이한 폭군의 광란과 60대 초반에 있었던 반정의 소용돌이를 적절히 타고 넘으며 일신의 명예와 안전을 보전하다가, 65세로 영면할 수 있었던 것이다.

다음은 노공필에 대해 알아보자.

공필(公공변할 공 弼도울 필)의 이름 뜻은 '공개적으로 알려 바로 잡도록 한다는 것이다. 이름처럼 그는 환갑을 넘긴 나이에 명나라에 찾아가, 중종 임금이 폭군 연산군을 몰아내고 왕위를 승계했으니 이를 공식적으로 승인해 주시오 라고 설득하여 마침내 공인을 받아냈다. 또한 '흰 활을 틀 속에 넣고 다들 보는 앞에서 원래대로 편다' 는 이름이니, 앞서서 시도했지만 실패하고 돌아왔던 왕위 승계 공인을 마침내 얻어낼 수 있었던 것이다.

자는 '밝은 곳을 지향한다' 는 희량(喬바랄 희 亮밝을 량), 아호는 '향기로운 꽃 뒤로 숨어 더럽고 험한 꼴을 되도록 안본다' 는 의미의 국일재(菊국화 국 逸달아날 일 齋재계할 재)이니, 출세는 가문과 일신을 위해 하되 매사에 앞장서지 말고 자신이 꼭 해야하는 일만 잘 맡아 열심히 이뤄낸다는 신념으로 일생을 경영했을 것이다.

그의 그런 실용주의 노선으로 인해, 그는 폭군과 현군을 교대로 섬기면서도 6조의 판서를 두루 지내고 정1품인 중추부영사로 관직을 마칠 수 있었을 것이다.

44세에 휘말릴 뻔한 역모사건과 59세에 겪은 장배형(杖配刑)으로 일생 일대의 위기를 맞았지만, 환갑 이후에는 새 임금 중종 시대를 만나 명예롭고 안정된 말년을 보낼 수 있었다.

최고위 직인 정1품 중추부영사를 지내고 71세로 생애를 마감했으니, 그만하면 '밝은 데로 나간다' 는 자의 의미와 '국화 향기 그윽한 곳에 숨어 세상을 관조한다' 는 아호의 의미에 잘 들어맞은 셈이다.

끝으로 이항(沆넓을 항)은 이름 뜻이 '괴어 있는 큰물' 이니, 아닌 밤중에 홍두깨처럼 들이닥친 역모의 모함을 깊은 물 속에 빠뜨려 없었던 일로 한 후 무사히 벼슬길을 계속 걸어갈 수 있었을 것이다.

의정부 관노(官奴)로서 엄청난 밀고를 한 사람이 있었다. 바로 鄭莫介정막개라는 사람이다.

연산군을 몰아내고 반정공신에 오른 사람들 중에는 무인들이 많다 보니 공신 칭호를 받고 벼락출세를 해도 당시의 지배계층인 문신들의 눈에 안찬 이들이 많았을 것이다.

아니나 다를까, 7년여의 세월이 흐르자 슬슬 탈락자가 생기기 시작했다. 반정 당시에 폭군 연산군의 측근들을 살해한 공로로 공신리스트에 당당히 올랐던 박영문과 신윤무가 먼저 문제를 일으켰다. 그들은 군기시 첨정을 지내다 반정에 참여했었다.

　그런데 문신들의 탄핵으로 파직된 후 술로 지새우며, 전부 목을 쳐 죽일 놈들이라며 조정대신들을 싸잡아 저주하다가 정막개라는 귀밝은 노비에게 들켜 교수형을 당하고 만 것이다.

　박영문은 연산군 때 군기시 첨정을 지내다 반정에 참여했다. 반정 이후 당연히 출세길이 뻥 뚫렸다. 경상도 도순찰사都巡察使를 지내고 柳順汀유순정*과 함께 부원수로서 삼포왜란을 평정한 이후에는 공조판서에 올랐다.

*유순정: 1459-1512; 김종직 문인으로 연산군 때 이조판서로 있다가 반정에 참여한 뒤 우의정, 병조판서를 지냄. 이과를 옥사 처리 한 후 정난공신 1등에 책록되고 좌의정 지내다가 영의정 재직 중 타계했다.

　그런데 그 자 역시 병조판서를 지내다 문신들의 반대로 파직 당한 신윤무의 집을 드나들며 함께 울분을 토했다.

　말이 길어지면 일이 꼬이게 마련인 법. 둘은 술김인지 진심인지, 정말 역모에 해당하는 일을 모의하게 되었던 것이다. 영산군寧山君 (성종과 숙용 심씨의 둘째 아들) 전恮 을 추대하여 무신난武臣亂을 일으킨 후 다시 권력실세로 등장해 보자는 모의였던 것이다.

　정막개에게 그 사실이 발각되어 두 사람은 결국 함께 목숨을 잃고 말았다.

　정막개(莫없을 막 介끼일 개)의 이름 뜻은 '지워 없애고 뚜껑을 덮어 감춘다' 인데, 그런 기이한 이름 뜻 때문인지 그는 천민인 주제에 감히 역모사건을 밀고하여 반정공신 두 사람을 죽게 만들고 말았다.

　처마 밑에서 엿듣다가 나중에는 마루 밑으로 숨어들어 두 무인의 걸쭉한 입담을 숨죽인 채 귀담아 들었던 그는 술김에 늘어놓은 푸념과 황당하기까지 한 취중 헛소리를 꼬투리로, 큰 공을 세우고 팔자 한 번 멋지게 고칠 수 있었던 것이다.

　인조 임금이 광해군을 몰아내고 새 시대를 연지 꼭 7년 째 되던 해에 참으로 괴상한 일이 생기고 말았다. 즉, 내쫓긴 광해군을 다시 왕으로 추대하여 연산連山을 새 서울로 삼고 전혀 다른 성격의 조선왕조를 건국하겠다는 황당무계한 음모가 있었던 것이다.

전에 훈도訓導(종9품)를 지낸 **任慶思임경사**는 도감초군都監哨軍* 河義生하의생, 金龍林김용림, 朴春南박춘남, 孫大順손대순, 李善信이선신 등과 작당하여 그런 엄청난 거사계획을 짰다는 것이다.

*도감초군 : 도감은 국상, 궁궐 건축 등 중대사를 관장하는 임시 관청
*훈국포수 : 훈련도감의 장기 근속 병졸

모의에 함께 참여했던 훈국포수訓局砲手 김예정이란 자가 이를 고발하여 세상에 드러나게 되었다.

그들의 마스터플랜에 의하면 임경사는 우선 내포에서 해운을 차단하고 이선신 등은 서울에서 훈련대장 등을 살해한 후 종묘와 도문都門을 불태우기로 했다는 것이다.

결국 김예정의 고변으로 모두 붙잡혀 참형을 당하고 김예정은 고변을 한 공로로 당상관堂上官*에 올랐다.

*당상군 : 정3품 이상의 품계로 문신은 통정대부, 무신은 절충장군 이상을 의미. 조정의 대청에 앉아 임금과 함께 정사를 논의할 수 있고 각종 특권이 주어졌음.

기껏 종9품 정도의 하급 벼슬아치들이 이미 폐위된 지 7년이나 되는 광해군을 다시 왕으로 섬기고 벼락출세를 해보려고 했다니, 참으로 그 발상이 발칙하기도 하고 기이하기도 하다. 서울의 보초병들 몇몇이서 종묘 등 주요건물에 불을 질러 혼란을 조성하고 훈련대장 등 주요 인사를 암살하여 공포분위기를 만들면 나라가 통째로 굴러 들어온다고 생각했으니, 당시의 흐트러진 세상 공기를 엿볼 수 있는 좋은 예인 셈이다.

용기라기보다는 전형적인 과대망상증인 듯하다. 하기야 오죽 답답했으면 나라를 도박 판돈으로 삼고 인생역전을 꿈꾸었을까.

주인공 김예정이란 인물의 한자 이름은 알 수 없지만, 나머지 희대의 도박꾼들의 이름은 다 알려져 있으니 하나하나 살펴보기로 하자.

먼저 주모자 임경사任慶思 경 思생각할 사)의 이름 뜻은 '기쁜 일을

생각한다' 이니, 공상적이고 망상적인 기질이었을 것이다. 그리고 워낙 달변이고 신용이 두텁다보니 아마도 숱한 동료들이 그의 말을 듣고 고개를 끄덕이며, '우리가 해낼 수 있다, 우리가 나라를 바꿀 수 있다'고 호언장담하게 되었을는지도 모른다.

아마도 훈도를 지낸 인물이니 다른 하급 무관들보다 말주변도 좋고 아는 것도 많았으리라. 이름부터가 뭔가 좋은 일을 만들어낼 것 같은 암시를 강하게 주고 있지 않은가.

망상에 빠져 꼬드김에 홀딱 넘어간 추종자들의 이름은 '옳다고 여기면 아이처럼 달려든다'는 의생(義옳을 의 生날 생), '임금을 에워싼 숲이 된다'는 용림(龍용 용 林수풀 림), '봄에 남쪽으로 달려가 따사로운 햇볕을 쬔다'는 춘남(春봄 춘 南남녘 남), '남이 하자는 대로 선뜻 따라나선다'는 대순(大큰 대 順순할 순), '심성이 순수해서 남의 말을 그대로 믿는다'는 선신(善착할 선 信믿을 신)이다.

젊음은 항상 단순 솔직한 에너지로 분수처럼 용솟음치기 쉽다. 깊은 사색이나 성찰이 없이 그저 단순히 보고 듣는 것만 많으면 세상이 호두알 만해 보이고, 이 일 저 일이 그저 아이들 장난이나 배고플 때 식은 죽 후루루 마셔버리는 것 정도로 인식되기 십상이다. 한 사람 한 사람의 이름에서 느껴지듯 다들 남의 말 잘 듣는 단순한 성격인데다, 한 번 약속하면 끝까지 지키려는 무모한 기질들이니, 종9품의 낮은 처지에서도 묵은 임금을 받들어 새 임금 밑에서 못 누린 대운과 대박을 멋지게 터뜨려 보고자 꿈꾸었을 것이다.

어쩌면 권력놀음이 놀음 중 제일 수지맞는 것이라고 생각했을지도 모른다. 아니면 권력을 차지하는 것이 그 어떤 장사치 노릇보다도 몇 십 배, 몇 천 배 수지맞는 장삿속이라는 다음과 같은 옛 이야기를 어디서 주워들었는지도 모른다.

조趙나라의 억만장자인 呂不韋여불위(BC 235년에 자살)가 어느 날 자기 아버지에게 물었다.

"권력입니까, 돈입니까?"

아버지는 '몇 배나 몇 십배 버는 장사보다 몇 백배, 몇 천배 버는 권력이 더 낫다'고 말했다. 여불위는 그때부터 권력에 투자하겠다고 결심했다.

그는 우선 진秦나라 태자 안국군의 20명이 넘는 서자들 중의 하나로 조나라에 인질로 와 있던 子楚자초를 눈여겨보았다. 아버지로부터 미움을 받아 그 많은 형제들 중에서 하필 인질감으로 뽑히고만 이른바 왕재수였다.

돈으로 물건 한 번 제대로 만들어 보고자 결심한 여불위는, 한심한 처지에 놓여 있는 자초에게 접근하여 '내 재산의 절반을 줄 테니 먼저 때 빼고 광 낸 후 조나라 명사들을 적극적으로 구워 삶으라고 일렀다. 그리고 조나라 여론을 한 손에 거머쥐어야 한다고 신신당부했다.

자신은 나머지 절반의 재산을 무기로 진나라 수도 함양을 공략했다. 안국군의 정실부인인 화양부인에게 아이가 없는 것을 주목하고 우선 그녀의 언니에게 접근했다. 언니의 도움으로 화양부인을 만난 여불위는 조나라 수도 한단邯鄲에 인질로 가 있는 자초를 양자로 삼아 태자의 적자로 세우면 장차 왕후도 되고 태후도 될 수 있지 않느냐고 말했다.

여불위의 꼬드김에 넘어간 안국군은 '조나라에서 들리는 소문에도 자초가 대단하다고 하더이다. 부인이 정 그리 원하면 마음대로 하시오'라며 흔쾌히 승낙하고 징표로 옥장식을 만들어 주었다.

여불위는 재빨리 조나라 수도로 달려와 호화찬란한 파티를 열었다. 자초의 안국군 적자됨을 축하하기 위한 파티였던 것이다.

파티가 끝날 무렵 그는 자기가 기적妓籍에서 많은 돈을 주고 빼내 첩으로 삼았던 주희란 여인을 자초에게 소개했다. 그러자 주희의 미색에 홀린 자초는 '나에게 주시면 안됩니까' 라고 물었다. 주희와 미리 짜놓았던 하나의 플랜이고 시나리오였으므로 흔쾌히 허락하였다.

주희는 이미 여불위의 씨앗을 뱃속에 넣고 있었다. 정확히 여덟 달 후면 남아든 여아든 어김없이 여불위의 아이가 태어나게 되어 있었던 것이다.

이듬해 정월에 주희는 아들을 낳았다. 정월에 태어났다고 하여 이름을 政정으로 지었다. 여불위의 씨가 자초의 마누라가 된 주희를 대리모로 하여 당당히 세상 빛을 보게 된 것이다.

자초와 여불위가 진나라 수도 함양에 입성한지 6년 뒤에 소양왕이 죽고 드디어 안국군이 효문왕으로 즉위했다. 하지만 재위 1년여 만에 죽고 마침내 어벙벙한 자초가 장양왕으로 즉위했다. 29세의 주희는 당연히 왕비가 되고 9살 먹은 정은 태자가 되었다. 그리고 여불위는 승상이 되어 실권을 장악하게 되었다.

장양왕이 된 자초는 3년의 재위 후 죽고 13살 먹은 어린 정(후일의 진시황 즉 시황제:38세 때 통일 후에 시황제라고 칭했기에)이 즉위했다. 여불위는 재상이 되어 섭정을 하게 되었다. 그런데 주희의 유별난 색기色氣가 문제였다. 여불위는 모든 걸 비밀에 붙이고 힘이 좋고 정력이 센 노애라는 자를 환관이라 속여 태후가 된 주희의 침실에 붙여주었다.

남녀 관계는 모름지기 비밀을 지키기가 참으로 힘들었다. 30대 중반의 태후가 임신을 하게 되었던 것이다. 큰일이었다. 장양왕(자초)이 죽고 없는데 무슨 놈의 임신이란 말인가.

이에 여불위는 이사할 점괘가 나왔다며 태후의 거처를 멀찍한 곳에 새로 잡아 주었다. 하지만 하나도 아니고 둘씩이나 태어나자 진시황(BC 259-BC 210)이 금방 눈치를 채고 말았다. 그러자 노애는 태후의 배경을 믿고 기고만장하여 가신과 식객 수 천 명을 거느린 채 반란을 일으켰다.

결과는 노애의 완패였다. 22세(38세 때인 BC 221년 통일대업 완성)의 기운 찬 임금이 된 진시황은 노애와 태후의 두 아들을 죽이고 태후의 거처를 부양궁으로 옮기게 했다. 이듬해에는 여불위를 재상에서 해임하여 '황제의 진짜 아버지는 여불위' 라는 세상의 소문을 잠재웠다. 뿐만 아니라 여불위를 문신후文信侯로 봉한 후 주었던 낙양의 10만 호 봉토를 몰수했다. 이로써 10여 년 가까이 중부仲父로 불리며 실권을 장악했던 여불위의 시대가 막을 내리고만 것이다. 그의 자살은 역시 그 다운 최후였다고 할까. 여불위는 자신의 친자식인 진시황이 25세 되던 해(BC 235년)에 자결했지만, 주朱태후는 여전히 뜨거운 밤을 보내다 50세로 병사했다.

하지만 1만 가신과 3천의 식객 중에서 제법 글께나 아는 자들을 추리고 모아 26권에 이르는 『여씨춘추呂氏春秋』를 펴냈는데, 그것만은 그 누구도 지울 수 없었다. 그리고 후일 사마천이 10여 년간의 고생 끝에 완성한 『사기史記(BC 90년 완성)』에 '진시황은 여불위의 친자식' 이라고 적어놓는 것을 결코 막지 못했다.

*인평대군 : 인조와 인열왕후의 소생으로, 소현세자, 봉림대군의 친동생이고 용성대군의 친형임
*체찰부 : 전란, 내란 등 국가 비상시에 설치하는 임시 관청
*김익훈 : 1619-1689; 김장생의 손자로 후일 남인 제거를 위해 김석주와 결탁하다. 고문 받고 죽음

1680년(숙종 6년) 4월에 영의정 許積허적의 서자인 許堅허견이 인조 임금의 아들인 인평대군*의 세 아들들(복창군, 복선군, 복평군으로 '3복' 으로도 부름)과 짜고 역모를 꾀한다는 고변이 들어왔다.

체찰부體察府* 병방장교인 李光漢이광한이란 자가 서인西人인 金益勳김익훈*의 심복이 되어 남인의 영수인 영의정 허적의 서자 허견의 집을 여러 차례 정탐했다.

정탐을 통해 허견을 제거함으로써 남인 세력에 결정적인 일격을 가할 수 있다고 생각한 이광한은 정원로,강만철을 데리고 '허적의 서자 허견이 역모를 꾀하고 있습니다' 라고 일러바쳤다. 이로써 서인은 남인을 몰아내고 소위 경신환국庚申換局을 맞아 재차 득세하게 되었던 것이다.

이를 통해 허적 이후 영의정이 된 金壽恒김수항*은 허견의 역모를 해결한 8명의 공로자들을 '보사保社공신' 에 올리도록 제안했다.

이광한, 정원로 등을 뒤에서 부추긴 김석주*는 두 명뿐인 1등에 책록되고 김익훈은 네 명뿐인 2등에 책록되었다.

그리고 염탐꾼으로 활약하여 대어를 낚은 이광한은 두 명뿐인 3등 공신에 올랐다. 염탐꾼 치고는 꽤나 높은 공신 칭호를 얻은 셈이다. 큰 공로에만 정正 공신을 주고 작은 공로에는 원종공신原從功臣을 주는 것이 원칙이던 시절이었다.

이광한, 정원로 등이 염탐한 바에 따르면 허견이 인조의 손자이자 숙종의 5촌인 복선군을 보고 엄청난 건수를 하나 제안했다.

"주상께서 몸이 약하고 형제나 아들*도 없으니 만일 불행한 일이 생기면 대감께서 왕이 되실 것입니다. 혹시라도 서인들이 임성군臨城君*을 추대하면 대감을 위해 제가 병력을 동원하여 뒷받침하겠습니다."

결국 그 엄청난 건수라는 것은,단 한 번 모험으로 대박을 터트려 당신이나 나나 진짜 인생역전 한 번 단단히 이뤄보자는 이야기였던 것이다. 당신은 왕이 되니 좋고 나는 최고 실세가

*김수항 : 철원에 귀양가 있다가, 허적을 비롯한 남인들이 숙종의 미움을 받고 내쫓기자 급히 재 등장

*김석주 : 1634-1684; 유,불리를 좇아 남인,서인 사이에서 줄타기하다, 후일 남인을 제거하기 위해 역모죄로 억지로 옭아매려다 서인 소장파 즉, 소론의 배척을 받음

*장희빈의 아들인 경종은 숙종이 27세 때인 1688년에 출생했고, 후일 영조가 되는 연잉군은 숙종이 33세 되는 1694년에 출생했음

*임성군 : 인조의 장남 소현세자의 장남인 경안군 회의 3남

될 테니, 실로 누이 좋고 매부 좋은 격이 아니냐는 말이었다.

이에 대해 복선군은 가타부타 아무 말이 없었다는 것이다. 그 좋은 걸 한다는데 굳이 말을 해야 하는 거냐는 강한 암시를 주었다니 꼭 오해받기 알맞게 된 셈이다.

결과는 과연 어떻게 되었을까. 아버지를 배경으로 삼고 황해도에서 수천 그루의 거목들을 도벌하여 대궐 같은 집을 짓고 아무 유부녀나 제 맘에 들면 욕을 보였던 당대의 망나니 허견은 당연히 귀양 갔다가 사사되었다. 그리고 복선군 역시 나머지 두 형제와 더불어 귀양을 갔다가 훗날 다시 붙들려와 사사되었다.

못된 서자를 둔 영의정 허적은 처음에는 몰랐다고 하니 눈감아주자고 했으나, 훗날 악한 아들을 옹호하며 은근히 역모를 두둔했다는 죄목으로 사사되었다. 그때 그의 나이 70세였다.

환갑을 넘기고서도 두 차례나 영의정을 지냈지만, 엉뚱한 일로 임금의 미움을 사 벼슬길이 막히고 급기야는 숨통마저 끊어지게 되고 말았으니 실로 억울하기 짝이 없었을 것이다.

조부 許潛허잠이 시호를 받은 것을 축하하는 잔치인 연시연延諡宴을 집에서 치르며 임금의 허락도 없이 용봉차일龍鳳遮日을 무단히 가져다 쓴 것도 큰 잘못이었을 뿐만 아니라, 서인은 그저 임금의 장인(김만기)과 신여철이란 자뿐이고, 나머지는 모두 남인들로 저희끼리 한데 모여 잔치를 벌였으니, 임금 입장에서 여간 괘씸하지 않았을 것이다.

'파당을 짓지 말라'는 어명을 우습게 여기고 자기네 당파끼리만 모여 정적인 서인을 잡아 죽일 궁리나 했다고 오해받기 좋게 되었던 것이다.

허적은 결국 그 해 3월의 조부 연시연과 4월의 서자 역모사건으로 꼼짝없이 죽고만 것이다. 호사다마라고, 좋은 일에는 반드시 마

魔가 끼게 되어 있는 것인지….

역모 사건을 일러바친 자들에 대해 살펴보자.

염탐의 명수 이광한(光빛 광 漢한수 한)은 '강물 가득히 빛을 드리운다'는 거창한 뜻을 지니고 있고, 나머 두 동역자인 정원로(元으뜸 원 老늙을 노)는 '늘그막에 운이 튄다'이고, 강만철(萬일만 만 鐵쇠 철)은 '돈이 가득히 들어온다'는 의미이니, 아마 벼락출세는 못했어도 한 밑천 단단히 잡았을 것이다. 그리고 셋이서 의기투합하여, 횡재한 큰 돈을 밑천으로 떼돈 벌 궁리를 짜냈을 것이다.

특히, 우두머리 역할을 한 이광한이 당대의 실력자들과 함께 당당히 공신 리스트(총 8명밖에 안 되는 보사공신에 올랐음)에 책록되었고 용계군龍溪君이라는 군호까지 받았으니 한동안 실력을 발휘하며 살았을 것이다. 영변 부사로 나가 성을 보수했으니, 그는 염탐의 대가를 톡톡히 받아낸 셈이다.

9년 뒤 기사환국己巳換局으로 국면이 전환되어 남인이 재집권하자 고문 끝에 참형되었지만, 5년 뒤 다시 재주넘기로 목숨대신 명예만은 되찾았다. 갑술환국甲戌換局으로 서인이 재집권하자 박탈되었던 공훈이 다시 회복되었던 것이다.

일개 하급 무관의 관운官運치고는 실로 쇠심줄보다 더 질겼던 셈이다. 어느 때는 죽은 뒤의 명예가 살아생전의 입신양명이나 부귀영화보다 더 소중하고 비중 있는 법이 아닌가.

이광한은 살아서도 천당과 지옥을 오갔지만, 죽어서도 천당과 지옥을 오갔던 셈이다. 염탐으로 공신이 된 후 받은 용계군이라는 군호의 의미가 실로 거창하다. '용이 사는 물'이니, 아무리 그 물이 좁고 얕아도 큰 강이나 망망대해가 전혀 부럽지 않았으리라.

공연히 함부로 날뛰다가 충신이 되기는커녕 도리어 제가 던진 칼이 제 목에 꽂혀 죽고만 경우가 있다.

金煥김환이라는 자가 바로 그런 인물이다. 경신환국(1680년 숙종 6년)으로 서인이 힘을 얻자 그는 서인의 강경파를 자임하며 남인의 저격수로 자신의 역할을 스스로 자리매김했던 것이다.

기패관旗牌官(훈련도감에 배속된 종9품 무관직)으로 있는 韓壽萬한수만 등과 같이 李德周이덕주, 許璽허새, 許瑛허영, 崔鼎鉉최정현, 柳命堅유명견 등 남인들이 역모를 꾀하고 있다고 고자질했던 것이다.

이로 인해 허새, 허영 등은 처형되고 그 외에 다수의 남인 인사들은 파직되거나 유배되었다. 그 공로로 김환은 정2품 자헌대부資憲大夫에 올라 한동안 잘 나갔지만 7년 뒤의 기사환국 때 무고로 사람들을 죽게 했다고 밝혀져 목이 잘리는 참형을 당했다.

사실은 김석주와 김익훈이 짜고 김환과 金益戴김익대를 꼬드겨 남인들이 역모를 꾀하고 있다고 고자질하게 한 후, 다른 한 편으로는 남인인 이덕주, 허새, 허영, 최정현, 유명견 등을 부추겨 역모를 꾀하도록 했던 것이다.

아이들 장난 같은 짓에 불과한 것 같아도, 당시에는 그런 음모와 엉터리 사기극이 제법 통했던 모양이다. 그만큼 출세하기가 힘들고 신분 상승이 어려웠다는 단적인 사례일 것이다.

김석주와 김익훈에 의해 스스로 제가 묻힐 구덩이를 판 사람들의 면면을 살펴보자.

김환, 한수만, 김익대는 상소를 올려 고자질하는 역할을 맡았고, 이덕주, 허새, 허영, 최정현, 유명견 등은 가짜 역모극을 꾸미도록 부추김당한 이들이다. 아마도 양 쪽 다 허황된 망상을 가능한 꿈 정도로 착각하고 있었을 것이다.

김환(煥불꽃 환)은 이름에서처럼 '스스로 제 몸에 기름을 바르고 불길 속으로 뛰어드는' 무모한 기질을 타고 났을 것이다. 그리고 한수만(壽목숨 수 萬일만 만)은 '목숨 따위를 우습게 보는' 묘한 기질이니,

황당무계한 계략에 함부로 제 목숨을 내던졌을 것이다.

김익대(翊날개 익 戴덤받을 대)는 '날개를 달고 높이, 멀리 날아간다' 는 뜻이니, 항상 공상과 망상 속에서 오로지 입신양명할 길만을 호시탐탐 노리고 있었을 것이다.

반대로, '덕을 두루 베푼다' 는 김덕주, '임금님의 옥새를 보관한다' 는 허새, '옥빛으로 찬란하게 빛날 날을 그린다' 는 허영, 그리고 '솥단지를 걸고 쌀과 장작을 구한다' 는 최정현과 '목숨이 질겨 어떤 위기라도 거뜬히 감당한다' 는 유명견 등은 저 죽을 줄 뻔히 알면서도 이상하게 엄청난 모험을 하고만 것이다. 야심은 큰 데 현실이 너무 갑갑하고 아득해서 그런 엄청난 꾐에 빠져들었을 것이다.

자살 폭탄 테러범처럼 역모 사건을 조작하여 무수한 사람들을 죽여 없앤 이가 있다.

36세의 睦虎龍목호룡(1684-1724)이란 자는 노론의 영수인 김창집, 조태채, 이이명, 이건명을 앞세우고 자기를 포함한 60여명의 노론파 관료들이 현재 왕에 올라 계신 경종을 시해하고 연잉군을 추대하고자 역모를 꾸몄다며 고발했던 것이다.

당연히 경종을 지지하는 소론들이 '봐라, 노론파의 흉계가 백일하에 드러났지 않느냐? 노론파에 속한 목호룡이란 자가 직접 자기 죽을 줄 다 알면서도 고발했으니 이 참에 깨끗이 정리하고 넘어가야 나라가 제대로 선다' 며, 대대적인 피의 숙청을 단행했다.

노론 4대신으로 불리는 金昌集김창집*, 趙泰采조태채(1660-1722), 이이명*, 李健命이건명(1663-1722)이 한결같이 외딴 섬에 유배되었다가 사사되고, 노론파 수 백명이 살해되거나 추방되었다.

이를 두고 후세에서는 신임사화辛壬史禍*로 부르며 붕

*김창집 : 1648-1722; 영
의정을 지낸 김수항의
아들

*이이명 : 1658-1722; 숙
종이 붕어하자 고부사
로 청에 갔다가 귀로에
천주교, 천문 관련 책자
가져 옴

당의 폐해가 극명하게 드러난 대표적인 사례로 손꼽고 있다.

*신임사화 : 소론이 노론을 숙청한 1721년의 신축옥사와 1722년의 임인옥사를 합쳐서 부름

목호룡은 자신의 무모한 자살 테러를 인정받고 벼락출세하기 시작했다. 부사扶社공신 3등에 책록되고 동성군東城君에 봉해졌으니 왕족에 버금가는 귀족 중의 귀족이 된 셈이다.

종2품 벼슬인 중추부中樞府 동지사同知事에까지 이르렀으니 실로 대단한 출세였다.

하지만 경종*이 36세로 재위 4년여만에 죽자 경종을 에워싸고 출세가도를 달리던 소론의 시대가 지나고 연잉군延礽君*

*경종 : 숙종과 장희빈 사이에서 출생
*연잉군 : 숙종과 화경 숙빈 최씨 사이에서 출생

을 왕세제王世弟(경종 즉위 후 1년 지나 27세에 책봉됨)에서 대리청정으로 그리고 다시 영조로 즉위하게끔 목숨을 걸고 뒷받침했던 노론의 전성기가 도래했다.

영조 즉위 후 노론이 힘을 얻자 노론 출신으로 소론에 빌붙어 노론 저격수 노릇을 해온 목호룡은 당연히 천당에서 지옥으로 직행할 수밖에 없었다. 옥중에서 급사했지만 악질 죄인이라 하여 당고개唐古介*에서 효수梟首*되었다.

아마도 한강의 까마귀떼가 한동안 식곤증食困症에 시달렸거나 식

*당고개 : 현 서울특별시 용산구 원효로2가에 해당
*효수 : 죄수의 목을 베어 높이 매달아 놓는 것

중독食中毒으로 고생깨나 했을 것이다.

물론 모든 일에는 항상 뒤에서 조종하는 자가 있듯이 목호룡을 뒤에서 부추기며 물심양면으로 뒷받침한 이가 있었다. 경종의 비서실격인 승정원에 근무하는 승지 金一鏡김일경이란 자가 목호룡을 앞세워 노론 말살을 획책했던 것이다. 경종 대에는 당연히 대사헌, 형조판서를 지내며 승승장구했지만 60세에 영조가 즉위하자 지옥행 열차를 타야 했다.

청주 유생 宋載厚송재후가 '신임사화는 무고로 조작된 것이니 배후세력을 찾아 처단하여 주십시오'라는 상소를 올렸던 것이다. 그

는 결국 62세의 노구로 참형을 당했다. 왕이 친국을 하며 공모자를 다 불라고 호통을 쳤지만 끝내 아무 말도 안한 채 홀로 죽었으니 대단한 의리파거나 독종이었던 모양이다.

왕세제 연잉군의 대리청정을 극구 반대하여 다시 원점으로 되돌려놓은 소론의 거물정치인들이 한동안 오줌을 지리며 안절부절 못했을 법하다. 흐르는 물이 아무리 내 자리라며 버틴들 뒤에서 무섭게 밀어내는데, 무슨 수로 더 아래로, 더 아래 쪽으로 자리를 바꾸지 않을 수 있겠는가.

趙泰耉조태구(1660-1723)는 노론 제거 뒤 62세로 영의정을 지내다 영조 즉위 후 삭탈관작削奪官爵되었을 뿐이고, 崔錫恒최석항(1654-1724)은 노론 제거 뒤 60대 후반에 우의정, 좌의정을 지내다 재직 중 70세로 타계했다.

李光佐이광좌(1674-1740)는 신기하게도 영조 즉위 후에 오히려 더 관직이 높아져 51세와 63세에 연거푸 영의정을 지냈다. 하나 朴東俊박동준이란 자가 노령의 자신을 모함하자 분통을 터트리며 단식하다 66세로 죽었다.

사후 15년 뒤에 소위 '나주 벽서사건'이 일어났을 때 관직이 추탈追奪되었지만 살아생전에는 대체로 순탄한 생애를 보냈던 셈이다. 살아서 배부르면 제일이지 죽고 나서 배터진들 무슨 소용인가. 서너 뼘 소반 위에 놓인 찬밥 한 그릇과 묵은 간장 한 종발이, 상다리가 부러지도록 질펀하게 차려진 제사음식보다 몇 억 배 더 참 맛이고 꿀맛인 것이다.

목호룡(虎범 호 龍용 용)의 이름 속에는 '호랑이와 용'을 모두 지니고 있으니 실로 강골형이었던 모양이다. 들켜도 절대 불지 말고 죽더라도 반드시 혼자 죽는다는 밀약을 지킬만하다고 여겼기 때문에, 간교한 김일경에게 포섭되었을 것이다.

38세에 한판 도박판을 벌여 2년 남짓 급부상 하다가, 짧고 굵게 산다며 독하게 맘먹고 죽은 것이다. 감옥에서 급사했다니, 누가 몰래 찾아와 죽였거나 스스로 제 숨을 멎어 죽음을 재촉했는지도 모른다.

목호룡의 상소에 의하면 '3수手' 즉, 무사를 시켜 직접 왕을 시해하는 대급수大急手, 독약을 음식에 넣어 왕을 독살하는 소급수小急手, 숙종의 전교를 위조하여 경종을 폐출시킨다는 평지수平地手를 동원해 경종을 제거하려 했다.

왕세제 연잉군을 대리청정 시키자고 요청한 것은 삼수三手의 하나인 '평지수'의 일환이었다는 것이니 그는 나름대로 비장한 사생관死生觀을 지니고 있었을 법하다.

개똥철학이던 아니면 독특한 신념이던, 나름대로 죽을 고비에 놓이면 혀를 깨물고 스스로 숨을 끊는다는 식의 비장한 생각을 갖고 있었을 것이라는 말이다.

호랑이와 용이 드잡이 하는 형상이 바로 그의 타고난 기질이라면, 저돌적이고 무모한 반면에 깨끗이 체념하는 냉혹함도 겸했을 것이라는 말이다.

목호룡을 철저히 뒷받침한 김일경(一한 일 鏡거울 경)의 자는 인(人사람 인 鑑거울 감), 아호는 아계(丫가장 귀 아 溪시내 계)이다.

60이 다 된 나이에 자신보다 22세 연하의 목호룡을 부추겨 거짓 상소를 올리게 하여 대대적인 옥사와 처단을 조작해 냈으니, 허허벌판에 발가벗겨 내놓아도 뭔가 꾸밀 대단한 배짱이고 지독한 기질이었을 것이다.

이름과 자에 모두 거울이 들어가 있다. 이름은 '거울 한 개'이고 자는 '사람을 비추는 거울'이다. 사람을 꿰뚫어보는 안목이 있었기 때문에 많은 소론파 대신들을 대신하여 총대를 메고 목호룡을 골랐을 것이다.

본래 송시열, 김수항 등과 함께 노론에 속해 연잉군(영조)의 왕세제 책봉을 적극적으로 지지했던 인물인데도, 김일경이 수작을 부려 낮에는 노론, 밤에는 소론이라는 식으로 이중 플레이를 하게 했던 것이다.

누가 보아도 노론에 속한 인물이 저 죽을 줄 다 알면서도 나도 역모에 가담했다고 상소를 올렸으니, 김일경의 음모와 조종을 모르면 잘못을 뉘우친 충성스러운 신하로 보였을 게 너무도 뻔하다.

새떼에 끼여 네 발 짐승 떼와 싸우기도 하고 네 발 짐승들에 섞여 새떼에 덤비기도 했다는 그 어렵고 힘든 팔자의 박쥐들과 너무도 흡사한 둔갑술이고 변신술인 셈이다. 변장술은 거의 로빈 훗과 조로 수준이지만, 심보가 워낙 사악했기 때문에 마치 꼭꼭 덮어두어도 악취가 솔솔 풍겨 나오는 오물단지처럼 제 정체를 끝까지 숨길 수는 없었던 모양이다.

아호는 '하나로 흐르다 두 갈래로 나뉜 물줄기'를 의미한다. 그것도 급하게 흐르는 계곡 물이 급히 변한 산세를 따라 두 갈래로 우렁찬 소리를 내지르며 내려 꽂히는 형세인 것이다. 두뇌 회전이 워낙 빠르고 판세를 읽는 안목이 대단해 일을 억지로 꾸미는 재주도 뛰어날 뿐 아니라 일이 잘 못 될 경우 뒷수습을 하는 데도 타의 추종을 불허할 정도로 잔혹하고 날렵했을 것이다.

환갑을 전후하여 엄청난 흉계를 꾸미고 2,3년 마지막 영화를 누리다가 결국 62세로 목이 잘려 죽었지만, 아마도 소론 일각에서나 정적인 노론 속에서조차도 독하고 무서운 놈이라는 말이 오랫동안 떠돌았을 것이다.

하여튼 목호룡과 김일경으로 인해 무수한 노론 인사들이 태어나기는 각자 다르게 태어났어도 같은 해(1722년)에 죽고 말았다. 노론 4

대신으로 불리는 이이명, 이건명은 각각 66세와 59세로 죽었고 조태채와 김창집은 각각 62세와 54세로 죽었다. 특히, 김창집의 경우는 참으로 애석하기 이를 데 없다.

아버지 김수항, 큰아버지 김수흥이 모두 김창집이 41세 되던 해에 나란히 죽었기 때문이다. 51세에 영의정을 지낸 아버지는 외딴 섬에 유배되었다가 60세로 사사되었고, 48세와 62세에 두 번이나 영의정을 지낸 큰아버지는 유배지에서 63세로 죽었다.

목호룡과 김일경에 의해 똑 같이 외딴 섬에 유배되었다가 사사되고만 노론 4대신의 자와 아호를 한 번 살펴보자.

이름 뜻이 '햇빛을 한데 모은다' 는 김창집(昌창성할 창 集모을 집)의 자는 '네 것을 먼저 이뤄준다' 는 여성(汝너 여 成이룰 성), 아호는 '초라한 집에 누워 꿈같은 일생을 뒤돌아본다' 는 몽와(夢꿈 몽 窩움집 와)이다.

그의 아호에서 보듯이 41세 때 목격한 아버지의 죽음과 백부의 죽음에서 그는 이미 피 바람을 불러오고야 마는 당쟁의 폐해를 직감했을는지도 모른다. 결국 그는 나를 잃고 어울리는 붕당 놀이에 깊이 빠져 있다가 끝내 아버지와 백부의 전철을 고스란히 밟고 만 것이다. 그는 거제도 어느 움막에서 사약을 받고 54세의 결코 길지 않은 생애를 마쳤다.

'큰 걸 붙잡는다' 는 이름 뜻을 지닌 조태채(泰클 태 采붙잡을 채)의 자는 '아침에 맞는 햇살' 이란 뜻의 유량(幼어릴 유 亮밝을 량)이고, 아호는 '두 가지 근심을 지닌 집' 이라는 이우당(二두 이 憂근심할 우 堂집 당)이다. 아침 햇살처럼 화려한 관직 생활을 했지만, 끝은 근심을 잔뜩 안고 귀양길에 나서서 남쪽 끝 진도로 향했던 것이다.

'모닥불처럼 환하게 피어오르는 운세' 라는 의미의 이름을 지닌 이이명은 양숙(養기를 양 叔아재비 숙)이라는 자와 소재(疏트일 소 齋재계할 재)라는 아호를 지니고 살았다.

'북돋아 주는 어른' 이라는 자에 맞게 그는 최연장자로서 노론 계열을 이끌었다. 그리고, '막힌 곳을 뚫어 놓는다' 는 아호의 의미에 걸맞게 그는 소론의 온갖 음모와 술수에 맞서서 자신이 이끄는 노론의 생존과 활로를 활짝 열어놓기 위해 안간힘을 쏟았을 것이다.

그는 노론의 보스로서 뚝심과 지혜를 발휘하며 의리와 동지애를 앞장서서 보이다가, 결국 남해로 유배길을 떠나 66세로 죽고 말았다. 전주 이씨 집안이니 어찌 보면 종친과 근거리에 있었겠지만, 싸움 중에서 최고로 악질인 당파 싸움에는 아마도 이길 장수가 전혀 없었던 모양이다.

'운세를 거듭 일으켜 세워 결코 무릎꿇지 않는다' 는 이름 뜻을 지닌 이건명(健건강할 건 命목숨 명)의 자는 중강(仲버금 중 剛굳셀 강)이고, 아호는 한포재(寒찰 한 圃밭 포 齋재계할 재)와 제월재(霽갤 제 月달 월 齋재계할 재)라는 두 개를 갖고 있었다.

'거듭 일어선다' 는 이름처럼 자 또한 '부러지지 않을 정도로 적당히 강하다' 는 의미이다. 두 개의 아호는 각각 '한기가 느껴지는 늦가을 밭에 나가 하늘을 우러른다' 와 '구름이 걷힌 밤하늘의 둥근 달을 보며 옷깃을 여민다' 이다.

대단히 종교적인 의미를 지닌 아호들이다. 뭔가 천명을 알고 그 천명에 순응하는 경건한 내면을 지니고 있었던 것 같다. 아마도 그는 비록 외딴 섬에서 59세로 죽으면서도 임금이 내린 사약을 하늘이 내려준 마지막 양식 정도로 여겼을지 모른다. 찬기가 서린 채마밭과 구름 걷힌 밤하늘에 뜬 달에서 이미 그의 쓸쓸하나 미련을 거둔 비장하고 엄숙한 최후를 엿볼 수 있을 것 같다.

崔奎瑞최규서(1650-1735)는 39세에 대사간을 지냈고 40세에는 장희빈의 왕비책봉을 반대했던 인물이다.

49세 이후 대사헌, 대제학과 형조, 이조판서를 역임하며 승승장구, 마침내 소론이 뒷받침하던 경종이 즉위하자 71세에 우의정에 올랐다. 이듬해에는 좌의정을 지내고 73세에는 드디어 영의정에 올랐다. 하지만 고령으로 인한 건강을 이유로 곧 낙향하여 한가로이 소일하고 있었다. 한데 이곳저곳의 지인들로부터 속속 정보가 들어오기 시작했다.

즉, 자신이 총대를 메고 적극 옹호하며 이끌었던 소론 중 몇몇 과격파들이 '우리가 반대하던 연잉군이 새 임금(영조)으로 즉위했으니 이제 우리 일파는 벼슬은 둘째고 아차 잘못하다가는 목숨마저 보전하기 어렵게 되었다' 며 군사를 모아 반란을 일으키려 한다는 것이었다.

영의정을 지낸 최규서는 정보를 낱낱이 입수하여 상세하게 조정에 알렸다. 조정은 최규서가 제공한 정보를 근거로 신속하고 은밀하게 반란을 진압할 계획을 세우게 되었다.

*이인좌의 난 : 무신년에 일어났기에 '무신난'이라고도 함

이로써 전주 이씨 일파인 李麟佐(이인좌)의 난*이 세상 밖으로 드러나게 된 것이다. 이인좌는 태조 이성계의 3남이자 태종 이방원의 형인 익안益安대군 李芳毅(이방의)의 후손이다.

무신(戊申)년에 일어났기에 '무신난戊申亂' 이라고 하는 이인좌의 난은 1728년(영조 4년) 3월 15일부터 본격화되어 전국을 뒤흔들며 한바탕 요동을 치다 3월 24일을 기해 소멸되고 말았지만, 지방 호족들과 일부 관군, 소상인, 유민들이 대거 반란에 참여하여 조선왕조의 뿌리인 양반 중심의 관료 봉건체제 자체가 얼마나 허약한지를 극명하게 드러내고 말았다.

조선왕조가 서서히 불그레한 낙조를 보이기 시작했던 것이다.

이인좌는 감사를 지낸 李雲徵(이운징)의 손자로 남인에 속했지만 사실상 출세길이 막혀 있었다.

노론을 박멸시킨다며 노론에서 소론으로 말을 바꿔 탄 목호룡을

앞세워 노론 토벌을 추진했지만 2,3년만에 사기극임이 드러나 비참하게 죽고만 목호룡과 김일경의 측근 및 가속들도 이래 죽으나 저래 죽으나 죽기는 매일반이라며 이인좌의 반란모의에 적극 참여했다.

간신 아들이라고 탄핵받아 태인 현감으로 좌천된 소론 과격파준소峻少 朴弼顯박필현(1680-1728)과 형제들(필우, 필기, 필용), 그리고 이인좌의 친척인 李有翼이유익 등은 이인좌를 우두머리로 삼고 은밀히 반란을 모의했다.

이들은 모두 소론을 위해 목숨을 바친 김일경과 목호룡의 원수를 갚아야 한다는 일념을 가지고 있었다. 추종자들이 많은 걸로 보아 영조의 초기 이미지가 별로 안좋았다는 것을 알 수 있다.

아니면, 양반 사대부 계층이 많아져 출세 기회가 줄어들었을 뿐만 아니라 설상가상으로 당쟁이 지속되어 대립과 반목이 상상외로 급격히 깊어진 탓도 있었을 것이다. 유언비어의 날조와 악의적 확산도 영조의 지지기반을 뒤흔드는데 한 몫을 단단히 했을 것이다.

궁중에서는 이하河, 민관효觀孝, 윤덕유德裕 등이 동조하고, 지방에서는 정준유遵儒, 나만치晩致, 조덕규德奎, 조상鐺, 임서호瑞虎, 정세윤世胤, 권서인瑞麟, 이호旿, 민원보元普, 민백효百孝, 김홍수弘壽, 이일좌日佐 등이 가담했다. 그리고, 평안병사 이사성思晟과 종군별장 남태징泰徵도 적극 동조했다. 특히, 훈민정음의 창제와 세조의 등극에 공을 세운 정인지의 후손인 정세윤은 6,7백 명의 지지자들을 모아 반란주동세력들의 기를 한껏 올려 주었다.

하지만, 영조와 그 측근들은 분위기가 심상치 않은 것을 알고 당파에 상관없이 인물 본위, 실력 본위로 기용하는 탕평책을 서둘러 구체화했다. 노론의 일부를 솎아내고 대신 남인 일파와 소론 일파를 적극 기용하여 일단 소외되었던 사대부층과 영조의 즉위로 불안을 느끼고 있던 세력들을 끌어안았다.

그러나, 이인좌는 정세윤, 韓世弘한세홍 등 지방 사대부들과 준비를 착착 진행시켰다. 영남 쪽 거병은 정희량, 김홍수에게 맡기고 호남은 박필현 등에게 맡긴 후 군자금을 모아 관군의 조총을 사들였다.

비록 영조와 노론에 의해 기용된 온건파 소론 (완소緩少)이 최규서를 통해 반란의 내막을 이미 조정에 알린 상태였지만, 이인좌를 대원수로 한 반란군은 초기에는 그런 대로 세가 대단했었다. 충청병사 이봉상, 영장 남연년, 군관 홍림 등이 반란군에 죽고 청주성이 함락되는 등 기세를 올렸다.

하지만 박필몽과 박필현이 호남의 장정들을 모아 반란군을 보강하는데 실패한 뒤 잡혀 처형되고, 영남에서 반란을 주도한 鄭希亮정희량과 이인좌의 동생 李熊輔이웅보도 관군에게 패해 그 세가 꺾이고 말았다. 조정에서는 반란에 동조할 가능성이 높은 탁남濁南세력과 尹鑴윤휴, 李義徵이의징 등의 자손과 김일경, 목호룡의 가속을 체포했다.

병조판서 吳命恒오명항은 소론 계열이지만 반란군의 도성 진출을 막는데 혁혁한 공을 세웠다. 충청일원에서 세를 확장한 반란군이 영남과 호남으로부터 지원을 받지 못하게 영남의 반란군 괴수들과 호남의 반란 조짐을 미리 차단하였다.

즉, 영남의 봉기를 초기에 진압하고 호남의 봉기를 사전에 막아 충청일원을 거머쥔 반란군이 서울로 진격하는 것을 철저히 차단했던 것이다.

*외기내응 : 지방이 먼저 봉기하여 세를 굳히면 서울 쪽에서 합류한다는 것

이인좌의 외기내응外起內應* 전략을 최규서의 상세한 상소 내용으로 미리 파악한 덕분에 지방과 중앙의 연결 고리를 철저히 분쇄할 수 있었던 것이다.

영남과 호남의 반란군은 현지에서 진압하고 안성, 죽산에서 충청

일원의 반란군이 도성으로 진격하는 것을 막아, 반란군의 총지휘자인 이인좌를 비롯하여 권서봉과 睦涵敬목함경을 생포했다. 청주에 남아 있던 반군 잔존 세력인 신천영과 이기좌는 창의사인 박민웅에게 체포되었다.

이인좌의 반란을 미리 막도록 상세한 정보를 수집해 준 사람은 바로 영의정을 지내고 낙향해 있던 78세의 최규서였다.

최규서(奎별이름 규 瑞상서로울 서)의 이름 뜻은 '별을 보고 길흉을 점쳐 길한 쪽을 가르쳐 준다' 이니, 나라가 어려울 때 꼭 필요한 사람이다. 자는 '생각이 깊고 글 재주가 많아 언제나 어른 구실을 한다' 는 의미의 문숙(文무늬 문 叔아재비 숙)이니, 소론의 우두머리로서 매사에 솔선수범 했을 것이다. 그리고 장희빈의 왕비책봉을 반대한 일과 왕세제가 된 연잉군의 대리청정을 철회시킨 일 등은 목숨을 담보로 하지 않고는 결코 앞장서기 어려운 일들이었을 것이다.

세 개나 되는 아호는 각각 소릉(少적을 소 陵큰 언덕 릉), 간재(艮어긋날 간 齋재계할 재), 파릉(巴땅이름 파 陵큰 언덕 릉)이다.

아호의 의미대로, 그는 언덕 넘어 고향으로 낙향해 있으면서도 그릇된 일로 나라가 어려움에 처한 것을 알고 78세의 노구로 반란의 상세한 내막을 파악하여 조정에 알려 주었다.

고향 언덕' 에 세워진 그릇되고 어긋난 것을 내려다보는 망루에서 나라와 임금의 앞날을 심히 걱정하고 있는데, 때마침 자신이 이끌던 소론 진영에서 과격한 소론 일파의 반란 모의를 세세하게 알려 주었던 것이다.

반란의 주모자들은 과연 어떤 인물들인가. 이인좌, 김영해領海, 목시룡 등이 밀풍군密豊君* 坦탄을 추대하여 새 왕조를 만들고자 했으니, 단순한 울분 폭발이거나 무용담 만들기가 아니었을 것이다.

*밀풍군: 인조의 장자 소현세자의 증손으로 청나라에 사은사로 다녀왔음. 이인좌에 의해 왕으로 추대되었으나 반란이 실패하자 자결함

이인좌(麟기린 인 佐도울 좌)의 이름 뜻은 '빛나는 일을 부추긴다, 빛나는 것을 북돋운다'이다.

하여튼 뭔가 어마어마한 일을 꾸미고 주위 사람들을 그 일 속에 묶어 넣는 식의 암시가 깃들여 있는 이름이다. 그에 의해 왕에 추대된 밀풍군 탄은 군호가 밀풍(密빽빽할 밀 豊풍성할 풍)이고 이름은 탄(坦평평할 탄)이다.

'더 이상 담을 수 없을 정도로 가득하기를 원하는' 군호의 의미이니, 참으로 그 야심이 실로 하늘을 찌를만하지 않은가. 이름마저도 '평정한다'는 뜻이다. 가득 차야 만족하는 성격인데다 다스려야 보람을 느끼는 기질이니, 이인좌의 망상에 꼬드김 당해 3월 초봄 며칠 동안 왕으로 불린 것이다.

이인좌의 환상에 동조한 이들을 살펴보자.

김영해(領옷깃 영 海바다 해)의 이름 뜻은 '세상의 가장 중요한 곳'이고, 목시룡(時때 시 龍때를 만난 용)은 '때를 만난 용'이니, 두 사람의 이름만 보아도 얼마나 야심에 부풀어올라 있는지 훤히 알 수 있을 것 같다.

자기 배포에 맞는 자리에 앉으면 멋지게 일을 처리하겠다며 뻥뻥 헛소리, 신소리를 막 늘어놓을 그런 대포 기질, 거품 기질임을 쉽게 알 수 있다.

형의 반란에 동조했다가 죽고만 이인좌의 아우 이웅보(熊곰 웅 輔덧방나무 보)는 '빛나는 야심을 갖고 핵심역할을 한다'는 뜻이다.

반란이 결국 그가 좇은 빛나는 대상이고, 형의 음모가 그 자신이 지렛대가 되어 지지해 준 수레바퀴였던 것이다. 형보다 나은 아우가 나오기가 그렇게 어려운 법이다. 형을 따라 재수 없이 개죽음을 당하는 예는 많아도, 형이 잡은 지휘봉을 빼앗거나 훔쳐서 새로운 곡조를 만들어 내는 예는 별로 없다.

반란을 일으키기 직전에 잡혀 처형된 박필현은 전주감사 鄭思孝
정사효의 돌변으로 봉기에 실패했는데, 아들과 함께 상주로 도피했
다가 붙잡혀 참수되고 말았다.

박필현(弼도울 필 顯나타날 현)의 이름 뜻은 '도우러 나타난다'는 의미
이다. 그는 자신의 이름 뜻대로 일생일대의 큰 계획을 현실로 옮기
기 위해 호남을 책임지겠다고 호언장담했지만 도우러 나타나지
못한 채 초기에 붙잡혀 죽고 말았다. 불리하게 여겨 반란에 동조하
지 않은 정사효(思생각할 사 孝효도 효)는 '마음만 있고 행동은 안하는'
아주 소극적이고 우유부단한 성격이었던 것이다.

반란군에게 일찌감치 붙잡혀 죽은 관원들의 이름을 보자.

충청 병사 이봉상(鳳새 봉 祥상서로울 상)의 이름은 '큰 새가 너무 멀
리 날다가 바다에 떨어지거나 너무 높이 날다가 햇빛에 타 죽는'
형국으로 끝날 수도 있는 것이다. 상서로울 상祥은 복을 의미하기
도 하고 재앙을 뜻하기도 한다.

영장 남연년(延끌 연 年해 년)은 '나이나 세월을 늘린다'는 뜻으로
'도중에 막히고 마는 어떤 위기나 고비를 만난다'는 의미이기도 하
다. 그는 결국 반란군을 만나 일찍 죽게 됨으로써 나이를 더 늘리
지 못한 채 마침표를 찍고 만 것이다.

그리고 군관 홍림(霖장마 림)이라는 '장마비 속에서 오도 가도 못하
게 된다'는 이름은 진퇴양난의 위기를 맞는 운세임을 암시한다. 이
상하게도 세 사람 모두 '이루기 힘든 일을 도모하게 되거나 빠져
나오기 힘든 수렁에 빠지게 되는 운명을 암시하는' 이름을 지니고
있다.

반대로 반란을 진압한 사람들의 이름을 살펴보자.

창의군(倡義軍(의병)을 이끌고 청주 상당성을 되찾은 박민웅(敏재빠를
민 雄수컷 웅)은 '뛰어나고 뛰어나다'는 뜻이니, 54세의 나이에 충청

도와 영남의 의병들을 거느리고 난을 평정했던 것이다.

누가 시킨 것이 아니라 그저 자신이 원해서 목숨을 걸고 반란을 토벌했다. 재빠른 것이 흠인지 그는 반란의 잔당을 토벌하자마자 그 길로 고향으로 내려가고 말았다.

아니나 다를까, 그는 공은 공대로 세우고도 무단 이탈이라는 죄를 뒤집어쓰고 유배형을 당했다. 하지만 워낙 진솔하고 담백한 기질인지라 곧 풀려나 55세에는 해미 현감을 지내고 58세로 죽기 직전에는 강계 부사를 지냈다. 낭중지추囊中之錐*가 너무 늦게 세상에 드러났지만 말년에 나라를 위해 참으로 큰 공을 세우고 3년여 동안 후한 보답을 받았던 셈이다.

소론파 출신으로 이인좌의 난이 있기 한 해 전(1727년 정미환국)에 병조판서를 지낸 오명항은 난이 일어나자 의금부판사 겸 4도 도순무사都巡撫使로 임명되어 반란군 토벌의 총책임을 맡았다. 그의 나이 이미 55세로 생애 마지막 해였다.

난을 진압한 후에는 분무奮武공신 1등에 책록되고 해은海恩부원군에 봉해졌다. 곧이어 우찬성에 임명되었지만 그는 반란의 괴수 이인좌가 속했던 소론파 인물이니 마땅히 죄를 함께 지고 물러나야 옳다며 사임하겠다는 상소를 올렸다.

하지만 도리어 그는 우의정에 발탁되었다. 고향에 효자 정문이 세워졌다니 성정이 본래 후덕하고 충직했었던 것 같다. 생애 마지막 해에 그처럼 많은 공로를 한꺼번에 세운 경우는 아마 찾아보기 어려울 것이다.

장장 한 달여에 걸쳐 전국을 뒤흔든 반란을 깨끗이 진압하고 공로를 다 인정받은 후 미련 없이 눈을 감았으니, 실로 대단한 말년 운세이고 마지막 불꽃이었던 셈이다.

오명항(命목숨 명 恒항상 항)은 '생애의 마지막까지 한결같이 정진한다' 인데, 그는 과연 이름 뜻대로 55세의 전 생애 내내 오로지 국가의 명령에만 복종하고 순종하며 자신의 생애를 이끌다가, 병석에 누울 새도 없이 깨끗이 임종을 맞이한 것이다.

그의 자도 '한결같이 유능하여 쓸모 있는 사람이 된다' 는 의미인 사상(士선비 사 常항상 상)이니, 실로 비가 오나 눈이 오나 한결 같은 자태를 지니고 살았을 것이다.

아호는 각각 모암(慕그리워할 모 菴풀이름 암)과 영(永길 영 慕그리워할 모 堂집 당)이다. 두 개의 아호에는 똑같이 그리워한다는 의미가 들어가 있다. 즉, '풀이 햇빛과 비를 바라듯이 그렇게 간절히 그리워한다' 는 의미와 '항상 잊지 않고 자나 깨나 변함없이 그리워한다' 는 의미로 이루어져 있다. 임금과 나라를 향한 그리움과 부모님의 은혜를 사무치게 그리워하는 마음이 절절이 배어있는 아호들이다.

조정에 나가서는 충신이고 집에 돌아와서는 효자였으니, 그는 실로 사랑이 넘치는 멋진 인품을 타고났던 것 같다. '한결 같다' 는 이름이나 자, '그리움이 넘친다' 는 아호가 바로 그의 일생을 이끈 나침반이 되고 북극성이 되었던 것이다.

난세에는 늘 사람의 팔자가 엇갈리게 되어 있다. 용기를 가지고 과감히 위기에 맞서는 이와 그렇지 못한 이로 극명하게 나뉘고 마는 것이다. 예를 들어 金在魯김재로(1682-1759) 같은 이는 이인좌의 난이 났을 때 마침 충주 목사로 있었는데, 46세의 나이로도 과감하게 반란에 맞서 나라를 지킨 후 벼슬이 더욱 높아져 58세에는 영의정에까지 올랐다.

우의정을 지낸 金構김구의 아들이니 이미 든든한 배경을 지니고 태어난 셈이지만, 그는 오로지 자신의 소신대로 밀고 나가 운명을 스스로 개척한 케이스에 속한다고 보아야 할 것이다.

34세에 부수찬으로 재직할 때 그는 이미 자신의 강골 기질을 유감없이 과시했다. 즉, 선현을 무고한 소론의 우두머리에 속하는 柳鳳輝유봉휘와 鄭栻정식을 탄핵하여 파직시켰다. 그리고 소론 과격파인 金一鏡김일경이 노론 대신들을 무고하여 죽게 한 일을 자신의 상소로 명명백백히 밝혀, 그 장본인인 김일경을 사형에 처하게 했다.

그는 그렇게 강골형의 선비 정치인이었음에도 입신양명한 후 77세까지 잘 살았다.

재노(在있을 재 魯아둔한 노)라는 이름 뜻은 '멋대로 하는 기질이 있지만 세심하게 살피는 우직함도 지니고 있다' 는 의미이고, 자는 '복잡한 예의규범을 남에게 강요하지 않고 매사에 좀 너그럽게 처신한다' 는 중예(仲버금 중 禮예도 예)이다.

이름과 자에 이미 실용주의적인 성격과 좀 손해 보는 듯하게 살아가는 현명한 처신이 함께 암시되어 있다. 그리고 타고난 기질은 약아터지지 못하지만 어떻게 해서든 현명하게 살고자 하는 노력이 깊숙이 배어 있다.

아호는 각각 '깨끗한 모래' 라는 청사(淸맑을 청 沙모래 사)와 '빈 배를 젓는 사람' 이라는 허주자(虛빌 허 舟배 주 子아들 자)이다.

두 개의 아호에는 왠지 세상으로부터 좀 멀어져 보려는 소원이 배어 있다. 되도록 욕심을 내지 않고 아옹다옹하는 속세로부터 약간 떨어져서 보다 더 중요한 것을 바라보려는 소망을 내포하고 있다. 모두 세상을 관조하는 듯한 은둔적이고 고립적인 기질을 암시하고 있는 셈이다.

58세에 영의정을 지냈으니 그의 말년은 아마도 다급한 정치현안을 뒤로 한 채 한가로이 글이나 읽고 시문이나 지으며 보냈을 것이다. 또한 자신의 인생을 되도록 잘 경영하고 운영하여 말년을 미리미리 예비하려는 철저한 준비성을 지니고 있었을 것이다.

金聖鐸김성탁(1684-1747)이란 인물은 44세의 나이였음에도 이인좌의 난으로 나라가 온통 뒤죽박죽이 되자 일단 서둘러 의병을 모집하는 일에 매달렸다.

일필휘지—筆揮之로 '나라가 위태로우니 전국의 유문儒門은 의병을 이끌고 반란의 괴수들을 처단하자' 는 글귀를 써서 전국의 향교와 마을에 알렸다.

열혈 청년이 따로 있을 수 없었다. 난리가 나 사직이 위태로워지면 중년, 노년도 당연히 열혈 청년으로 통일되고 마는 거였다. 난이 끝나자 참봉벼슬이 내려졌지만 "벼슬이나 하자고 목숨 걸고 싸운 것이 아닙니다"라며 극구 사양했다. 얼마 있다가 하도 주위에서 천거하는 통에 약간의 벼슬생활을 했지만, 53세에 일생일대의 위기를 맞고 말았다.

난리 통에도 죽지 않은 쇠심줄 같은 팔자인데 그는 엉뚱한 상소를 올린 탓에 그 길로 귀양을 가서 결국 불귀의 객이 되고 말았다. 그는 호好, 불호不好가 극명하게 갈리는 한 인물을 변호한 죄로, 말년(53세부터 63세로 죽기까지)을 불행하게 만들며 아까운 목숨을 재촉하고 말았다.

경상도를 중심으로 한 이황의 학맥을 대표하는 대 학자로, 33년 전에 죽은 李玄逸이현일*이란 인물을 두둔하다가 유배형을 당했던 것이다.

당쟁의 한 가운데 있었던 인물이라서 인지, 죽은 후 6년 뒤(1710년 숙종 36년)에 명예회복 되었다가 다시 환수되고, 사후 167년 뒤(1871년 고종 8년)에 또 다시 명예 회복과 환수가 연이어 생겼던 인물이다.

자그마치 사후 205년만인 1909년에서야 완전히 명예회복 되었을 정도로, 그는 학문은 높았을지 모르나 세상의 평판은 극명하게 엇갈렸던 것 같다.

*이현일 : 1684-1704; 참봉을 지낸 이시명과 장흥효의 딸 사이에서 출생. 남인에 속해 대사헌과 이조판서를 지냈지만 학문적으로는 사림파의 실질적인 대표주자로 통했음

김성탁(聖성스러울 성 鐸방울 탁)의 이름 뜻이 '소리가 멀리까지 퍼지는 뛰어난 방울'이니 그는 44세의 나이에 반란을 진압한다며 감연히 일어났던 것이다. 토역문討逆文을 손수 지어 방방곡곡에 붙인 뒤 전국의 지식인들에게 '궐기합시다'라고 외쳤으니, 실로 대단한 방울소리, 풍경소리였던 셈이다.

자는 진(振떨칠 진 伯맏 백), 아호는 제산(霽갤 제 山뫼 산)이다.

자와 아호는 각각 '자리를 박차고 일어나 먼저 앞장서는 기질'과 '비가 멎고 구름이 걷힌 시원한 산'을 의미한다. 합하면 분연히 일어나 먼저 외치며 먹구름이 덮인 난세를 평정한다는 의미인 셈이다.

그는 자신의 이름이나 자나 아호의 암시대로 44세에 나라를 위해 목숨을 내던지기로 작정했을 뿐만 아니라 전국의 지식인들과 백성들에게 함께 나서자며 앞장서서 외쳤던 것이다. 그리고 50이 넘은 나이로 관직에 나가서도 문과 과거 급제자들 중 특별히 강직한 선비들을 골라 앉히는 자리에만 앉아있었다. 즉, 조선시대 선비 관료사회를 지탱시켜준 양대 축인 사헌부 지평持平(정5품)과 이조의 전랑銓郎* 중에서 그는 지평을 역임한 후 홍문관弘文館* 수찬修撰(정6품)을 맡았었다.

*전랑 : 정5품 정랑과 정6품 좌랑을 합하여 부르는 말
*홍문관 : 옥당, 옥서, 혹은 영각으로도 불렸음

그의 앞장서는 기질은 결국 그의 마지막 10년의 생애를 완전히 망가뜨리고 말았다. 왜 그렇게 되었을까. 자신이 20세 되던 해에 죽은 대학자를 흠모해서 목숨을 걸고 명예 회복(신원伸寃)을 요청한 것일까.

그는 영조 임금에게 『치국평천하治國平天下의 도道』를 건의할 정도로 의견 개진에 용맹스러웠었다. 옳다고 여기면 물불을 가리지 않는 기질이었던 것이다.

그가 앞장섰다가 귀양을 가고만 대학자는 '멀리 달아나 숨는다'

는 뜻의 현일(玄검을 현 逸달아날 일)이란 도피적이고 은둔적인 이름 덕분에 학문에 매달리며 되도록 관직을 갖지 않으려 애썼던 것이다. 그리고 당파싸움 때문에 67세에 유배형을 당하는 등 잠시 어려움을 겪기도 했지만 그런 대로 평탄한 생애를 보내며 77세로 장수할 수 있었을 것이다.

자가 '보잘 것 없는 날개로 날지만 정확히 계산해서 날아간다'는 익승(翼날개 익 升되 승)이니, 학문에 깊이 빠져들어 학문 속에서 마음껏 기개와 이상을 펴는 그런 운명인 셈이다.

아호는 '칡넝쿨이 에워싼 초막' 을 뜻하는 갈암(葛칡 갈 庵암자 암)이니, 산야에 묻혀 자연을 벗 삼고 살아가는 '산중 학자' 로서의 팔자를 강하게 암시하고 있는 셈이다.

이인좌의 난 때 어중간한 처신을 하다가 일생을 망친 예가 있다. 權詹권첨(1664-1730)이란 자가 바로 그런 사례에 속한다. 58세에 대사간을 지내고 63세에는 충청도 관찰사로 있었는데 이듬해 3월에 이인좌가 난을 일으켜 청주성을 공격했던 것이다.

그는 64세의 노구를 이끌고 마지막으로 나라를 위해 목숨을 바친다고 마음을 먹고 용기를 냈으면 좋았을 텐데 노욕이 지나쳤는지 그는 출병을 미룬 채 관망하다가 그만 청주성을 반란군에게 뺏기고 말았다.

당연히 역심逆心을 가졌던 게 분명하지 않느냐는 질책을 듣고 투옥되어 그만 옥사하고 말았다. 환갑을 넘겨서까지 높은 관직을 지닌 채 잘 살다가 그만 마지막 1,2년을 망치고 만 것이다. 64세에 옥에 갇혀 66세로 옥에서 죽고 말았으니 그 얼마나 한심한 말로인가.

권첨(詹이를 첨)의 이름 뜻은 '뜻한 곳에 이른다' 이고, 자는 '마음씨 좋은 어른' 이거나 '팔자 좋은 어른' 을 뜻하는 숙량(叔아재비 숙 良좋을 량)이다.

이인좌의 난만 일어나지 않았으면 편안한 말년을 보냈을 팔자인데 갑자기 자신이 근무하는 장소에서 난이 일어나 큰 죄를 짓게 된 것이다.

나라 전체가 난리에 휩쓸린 판국인데, 한낱 개인의 좋은 게 좋은 거라는 식의 평범한 팔자로 어떻게 위기를 모면할 수 있었겠는가? 평상시라면 아무 문제없을 팔자라도 난리가 나 전체 판이 뒤흔들리게 되면 죽을 고비를 맞게 되어 있는 것이다.

영조의 개인적 비극이자 조선왕조 519년 역사 속의 비극으로 통하는 사도세자의 뒤주 속 죽음(1762년 영조 38년) 뒤에는 흉악한 밀고자가 있었다.

사도세자*의 장인 洪鳳漢홍봉한(1713-1778; 파평 윤씨)이 사돈인 임금 영조의 후광을 업고 막강한 권력을 누리자 자연히 반대세력에서 세를 꺾고자 하는 움직임이 있을 수밖에 없었다.

金漢耉 김한구, 洪啓禧홍계희*, 尹汲윤급* 등이 홍봉한을 몰아내고자 홍봉한의 사위이자 차기 임금이 될 세자를 영조 임금으로부터 떼어놓기로 작전을 짰던 것이다.

참으로 우습게도 형조판서 윤급의 청지기(종)로 있는 羅景彦나경언이란 자가「세자의 10가지 죄과」라는 식의 내용을 적어 형조에 고발했던 것이다.

나경언은 별감別監(궁정의 잡직) 나상언의 형으로 그는 '자신의 빈인 혜빈 홍씨를 죽이려 했고, 비구니를 궁중에 끌어들여 풍기를 어지럽혔으며, 왕의 허락도 없이 평양으로 몰래 놀러 다녔고, 북방 성들을 마음대로 나가 돌아다녔다' 며 세자의 비행을 고발했던 것이다.

당연히 68세의 영조*는 노발대발했다.

27세의 세자는 '나경언과 대질하게 해 주소서' 라며 간청했지만 영조는, 대신들에게 그동안 세자의 비행을 알고도 임금에게 알리지 않은 이유가 대체 무엇이냐며 특히 3정승을 무섭게 질책했다.

세자가 만일 삐끗하여 죽게 되면 왕의 진노가 금방 자신들에게 폭발될 것이 니무도 뻔했다. 고민하던 영의정 李天輔이천보(1698-1761), 우의정 閔白祥민백상(1711-1761), 좌의정 이후(1694-1761)는 왕의 진노에 겁을 먹고 연이어 음독 자결했다.

나경언과의 대질을 영조가 거절했지만 세자는 몰래 포도청을 통해 나경언의 가족을 심문해 보았다. 아니나 다를까, 경상감사를 지낸 尹東度윤동도*의 사주로 고발하게 되었다는 것이었다.

영조는 세자를 미워한 나머지 세자의 비행을 고발한 나경언을 충신으로 볼 정도였다. 하지만 南泰齊남태제

*윤동도 : 파평 윤씨 시조로 고려 태조 왕건의 막료였던 太師公 尹莘達의 26세손의 아들인 윤광유

(1699-1776), 洪樂純홍낙순 등이 세자를 모함한 나경언을 '대역죄인으로 처단해야 합니다' 라고 주장했다. 나경언은 결국 처형되고 말았다.

세자는 그 해 5월에 뒤주 속에 갇혀 11살 어린 아들이 통곡하는 속에서 9일만에 숨을 거두고 말았다. 영조는 곧 자신의 일을 후회하고 '사도思悼' 라는 시호를 내렸다.

밀고자 나경언(景볕 경 彦선비 언)의 이름 뜻은 '환한 곳을 지향하는 충직한 일꾼' 이니, 누가 분명히 꼬드겼을 텐데도 아무 말 않고 혼자서만 벌을 받고 말았다. 그의 상전인 윤급도 아무 탈 없이 출세 길을 밟다가 나경언이 죽은 뒤로도 8년을 더 살다가 73세로 죽었다. 그리고 홍계희도 온갖 요직을 두루 거친 후, 나경언이 죽고 나서도 9년을 더 살다가 68세로 죽었다.

사도세자의 죽음이 어찌 그렇게 외롭기만 했겠는가. 어릴 때 개미굴을 호미로 파헤치며 개미를 밟아 죽인 것은 포악한 성깔의 한 단면을 보여준 것이고, 자신에게 마구 짖어대며 덤비는 외국산 개를 칼을 뽑아 그 자리에서 죽여 없앤 일은, 부왕이 좋아하는 개인

줄 알고도 죽였으니 역심의 한 단면을 보여준 것이라는 비난이 세자를 따라다니고 있었다.

옷 갈아입기를 완강히 거절하는 이상한 편벽증, 집착증으로 인해 옷을 갈아입히려는 궁녀를 냅다 떠밀어 그만 죽게 했다는 소문, 밤에 궁 밖으로 몰래 빠져나가 여승들과 잠을 자고 왔다는 소문, 부왕 몰래 평양에 가서 기생들과 한 달여간 진탕 놀다왔다는 소문, 북방의 성들을 오가며 은밀히 반란을 꿈꿨다는 소문, 부인 혜빈 홍씨를 칼로 죽이려 했다는 소문 등등 이런 저런 흉악한 소문들로 인해 스물일곱 살이나 된 성인 세자는 왕이 되기를 기다리기는커녕 지레 죽지 않을 수 없었다.

그런데도 세자 시강원(侍講院) 설서說書(정7품)로 세자의 총애를 받은 바 있는 권정침이란 자는 세자 시강원 사서司書(정6품) 任城임성, 예문관 검열檢閱(정9품) 林德躋임덕제와 더불어 세자의 무고함을 주장하여 처음에는 별 탈 없이 지나가는 듯했다.

하지만 한 달 뒤에 임금은 세자를 폐하여 서인으로 강등시킨 후 뒤주 속에 가두어 초여름 햇볕 아래 방치했다. 결국 더위와 굶주림에 일주일 만에 죽고 말았다. 사람들은 세자가 15살로 부왕의 명령에 의해 대리기무代理機務를 볼 때 이미 화근이 생겼었다고 수군거렸다.

즉, 부왕의 후궁인 숙의 문씨가 자신의 남동생(문성국)을 병조참의에 등용시켜달라고 부왕을 졸랐는데, 15살 세자가 결벽증이 있어 부왕의 은근한 지침을 완전히 무시해 버렸다는 것이다.

그 일로 대리기무 명령은 즉시 철회되고 다시 부왕 영조가 친정을 재개하게 되었다는 것이다. 그 일이 있은 뒤 숙의 문씨는 남편인 임금과 더불어 세자를 못 잡아먹어 항상 기회만 엿보고 있었다는 것이다.

한 달 후 세자는 풍전등화의 목숨이 되어 뒤주 속에 갇히고 말았다. 權正忱 권정침(1710-1776)은 죽어 가는 세자를 목숨 걸고 옹호한 죄로 마침내 형장으로 끌려가 죽을 수밖에 없었다. 그때 그의 나이는 이미 52세였다. 그는 자신의 목숨이나 앞길보다도 자신보다 25세 아래인 젊은 세자의 처참한 처지를 더 깊이 생각했다.

다행히 어명인 특지(特旨)*으로 석방되자 그는 고향으로 내려가 두문불출하고 말았다. 세자의 아들이 임금이 되어 여러 차례 불렀지만 끝내 움직이지 않고 고향에서 66세로 여생을 마쳤다.

*특지 : 임금의 특별한 명령. 특교, 혹은 특명이라고도 함

문집(평암문집 등)과 저술(중용총론, 사단칠정변 등)을 많이 남겼으니, 새삼스레 벼슬에 나가 소란스러운 나날을 보낸 것보다 오히려 더 알찬 말년이 되고 의미 있는 생애가 되었던 셈이다.

권정침(正바를 정 忱정성 침)의 자는 자성(子아들 자 誠정성 성)이고, 아호는 평암(平평평할 평 庵암자 암)이다. 이름이나 자에 모두 정성스럽다, 참되다는 의미가 들어 있다.

그는 자신의 이름과 자가 암시하는 대로 정성스럽고 참된 마음으로 50평생을 살다가 자신을 알아준 한 사람(사도세자 혹은 장헌세자)이 처참하게 죽자 나머지 생애는 아호가 암시하듯 평화스러운 초막에서 글이나 쓰고 사색이나 하며 세월을 보다 깊이 있고 알차게 보낸 것이다.

尹光裕윤광유의 사주와 나경언의 앞잡이 노릇으로 세자는 억울하게 죽고 많은 대신들이 자결하거나 은둔했지만, 역사란 바로 밀고 자들에 의해 앞으로 굴러가게 되어있는지도 모를 일이다. 어둠 속에서 인형극을 연출하여 궁궐 안에 괴기한 죽음의 그림자를 드리우게 한 이의 이름이 참으로 신기하다.

광유(光빛 광 裕넉넉할 유)란 이름은 '따스한 한낮 햇살'이란 뜻이다.

인형극의 인형이 되어 줄에 대롱대롱 매달렸다가 그만 시궁창 속에 빠져 영영 사라지고만 나경언은, 빛을 향해 머리를 든 충직한 일꾼이라는 이름 뜻대로 윤광유의 그럴듯한 입발림 소리에 홀딱 속아 넘어가고만 것이다.

사주한 이의 '넉넉한 빛'이 사주당한 자의 '빛을 갈망하는 속마음'을 꿰뚫어보고 은밀히 접근한 것이다. 빛이 빛을 향한 얼굴을 사로잡은 형상이다. 윤광유의 그럴듯한 말이 나경언의 욕망을 냉큼 낚아챈 셈이다.

당직을 볼 때 어찌하여 세자가 평양으로 몰래 빠져나가는 것을 파악하지 못했느냐는 불호령에 그만 53세의 나이에 파직되었다가 후에 복직되어 대사성을 지낸 후 62세에 도승지를 지낸 인물이 있다. 俞彦民유언민(1709-1773)이 바로 그 인물이다.

반면에 26세 된 사관史官으로서 세자의 처형에 극구 반대하다가 결국 세자가 죽고 말자, 신하로서 몸으로 맞서 막지 못하고 뱃놀이를 하며 아예 모른 척한 자들이 있었다며 영의정 申晩신만과 세자의 장인인 좌의정 洪鳳漢홍봉한을 격하게 성토하다가 강진으로 유배를 간 사람이 있었다.

바로 尹塾윤숙(1734-1797)이란 인물이다.

당연히 세자의 아들이 정조로 등극하자 벼슬길이 보다 넓게 열려 49세에 대사간을 지내고 말년에는 중추부판사에 이르렀다. 63세로 죽기까지 아마도 그는 자신의 이름인 숙(塾글방 숙)처럼 학문에 조예가 깊고 온갖 역사자료 이해에도 대단한 전문성을 지니고 있었을 것이다.

자는 여수(汝너 여 受받을 수)이니, '남들한테 받아서 유익하게 활용한다'는 의미이다. 배우고 익혀 써먹는 재주가 실로 대단했을 것 같다. 글방에서 얻은 지식을 바탕으로 공격을 가했을 테니 아마도 조정 노 대신들의 간담이 서늘했을 것이다.

이름이나 자가 임금 곁에서 전혀 치우치지 않고 역사를 바로 기록하는 사관史官에 알맞고, 억울하게 죽어 가는 세자를 목숨 걸고 옹호하는 그 의협심과 기개에 걸맞다. 글방에서 터득한 기개이고 지혜인데, 그 대쪽같은 처신에 무슨 하자가 있으며 잇속을 저울질하는 속된 흑심이 숨겨져 있었겠는가.

정말 웃기는 사람들

우리가 '김삿갓'으로 부르는 김병연은 평생 방랑을 하며 술과
시로 살았다. 아들이 애타게 '아버지, 이제는 좀 집에 오셔서 편히
계십시오'라고 애원해도 끝내 방랑자의 길을 멈추지 않다가
전남 화순에서 객사함으로서 59세의 한 많은 일생을 마감했다.

    방랑시인 김삿갓의 할아버지는 金益淳김익순이다. 선천 부사였던
그는 홍경래가 난을 일으키자 순순히 항복하고 말았다.

    4개월 여(1811. 12. 18~1812. 4. 19)에 걸친 난이 반란군의 마지막 본거지
였던 정주성의 함락으로 마침내 끝나게 되자 그는 한 가지 살아날
계책을 궁리했다.

    즉, 농민인 趙文亨조문형에게 반군 장수 金昌始김창시의 목을 가져
오면 일천 냥을 주겠다고 제안했다.

    김창시의 목을 관군에게 들고 가서 '봐라, 내가 이래도 역적이
냐'며 공을 내세우고 살길을 찾기 위함이었다.

    하지만 김익순은 치사하게도 목을 가져온 조문형을 철저히 따돌
리고 말았다. 자기 계획대로 김익순은 김창시의 목 덕분에 살 길이
잠시 열리는 듯했다. 하지만 약속한 돈을 받지 못한 조문형이 가만
히 죽치고 있을 리 만무했다. 그의 고소로 모든 내막이 드러나고
김익순은 처형되고 말았다.

    김창시는 진사로서 워낙 재물이 많아 홍경래에게는 더할 수 없

는 우군이었다. 10여 년간 함께 반란을 모의했을 뿐만 아니라, 운산 금광에서 일할 광산 근로자를 뽑는다며 반란군을 대대적으로 모집해 주었다.

초기에는 金士用김사용과 함께 가산, 곽산, 정주, 용천 등지를 점령하며 기세를 한껏 올렸지만, 시간이 지나며 조직된 관군의 토벌 앞에 그만 세가 꺾일 수밖에 없었다. 함종 부사 尹郁烈윤욱렬에게 쫓겨 철산에 머물다가 농민인 조문형에게 살해되고 말았다.

하여튼 김익순은 우스운 일을 꾸미다가 정말 우습게 들통이 나 죽고 말았지만, 그의 아들 金安根김안근과 손자들(김병하와 김삿갓으로 알려진 김병연)은 황해도 곡산으로 피신하여 나중에 사면 받고서야 고향인 경기도 양주군 회천면으로 돌아올 수 있었다.

우리가 '김삿갓'으로 부르는 김병연은 평생 방랑을 하며 술과 시로 살았다. 아들이 애타게 '아버지, 이제는 좀 집에 오셔서 편히 계십시오'라고 애원해도 끝내 방랑자의 길을 멈추지 않다가 전남 화순(동복同福)에서 객사함으로서 59세의 한 많은 일생을 마감했다.

김병연은 3월 13일, 봄기운이 완연한 가운데 태어났지만 조부의 치욕이 유전되어 남의 손가락질을 받는 집안 분위기에 눌리고 질려 평생 거지 아닌 거지, 방랑자 아닌 방랑자로 살다가 길바닥에서 생애를 마쳤다.

시골 간이역에서 82세로 객사했다는 러시아의 대문호 톨스토이(1828.9.9~1910.11.20)와 거의 동시대에 살다 갔으니, 김삿갓은 어찌 보면 조선의 톨스토이였던 셈이다.

아무개 하면 다들 알만한 신분이고 재산도 먹고 살만큼 있는데도, 자신의 융통성 없는 옹고집에 실리고 태워져 정처 없이 떠돌다가 흔히 말하는 개죽음을 당하고만 것이다. 더욱이나 아내와 자식들이 멀쩡히 다 있었지 않은가.

아마도 조선의 톨스토이나 러시아의 톨스토이나 제 고집대로 집 밖으로 떠돌다가 끝내 호젓한 곳에서 외롭게 삶을 마감하는, 잡초 같은 하팔자(흔히 말하는 상팔자의 반대되는 말)를 타고났었던 모양이다.

김익순(益더할 익 淳순박할 순)은 '인심이 후해서 마른 논에 물을 듬뿍 대준다'는 뜻이지만, 용력과 담력이 미치지 못해 그만 반란군 괴수에게 항복하고만 것이다.

그가 사기 친 농부 조문형(文무늬 문 亨형통할 형)은 '바쳐서 일을 풀어준다'는 의미이니, 그는 단 며칠 동안이지만 김익순의 처지를 죽을 길에서 살 길로 살짝 옮겨주었던 것이다.

그러나, 약속한 돈을 주지 않는 탓에 그는 바칠 곳을 순식간에 바꾸고만 것이다. 이름 속에 있는 '형통할 형亨'에는 '제사 지낸다'는 의미도 있으니, 그는 아마 그런 연유로 사람의 목을 베다가 바치는 기괴한 일을 떠맡게 되었을 것이다.

그에게 목숨을 잃은 반란군 괴수인 김창시(昌창성할 창 始처음 시)는 이름 뜻처럼 무슨 일을 하든 초기에는 승승장구하다가 끝판에는 시들해지는 그런 기이한 운세였던 것 같다.

재물과 재주와 담력과 리더십까지 타고났고 또한 흔치 않은 카리스마까지 지녔는데도 그는 첫 끗발이 셀뿐인 이름을 지닌 탓에, 끝은 처음의 처지와 완전히 딴 판이 되고 말았다. 재물욕에 눈이 먼 하찮은 일개 농민에게 살해되어 목이 베어지고 만 것이다.

삿갓시인 김병연(炳밝을 병 淵못 연)은 '달빛이 비친 연못'이라는 이름 뜻부터가 왠지 지나치게 낭만적이고 은둔적이다. 환한 연못이라면 분명히 낮에 보는 연못이 아니라 밤에 달빛 아래서 보는 연못일 것이다.

'성품이 심오하다'는 뜻의 성심(性성품 성 深깊을 심)이라는 자와 '풀꽃이 핀 물가나 언덕'인 난고(蘭난초 난 皐부르는 소리 고)라는 아호에서 알 수 있듯이 김병연은 천성이 문학적이고 목가적인 자연 탐닉형이었던 것 같다. 특히 아호를 글자 그대로 풀이하면 '꽃이 부른다'는 의미가 아닌가.

결국 그는 자신의 내면에서 끊임없이 외쳐대는 어떤 미지의 소리를 들으며 살아야 했을 것이다.

그는 살아가면서 '역적의 자손이야! 비겁한 자의 후손이야! 더러운 핏줄이야! 나라도 없고 백성도 없는 짐승 같은 조상이야!'라는 식의 비웃음과 손가락질을 끊임없이 당하고 또한 들어야 했을 것이다.

천성이 자연으로 돌아가기를 간절히 바라는 데다 집안 내력마저 부끄럽고 더럽기 그지없으니, 그는 천생 방랑자의 생애를 살 수밖에 없었을 것이다.

이미 대여섯 살 때에 고향이 너무 무서워 타향의 산 속으로 도망쳤어야 했으니, 어떻게 얼굴을 남에게 환히 내보이며 살 수 있었겠는가.

본능적으로 얼굴 없는 사람으로 살 수밖에 없었고 이름 없이 떠돌아다니며 "나는 유령이다! 그래, 나는 태어났어도 사람이 아닌 유령이다!"라며 홀로 울부짖고 남몰래 피눈물을 뿌렸을 것이다.

그는 아마도 어릴 때 함께 도망쳐야 했던 형 金炳河김병하와 집안 머슴 金聖秀김성수를 몇 안되는 얼굴로 기억하며 살았을 것이다. 그리고 아버지 金安根김안근을 항상 그리워하며 고향 밖 하늘과 땅을 헤매고 다녔을 것이다.

형 병하(炳이밝을 병 河강이름 하)가 그의 발걸음을 인도하는 물줄기가 되고 아버지에 대한 추억이 그의 잠자리를 챙겨주는 아늑한 보금자리가 되었을 것이다. 신기하게도 아버지의 이름에 들어가 있는

'뿌리 근(根)'에는 '뿌리를 박다'는 뜻도 있지만 반대로 '뿌리째 뽑다'라는 뜻도 있다.

아버지, 어머니의 얼굴은 그에게 든든하고 아늑한 뿌리가 되기고 하고, 때로는 뿌리 뽑힌 자신의 가련한 처지를 절절이 느끼게 하는 슬픈 꼬투리가 되기도 했을 것이다.

춥다고 울고, 배고프다고 울고, 다리 아프다고 우는 어린 자신을 업고 황해도 산골로 도망쳤던 머슴 아저씨의 얼굴은 그에게 믿음직한 벽이 되고 피곤한 몸을 기댈 우람한 아름드리나무가 되었을 것이다.

성수(聖성스러울 성 秀빼어날 수)라는 이름에서 암시하듯, 그는 대단히 특이한 사람이었을 것이다. 쉽게 배신하지 않을 뚝심과 의리, 그리고 목숨을 바쳐 충성하는 그런 출중한 기질을 타고났었을 것이다.

이름에서 이미 '빼어나고 빼어나다'는 뜻이 물씬 묻어난다. 머슴으로 살기 아까울 정도의 나름대로 난 사람이었던 게 분명하다. 그러기에 우리가 기억하는 김삿갓 시인이 역적 조상과 동시대에 태어날 수 있었지 않았을까.

할아버지의 흐물흐물한 기질이 아버지의 깊이 박힌 뿌리를 만나 안동 김씨 집안이 다시 일어서게 되었다고 보아야 한다.

그 덕에 우리는 김삿갓이라는 창의적이고 은둔적인, 아주 독특한 삶을 볼 수 있게 된 것이다. 연약한 나무가 뿌리를 내린 덕에 삿갓을 걸 나뭇가지와 방랑자의 몸을 맡길 지팡이가 생긴 것이다.

12 | 조상을 빛낸 자랑스러운 얼굴들

누가 뭐라 해도 삿갓시인 김병연이야말로 조상의 치욕을 단숨에,
그것도 아주 특이한 방법으로 회복시킨 사람일 것이다.
즉 할아버지 김익순이 저지른 반역과 치욕을 36년여 의 방랑생활로
단번에 지워 없앤 셈이다.

장장 4개월 간(1811. 12. 18 봉기~1812. 4. 19 진압)에 걸쳐 평안도를 중심으
로 조선반도를 뒤흔들어 놓았던 '홍경래의 난'은 조직적인 면과
그 치밀한 준비성, 그리고 오랜 세월에 걸친 철저한 보안성에 실로
경탄하지 않을 수 없을 정도이다. 비밀을 지킬 줄 아는 사람이야말
로 가장 믿고 따를 만한 존재가 아닌가.

10여 년간에 걸쳐 전국의 장사들과 부호들, 그리고 몰락한 귀족
들을 규합하고 금광에서 일한 사람을 뽑는다며 군사를 모았는데
도 고발자 하나 없이, 변절자 하나 없이 그렇게 오랫동안 함구緘口
되었다는 것이 그저 놀라울 뿐이다.

살아도 함께 살고 죽어도 같이 죽는다는 각오가 뼛속 깊이 들어
박히지 않고는 도저히 불가능한 일이 아닐 수 없다. 함께 나누고
지킬 것이 있으면 그 어떤 비밀도 끝끝내 잘 지켜지는 법이다. 그
리고 더 이상 잃을 것이 없다고 여기는 이들의 배수진이 바로 무적
의 철옹성이다.

홍경래는 가난한 일개 평민이었는데도 스스로 성리학과 풍수지

리학, 그리고 병법에 이르기까지 거의 통달했었던 것 같다. 십여 년 동안 전국 각지를 다니며 자신과 처지가 엇비슷한 지방 명사들과 유력자들을 포섭하고 다녔어도 일절 말이 새나가지 않았다는 것이 정말 신기하기만 하다.

양반 출신의 지식인 김사용과 김창시, 그리고 역노驛奴 출신의 갑부로 무과에 급제한 이희저, 지식과 돈을 겸비한 우군칙, 평민 출신 장사 홍총각, 양시위, 김운룡, 향족 출신의 이제초, 상인인 김혜철, 나대곤, 권력과 행정력을 겸비한 정경행, 유문제 등이 흔쾌히 가담했으니, 그렇게 단순한 명분으로 울컥하며 덤벼들었던 것이 절대 아니었던 것 같다.

일종의 쉐도우 캐비닛(shadow cabinet) 멤버들이고 예비 내각 진용이었던 셈이다. 결약을 맺고 서명한 우두머리 급 인사만 해도 60여 명에 이르렀다고 하지 않는가. 본부를 대정강大正江 인근의 다복동多福洞으로 삼았다는 것부터가 뭔가 대단한 희원希願을 지니고 있었던 것 같다.

관군이 땅굴을 파고 들어가 정주성을 무너뜨릴 때 반란의 우두머리 급들은 모조리 싸우다 죽었고, 생포된 자들은 당연히 서울로 압송되어 처형되었다. 관군이 무자비하게 진입하는 과정에서 많은 백성들이 차라리 성에 들어가 반란군을 편드는 게 낫겠다며 성으로 몰려간 탓에 진압이 끝나고 체포하니 자그마치 2,938명이었다고 한다.

여자와 아이들만 제외하고 1,917명 전원을 일시에 처형했다니, 평안도 일대가 한동안 텅텅 비었을 법하다. 한날 한 시에 제사를 지내는 이들이 부지기수였을 테니 매년 음력 4월 하순만 되면 사방에서 곡소리가 끊이지 않았을 것이다.

홍경래의 후손인 洪基兆홍기조(1865~1938)는 반란의 괴수였던 조상의 피와 한이 서린 평안남도 용강龍江에서 남양 홍씨 집안에서 태어났다. 일찍이 한학을 배운 후 21세 되던 해에 동학에 가입했다.

그가 태어나기 5년 전인 1860년 4월 5일 崔濟愚최제우가 창도하여 6월 이후 포교로 싹이 자라기 시작한 '동학'은 이미 상당한 교세를 지니고 있었다.

30대에 대접주大接主*를 지냈으니 조상 홍경래처럼 대단한 담력과 능력을 지니고 있었던 모양이다.

*대접주 : 1893년 4월에 손병희, 박인호, 손화중, 김덕명, 김개남 등을 합쳐 전국에 26명이었음

그는 그 후 3.1독립운동에 적극 가담하여 동학운동을 독립운동으로 이어가고자 했다. 독립선언서에 서명한 죄로 징역 2년을 선고받기도 했다.

출옥하자마자 고향에 내려가 천도교 도사道師와 장로長老를 지내며 청년 교육에 힘을 쏟았다. 교육이 바로 독립 역량을 키우는 지름길이라고 여겼던 것이다. 독립된 나라를 보지 못한 채 73세로 생애를 마감했지만 반쪽으로 나뉜 조국에 묻혀 그는 독립 후 17년이 지나서야 '건국훈장'을 받았다.

홍기조(基터 기 兆조짐 조)의 이름 뜻은 '터를 잡고 새 일을 계획하며 앞일에 대해 점을 친다'이니, 동학을 통해 새 세상을 열어보고자 했고 빼앗긴 조국에서 자유와 독립을 갈망하다 죽었으니, 그의 일생과 그의 이름 뜻은 실로 절묘하게 한 짝을 이루고 있는 셈이다. 그러나 앞이 안보이는 상황에서 자신의 좌표를 정해야 했으니 터를 잡고 일을 도모하면서도 늘 조짐을 살피며 불안해 했을 것이다.

아호는 유암(游헤엄칠 유 菴풀이름 암)으로 '물 위에 떠내려가는 초막'을 뜻한다. 이미 40대부터 조국이 없이 살아야 하는 팔자를 절실하게 느꼈을 테니, 물 위에 떠있는 지푸라기 같은 신세였던 셈이다. 어찌 그리 이름이나 아호가 자신의 생애와 자신이 속한 시대상황에 딱 들어맞는지….

누가 뭐라 해도 삿갓시인 김병연이야말로 조상의 치욕을 단숨에, 그것도 아주 특이한 방법으로 회복시킨 사람일 것이다.

즉 할아버지 김익순이 저지른 반역과 치욕을 36년여 의 방랑생활로 단번에 지워 없앤 셈이다. 국법보다 더 무서운 것이 세상 사람들의 시선이고 평판임을 어릴 때에 이미 뼈저리게 통감했던 그가 아닌가.

머슴의 등에 업혀 황해도 산골로 도망칠 때부터 그는 어째서 자신의 얼굴과 이름을 아는 동네 사람들이 가장 무서운지를 확실하게 알아차렸던 것이다.

그는 철이 들자마자 집과 가족과 고향을 떠나 세상의 밑바닥 훑고 다니는 것으로 조상의 대역죄, 사기죄를 속죄하고자 했을 것이다.

자신을 속죄의 제물로 바치며 수십 년간에 걸쳐 방랑생활, 거지 생활을 한 탓에 세상 사람들은 '그만하면 죄 값을 치렀다' 며 덥석 안아주었던 것이다.

'빛으로 온다' 는 희대稀代의 망상가 홍경래에게 항복한 할아버지의 유약함과 비겁함을 삿갓시인 김병연은 달빛에 드러난 연못에 빠뜨린 후 세상의 맨 밑바닥으로 내려가 지옥 맛이 과연 어떤 지를 철저하게 맛보기로 작정했던 것이다.

성심(性성품 성 深깊을 심)이라는 자를 가슴 속에 지니고, '그래, 본질을 파고들자! 본성이 대체 뭐 길래 용맹과 비겁으로 나뉘고 역신과 충신으로 갈라지느냐?' 고 스스로 반문했을 것이다.

"세상에서 입신양명하여 대체 무엇을 어떻게 바꿔놓는다는 말이냐? 차라리, 내가 누군지나 철저하게 파고들자! 나나 알고 죽어야 후회가 덜 되는 것 아니냐?"고 결론짓고 스스로 세상의 거지 중으로 자임했는지도 모른다.

'풀꽃이 부르는 대로 떠돌다' 라는 아호의 의미를 가슴 밑바닥에 깊이 새기며 그는 말 대신 시로 속을 드러내고 유희를 즐기며 뜬구름처럼 56년의 생애를 경영했던 것이다.

삿갓시인 김병연 때문에 사람들은 안동 김씨 김익순의 후손들을 반역자의 핏줄이 아니라 시인의 후예로 불러주었던 것이다.

세상 사람들은 이제 한과 설움을 시문과 풍자로 승화시킨 문장가로 그를 기억하며, 집안의 치욕을 그런 식으로 승화시켜 세상에 새롭게 드러낼 수도 있구나 하고 감탄사를 자아냈다. 가슴 속 한을 어떤 식으로 풀어내느냐에 따라 향기로운 꽃송이가 되기도 하고 악취 나는 시궁창 속 썩은 흙이 되기도 하는 것이다.

조상 덕에 살아난 행운아들

조정철이란 행운의 주인공으로 59세에 귀양에서
풀려날 때까지 실로 33년간 언제 죽을지 모르는 사형수로 지냈으니,
조정철은 실로 기구하기 짝이 없는 인생을 살았던 셈이다.
그래도 조상 덕에 풀려나 80세로 죽을 때까지, 꿈 같은
이십여 년 세월을 보낼 수 있었다.

조상의 '음덕陰德'이라는 말이 있다. 흙 속에 묻힌, 말 못하는 조상이 펄펄 살아 있는 후손들을 열심히 뒤에서 도와주고 밀어주고 챙겨준다는 이야기이다. 실제로 그런 황당무계한 일이 일어날 수 있는가.

내 노력이나 내 복으로 이루어진 것이 아니라 미지의 손길과 힘이 나를 도와주었기 때문에 가능했던 일이라는 식으로 해석하고 마는 것이, 바로 '조상의 음덕'이라는 식으로 굳어진 것인가.

좋은 일이 있을수록 남의 덕으로 돌리는 것이 더 많은 복을 받는 지름길이라는 일종의 자기 최면 때문일지도 모른다. 아니면 지적 위선의 일종인 알면서도 왠지 그렇게 하는 것이 세상 사람들의 고정관념에 더 잘 부합할 것 같아서 이유 불문하고 으레 그렇게 조상 덕으로 미루게 되는 것인지도 모른다.

복도 더 받고 겸손한 척 꾸미기도 하고 세상의 관습과 상식에 맞추기도 하려는 일종의 이기적 메커니즘 때문에 조상 운운하게 된

다는 것이다.

　하지만 왜 불가능하기만 하겠는가. 사람들이 아무개의 후손임을 소상하게 기억하고 있는데 어째서 조상의 음덕이 효력을 발휘할 수 없겠는가.

　아무개의 자손이 아니냐, 아무개와 가까운 자가 아니냐며 굳이 뿌리를 캐고 주위를 돌아보려 하는 것이 세상 사람들의 버릇인데, 그 누군들 그런 울타리 넓게 치기와 그물 멀리 던지기를 피할 수 있겠는가. 나는 나일뿐이니 제발 나 하나만 갖고 생각하시오 라며 아무리 자기 독자성을 강조해도 아무 소용이 없다.

　뒤를 한 번 찬찬히 돌아보라! 역사의 페이지마다에 조상 덕에 목숨을 건진 행운아들이 즐비하게 널려 있을 것이다. 세상의 구석구석에 조상 덕에 횡재하고 조상 덕에 구사일생으로 살아난 케이스가 실로 즐비할 것이다.

　趙貞喆조정철이란 자는 26세에 대역죄인으로 몰려 목이 달아날 뻔했었다. 24세에 정시문과에 급제하여 별검別檢*이 되어, 이제부터 출세길이 열리는가보다 라며 한참 꿈에 부풀어 있는데 그만 청천하늘에서 날벼락이 떨어지고만 것이었다.

*별검 : 전설사(典設司)에서 행사에 쓸 천막을 관장하거나 빙고(氷庫)에서 얼음을 저장하거나 혹은 사포서(司圃署)에서 왕실의 채마밭을 관리하는 직책으로 종8품이나 정8품에 해당.

　정조가 즉위하고 나서 몇 개월밖에 안된 시점인데, 강용휘라는 이가 '조정철이란 자도 임금을 시해하려는 모의에 가담했다' 며 갑자기 죽음의 그림자를 드리운 것이다.

　새 임금이, 그것도 뒤주 속에 갇혀 죽은 사도세자의 아들이 임금이 되었으니 얼마나 유언비어가 극심했겠는가. 여기저기에서 불분명한 말들이 우후죽순처럼 솟아났을 것이다.

　52년간이나 왕 노릇 잘 하다가 84세까지 장수한 할아버지(영조)의 그 길게 드리운 그림자를 겨우 24세로 왕이 된 손자(정조)가 어떻게 단번에 냉큼 거둬낼 수 있었겠는가.

더욱이나 아버지가 27세로 뒤주 속에 갇혀 죽었고, 아버지를 죽음으로 내몬 벽파僻派는 자그마치 14년간이나 세손(정조)의 목숨을 호시탐탐 노리고 있는 터였다.

할아버지마저도 장차 세손이 당할 정치적 어려움을 훤히 알고 있었다. 그런 이유로 할아버지는 세손의 정통성을 더 강화시켜주

고자 23세(1755년 12월)의 세손을 47년 전에 9살로 요절한 당신의 맏아들 효장세자孝章世子*의 양자로 입적시켜 세손의 종통宗統을 확고하게 못박아 놓았던 것이다.

즉 '세손은 이제부터 내 맏아들의 아들이니 왕통을 이을 적임자가 아니더냐'라고 세상을 향해 강하게 반문한 셈이다.

할아버지는 그런 식으로 세손의 위치를 강화시킨 뒤, 내친 김에 나를 대신하여 국정을 운영하라며 대리청정을 명령했다. 그러자, 이러다간 우리 모두 목숨을 부지하기 어렵겠다고 느낀 벽파 일당이 거세게 반대를 하고 나섰다.

세손의 외가 친척 풍산 홍씨인 洪麟漢홍인한(1722-1776)이 鄭厚謙정후겸(1749-1776)과 짝짜꿍이 되어 우리가 힘을 합쳐 사도세자를 죽여 없앴듯이 이제 그의 아들인 세손을 망가뜨리자며 집요하게 물고 늘어졌다.

홍인한은 영조가 세손에게 대리청정을 명하노라고 말하는 것을 일필휘지로 받아 적는 승지承旨를 제 몸으로 떠밀며 53세 답지 않게 마구 앙탈을 부리기까지 했다.

인천에서 고기를 잡던 평민 출신의 어부였다가 재수가 좋아 영조의 서녀인 화완옹주和緩翁主의 양자가 된 정후겸은 아예 한 술 더 떠 세손의 측근들을 제거하고자 했다. 워낙 무식하고 방자한 데다 26세의 경거망동한 청년인지라 그는 물불을 안 가리고 덤벼댔다.

제 심복인 沈翔雲심상운을 앞세워 세손의 최측근인 세자시강원의 홍국영을 해치고자 했고, 세손을 모함하기 위해 있지도 않은 비행을 조작해 내기도 했다. 세손이 왕이 된 후 제 일차로 귀양을 갔다가 사사되고 말았지만, 홍인한과 정후겸은 한동안 세손의 주위에 죽음의 그림자를 드리우려 별의별 잔꾀를 다 짜냈던 원수 같은 자들이었다.

앞에서 거론했던 조정철이란 행운의 주인공으로 되돌아가 보자. 이제는 꼼짝없이 죽게 되었구나 하며 모든 걸 체념하고 반쯤 지레 죽어 있는데, 갑자기 조상의 '음덕'이 사시나무처럼 와들와들 떨고 있는 그를 슬그머니 감싸주기 시작했다.

조정에서는 55년 전에 사약을 받고 죽은 증조할아버지를 들먹이며 그를 구해보겠다고 나서는 사람이 생기고, 임금은 그런 일이 있었느냐며 파리목숨에 불과하게 되고만 그를 잠시 눈여겨보게 되었다.

증조할아버지 조태채 대감이 그의 수호신이 되어 감옥 안팎을 철통같이 지켜주고 있었던 것이다. 경종*을 옹호하며 출세가도를 달리던 소론들이 노론의 씨를 말리고자 목호룡이란 자를 앞세워 일대 살육전을 벌였을 때 진도에 귀양 가서 그 곳에서 사사된 사람이 바로 그의 증조할아버지였던 것이다.

*경종 : 장희빈과 숙종 사이에서 태어난 사람으로 영조가 된 연잉군의 이복형임

세상 사람들은 증조할아버지 조태채와 함께 외딴 섬으로 귀양 가서 사약을 받고 죽은 노 대신들(김창집, 이이명, 이건명 등)을 '노론 4대신'으로 불렀다. 그만큼 한 시대를 대표했던 걸출한 정치인들이고 당대의 실세들이었다는 뜻일 것이다.

증조할아버지의 음덕으로 간신히 참형을 면한 후 제주도로 유배되었다. 그래도 언제 상황이 변해 죽을지 모르는 일이었다. 귀양 가

다가 죽기도 하고 귀양 장소가 바뀌어 새 불모지에 적응하다가 죽기도 했다. 도중에 사약이 내려지기도 하고 올라오라고 해서 다시 조사한 후 사약을 내리기도 했다.

사약을 마시고 죽는 것은 고급스러운 죽음에 해당되었다. 종친宗親이나 대단한 위치에 올랐던 이들에게나 주는 최고급의 자살약이었던 셈이다. 전주 이씨라고 다 종친으로 불리는 것이 결코 아니었다. 임금의 3대손(서자 자손의 경우)이나 4대손(적자 자손의 경우)은 되어야 했다. 그래도 대단히 인간적인 제도라서 천민 출신의 첩 자식들(여느 종친보다 품계를 2단계 낮추어 정함)과 양민출신의 첩 자식들(품계를 여느 종친보다 한 단계 낮추어 정함)까지 종친의 범주에 넣었다. 실권이 별로 없는 돈령부의 명예직에 오르거나, 정기시험인 식년과(3년마다 봄) 다음 해에 실시하는 종친과宗親科(1484년 성종 15년 이후부터 실시)를 통해 정계에 당당히 입문할 수도 있었다.

59세에 귀양에서 풀려날 때까지 실로 33년간 언제 죽을지 모르는 사형수로 지냈으니, 조정철은 실로 기구하기 짝이 없는 인생을 살았던 셈이다. 그래도 조상 덕에 풀려나 80세로 죽을 때까지, 꿈 같은 이십여 년 세월을 보낼 수 있었다.

동래 부사(59세)와 충청 관찰사(62세)를 거쳐, 65세 이후에는 병조판서와 좌참찬을 지냈다. 말 그대로 그는 화려한 컴백으로 복 터진 말년을 보낼 수 있었던 셈이다. 80세에 중추부지사에 올라 임종을 맞았으니 이십 대 중반에 맞았던 일생일대의 위기가 도리어 한 세대 이후 큰 복으로 되돌아온 셈이다.

조정철(貞곧을 정 喆밝을 철)은 '곧고 바른 성품' 이라는 이름 뜻대로 그는 첫 직장으로 궁궐의 허드렛일을 도맡아 하는 별검직에 있었다. 조상을 들먹이며 좋은 자리, 힘센 자리로 옮기고자 일부러 노력하지 않았다. 별 볼일 없는 한직에 앉아 있는 젊은 선비로서 이미

지가 심어진 것이 오히려 그에게는 도움이 되었을 것이다.

채마밭이나 돌보고 텐트나 손질하는 별검 주제에 무슨 임금 시해 음모냐는 식으로 인식되었을 법하다.

두개의 자는 '벼슬길에서 꼭 성공한다'는 뜻인 성경(成이룰 성 卿벼슬 경)과 '도시를 밝혀주는 별빛'이라는 의미의 태성(台별 태 城성 성)이다. 24세에 정시문과에 급제한 것으로 보아 과거시험 준비에 일찍부터 전력투구했었던 것 같다. 이십대 후반이나 삼십대에 과거를 치르는 경우도 비일비재한데 그런 늦깎이들에 비하면 그는 벼락출세가 바로 눈앞에 있는 형국이었을 것이다.

두 개의 아호는 각각 '적막한 집'이라는 정헌(靜고요할 정 軒추녀 헌)과 '아주 큰 언덕'을 의미하는 대능(大 큰 대 陵언덕 능)인데, 첫 번째 아호에서 30년 이상의 궁궐 밖 귀양살이를 짐작할 수 있다. 그리고 두 번째 아호에서는 초기나 중기의 어렵고 고달픈 생애와 전혀 다른 썩 괜찮은 말년을 짐작할 수 있다.

다시 말해 이름에서는 그의 곧고 성실한 성품을 읽을 수 있고, 두 개의 자에서는 벼슬길에 나서서 나름대로 큰 포부를 펴려는 마음가짐을 읽을 수 있다. 그리고 두 개의 아호에서는 외롭고 불안하고 답답한 귀양생활과 귀양에서 풀려난 이후의 벼슬생활을 읽을 수 있다.

특히, '크고 큰 언덕'인 대능大陵이라는 아호에서는 오랜 귀양생활에서 터득한 지혜와 통찰로 다시 한 번 벼슬길을 열어가는 노년과 말년을 훤히 엿볼 수 있다. 누구든 와서 기댈 큰 언덕이 된다는 것이 그 얼마나 큰 행운이고 보람인가.

그를 살려준 증조할아버지에 대해 살펴보자.

조태채(泰클 태 采캐일 채)의 이름 뜻은 '큰 것을 캐낸다'이고, 자는 '아침 첫 햇살'이라는 유량(幼어릴 유 亮밝을 량)이고, 아호는 '두 번 근심하는 집'이라는 이우당(二두 이 憂근심할 우 堂집 당)이다. 이름이야 자신의 성품이나 기질을 암시하는 것이니 일단 접어두고 자와 아호를 다시 한 번 살펴보자. '아침 첫 햇살'이라는 자는 아마도 자신의 지향하는 바와 꿈꾸는 일에 관한 어떤 암시일 것이다. 그리고 '두 차례 근심거리가 생기는 집'이라는 아호가 참으로 신기하기만 하다. 결국 그는 자신이 62세로 먼 외딴 섬에서 사약을 마시고 자결한 지 꼭 55년 뒤에 들이닥칠 집안의 비운을 미리 내다보고 있었는지도 모른다.

'큰 것을 캐낸다'는 그의 이름처럼 그의 벼슬길은 실로 질풍노도의 기세였다. 43세에 호조판서, 53세에 중추부지사, 55세에 공조판서, 56세에 이조판서, 57세에 우의정, 58세에 중추부판사 등등….

그는 53세와 60세 때에 두 차례나 청나라를 다녀왔다. 비록 목호룡을 앞세운 소론의 중상모략에 마지막 한두 해는 대역죄인이 되고 말았지만 그 이전의 전 생애는 세상사람 누구나가 부러워 할만한 승승장구였다.

그런데도 아호에 두 차례 근심한다고 하였으니 참으로 신기하기만 한 의미인 셈이다. 자신에게 불어닥칠 죽음의 그림자와 증손자에게 들이닥칠 죽음의 그림자를 어떻게 그리 훤히 꿰뚫어볼 수 있었던 것인지….

증조할아버지는 죽은 지 3년(1725년 영조 1년)만에 복권되어 명예를 회복했지만 증손자는 더욱 극적인 생애를 살아야 했다.

26세의 벼슬 초년에 대역죄인이 되어 구사일생으로 목숨을 부지한 뒤, 임금이 정조에서 순조로 한 차례 바뀌고 나서야 벼슬길이 다시 열렸다. 환갑을 내다보는 59세의 결코 적지 않은 나이였다.

허약하고 운 나쁜 사람 같으면 벌써 생애를 접고 흙 속에서 제삿날이나 셈하고 있을 나이였다. 하지만 증조할아버지의 두 차례 근심거리가 삼십여 년의 지옥 체험으로 종료되자, 그는 뒤늦게 벼슬 길이 활짝 열리고 목숨 또한 덧대지고 다시 이어져 여든 살을 살았 다. 꽉 막혔던 복 주머니가 한꺼번에 터지고 목이 조였던 운수 보 따리가 단번에 자유를 얻은 셈이다.

결국은 '곧은 성격'이라는 자신의 이름 뜻대로 항상 변함없이 곧은 마음으로 기다리고 또 기다리며 건강과 학문과 사색을 다지 고 있었던 탓에, 엄청나게 늦은 늦깎이로도 남보다 나은 성공적인 인생을 만들어 낸 것이다.

그리고 '벼슬을 하고야 만다'는 자의 뜻에 맞게 그는 단순히 장 수하기만 한 것이 아니라 타고난 관운도 다 사용하고야 끝냈다.

결국 벼슬을 하고야 만 것이다.

또 하나의 자 태성台城이 지닌 '도시 위에 환하게 떠오른 별빛'이 라는 의미나, 또 하나의 아호 대능大陵이 지닌 '아주 아주 큰 언덕' 이라는 의미에 걸맞게, 그는 환갑의 나이에도 불구하고 기어이 나라를 경영하는 일에 나서서 지방 목민관*과 중앙의 고위관직*을 두루 거쳤다.

*지방 목민관 : 동래 부 사, 충청 관찰사 등
*고위관직 : 이조참의, 병조판서, 좌참찬, 중추 부지사 등

14 | 조상의 얼굴에 먹칠을 한 후손들

윤급의 5대조 할아버지인 윤두수는 과연 어떤 인물이었던가.
이황과 이중호에게 수학하고 25세에 과거에 급제했다.
하지만 30세에 이조정랑으로 있으며 당대의 권력가였던 이량의
아들 廷賓정빈을 천거하지 않은 탓에 파직되고 말았었다.

먼저 金益勳김익훈(1619-1689)의 예를 들어보자.

조선의 내로라하는 학자들 치고 그 이름 석자를 모를 이가 없는
金長生김장생의 손자이니, 실로 대단히 자랑스러운 가문에서 태어난
것이다.

김장생(1548-1631)→김집(1574-1656)으로 이어지는 광산 김씨 가문은
일개 성씨의 자존심이기 이전에 조선 성리학과 예학의 대표급 브
랜드였다.

학문에 더 큰 뜻을 두고 관직에 나가 입신양명하는 것은 별로 대
단하게 여기지 않았던 사람들이다. 결코 과거시험을 치르기가 은
근히 겁이 나 무조건 공부만 해댄 것이 아니다. 한낱 그깟 시험에
합격했다고 더 높은 벼슬자리나 눈 빠지게 바라보며 죽치고 사는
것이 스스로 생각해도 부끄럽게 여겨졌던 것이다.

그래서 아예 큰 중이 도 닦듯이 학문을 통해 뭔가 더 심오한 비
밀을 캐보고자 책과 씨름을 하며 보내고 있었던 것이다. 하지만 일
단 나라에 변고가 생기면 건강과 처지를 불문하고 분연히 일어나

국난을 함께 해결했다.

광해군의 실정에 일찌감치 염증을 느끼고 부자가 함께 낙향하여 있다가도 새 임금 인조가 들어서서 어려움을 겪거나 북으로부터 외적이 침입(정묘호란, 병자호란)하면 서둘러 임금 곁으로 달려가 국난의 한 가운데서 맡은 몫 이상으로 헌신했다.

김익훈의 할아버지인 김장생은 과거를 포기하고 학문에만 정진했으나 천거 절차를 거쳐 벼슬길에 나가기도 했다.

임진왜란 때는 호조정랑으로 명나라 원군의 군량을 조달했고, 왜란이 끝난 이후에는 여러 지방(단양, 남양, 양근, 안성, 익산, 철원 등)의 목민관이 되어 전쟁으로 피폐해진 백성들의 생활터전을 함께 일으켜 세웠다.

광해군 시대에는 벼슬을 그만두고 낙향하여 후진 양성과 예학 연구에만 전념했다. 하지만 정묘호란이 터지자 79세의 고령임에도 양호호소사兩湖號召使의 직함으로 의병을 모으고 우왕좌왕하는 민심을 수습하기에 여념이 없었다.

그렇게 목숨을 내걸고 국사에 임하다가도 인조가 자신의 생부인 정원定遠대원군을 원종元宗으로 추숭하려 하자 극구 반대하고는 낙향하여 83세로 영면했다.

80이 넘은 나이에도 임금과 대신들이 극성스럽게 '어서 올라와서 나 좀 도와주시오, 어서 오셔서 우리 좀 도와주십시오'라는 말을 진심에서 우러나 거듭 거듭 했다니, 실로 대단한 인품이었던 모양이다. 만인의 스승이고 만인의 사표였음이 틀림없을 듯하다.

그의 아들 김집은 어떠한가. 광해군이 형제(임해군, 영창대군 등)를 죽이고 계모(인목대비)를 궁 밖으로 내쫓으려 하자 아버지와 함께 훌쩍 낙향했다. 아버지야 이미 환갑이 지난 나이였지만 자신은 삼십 대 중반으로 한참 물이 오를 나이였다. 자칫 잘못하면 광해군 시대와 함께 자신의 공적인 생애도 다 끝이 나고 말 그런 중차대한 시기였다.

그래도 49세가 되자 광해군이 쫓겨나고 새 임금이 들어서서 자신에게도 다시 한 번 기회가 생기게 되었다. 아버지는 그때 이미 75세였지만 그래도 50 고개에 접어든 아들 이상으로 국정참여에 대단히 적극적이었다. 아들 김집은 중추부판사로 재직하다가 82세로 타계했다.

김익훈의 생부이자 김집의 아우인 金槃김반(1580-1640)은 또 어떤 인물인가. 25세에 성균관 유생이 되어 학문에 정진하다가 광해군이 들어선 지 5년 째 되던 해(1613년 광해군 5년)에 겁나는 일이 생기고 말았다. 광해군을 옹립한 대북파들이 피바람을 일으키는 것을 목격했던 것이다.

여주 강변에 무륜당이라 이름하는 정자를 짓고 세상을 한탄하며 못된 짓을 일삼던 일곱 명의 서얼庶孼들이 은銀장사를 죽이고 엄청난 양의 은을 강탈한 일이 벌어졌는데, 그 일을 얼토당토않게 역모죄로 옭아맨 것이다.

즉, 인목대비의 친정아버지이자 영창대군의 외조부인 金悌南김제남이 어린 외손자를 왕으로 세우기 위해 거사자금 마련의 일환으로 서얼들을 앞세워 은을 강탈했다는 식으로 소설을 써댄 것이다.

김반은 계축옥사로 통하는 그 피바람을 보고 오금이 저려 그 길로 그만 낙향하고 말았다. 목숨을 부지하는 일이 무엇보다도 중요하다고 느꼈던 것이다. 그는 10여 년간 은거하다가 인조반정으로 새 세상이 열리자 다시 관직에 나갔다.

얼음 창고를 지키는 빙고별제氷庫別提에 임명되었지만 나가지 않다가 이괄의 난이 일어나 임금이 공주로 피신할 때 44세의 나이로 호종했다.

그 이후 형조좌랑과 대사간이 되고 병자호란이 일어나자 56세 나이로 임금을 남한산성으로 호종했다. 이후 대사헌과 이조참판을 지내다가 60세로 생애를 마감했다.

광산 김씨 김익훈의 윗대들은 실로 대단한 관운과 인품으로 광산 김씨 일문의 브랜드 가치를 현격하게 높이고, 나라의 안정과 번영을 위해 일신의 안녕을 뒤로 한 채 몸 바쳐 일했다.

그런데 김익훈은 어떤 인물이었던가.

조상의 음덕蔭德으로 과거 대신 음보蔭補*로 관직에 나가 의금부도사, 사복시첨정, 수원 부사를 거쳐 59세에는 광주 부윤이 되었다.

> *음보 : 공신이나 현직 당상관의 자제를 과거 거치지 않고 관직에 임용하던 일로 2권 2책으로 된 <음보>에는 1,235명의 이름이 기록되어 전함

한데 이상하게도 그는 환갑 이후에 아주 사악한 정치 역정을 걷게 되었다. 당쟁의 전방위 저격수가 되어 남인 박멸에 앞장섰던 것이다. 또 다른 못 말리는 저격수인 15세 연하의 金錫冑 김석주(1634-1684)와 한 패가 되어 참으로 웃기는 짓을 밥 먹듯이 한 것이다.

즉, 남인인 허새, 허영, 유명견 등에게 반역음모를 꾸미라고 조종해 놓고는 전익대를 사주하여 남인들이 역모를 꾀하고 있다고 고발하게 했던 것이다. 이런 황당한 짓으로 오히려 출세에 엔진을 달기는커녕, 그는 서인 내부를 둘로 갈라놓고 말았다. 저런 못된 작자와는 당을 함께 할 수 없다며 젊은이들과 양식 있는 이들이 크게 반발하게 되었다. 결국 서인이 노론과 소론으로 갈려 저희끼리 피비린내 나는 싸움질을 하게 되는 독기 서린 토양을 제공해 놓고 말았던 것이다.

당쟁의 사악한 측면을 과시하는데 앞장섰던 김석주는 50세로 죽은 후 9년이 더 지나고 나서야 남인들의 보복을 받아 누리던 모든 혜택을 박탈당했지만, 김익훈은 목숨이 더 긴 탓에 70세의 노구로

모든 권리와 명예를 박탈당한 채 강계로 유배를 갔다. 그 뒤 다시 불려와 고문을 받다가 죽었으니 참으로 욕되고 한심한 생애가 아닌가.

그 좋은 가문에서 자라나고 그 좋은 배경을 바탕으로 출세길에 나섰는데 왜 그리 못되게 굴며, 오로지 피비린내를 더 못 맡아 안달복달했는지…. 전생에 아마도 흡혈귀의 아류였던 모양이다.

*체찰부 : 비상시에 설치하는 임시 관청

61세 때(1680년 숙종 6년)는 체찰부體察府* 병방장교인 이광한을 시켜 남인의 우두머리인 영의정 허적의 서얼인 허견의 집을 여러 차례 염탐하게 하여 기어이 역모죄가 될 건더기를 집어 올리는데 성공한다.

즉, 아버지 백만 믿고 허랑방탕하던 허견이 인조의 손자이자 숙종의 5촌인 인평대군의 세 아들 중 가운데 아들인 복선군福善君을 추대하여 역모를 꾀하고자 한다는 밀고였다.

그 일로 51세인 영의정 김수항(1629-1689)은 나라를 구했으니 보사保社공신에 올려야 한다고 제안하고, 김석주는 1등, 김익훈은 2등, 밀고자인 이광한은 3등에 각각 올랐다.

화무십일홍花無十日紅이라고 했던가. 기사환국(1689년)으로 남인이 다시 집권하자 서인 저격수로서 그때까지 목숨을 부지하고 있던 김익훈은 당연히 보복을 당할 수밖에 없었다.

서인의 거물급 정치인들이 줄줄이 끌려와 죽는 판인데 김익훈 정도야 얼마나 죽여 없애기가 용이했겠는가. 서인들마저도 '저 놈하고는 당을 같이하기가 창피하다'고 했으니, 언제 어떤 식으로 때려잡든 별로 이의를 제기할 사람이 없었을 것이다.

자기가 앞장세워 밀고하게 하고 출세길도 열어주었던 이광한(영변 부사를 지냄)처럼 그도 고문을 받다가 죽고 말았다. 일흔 살 노구였으니 뒤틀고 후려치는 그 무시무시한 고문을 이겨내지 못하고 아마 비명도 제대로 못 지른 채 들이 쉰 숨을 다시 내뱉지 못하고 숨이 멎었을 것이다.

김익훈(益더할 익 勳공 훈)의 이름 뜻은 '공을 거듭 세워 더욱더 명예롭게 된다'이고, 자는 '무엇을 하든 끝장을 보는 성격을 지닌 사람'이라는 무숙(懋힘쓸 무 叔아재비 숙)이니, 타고난 기질자체가 아주 별나고 극성스러웠던 모양이다. 그러다 보니 서인의 강경파, 서인 속의 남인 저격수가 되어 당쟁을 마치 전쟁이나 살육전으로 알고 남의 목숨 뺏는 일을 우습게 여겼던 것 같다.

아호는 광남(光빛 광 南남녘 남)으로 '빛을 따라 빛이 더 밝고 따스한 곳으로 자꾸만 좇아간다'는 뜻이다.

자에서는 그의 끈질긴 아집과 편벽성을 읽을 수 있고, 아호에서는 그의 해바라기성 권력욕과 출세욕을 엿볼 수 있다. 그의 일생이 그토록 요란하고 시끄러웠던 것은 오로지 그의 유별난 승부수 근성과 멈출 줄 모르는 출세욕 때문이었을 것이다.

할아버지나 아버지나 큰아버지의 낙향 습관과 은둔 기질을 조금이라도 본받았더라면, 칠십 고령에 고문을 받다가 죽는 부끄럽고 우스운 모습만은 피할 수도 있었지 않았을까.

할아버지와 아버지의 음덕마저도 아무 소용이 없었던 이유는 대체 무엇인가.

할아버지 김장생(長길 장 生날 생)의 자는 희원(希바랄 희 元으뜸 원)이고, 아호는 사계(沙모래 사 溪시내 계)이다.

'목숨을 길게 늘여준다'는 할아버지의 이름 뜻은 자신의 수명인 83세와 손자의 70세 생죽음으로 입증이 된 셈이다. 하지만 할아버지의 '으뜸이 되기를 바란다'는 자의 의미와 '모래가 하얗게 드러난 시냇물'이라는 아호의 의미로는 손자의 치욕스러운 죽음을 막아줄 수 없었을 것이다.

특히, 모래와 시냇물이라는 아호의 낭만적인 의미로 어떻게 손자의 죽을 운수를 막아줄 수 있었겠는가. 고문으로 숨이 끊어지며 잠시 위로가 되었을지는 모르나, 그 정도의 흐물흐물하고 한가로운 의미로 어떻게 불꽃 튀는 정쟁의 소용돌이 속에서 손자를 구할 수는 없었을 것이다.

아버지에 대해 살펴보자.

김반(槃쟁반 반)의 자는 사일(士선비 사 逸달아날 일)이고, 아호는 허주(虛빌 허 州고을 주)이다.

이름인 '쟁반 반槃'에는 '머뭇거리다, 빙빙 돌다'는 뜻이 들어 있다. 타고난 성품이 어딘가 유약하고 우유부단한데가 있었던 모양이다. 그런 성격이라 25세에 관직에 나갔다가도 33세에 불쑥 낙향하여 43세가 넘어서야 본격적인 벼슬생활을 재개했는지도 모른다.

광해군이 양반 세도가의 서얼들의 살인과 도적질을 빌미로 형제들을 제거하며 일대 피비린내를 요란하게 풍기는 것을 보고, 그만 겁이 덜컥 나 그 길로 고향으로 도망치다시피 낙향하고 말았던 것이다.

인조반정 이후 김장생의 후손이요 김집의 동생이라는 사실이 익히 알려지게 되었는지 그는 벼슬을 하나 받아내게 되었다. 한데 그 벼슬이라는 게 참으로 별 볼일 없는 것이었다.

43세의 명문가 후손에게 내린 벼슬이 얼음 창고 관리직인 빙고별제氷庫別提였으니 김반이란 인물에 대한 대신들의 인식이 어떠했는가 대강 짐작이 가고도 남는다.

그래도 학문이 높고 성격이 온유했던지 44세(이괄의 난 때 공주로 호종)와 56세(병자호란 때 남한산성으로 호종)에 두 차례나 임금의 피난을 호종하여, 그 공으로 벼슬이 높아졌다. 대사간과 대사헌을 지낸 것으로 보아 개성은 강하지 않았어도 어딘가 외유내강형에 걸맞은 기질이 숨겨져 있었던 모양이다.

자의 뜻은 '달아나 숨는 선비'이니 그가 33세부터 43세까지 자의 적으로 은둔을 자초했던 것과 너무도 잘 들어맞는 셈이다.

이호는 '인적이 드문 한적한 고을'이라는 의미이니, 그가 언제 나 고향에 묻혀 살기를 바랐기 때문에 그런 아호가 주어졌을 것이 다. 한 마디로 말해 그는 그리 큰 장점은 없었지만 공부를 많이 하 고 워낙 유명한 대학자의 집안인지라 주위에서 여러모로 챙겨주 었던 것 같다.

아버지의 우유부단한 기질이 싫었던지 아들 김익훈은 의도적으 로 그런 아버지와 정반대로 나아가려 애썼던 것 같다.

명예욕이 강하다는 이름인 益勳익훈, 끈질기게 도전하는 굳센 기 질을 뜻하는 자 懋叔무숙, 그리고 빛을 따라 고개를 돌리는 해바라 기성 야망을 의미하는 아호 光南광남에서 읽을 수 있듯이, 아들은 아버지와 정반대 되는 목표를 지향했던 것 같다.

정인지의 후손인 鄭世胤정세윤은 재산과 학식이 높고 리더십과 카리스마도 제법 지녔던 것 같은 데도 웬 일인지 李麟佐이인좌의 반 란(1728년 3월. 영조 4년)에 핵심인물로 가담했다. 700명 이상의 장정을 모아 반란에 합류한 것으로 보아 배짱이나 설득력, 그리고 재물이 상당한 수준이었음을 짐작해 볼 수 있다.

"경종은 억울하게도 연잉군과 그 주위 인물들에 의해 독살당했 다. 우리는 경종의 원수를 갚고자 일어난 것이다. 연잉군은 숙종의 친아들이 아니다. 임금을 죽이고 정체나 신분도 불분명한 연잉군 이 임금이 된 것은 여러모로 절대 용납할 수 없는 일이다."

라는 식으로 세상을 호도하며 반란 세력을 늘려갔던 것이다.

겉으로 내건 명분이 어떠하든 실제로는 영조의 등극으로 노론이 득세하자 '이제는 평생 벼슬 한 번 제대로 못 하게 생겼다'라는 비관과 절망 때문에 소론 강경파들이 반란을 일으킨 것이었다. 죽음 그 자체보다도 죽게 되었다는 절망과 다 망했다는 좌절이 더 두렵고 겁나는 법이다.

장희빈의 아들인 경종이 즉위하자 소론 강경파들은 김일경과 목호룡을 앞세워 노론을 짓밟았는데, 경종이 갑자기 죽고 이복동생 연잉군이 영조로 즉위하자 소론 강경파들이 저희 나름대로 위기의식을 느껴 무력으로 왕을 갈아치우려 했던 것이다.

정세윤의 조상인 鄭麟趾정인지(1396-1478)는 정세윤보다 250년 전에 자그마치 7명의 왕(태종, 세종, 문종, 단종, 세조, 예종, 성종)을 섬기며 온갖 벼슬을 두루 거친 인물이다. 세종 말년에는 52세로 이조판서와 공조판서를 지냈고 문종 초에는 54세로 병조판서를 지냈다. 실로 좋다는 것은 다 해본 전혀 부족할 것이 없는 화려한 벼슬길을 걸었던 사람이었다.

59세 되던 해에는 어린 조카 단종을 내쫓은 수양대군이 우여곡절 끝에 세조로 즉위하자, 곧 재상인 영의정에 임명되었다. 74세 되던 해에는 어린 성종 임금(13세)을 도와 국정을 운영하는 원상院相*이 되어 다시 한 번 시시콜콜 간섭하기도 했다.

15세에 생원이 되어 18세에 과거(식년문과)에 급제했으니, 그는 실로 어릴 적부터 신동이고 수재였던 셈이다.

40세에 부친상을 당해 잠시 쉰 것과 62세(1458년)에 불교서적 간행을 반대하다 부여로 귀양을 갔던 일을 제외하면 82년 전 생애가 대체로 순탄하고 복된 세월이었다. 남들 같으면 평생 한 번도 어려운 공신 칭호만 해도 자그마치 네 개나 된다. 그만큼 기회를 잘 포착하며 모나지 않게 처신했다는 뜻일 것이다.

57세에 수양대군이 조카(단종)를 두둔하는 인사들을 제거(계유정난)할 때 협력한 공로로 정난공신靖難功臣 1등에 책록되고, 59세 때는 세조의 등극으로 좌익공신佐翼功臣 2등에 책록되었다. 그리고, 72세 때(예종 즉위)는 남이 장군의 반역죄를 잘 처리했다는 공로로 익대공신翊戴功臣 3등에 책록되었다. 75세 때(성종 2년)는 좌리공신佐理功臣 2등에 책록되었다.

성삼문, 신숙주 등과 집현전을 무대로 훈민정음 창제에 참여했고 40대 후반에는 명나라를 갔다 와서 천문과 역법에 관련된 책들을 집필했다. 安止안지 등과 『용비어천가』를 지었을 뿐만 아니라 『고려사』를 편찬하기도 했다.

정세윤과 함께 반란을 주도했던 인물이 바로 이인좌와 한세홍인데, 신기하게도 반란의 괴수인 이인좌의 이름에 '기린 인麟' 자가 들어가 있고 韓世弘한세홍의 이름에는 '대 세世' 자가 들어가 있다. 정세윤의 250여 년 전 조상인 정인지의 이름에도 '기린 인麟' 자가 들어가 있다.

그저 단순히 '기린' 정도가 아니라 아예 麟趾인지라는 이름 속에는 '기린의 발' 을 뜻하고 있다. 조상의 이름에 들어간 기린의 발이 250여 년 뒤에 반란군의 괴수가 지닌 이름으로 되살아나 후손과 엉뚱한 인연을 맺게 된 것이다.

정세윤의 이름이 참으로 거창하다. '대를 이어 가문을 일으킨다' 는 의미이니 비록 몰락한 양반으로 벼슬길이 막혀 있었지만 가산家産이 대단하여 한 지역의 우두머리 역할을 충분히 할 수 있었을 것이다.

반란만 일으키지 않았어도 '하동河東 정씨' 가문을 이어가며 한 지역의 씨족을 잘 이끌었을 운세인데 그만 나라를 다 집어삼키려 하다가 역적 집안으로 전락하고 만 것이다.

그는 아마도 250년 전에 죽은 자신의 자랑스러운 조상(정인지)을 닮아보고자 역적질을 선택했는지도 모른다. 입신양명이 너무도 그리워 이인좌의 그럴 듯한 꾐에 쏙 빠져들고 말았을 것이다.

나는 이제 희망이 없다고 생각하면 아무 소용없는 지푸라기라도 목숨 걸고 붙잡게 되어 있다. 약한 사람이 무모한 법이고 약한 사람이 한 순간에 백 팔 십 도로 표변하는 법이다. 언제든 나는 약하다는 그 생각이 자기 자신의 온갖 행동을 다 커버해 주는 것이다.

후손의 역적질을 막지 못한 정인지의 이름은 '기린의 발'을 뜻하는 셈이니, 결국 '귀한 존재의 수족'이 된다는 뜻이기도 하고 스스로 열심히 봉사하여 귀하게 된다는 의미이기도 하다. 윗사람에게 힘써 봉사하여 벼슬길을 여는 운세였던 셈이다.

자는 백저(伯맏 백 睢물수리, 혹은 징경이 저)인데 그 의미가 자못 신기하다. '우두머리 독수리'라는 뜻이니, 온갖 세파에도 쓰러지지 않고 멀리, 높이 날아 반드시 우두머리가 되는 그런 굉장한 팔자였던 셈이다. 또한 학문이 높고 재주 또한 출중했으니 출세는 이미 보장되었던 것이다.

그는 성격이 아주 고상하고 공정했던 것 같다. 함부로 적을 만들지 않고 어떤 직책이든 열심히 하며 공정하게 처리했으니 일곱 임금을 섬기며 네 차례나 공신 반열에 올랐을 것이다.

임금이 바뀌는 시기를 여섯 차례나 겪었는데도 별 탈 없이 승승장구한 것으로 보아 운도 대단하고 전환기를 타고 넘는 처세술 또한 남달랐으리라. 40세 이전에는 주로 연구와 집필에 종사하고 40세 이후에는 지방 목민관(충청도 관찰사)을 잠시 거친 후 줄곧 중앙관서의 요직이란 요직을 거의 모두 섭렵한 것을 보면, 리더십과 현안 처리 능력이 타의 추종을 불허할 수준이었을 것으로 짐작된다.

아호는 학역재(學배울 학 易바꿀 역 齋재계할 재)로, '배울 뿐만 아니라 그 배운 것을 바꾸고 고쳐 새롭게 활용한다'는 의미이니 그는 학문과 실천을 겸비한 대단한 실용주의자였던 것 같다.

결국 정세윤은 역적질을 자청하여 대를 잇지 못한 채 멸문지화를 자초했고, 250년 전에 죽은 자랑스러운 조상 정인지는 자신의 이름이나 자나 아호가 지닌 의미대로 승승장구하며 입신양명하여 하동 정씨 가문을 반석 위에 우뚝 세운 것이다.

아마도 250년을 흘러오며 가문이 기울어져 그저 가산이나 겨우 지탱할 정도였던 모양이다. 학문이 높은 인재가 줄줄이 나와야만 벼슬을 이어가며 집안을 일으켜 세울 텐데, 애석하게도 벼슬 운이 꽉 막혀 인재도 끊기고 명예도 자연히 떠나게 되었다. 그러다 보니 사리사욕에 눈이 먼 후손이 반란을 주도하여 가문을 일으켜 세우기는커녕 도리어 역적의 집안이라는 치욕과 멸망만을 초래하고 만 것이다.

하지만 씨가 안 뿌려졌는데 어떻게 잎이 나고 꽃이 피며 열매가 맺겠는가. 선행이든 악행이든 일단 씨가 뿌려져야만 후일에 발복發福하든 발화發禍하든 하는 것이다.

조상인 정인지도 알고 보면 못할 짓을 참으로 많이 저질렀다. 단종을 내쫓고 수양대군을 세조로 섬기며 오로지 입신양명과 부귀영화에만 매달렸던 것도 따지고 보면 화를 부를만한 씨앗이었겠지만, 그보다 더 분명하고 두드러진 것이 하나 있었다.

즉, 74세에 원상이 되어 어린 성종을 도와 국사를 처리할 때 애꿎은 충신의 가슴에 비수를 꽂고 말았던 것이다. 세종 임금의 손자인 구성군龜城君(1441-1479)을 모함하여 경상도로 유배를 보낸 뒤 그곳에서 울화병으로 죽게 하고 말았던 것이다.

자신보다 45세나 연하인 한 유능한 장수를 38세의 그리 많지 않은 나이에 억울하게 죽어가게 만든 셈이다. 그는 아마도 한 해 전에 49세로 죽은 구성군의 아버지이자 세조의 친동생인 임영대군臨瀛大君(세종의 4남)을 생각했을 것이다. 그는 본래 무기 제조에 전문적인 식견을 갖고 있던 터라 화차나 화포 제작을 감독했었는데, 형 수양대군이 어린 조카를 몰아내고 왕이 되려하자 형의 살기등등한 기세가 겁이나 경기도 의왕에 있는 모락산에 칩거하고 말았다.

구성군 浚준은 어떤 사람이었던가.

한 마디로 영웅호걸에 견줄만한 인물이었다. 비록 지엄한 종친이지만 25세에 무과에 급제하여 26세에는 4도道 병마도총사兵馬都摠使가 되어 이시애의 난을 평정하고 적개공신 1등에 올랐다. 3개월에 걸친 내전을 끝낸 1등 공신이었다.

어린 나이지만 병조판서에 오르고 곧이어 영의정으로 특진했다. 27세에는 자신과 동갑내기이며 같은 종친인 남이 장군(태종의 외손)의 역모사건을 무난히 처리하여 익대공신 2등에 올랐다.

한데 74세의 노 대신(정인지)이 자신을 모함한 것이다. 단순한 모함이 아니라 역적질을 앞장서서 했다는 무시무시한 모함이었다. 목숨이 열 개, 백 개라도 도저히 살아남기 어려운 그런 덫이고 올가미고 함정이었다. 즉, '어린 임금(13세 성종)을 몰아내고 자기가 왕 노릇 하려 한다'는 것이었다.

그래도 종친이고 국가 유공자라 위리안치로 형벌이 낮추어지고 말았지만 언제 다시 불려와 죽을지 모르는 판국이었다. 더욱이나 어린 왕을 대신해 정인지 등이 원상院相이랍시고 왕의 비서실인 승정원承政院에 상근하며 국정을 마음대로 주무르고 있는 터였다. 또한 세조 임금의 정비였던 52세의 정희대비 윤씨(파평 윤씨)가 수렴청정을 하며 국정을 멋대로 좌지우지하던 시절이었다. 어린 임금의 어머니인 43세의 인수대비(소혜왕후) 한씨는 전혀 실권이 없었다.

만일 세조비 정희대비가 형인 세조의 집권에 손톱만큼도 협조하지 않은 임영대군의 아들이니 죽여도 좋다는 식으로 어떤 시그널

만 보내면 언제든 사약이 내려질 판이었다. 그는 결국 홧병으로 유배지에서 9년을 더 버티다 탈진 상태에서 죽고 말았다.

정인지에서 정세윤으로 이어지는 그 250여 년의 기나긴 세월의 어느 마디엔가는, 정인지의 해코지가 씨앗으로 변해 남모르게 콕쳐 박혀 있었을 것이다. 아니 땐 굴뚝에서 연기가 난다면 그 거야말로 이변이고 기적이다. 아무리 오래 묵어도 원한의 씨앗은 절대로 썩거나 영원히 잠들지 않는다. 언젠가는 반드시 일어나고 돋아나고 피어나게 되어 있다.

해평海平 윤씨 尹汲윤급과 파평坡平 윤씨 尹光裕윤광유는 똑같이 한 시대에 태어나 사도세자를 뒤주 속에 가둬 죽이도록 단초端初를 만든 장본인이 되었다.

윤급은 영의정을 지낸 윤두수(1533-1601)의 5대 손이고, 윤광유는 영의정을 지낸 尹東度윤동도(1707-1768)의 아들이다.

사도세자가 죽게 된 이유야 물론 세자 자신에게 있었겠지만 죽도록 조장한 장본인들은 윤급과 윤광유였다. 윤급의 청지기인 나경언이란 자가 윤광유의 조종을 받아 <세자의 용서받지 못할 10가지 죄>를 형조에 고발하여 세자의 죽음을 재촉한 것이다.

1762년(영조 38년) 4월에 고발장을 내서 부왕(영조)의 진노를 자아냈고 그 일이 원인이 되어 결국 그 해 5월에 뒤주 속에 갇혀 죽고 말았으니, 두 윤씨(윤급, 윤광유)의 계획대로 된 셈이다.

나경언이란 자를 세자를 죽이려 한 못된 역신으로 보는 대신 오히려 충성스러운 자로 상을 내리려 했으니, 영조의 속마음도 세자를 없애고 대신 세자의 장남인 세손을 후계자로 삼는 것이 낫겠다고 여기고 있었던 것 같다.

그래도 선비들의 선비정신이 살아있던 탓에 남태제와 홍낙순 등이 들고일어나 나경언을 세자를 모함한 대역죄인으로 몰아 죽게 하고 말았다.

윤급(1697-1770)은 李縡이재와 朴弼周박필주에게 수학하고 28세 되던 해에 과거에 응시하여 당당히 급제했지만 답안지에 나이와 본관을 적지 않아 격식을 위배했다는 이유로 불합격되었다. 다행히 헌납獻納(사간원의 정5품 벼슬) 蔡膺福채응복이 상소를 올려 그를 구제해 주도록 요청한 탓에 그는 관직에 나갈 수 있게 되었다.

37세에 이조좌랑이 되었지만, 임금이 탕평책의 일환으로 이조 낭관郎官의 인사 추천권을 폐지하고 그 대신 이조판서 宋寅明송인명이 인사권을 독점하게 되자 이를 강하게 비판하다가 파직되었다. 이후 그는 임금을 비판하는 노론의 준론峻論에 속하게 되었다.

이후 윤급은 이조판서, 형조판서를 거쳐 좌참찬에 이르렀다. 하지만 여러 차례 현감으로 좌천되기도 하고 유배 명령을 받기도 했을 정도로 시시비비를 분명히 가리는 성격이었다.

특히, 그는 鄭羽良정우량*을 공격하다가 좌천되었다.

윤급(汲물길을 급)의 자는 경유(景볕 경 孺젖먹이 유)이고 아호는 근암(近가까울 근 庵암자 암)이다.

*정우량: 1692-1754; 왕의 교서를 지어 한글로 번역한 뒤 각 도에 전하는 일을 했고, 이황, 이이의 문집을 간행하게 했음. 57세에 병조판서를 지내고 그 후 우의정과 중추부판사를 역임

'물길을 급汲'에는 분주하다는 의미도 곁들여 있으니 아마도 그의 급한 성격을 암시하는 이름인 듯하다. 매사에 서두르는 편이지만 그래도 빈 두레박을 들고 다니는 게 아니라 항상 어느 정도로 물을 채우고 다니는 편이었던 것 같다.

자의 의미가 심상치 않다. '햇볕에 나선 젖먹이'로 아무나 졸졸 따라다닌다는 뜻이 아닌가. 아호는 '가까운 암자'라는 뜻이니, '물을 길어 올려 목을 축인다'는 이름대로 그는 좌천과 유배 등의 큰 고비를 넘겼지만 나름대로 성공적인 벼슬생활을 한 것이다.

73세로 죽었으니 남들에 비해 장수한 셈이다. 자에 '젖먹이 유孺' 자가 들어 있는 것으로 보아 그는 의외로 성정이 아이처럼 급하고

경망스러운 데가 있었던 모양이다.

　서른이 다 된 나이에 과거를 보았는데도 답안지 격식을 위반하여 완전히 수포로 돌아갈 뻔하기도 했다. 蔡膺福채응복이란 이가 아니었다면 쌈짝없이 허사로 끝날 일이었다. '가슴 속에 숨긴 복 주머니' 응복(膺가슴 응 福복 복)을 열어 어려움에 처한 윤급을 적극적으로 살려낸 것이다.

　윤급의 5대조 할아버지인 윤두수는 과연 어떤 인물이었던가.

　이황과 이중호에게 수학하고 25세에 과거에 급제했다. 하지만 30세에 이조정랑으로 있으며 당대의 권력가였던 이량의 아들 廷賓정빈을 천거하지 않은 탓에 파직되고 말았었다. 이량이 물러나자 복직되어 수찬修撰을 지내고 명나라에도 다녀왔다.

　하지만 45세에 자신의 이종제姨從弟인 李銖이수의 옥사에 연루되어 다시 파직되었다. 50대 후반에는 정철의 '건저建儲' 문제에 연루되어 유배를 당하기도 했다. 그에게는 59세에 당한 임진왜란이 오히려 나라를 위해 큰 공을 세우는 좋은 기회가 되었다.

　선조를 호종하고, 세자와 왕비를 시종하여 난리 중에 오히려 자신의 진가를 발휘했다. 두 차례의 왜란이 끝난 후 66세에 영의정에 올랐지만 곧 사직했다. 68세로 죽은 후 4년 있다가 호성공신扈聖功臣 2등에 책록되었다.

　윤두수(斗말 두 壽목숨 수)의 이름 뜻은 '한 말이나 되는 수명'이니, 그의 '말로 재는 듯한 곧은 성품'과 '모든 걸 포용하는 너그러운 성품'을 암시하고 있다.

　즉, 엄격한 성격이지만 포용력이 뛰어나기 때문에 속을 바글바글 썩이지 않고 매사에 느긋할 수 있었을 테니, 그나마 일흔 가까이 장수할 수 있었을 것이다.

　말로 재는 엄격함 때문에 권력가의 미움을 받아 파직되기도 했고 이종사촌 동생의 잘못을 이유로 벼슬을 잠시 떠나기도 했을 것이다. 30세 젊은 선비로서 권력가의 비위를 거스른 일은 너무도 당연하다 해야 할 것이다. 공자 같은 대 성현도 나이에 걸맞은 처신을 할 수밖에 없었지 않은가. 그가 만년에 나이에 따라 재단하고 기획했던 삶을 회고한 줄거리가 『논어』의 위정편爲政篇에 적혀 있지 않은가.

오십유오 이지우학吾十有五, 而志于學, 삼십이입三十而立, 사십이불혹四十而不惑, 오십이지천명五十而知天命, 육십이이순六十而耳順, 칠십이종심소욕불유구七十而從心所欲不踰矩

즉, 나는 15세에 학문에 뜻을 두었고, 30세에는 뜻을 확고하게 세웠다. 그리고 40세에는 그 어떤 유혹에도 흔들리지 않았고, 50세에는 하늘이 뭘 바라는지 알게 되었다. 또한 60세에는 귀로 들으면 세상이치가 다 이해되었고, 70세에는 마음 내키는 대로 행동해도 전혀 어긋남이 없었다고 회고했던 것이다.

공자 같은 대 성현이 이럴진대 하물며 평범한 범인들이야 최소한 40세, 50세에 철이 약간 들어도 실로 굉장한 게 아닌가. 30대이면 아직도 천방지축, 경거망동, 혈기왕성을 밥 먹듯이 할 나이가 아닐는지….

윤두수의 자는 자앙(子아들 자 仰우러를 앙)인데, '아들을 우러른다'는 그 의미가 특이하다. 해평 윤씨 가문을 위해 특별히 많은 정성을 기울였다는 뜻일지도 모른다.

어찌 되었건 그는 난리 통에 더욱더 공을 세우고 벼슬이 점점 높아져, 결국 영의정에까지 올라감으로써 가문에 크나큰 영광을 안겨주었다.

가문을 빛내는 여러 방법 중에서 입신양명보다 더 좋은 게 과연 어디 있겠는가. 더욱이나 대개의 경우 벼슬이 높아지면 자연히 재물도 얼마만큼 쌓이게 되어 있는 게 세상 이치이고, 입신양명이 곧 부귀영화로 통하던 시대는 의외로 많았다.

아호는 오음(梧벽오동 오 陰음달 음)으로, 오동나무 그늘 아래서 편히 쉰다'는 의미이니, 그의 말년은 참으로 좋았던 것 같다. 65세에 난 리(임진왜란, 정유재란)가 완전히 끝나고 뒤이어 좌의정과 영의정에 올 랐으니, 실로 아무 여한이 없었을 것이다.

나무 그늘에 편히 누워 쉴 만큼 세상도 나아졌고 물러나 모든 걸 마무리해도 괜찮을 만큼 입신양명했으니 그보다 더 괜찮은 팔자 가 어디 있었겠는가.

윤급은 '햇빛 아래 내놓은 젖먹이'라는 자신의 자처럼 급한 성 격으로 당쟁에 앞장섰지만, 그래도 5대조 할아버지 윤두수의 '자손 을 애지중지하며 귀히 여긴다'는 자양(子仰이라는 자의 의미 덕분 에, 좌천과 유배를 겪었어도 73세의 천수를 누리며 생애를 마감할 수 있었을 것이다.

나경언을 시켜 사도세자의 비행을 고발하게 했던 파평 윤씨 윤 광유(光빛 광 裕넉넉할 유)이다. '천성이 밝고 너그럽다'는 뜻인데도 왜 그처럼 기이한 짓을 했는지 모르겠다.

영의정을 지낸 그의 아버지 윤동도는 54세에 우의정을 지내고 55세에 한 차례 파직된 적이 있다.

함경남도 병마절도사였던 尹九淵윤구연의 처벌을 반대하다가 파 직당했던 것이다. 하지만 관운이 워낙 좋아 59세에 영의정을 지낸 후 61세로 타계했다.

윤동도(東동녘 동 度법 도)는 '원칙대로 하는 성격'이라는 이름 탓에 그는 함경남도 병마절도사를 두둔하다가 파직 당했을 것이다.

그 어떤 것이든 이치에 안 맞으면 목숨을 걸고라도 가로막는 성 격을 뜻하는 '해뜨는 동쪽의 법도'이니 그가 원칙을 바로 세우면 아무도 그의 결연한 의지를 꺾을 수 없었을 것이다. 해를 넘볼 수 있는 빛이 어디 있겠는가. 해와 법이 만났으니 그 강직함이나 확고한 신념이 실로 물오른 대쪽같고 날선 장검 같았을 것이다. 윤동도의 자는 경중(敬공경할 경 仲버금 중)이고, 두 개의 아호는 각각 남애(南남녘 남 厓언덕 애)와 유당(柳버들 유 塘못 당)이다.

그는 자에 나타난 '남을 앞세우고 자신은 뒤로 물러서는' 성품이라 대체로 순탄한 생애를 살 수 있었을 것이다. 그리고 아호에서처럼 남녘의 동산과 버드나무 우거진 연못을 그리면서도 끝내 관직을 훌훌 털고 훌쩍 떠나지 못한 채 영중추부사頜中樞府事의 자리에서 순직했다. 동산과 연못을 그리는 그의 아호는 그저 한낱 꿈으로 끝나고 만 것이다.

윤동도의 아버지는 판서를 지낸 분으로 이름은 '덕스럽고 학문이 높다'는 뜻을 지닌 혜교(惠은혜 혜 敎가르침 교)이다.

못된 짓을 하여 조상의 얼굴에 먹칠을 했지만 아버지의 곧은 성품과 할아버지의 후덕한 성품 덕에 최소한 그의 천성만은 넉넉하다는 뜻의 유裕라는 이름 속 글자처럼, 아마도 미워하기 어려운 점이 있었는지도 모른다.

밀양密陽 부사(5품 이상 관직)를 지냈다는 기록이 남아있는 것으로 보아 아버지나 할아버지의 벼슬에는 못 이르렀어도 그런 대로 벼슬을 누렸던 것 같다.

잘난 조상에 못난 후손보다는 아무래도 시원찮은 조상에 빼어난 후손이 훨씬 더 바람직한 방향이지만, 그런 순서와 조합을 어찌 사람의 마음대로 만들어낼 수 있겠는가.

15 깡으로 산 사람들

임진왜란 3대첩 중 하나인 진주성 싸움을 승리로 이끌고 38세로
전사한 진주 목사 김시민의 이십대는 정말 깡으로 똘똘 뭉쳐진 열혈
청년이었다. 25세에 무과에 급제하여 훈련원 주부를 거쳐
판관에 이르렀다. 그때 김시민은 병조판서에게 긴급건의를 하게
되었다. '예산을 긴급히 수혈하여서라도 무기고를 재정비하고
군사들의 기를 다시 결집시키지 않으면 마치 도둑이 들어와도 짖거
나 덤비지 못하는 멍청한 개와 똑같을 것입니다.'

윤두수(1533-1601)와 같은 시대에 산 文愼幾문신기라는 이는 참으로
그 성질이 속된 말로 지랄 같았던 모양이다.

경기도 임진강 변의 장단長湍 출신인데, 과거를 보러 가서 급제는
했지만 성질을 못 이기고 날뛴 탓에 하마터면 참형을 당할 뻔했다.
합격자 명단을 써 붙였는데 제 이름 석자가 맨 끝에 적혀 있다고
성질을 발칵 내며 즉석에서 시험관으로 나온 윤두수 대감을 비방
하는 글을 지었던 것이다.

방랑시인 김삿갓처럼 제 딴에는 유머로 그렇게 했다고 말했는지
몰라도 분명히 비난하는 투의 글이었던 것이다.

이에 선조 임금은 감히 재상을 모독하여 국가의 기강을 흐트러
뜨렸으니 참형에 처하라며 불호령을 내렸다. 문신기라는 그 선비
는 글줄께나 아는 터라 과거에 응시했는데 조상님이 지어주신 고
귀한 이름 석자를 함부로 더럽혔다며 화를 내다가 그만 꼼짝없이
죽게 되고 만 것이다.

그런데 마음이 너그러운 윤두수 대감은 '젊은 혈기가 아직 남아

그렇게 했겠지' 하며 용서하기로 마음먹고 우선 사람을 살려놓고 보자는 뜻에서 임금에게 급히 색다른 제안을 했다.

즉,'다시 시험을 치게 한 뒤 재주가 출중하면 살려주시고 시원찮으면 어명대로 죽이십시오' 라고 청을 드렸던 것이다.

문신기는 다행히도 글 실력이 괜찮아 목숨을 건질 수 있었다. 예로부터 '남자는 모름지기 세 뿌리를 조심하지 않으면 큰 화를 당할 수 있다' 라는 말을 하며 혀와 발과 생식기를 들먹였다는데 그는 붓을 잘못 놀리고 심보를 잘못 관리하여 그만 지옥으로 직행할 뻔했던 것이다.

*참봉 : 종9품의 최 말단 관직이나 정실로 임용되는 예가 많아 1472년 이후로는 왕명에 의해 임명

죄를 용서받고 참봉參奉*에 임명되었다니,아마도 크게 뉘우치고 이후로는 신중하게 처신했을 것이다.

문신기(愼삼갈 신 幾기미 기)는 '조심한다' 는 의미와 '어떤 위험한 조짐이 느껴진다' 는 의미가 뒤섞여 있는 이름이다. 신중하게 처신하겠다고 늘 마음을 먹지만 욱하는 버릇으로 인해 목숨을 위태롭게 할 수 있다는 이름 뜻인 셈이다. 그의 타고난 기질이 어떠한가를 극명하게 보여주는 이름이기도 하다.

그를 살려준 시험관 윤두수는 앞에서 살펴본 대로 '목숨을 더 큰 그릇에 담아준다' 는 이름과 '젊은 세대를 존중한다' 는 자와 '오동나무 그늘에 숨겨준다' 는 아호를 지니고 있다.

문신기라는 괴팍한 성질의 젊은 선비는 저 죽을 줄 모르고 함부로 굴다가 어진 이를 만나 목숨 수壽를 지켜내고 앞길 앙仰도 열리고 안식 음陰도 누리게 되었던 것이다.

임진왜란 3대첩 중 하나인 진주성 싸움을 승리로 이끌고 38세로 전사한 진주 목사 金時敏김시민(1554-1592.10)의 이십대는 정말 깡으로 똘똘 뭉쳐진 열혈청년이었다.

25세에 무과에 급제하여 훈련원 주부主簿(종6품)를 거쳐 판관判官(종4

品)에 이르렀다. 그때 김시민은 병조판서에게 긴급건의를 하게 되었다.

"무기고를 보니 무기는 모두 녹이 잔뜩 쓸어 무나 배추를 자르기도 힘들 지경입니다. 훈련원에 들어온 신병들이나 그 신병들을 훈련시켜야 하는 노병들이나 온통 기가 다 빠져 헬렐레 하기는 마찬가지입니다. 정말 큰 일 났습니다. 판서께서 상감마마께 건의를 드리시지요. 예산을 긴급히 수혈하여서라도 무기고를 재정비하고 군사들의 기를 다시 결집시키지 않으면 마치 도둑이 들어와도 짖거나 덤비지 못하는 멍청한 개와 똑같을 것입니다. 제발 제 건의를 진지하게 들어주십시오. 판서께서 먼 후일 국방을 소홀히 한 선배로 찍히지 않으려면 서둘러 맡은바 책임을 다해야 할 것입니다."

병조판서는 두 눈을 치뜨고는 부하의 당돌한 문제 지적과 경고성 제안을 무척 못마땅하게 여겼다. 대뜸 목청부터 높여 꾸짖듯이 일갈했다.

"무슨 소리야! 이 태평성대에 대제 무슨 잠꼬대 같은 소리야!

상감께서 아시면 역적질하려고 무기를 정비하고 군사를 강하게 만드느냐고 엄청 화내실 일이야! 뭘 알기나 하고 지껄이는 거야?

태평성대를 망가뜨려 평지풍파를 만들면 목숨이 열 개라도 안 돼.

저의가 의심받으면 그 누구라도 뼈도 못 추려. 권력이 얼마나 무서운지 몰라서 마구 지껄여대는구먼. 좋을 때야, 좋을 때…. 모르고 지껄이고 모르고 두 눈 부라릴 때가 참으로 좋은 거야. 못 들은 걸로 할 테니 다시는 그런 위험한 큰 소리 좀 작작해! 자네와 나만 아는 이야기로 해두자고! 알아들었어? 이 하룻강아지 범 무서운 줄 모르는 친구야!"

김시민은 정말 기가 막혔다.

생각 같아서는 당장 멱살을 붙잡아 훈련원 안마당에 패대기를 치고 싶었다. 벼슬 단맛만 알지 나라 걱정은 손톱만큼도 안하는 늙은이들이 정말 미웠다.

김시민은 자신의 군모를 벗어 발로 마구 짓밟았다.

판서는 그의 그런 갑작스러운 행동에 깜짝 놀라며 말을 더듬기만 했다.

"아니, 이게 대체 뭐 하는 짓이야! 이래도 되는 거야? 목숨이 대체 몇 개라고 이러는 거야! 그만두지 못해!"

김시민은 그 길로 사직서를 내고 충청도 목천으로 낙향하고 말았다. 그런데 그가 29세 때에 난리가 나고 말았다.

조선의 벼슬을 얻어 호의호식하던 여진족 추장 尼蕩介니탕개가 제 부족의 반란을 막기는 고사하고 아예 합세하여 함경도 지방을 침략하며 세력을 불리기 시작했던 것이다.

그러자 김시민은 경기 관찰사를 지내고 우찬성 겸 도순찰사都巡察使로 난을 진압하러 가는 56세의 鄭彦信정언신(1527-1591)을 따라나섰다.

李舜臣이순신(1545-1598), 申砬신립(1546-1592), 李億祺이억기(1561-1597; 전주 이씨) 등 쟁쟁한 장수들이 함께 출정했다.

이순신과 신립은 김시민보다 각각 9세, 8세 연상이고 이억기는 7세 연하였다. 이억기는 후일 이순신과 원균 사이에서 전쟁과 인간관계로 얽히고 설키다가 결국은 원균과 함께 전사하게 된다. 17세에 내사복시內司僕寺(말과 수레를 담당) 내승內乘(종9품에서 정3품이 맡음)을 거쳐 무과에 급제한 뒤 경흥, 온성에서 부사로 있었으니 여진족의 생리에 대해서는 이미 훤히 다 꿰고 있었을 것이다.

임진왜란 때는 전라 우수사로서 이순신(전라 좌수사)을 도와 함께 종횡무진 바다를 누비며 강토를 지켰다. 이순신이 元均원균의 모함을 받아 죽게 되자 李恒福이항복*, 金明元김명원* 등과 같이 이순신의 무죄를 변론했다. 그는 끝내 이순신이 없는 남해바다에서 원균의 좌익군을 지휘하다가 장렬히 전사했다.

김시민은 여진족 정벌에서 공을 세운 덕에 다시 벼슬에 나서서 군기시軍器寺(군기 제조 담당), 판관을 지내고 임란 직전에는 진주 판관을 지냈다.

임진왜란 초기에 진주 목사가 죽자 그를 대신해 무기고를 정비하고 성을 보수한 공로로 진주 목사로 특진했다.

그후 경상우도 병마절도사를 맡아 금산 싸움에서 왜적을 무찌르고 대승을 거두었다. 곧이어 진주 목사로 되돌아와 임란의 3대 대첩*중 하나인 진주성 싸움을 진두 지휘했다.

1592년 10월 5일 나가오카 다다오키의 2만여 군사가 대나무 사다리로 성을 공격하자 김시민은 3천 800여 군사로 일주일간 격전을 벌여 10월 10일 일본의 대군을 패퇴시켰다.

의병장 郭再祐곽재우*의 활약과 진주 목사 김시민의 의연한 항전이 목숨을 걸고 진주성을 지키는 조선 군사들과 백성들의 사기를 한껏 북돋워 주었던 것이다.

그러나 김시민은 총탄이 비오듯 하는 격전의 순간에 장렬히 전사했다. 그의 나이는 한창 때인 38세였다.

안동 김씨 김시민(時때 시 敏민첩할 민)의 이름 뜻은 '때에 맞춰 타고난 기질을 발휘하여 어려움을 이겨낸다' 이고, 자는 '자신을 채찍질하여 항상 모범이 되게 한다' 는 의미의 면오(勉힘쓸 면 吾나 오)이다.

누가 시키지 않아도 자신의 할 일을 찾아내어 열심히 헌신, 봉사

*이항복 : 1556-1618; 경주 이씨; 권율의 사위; 임란 때 병조판서, 정유재란 직전에는 이조판서를 지냄; 1598년에 좌의정을 지냈으나 광해군의 인목대비 폐모 추진에 반대하다 삭탈관직되어 유배지에서 죽음.
*김명원 : (金明元: 1534-1602; 경주 김씨; 이황의 제자로 임란 때는 팔도도원수를 지내고 정유재란 때는 병조판서를 지냄; 죽기 한 해 전에 좌의정을 지냄.*3대 대첩 : 1592년 7월 8일의 한산도 대첩과 1593년 3월 14일 전라감사 권율의 행주성 대첩과 더불어 진주성 싸움
*곽재우 : 1552-1617; 33세에 문과에 급제했으나 왕의 뜻에 거슬리는 글귀로 파방, 즉 발표가 취소됨

하는 스타일이었던 셈이다. 난리를 만난 나라에 그 얼마나 할 일이 많았겠는가. 더욱이나 누구보다도 용맹스럽고 근면, 성실한 무인이 었으니, 그 얼마나 할 일이 태산 같았겠는가. 나라와 백성, 그리고 시대와 역사가 그를 만나 함께 멋진 승리를 맛보게 되었던 것이다.

비록 20대에는 깡으로 살며 반항아적인 기질을 보였지만, 그의 그러한 다혈질이 외적을 무찌르고 나라를 지키는데 자양분이 되고 총알과 칼날이 되어준 것이다.

元裕男원유남(1561-1631)이란 무인은 어찌나 성깔이 불같았는지, 자기 실책으로 처벌을 받아 신상에 어려움이 닥치자 갑자기 이상한 돌출행동을 감행한 사람이다.

그는 권율 장군에게 꾸지람을 듣고 처벌을 받자 갑자기 적진에 뛰어들더니, 단신으로 놀란 왜적을 마구 죽이고는 살아 돌아와 기어이 용서를 받기도 했다. 31세의 팔팔한 젊은 장교였으니 개인적인 위기를 그런 돌출행동으로 전화위복시킬 수 있었을 것이다.

원유남은 22세에 무과에 급제하고 25세에 승진시험인 무과 중시에 합격했다. 권율 장군 휘하에서 이상한 돌출행동으로 위기를 모면한 그는 4년 뒤인 35세에 강원, 충청을 커버하는 군대의 조방장助防將이 되고 정유재란 때는 장령將領이 되었다.

중추부지사中樞府知事(종2품)를 거쳐 62세에는 인조반정에 적극 가담하여 공신 리스트에 올랐다. 70세를 일기로 생애를 마쳤지만 큰 어려움 없이 순탄한 말년을 보냈다.

원유남(裕넉넉할 유 男사내 남)의 이름 뜻은 '너그럽고 온화하여 날카롭거나 거칠지 않다' 이고, 자의 의미 또한 '너그럽고 느긋하여 촐랑거리거나 함부로 얼굴 붉히지 않는다' 는 관보(寬너그러울 관 甫클 보)이다.

아마도 성격이 급하고 거친 편이라 일부러 넉넉하고 느긋하고 너그러워라는 의미를 이름과 자에 붙이고 살게 된 것 같다.

그가 31세 때 권율 장군 휘하에서 감행했던 돌출행동은 그 나름의 계산이 있어서 그렇게 했을 것이다. 우발적이거나 갑작스럽다기보다 냉철히 계산하여 위기 타개책의 일환으로 선택한 전략, 전술적인 행동이었을 것으로 본다.

아니면, 군인은 군인의 행동으로 평가받고 심판 받아야 한다는 자기 나름의 신념에 의해 일부러 그렇게 행동했을 수도 있다.

난리가 나서 나라와 백성이 왜적에게 짓밟히는 마당에 무슨 잠꼬대 같은 좀스러운 처사냐는 생각이 불쑥 들었을는지도 모른다. 그래서 그는 갑자기 화가 치밀고 창피스러워 죽기로 작정하고 감히 혈혈단신으로 적진에 뛰어들었을 것이다.

27세 된 許沆허항이라는 깡 좋은 이가 무과에 응시했는데 시험과목마다에 합격점을 받아 당연히 급제할 줄 알았는데 뭐가 잘못되었는지 그만 합격자 명단을 발표하는 방榜에서 빠지고 말았다.

성격이 불같은 그는, 왜 내 이름은 빠졌느냐, 뭐가 잘못돼서 내 이름이 빠졌는지 명명백백히 밝혀지기 전에는 절대 물러설 수 없다며 그 길로 궁궐로 뛰어들었다.

훈련된 몸이고 무예에 능한 사내대장부라 대궐문을 지키는 금군 3청*에 속한 갑사甲士 등의 병졸들마저 도저히 손을 쓸 겨를이 없었다. 방어망이 일순간에 뚫리고 만 것이다.

당연히 "어느 놈이 감히 궁궐 내로 난입했느냐? 당장 생포하여 주리를 틀어라. 역모가 있었다면 마땅히 그 패거리를 모조리 색출하여 능지처참시켜라"는 군령이 내려지게 되었을 것이다.

결국 그는 우르르 몰려든 병사들에 의해 생포되어 궁궐 내에 있는 감옥에 갇히게 되었다. 꼼짝없이 죽게 된 것이다. 성깔 한 번 잘

*3청: 왕의 친병(親兵) 격인 금군삼청(禁軍三廳). 내금위(內禁衛), 겸사복(兼司僕), 우림위(羽林衛)에 속한 금군(禁軍)과 오위(五衛)인 의흥위, 용양위, 호분위, 충좌위, 충무위.

못 부렸다가 서른 해를 살기도 전에 이승을 하직하게 될 판이었다.

위기에 처한 그는 다급했다. 출세도 중요하지만 우선 살고 봐야 했다. 임금님이 가까이 있을 테니 목청껏 외치면 혹시 들을지도 모르는 일이었다. 이래도 죽고 저래도 죽는다면 차라리 하소연이나 해보고 싶었다.

그는 온몸의 힘을 다 모았다. 젖 먹던 기운까지 몽땅 모아 감옥 창살을 와락 잡아당겼다. 지성이면 감천感天이고 최후의 발악을 하면 득천得天인 것인지, 감옥 문이 와르르 무너지고 말았다.

그는 궁궐을 마구 뛰어다니며 외치기 시작했다. 미쳐 날뛰어서라도 용케 살아나면 그게 바로 대수였다. 다들 저녁밥을 마치고 하루 일과를 정리하는지 궁궐 안은 너무도 조용했다. 그가 내지르는 목소리가 마치 대포소리처럼 온 궁궐 안을 뒤흔들고 천둥소리처럼 대궐 지붕을 마구 후려쳤다.

"억울하오, 억울하오! 나만큼 무예에 능한 자가 없다고 여겨 무과에 응시했는데 이렇게 죽이려고만 하면 어떻게 하오? 나라를 위해, 임금을 위해 바칠 하나뿐인 목숨인데 이렇게 영문도 모른 채 개처럼 죽을 수는 없소! 억울하오! 정말 무지무지하게 억울하오!"

목청껏 외쳐대는 그의 소리를 듣고 드디어 뭔가 청신호가 켜지기 시작했다. 임금님의 지시를 받은 승지가 등불을 들고 급히 달려와 카랑카랑한 목소리로 불호령을 내렸다.

"네 이놈 당장 그 자리에 무릎을 꿇지 못할까! 여기가 어디라고 감히 광기를 부리느냐? 대체 목숨이 몇 개나 되기에 그리 방자하게 구느냐? 어서 땅에 엎드려 지엄한 어명을 받아라!"

그는 정말 대단한 행운아였다. 임금님이 직접 급제한 것으로 하라고 지시하여 그는 목숨도 건지고 출세도 하게 된 것이다.

실로 호박이 덩굴 채 굴러 들어온 격이었다. 깡이 되게 센 사내로 불리며 맡은 일을 열심히 해나갔다. 생각할수록 자신을 살려주고 벼슬길도 열어준 임금님이 그렇게 고마울 수 없었다. 죽도록 충성하자, 충성으로 은혜를 갚자고 기회 있을 때마다 다짐하고 또 다짐했다.

그 이후 얼마나 지났을까. 병조판서로 있던 환갑이 지난 韓晩裕한만유는 "기골이 장대하고 용력이 출중하니 임금님을 경호하고 궁궐을 수비하는 충장위장忠壯衛將(정3품 당상관)에 임명하는 것이 좋겠다"며 자신만만하게 허항을 천거했다.

그 자리는 궁중의 숙직(입직入直)을 책임진 막중한 위치였다.

전사자의 자손들과 전투에서 훈장을 받은 이들의 후손들, 그리고 나라가 어려울 때 곡식을 바친 납속納粟 사족士族이나 평민의 자손들이 대부분인 특수 친위부대였다.

1811년(순조 11년)에 홍경래가 난을 일으켜 평안도, 함경도, 경기도 북부를 위협하고 있을 때였다. 깡 중의 깡으로 통하는 허항은 이번에는 금군 3청(내금위, 겸사복, 우림위)의 하나인 우림위장羽林衛將(종2품)에 임명되어 반란군의 거점인 평안도로 향했다.

무인은 싸움터에서 죽어야 제격인지라 그는 평안북도 정주定州 전투에서 장렬하게 전사했다. 신기하게도 그를 천거했던 한만유도 66세로 그 해에 영면했다. 두 사람은 아마도 전생에 한 형제였거나 최소한 불알친구이었던 모양이다.

조선의 대 깡이었던 허항(沆넓을 항)의 자는 원숙(元으뜸 원 淑맑을 숙)이다.

이름 뜻이 '드넓은 저수지에 담겨진 큰 물'이지만, 일단 터지면 그 누구도 감당할 수 없는 것이다. 그래서 그는 '물보다 더 맑은 정신으로 한 점 부끄러움이 없이 살고자 한다'는 의미를 지닌 자를 통해 그 언제 터질지 모르는 큰물을 보완하고자 한 것이다.

다시 말해서 불안해 보이는 큰물을 어떻게 해서든 잘 막아보고자 했던 것이다.

무엇이든 으뜸이 되고자 하다보면 자칫 넘칠 수도 있고, 그만 아차 실수하여 적정선을 살짝 넘어버릴 수도 있는 것이다. 하지만 '출렁거리는 큰 물'인 자기 자신을 어떻게 해서든 잘 관리하고 훈련하여 반드시 으뜸이 되고자 하기 때문에, 결국은 잠잠해져 제 본래의 천성과 장점을 마음껏 발휘할 수 있는 것이다. 으뜸이라는 말 속에는 오만불손함과 끈기 있게 잘 참아내는 신중함이 함께 들어 있다.

허항을 저 죽을 줄 모르는 눈 먼 깡에서 구해내 나라와 임금을 위해 충성을 다하는 '공공의 깡'으로 변신시켜준 한만유(晩저물 만 裕넉넉할 유)는 '늦도록 너그럽게 기다려준다'는 이름 뜻에 걸맞게 그는 한 예비 무인의 숨은 능력 발휘가 가능하도록 길을 시원하게 터준 것이다.

그의 너그러운 마음씨가 임금과 여러 신하들의 신망을 모은 탓에, 저 죽을 줄 모르고 지엄한 대궐 안에서 함부로 날뛰며 제 깡을 마음껏 부린 한 무인을 당상관으로까지 끌어올릴 수 있었던 것이다.

'너를 일으켜 세워 바로 서게 해주마'라는 의미의 여성(汝너 여 成이룰 성)이라는 한만유의 자에서는 따스한 메시지가 전해지고 있다.

허항과 한만유는 칼과 방패처럼 실로 잘 어울리는 한 쌍이고 떼려야 뗄 수 없는 한 세트였던 셈이다.

한만유는 영조 임금이 81세이던 해에 27세로 과거에 급제하여 여러 관직을 거쳤다. 정언, 지평, 현감을 지낸 후 48세(정조 임금이 42세 되던 해) 이후에는 이조참의, 예방승지, 강화유수, 형조판서, 의금부지사, 한성부판윤, 병조판서를 지내며 마치 관직 백화점 같은 이력을 쌓아갔다.

순조 임금이 16세이던 해(1806년 순조 6년)에는 의금부판사로서 소임을 다하려다 상을 받기는커녕 오히려 자신이 파면당하고 말았다.

경상우도 병마절도사인 趙文彦조문언이 군량미를 도적질하고 백성을 착취하자 '중죄인이니 중벌로 다스려야 합니다' 라며 고집을 피웠던 것이다. 그때 그는 이미 환갑의 나이였다. 33년간의 화려한 벼슬생활이 한 순간에 물거품이 되고만 것이다.

하지만 이듬해에 다시 병조판서로 복직한 후 곧 이어 이조판서로 옮기게 되었다. 한데 다시 한 번 이상한 일이 생기고 말았다.

안주사 李海淸이해청과 중화 부사 李一愚이일우 등이 암행어사의 현지 비밀 감찰로 탐관오리로 지목받아 처벌을 받게 되었던 것이다. 부하직원이 비행으로 처벌을 받았으니 당연히 지휘 감독을 맡은 이조판서도 응분의 책임을 질 수밖에 없었다. 결국 다시 한 번 파면되고 말았다.

그러나 오뚝이처럼 이듬해에 다시 재기했다. 의금부판사, 병조판서를 거쳐 예문관제학, 한성부판윤, 이조판서 등을 역임하며 마지막 관운을 불태웠다.

이상하게도 환갑 이후 두 차례나 파직과 복직을 되풀이했지만 그것은 결국 액땜으로 끝나고 뒤이어 다시 한 번 용오름을 화려하게 이뤄낼 수 있었다. 확실히 그의 66년 생애와 39년의 벼슬길은 눈부시고 멋졌다.

아마도 '너를 먼저 세우마' 라는 자의 의미에서 나타나듯, 그는 결코 적을 만들지 않고 살았던 것 같다.

'늦게까지 넉넉하다' 는 晩裕만유라는 이름처럼 그는 환갑이 지나서 다시 한 번 청년이 결코 부럽지 않은 멋들어진 비상飛上을 이뤄냈다.

중국 대륙이 명나라에서 청나라로 그 지배 권력이 뒤바뀌자 조선은 당연히 실용주의 외교노선과 명분론적인 외교노선으로 극명하게 갈리게 되었다. 이후 실용주의 노선은 주화론主和論으로, 명분론적인 노선은 척화론斥和論으로 불리게 되었던 것이다.

주화론은 崔鳴吉최명길(1586-1647)로 대표되고 척화론은 金尙憲김상헌(1570-1652)으로 대표되는데, 대개의 경우 명분론자가 더 완강하듯이 김상헌도 일생을 깡으로 살다가 갔다고 볼 수 있을 것이다. 청에 끌려가 협박과 회유를 당하면서도 '차라리 죽으면 죽었지 너희가 내 뜻을 어떻게 꺾겠느냐' 며 끝끝내 자신의 기개와 신념을 지켰던 인물이다.

최명길을 비롯한 주화론자들이 늘 주장했던 것처럼 양쪽 다 애국 애족하자는 목표만은 똑 같았던 것 같다.

일례로 최명길의 경우를 보자. 그는 52세에 영의정을 지낸 뒤 청나라의 앞잡이 노릇을 하며 방자하기 이를 데 없던 金自點김자점(1588-1651)의 미움을 사 잠시 관직에서 물러났다가 66세에 다시 영의정에 복귀했다.

그는 우선 청나라라면 이를 득득 가는 林慶業임경업을 통해 승려 獨步독보를 명나라에 보냈다. 한참 기세등등하던 청나라의 위세에 눌려 중국 대륙의 남쪽으로 멀찍이 밀려나 있던 명나라와 비공식 비밀 외교관계를 유지하려는 목적에서였다.

하지만 청에 빌붙어 출세하고 있던 친청파 대신들이 청나라에 밀고한 탓에 그만 들통이 나고 말았다.

그는 결국 67세의 노구로 청에 붙잡혀가 수감되었다가 2년 뒤 69세의 나이로 돌아왔다. 9년여 간 인질생활을 하던 소현세자가 영구 귀국할 때 함께 귀국했던 것이다.

주화론자로 지목되어 척화론자들이 마치 외세에 빌붙은 간신쯤으로 손가락질하던 최명길이지만, 그가 한 행동을 보면 청과 잘 지내자는 주화론이나 청을 때려부수고 왜란에서 나라를 구해준 명과 의리관계를 지속해야 한다는 척화론이나, 나라를 잘 이끌어보자는 목표에서만은 똑 같았던 것이다.

제 아무리 동전의 양면이고 지폐의 앞뒤라 해도 그 모양이나 느낌은 보는 이에 따라 너무도 확연히 다른 게 아닌가. 문제는 그들이 다르다고 여기면 다를 수밖에 없다는 세상살이의 속성이다. 내 눈에는 분명히 다르다는 인간의 그 주관적인 고집과 우리가 다르다고 보면 누가 뭐라 해도 틀림없이 다른 것이다 라는 집단주의적인 편향과 쏠림이 바로 문제인 것이다.

병자호란으로 조선이 청에 항복했을 때 김상헌은 청과 화평하게 보내자는 최명길보다 자그마치 열여섯 살이나 위인 66세였다. 결국 50세의 최명길은 화해하자는 쪽이었고 66세의 김상헌은 끝까지 싸우자는 쪽이었던 셈이다.

나이로만 보면 공격조와 방어조가 완전히 뒤바뀐 셈이다. 즉, 김상헌이 좋게 좋게 지내자는 주화론자가 되어야 마땅하다는 말이다. 오히려 최명길 쪽이 야만족과 손을 잡는 대신 중국 대륙의 진짜 정통세력인 한족漢族 중심의 명나라를 내팽개치는 것은 근본과 말단을 혼동하는 것이고, 제 것과 남의 것을 구별하지 못하는 맹꽁이나 숙맥菽麥과 같은 짓이다 라며 척화론자로 자리매김되어야 사람들의 상식에 더 걸맞을 것 같다는 말이다.

김상헌(1570-1652)은 26세에 문과에 급제하여 벼슬을 시작했지만 북인을 대표하는 鄭仁弘정인홍(1535-1623)과의 대립으로 지방으로 좌천되는 등 오랫동안 별 볼일이 없었다. 광해군 시대의 정치적 사부師父였던 정인홍은 김상헌보다 자그마치 35세 연상이었다.

53세에 광해군이 쫓겨나고 새 임금(진성대군; 인조)이 들어서자 다시 관운이 트이기 시작했다. 그를 괴롭히던 장애물(예 : 정인홍)이 반정으로 일거에 모조리 제거되었기 때문이다.

대사간, 도승지를 지내며 한 때는 잘 나갔지만 워낙 강직한 탓에 반정 주체들과의 관계도 썩 좋지 않았다. 낙향했다가 57세에 정묘호란이 일어나 온 나라가 야단법석이 되자 그는 명나라로 달려가 구원병을 요청하고 돌아왔다.

이 때부터 그는 야만족인 후금과의 관계를 끊어야 한다고 완강히 주장하기 시작했다. 인조가 생부인 정원대군을 왕으로 추숭하려 하자 '공과 사를 명백히 구별하십시오' 라며 극구 반대하다가 찬성론자들에게 밀려 다시 낙향했다.

63세 이후 2년여 간 다섯 차례나 대사헌에 임명되었지만 워낙 강직하여 무능하고 야비한 대신들을 막무가내로 공격했기 때문에 여러 차례 사직과 복귀를 되풀이했다.

66세에 병자호란이 발발하자 예조판서로서 인조를 남한산성으로 호종하고, 우선 싸우고 나중에 강화하자고 주장했다. 대세가 기울자 최명길이 작성한 항복문서를 발기발기 찢으며 대성통곡을 했다.

항복하고 난 뒤 너무도 분하여 식음을 전폐하고 차라리 굶어죽고자 했으나 실패하고 안동의 학가산鶴駕山으로 들어가 두문불출했다.

68세 때는 사헌부司憲府 장령掌令(정4품)인 柳碩유석으로부터 '혼자만 깨끗한 척하며 임금을 팔아 제 명예만 추구한다' 는 탄핵을 받았지만 그는 '와서 국정을 보살피라' 는 조정의 명령을 끝까지 거절했다.

청의 외압에 눌린 조정에서는 울며 겨자먹기로 하는 수 없이 조선의 군대를 청에 보내 청이 명을 칠 때 연합군으로 활동한다고 결정하고 말았다. 당연히 김상헌은 쌍수를 들고 극구 반대하다가 청에 위험인물 제 1호로 꼽히고 말았다. 결국 71세의 노구로 심양에 붙들려가 4년여 간 죄수노릇을 해야만 했다.

79세 때에 효종*이 즉위하자 좌의정으로 임명되었다. 실로 82세의 전 생애를 왕 고집쟁이로 산 셈이다. 요즘 말로 하면 전 생애를 깡으로 살았던 셈이다.

*효종 : 형인 소현세자와 함께 청에 인질로 붙들려가 있다가 돌아온 봉림대군

그래도 그 강직하고 완강한 기질을 잘 지켜내며 장수했으니, 실로 대단한 운세를 타고났다고 보아야 할 것 같다.

김상헌(尙오히려 상 憲법 헌)의 '세상 그 어느 것보다도 법도를 우선한다'는 이름 뜻에서 대단한 원칙론자이고 명분론자임을 확실히 알 수 있다.

또한 '법도를 바로 세우는 사람'이라는 뜻의 숙도(叔아재비 숙 度법 도)라는 자에서도 김상헌이란 인물의 강직하고 완강함이 대체 어디서 나오는가를 확연히 알 수 있다.

아호는 '티 한 점 없는 그림자'라는 청음(淸맑을 청 陰응달 음)과 '돌굴로 들어가 홀로 생각에 잠긴다'는 석실산인石室山人이 있는데, 그의 첫 번째 아호에서는 청렴하고 강직한 성품이고 행적이었음을 물 속 들여다보듯이 훤히 알 수 있다. 그리고 두 번째의 아호에서조차도 추호도 변함이 없는 왕 고집쟁이임을 엿볼 수 있다. 한 마디로 깡으로 똘똘 뭉친 사람임을 쉽게 알 수 있는 것이다.

누가 뭐라 해도 이름 속에 타고난 천성이 고스란히 들어 있고, 자와 아호 속에는 꿈꾸는 바와 지향하는 바가 그대로 똬리를 틀고 있다.

임오군란*을 촉발시킨 金春永김춘영과 柳卜萬유복만을 보자.

1881년에 일본의 힘을 빌려 군제를 개혁한답시고 별

*임오군란 : 1882년 6월 5일 이후 일주일 정도에 걸쳐 일어난 구식군대의 폭력시위

기군을 만들자 당연히 구식 군대의 불만이 커질 수밖에 없었다.

더욱이나 13개월씩이나 봉급에 해당하는 쌀 배급을 끊고는 오히려 핫바지 같은 구식 군대를 왕창 줄이겠다며 무기를 반납하라고 하니, 상처에 소금을 뿌린 격이 되고 말았던 것이다. 지렁이도 밟으면 꿈틀하게 되어 있다며 울화통을 터트릴 수밖에 없었다.

그러자 험악한 분위기를 귀찮게 여긴 병조판서 민겸호(선혜청 당상)는 예전의 훈련도감 군병들에게만 우선 한 달치 봉급에 해당하는 쌀을 주라고 지시했다.

한데 쌀 배급을 맡은 민겸호의 하인은 말을 시건방지게 하며 구식 군대들을 마치 비렁뱅이 다루듯 했다.

어디 그 뿐인가. 겨와 모래를 듬뿍 섞어 아예 쌀 반 모래 반이었다. 마침내 군인들이 웅성거리기 시작했다. 이런 개, 돼지의 먹이는 안받겠다며 배급받기를 거부했다.

이 때 김춘영이 나서서 주먹질을 하기 시작했다.

"이 못된 놈, 민대감의 하인이면 다냐! 네 눈에는 우리가 무슨 거지로 보이느냐? 우린 당당한 정규 군인들이야, 이 죽일 놈아! 너 같은 하인놈은 한 주먹에 죽일 수도 있어. 너 어디 우리 주먹맛 좀 볼래!"

유복만, 정의길, 강명준이 김춘영과 합세하여 쌀 창고 지키는 고리庫吏들을 마구 두들겨 팼다.

병조판서 민겸호가 가만히 있을 리 만무했다.

"국가의 기강을 우습게 여기는 놈들이니 모두 잡아들여라. 군대가 아니라 아예 야만족이나 깡패 같은 놈들이 아니냐! 법이 있다는 걸 확실하게 보여야 한다. 더욱이나 군법이 얼마나 준엄한지를 똑똑히 보여야 한다!"

결국 훈련도감 포수砲手들인 김춘영, 유복만을 비롯한 네댓 명의 주모자들이 감옥에 갇히게 되었다. 하지만 난리가 나 뒤숭숭해지면 유언비어가 군중심리를 좌지우지하게 되어 있다.

'김춘영과 유복만을 마구 고문해서 거의 죽게 되었다더라, 두 사람은 곧 사형에 처해진다더라, 구식 군대는 모조리 시골로 내쫓아 다시는 서울에 발을 못 들여놓게 한다더라, 일본에서 군대가 들어와 구식 군대를 무장해제 시킨다더라, 민씨 세도가들이 앞장서서 중국 천진에 영선사로 나가있는 김윤식에게 청나라 군대를 조선에 끌어들이도록 지시했다더라, 고종 임금과 흥선대원군은 여전히 구식 군대를 두둔하고 있지만 왕후 민씨와 그 일족들이 별기군을 앞장세워 구식 군대를 탄압하려 한다더라' 등등의 소문이 꼬리에 꼬리를 물고 퍼져나갔다.

마침내 유복만의 동생인 柳春萬유춘만과 金長孫김장손이 앞장을 섰다. 우선 구식 군대의 정신적 지주인 포도대장과 형조판서를 지낸 무위대장武衛大將 李景夏이경하*를 찾아가 해결에 나서 줄 것을 요청했다.

그런데 이경하는 구식 군대의 불만이 폭발하게 된 전후 사정을 나름대로 적어 일종의 해명을 대필해 주었다. 이걸 들고 당사자인 민겸호에게 직접 찾아가 보라는 거였다.

소문은 더 악화되고 있었다.

흥선대원군의 형인 李最應이최응*이 군대를 끌고 와 구식군대를 진압한다는 소문이 장안에 좍 퍼져 있었다.

6월 9일 구식 군대는 다짜고짜 병조판서 민겸호의 집을 찾아갔다. 쌀 배급을 주며 시건방을 떨던 하인이 집을 지키다가 삼십육계 줄행랑을 쳤다. 약삭빠른 민겸호는 벌써 몸을 피하고 없었다.

집안을 박살낸 후 우르르 운현궁으로 달려갔다. 흥선대원군에게

*이경하 : 1811-1891; 전주 이씨; 신정왕후 조대비의 인척으로 대원군의 신임을 받음; 임오군란에 책임을 지고 고금도로 유배되었다가 2년 뒤에 석방되어 포도대장 역임

*이최응 : 1815-1882; 대원군이 실각하자 승승장구하여 1878년 영의정을 지내고 총리대신에 오름; 임오군란 때 돈령부영사로 살해됨

통사정하기 위해서였다. 흥선대원군은 우물우물 딴소리를 했지만 속으로는 '너희 뒤에는 내가 버티고 있다' 는 식의 강한 메시지를 담고 있었다.

겉으로는 무위영武衛營 군졸 장순길을 시켜 '밀린 봉급을 다 주도록 할 테니 어서 해산하라. 해산하지 않으면 국법으로 엄단하겠다' 고 했지만, 뒤로는 김장손과 유춘만을 불러 은밀한 지령을 내렸다. 그리고 집사인 許熜허욱(군란의 주모자로 지목되어 처형당함)을 군복 입혀 2백여 군졸을 지휘하여 군란을 더욱 부채질했다.

용기백배한 군인들은 감옥을 습격하여 김춘영, 유복만을 구하고 의금부 감옥을 부숴 쇄국론으로 투옥된 白樂寬백낙관을 비롯하여 많은 죄수들을 풀어주었다.

*민태호 : 1834-1884; 2년 뒤 갑신정변 때 민영목, 조영하 등과 살해됨
*윤태준 : 1839-1884; 파평 윤씨. 갑신정변 때 윤경순에게 살해됨
*민응식 : 1844년 생; 42세에 이조, 병조판서; 50세에 예조판서. 53세 갑오개혁 때 고금도로 유배됨
*이재면 : 1845-1912; 1910년 흥친왕에 봉해짐

閔台鎬민태호*와 개화파 관료들의 집을 습격하여 박살낸 후 일본공사관을 습격하여 일본군 장교 등 13명을 살해했다.

이어 돈령부敦寧府 영사領事(정1품) 흥인군興寅君 이최응(1815-1882)과 호군護軍(정4품) 閔昌植민창식(1841-1882)을 살해했다. 흥분이 극에 달한 군인들은 돈화문을 박차고 들어가 명성황후를 나라를 망치는 사악한 여자로 지목하여 죽여 없애려 했다.

궁녀로 변장한 왕후는 일단 윤태준*의 집에 피신했다가 무예별감 洪在羲홍재희의 도움을 얻어 충주목사 閔應植민응식*의 집으로 쏜살 같이 피신했다. 왕후를 놓친 군인들은 민겸호(1838-1882)를 붙잡아 죽였다.

고종(1852-1919.1.21)은 자신보다 일곱 살 연상인 큰 형 李載冕이재면*을 무위대장武衛大將으로 앉힌 후 군란을 진압시키려 했다. 그리고 권력욕이 대단한 아버지 흥선대원군에게 '대신 결재해 주시지요'

하고는 모든 권한을 넘겨주었다.

명성황후 민씨(1851-1895.10.8)는 청나라 천진에 영선사로 가 있는 金允植김윤식*에게 지령을 내렸다. 청나라 군대를 이끌고 들어와 군란을 진압해 달라는 왕후의 공식 요청이었다.

청나라 오장경은 4천 5백여 군사를 이끌고 조선에 들어와 왕후에 의해 배후 조종자로 지목된 시아버지 흥선대원군을 생포하여 천진으로 보내고 서울 도성을 완전 장악했다. 한편, 일본은 군함 4척과 1개 대대 병력을 제물포에 보내 모든 책임을 조선에 돌리며 제물포조약을 체결했다.

*김윤식: 1835-1922; 청풍 김씨. 갑신정변 실패 뒤에 병조판서. 52세에 민영익과 함께 대원군 복귀를 모의하다 유배됨; 명성황후 시해 음모를 알고도 방치했다는 탄핵을 받고 61세에 제주도로 귀양가서 72세에 특사로 석방됨; 75세에 일본 자작이 되었으나 84세, 3.1운동 때 이용직과 함께 조선 독립 청원서를 일본과 총독부에 제출했다가 작위가 삭탈되고 3년 집행유예를 받음.

김춘영과 유복만의 성깔 부림이 직접적인 발단이 되어 일어난 군란으로 왕비가 지방 먼 곳으로 도망을 가야 했고, 왕비의 친정 세도가들이 무참히 살해되었으며, 세도가들, 개화파들의 집이 일제히 박살이 났다.

또한 일본군 장교를 비롯하여 일본 사람 십수 명이 살해되었을 뿐만 아니라 일본 공사관 전 직원들이 인천을 통해 본국으로 줄행랑을 쳐야 했다. 실로 일주일만에 세상이 발칵 뒤집히고 말았던 것이다.

김춘영(春봄 춘 永길 영)의 이름 뜻은 '봄볕을 더 오래 쬐고 싶다' 이고, 또는 '오직 길한 일만 일어나라' 는 기원이 담겨 있다.

그런데 온 나라를 발칵 뒤집어 놓은 것으로 보아 자신들의 처지에 비해 야심과 의욕이 실로 대단했었을 것이다.

변두리에 놓여 중심을 추구하는 전형적인 한계 인간들인지라 격변기에 단단히 한 몫을 했던 것이다. 이들은 李永植이영식 등과 함께 군기시 앞에서 참형에 처해졌다. 이영식은 '뭔가 오래 꾸민다, 오래

가도록 단단히 심는다' 는 뜻을 지니고 있는 이름이다. 뭔가 좀 색
다른 계기를 만나 벼락출세라도 해야만 직성이 풀릴 이름들이다.

이들에게는 단순한 불평, 불만이 시발점이 된 임오군란이 절호의
계기였던 셈이다. 더욱이나 흥선 대원군의 은밀한 지원을 업고 있
었으니 사실 청나라 군대만 쳐들어오지 않았으면 한 동안은 꽤나
세월이 괜찮았을 것이다.

청나라 대군이 들어와 유일한 백인 흥선 대원군을 붙잡아 갔으
니 일이 제대로 풀릴 리가 없었다.

비록 시간은 짧았지만 일주일 만에 대권의 근처에까지 다가갔었
으니, 그만하면 각자의 이름값을 제법 한 셈이다. 성깔 한 번 부려
깡이 얼마나 센 지를 만천하에 과시했으니, 깡치고는 실로 대단했
다.

16 조선시대의 세계주의자들

박진은 21세 된 적군의 선봉장을 받아들여 어엿한 장수로서 대접하며, 조정에 급히 알려 적절히 예우하고 국난 해결에 적극 내세울 것을 요청했다. 박진의 결단과 수고로 실제로 김충선은 조선에 귀화하자마자 종2품 가선대부를 제수 받았다.

우선 여진족의 추장급에 속했던 통 쿠룬투란 티무르(고륜두란첩목아 古倫豆蘭帖木兒)가 여기서 말하는 첫 세계주의자에 속한다.

부하 100호를 이끌고 고려 땅에 들어와 이李씨 성과 청해靑海라는 본관을 공민왕으로부터 하사받았다. 이로써 그는 李之蘭이지란(1331-1402)으로 성과 이름이 바뀌고 '청해 이씨'의 시조가 된 것이다.

그는 고려 말에는 이성계의 휘하에서 왜구 등의 외적에 맞서 싸우기도 했다. 네 살 아래의 상관上官 이성계가 조선을 건국할 때는 그야 말로 물심양면으로 제 일처럼 도왔다. 개국공신 1등에 책록되어 청해군靑海君에 봉해지고 경상도 절제사節制使(정3품)와 동북면 도안무사都安撫使를 지냈다.

67세 때와 69세 때에 1,2차 왕자의 난이 나자 후에 태종으로 즉위하는 이성계의 다섯 째 아들 방원을 도와 골육상잔骨肉相殘의 참극을 잘 해결한 공로로 정사공신定社功臣 2등과 좌명공신佐命功臣 2등에 책록되었다.

벼슬이 좌찬성에 이르렀지만, 자식들의 골육상잔에 치가 떨린 태조 이성계가 함경남도 영흥으로 떠나자 그를 시종했다. 태조 이성계가 둘째 아들 芳果방과(1357-1419; 정종)에게 양위하고 휘적휘적 북쪽으로 떠날 때, 그의 나이는 65세였고 전우이자 친형 같은 이지란은 69세였다.

이지란(之갈 지 蘭난초 난)은 '난초 피어난 땅으로 간다'는 뜻이니, 만주 벌판을 버리고 식솔들과 부하들을 이끈 채 압록강 이남의 반도 땅으로 귀화한 사람에게 아주 잘 어울리는 이름인 셈이다.

그의 자는 식형(式법 식 馨향기 형)으로 '정해진 길을 따라 반듯하게 살지만 늘 너그럽게 살아 남들의 모범이 되고 우두머리가 된다'는 암시를 지니고 있으니, 한 나라를 세운 임금을 의형제로 삼을 수 있었을 것이다.

金忠善김충선(1571-1642)은 원래 본명이 '사야가沙也可'로 임진왜란 때 가토 기요마사(가등청정加藤淸正)이 이끄는 군대의 선봉장으로 조선을 침략했던 인물이다. 하지만, 조선의 문물이 우수함을 흠모하여 경상도 병마절도사 朴쯤박진*에 의해 조선에 귀순하였다.

사야가는 귀순 이후 공을 많이 세워 가선대부嘉善大夫에 올랐다.

이어 도원수 權慄권율*과 어사 韓浚謙한준겸*의 요청을 받아들여 김충선이란 이름을 하사下賜받고 자헌대부資憲大夫를 제수除授받았다. 성씨는 처음에는 우록友鹿 김씨였다가 김해 김씨를 하사받고 본관을 고쳤다.

왜란이 끝난 뒤 북방의 만주족이 국경을 침범하자 자청하여 10여 년간 국경 방어 임무를 맡았다. 그 공로로 정헌正憲대부에 올랐다.

53세 때는 이괄의 난을 진압하며 반란군의 부장副將인 徐牙之서아지를 죽여 반란군의 기세를 꺾어 놓았다. 그 공로로 땅을 하사받았으나 그는 극구 사양하고 그 땅을 수어청守禦廳(조선시대 5군영의 하나)의 둔전屯田으로 기부했다.

65세 때에 병자호란(1636년)이 발발하자 따로 명령을 기다리지 않고 광주廣州 쌍령雙嶺 싸움에 출전하여 500여 명의 청나라 침략군을 죽였다.

하지만 조선이 항복하고 말자 그는 대성통곡하며 대구 녹리鹿里 (우록마을)로 돌아갔다. 목사 張春點장춘점의 딸과 결혼하여 살면서 가훈과 향약을 만들어 확산하는 등, 주위 마을의 교화에 힘썼다.

일본인 사야가에서 조선인으로 귀화한 김충선(忠충성 충 善착할 선)의 자는 선지(善착할 선 之갈 지)이고, 아호는 모하당(慕그리워할 모 夏여름 하 堂집 당)이다.

'충성스럽고 착한 성품'이라는 이름, '착한 성품을 끝까지 이어간다'는 자가 바로 귀화인歸化人 김충선의 타고난 천성과 지향하는 인생목표를 암시하고 있다. 그리고 '아늑한 보금자리를 만들고 그 속에서 복되게 살기를 바란다'는 아호의 의미에서 그의 마음 속에 숨겨져 있던 간절한 소망이 대체 무엇이었던가를 대강 짐작해 볼 수 있다.

그가 21세에 새롭게 택한 조선 땅에서 65세 때까지 온갖 풍상을 다 겪으며 바라던 것은 한 곳에 조용히 머물며 독서와 사색과 창작을 하는 여유 있는 생활이었을 것이다.

65세에 북방 야만족의 대군에게 항복한 조선과 조선의 임금을 보며 대성통곡한 그였지만, 다행히도 마지막 6년의 세월은 평생 꿈꾸던 대로 책과 글쓰기와 가르치기에 몸 바칠 수 있었다.

김충선에게는 평생 중요한 사람들이 아주 많았다. 우선 그의 귀순을 받아준 병마절도사 박진을 생각해 볼 수 있다.

박진(晉나아갈 진)의 이름에는 '꼼짝 못하게 억제한다, 사이에 끼워

가로막는다' 는 의미도 함께 들어 있다.

박진은 21세 된 적군의 선봉장(그는 일본의 봉건영주로서 군사 3천 명을 거느린 선봉장이었음)을 받아들여 어엿한 장수로서 대접하며, 조정에 급히 알려 적절히 예우하고 국난 해결에 적극 내세울 것을 요청했다. 박진의 결단과 수고로 실제로 김충선은 조선에 귀화하자마자 종2품 가선대부嘉善大夫를 제수 받았다.

박진의 자는 명보(明밝을 명 甫클 보)이니, '시원시원한 기질이라 선뜻 받아준다' 는 의미로 풀이할 수 있다.아니면, '빛이 아주 밝아 뭇생명이 모여든다' 는 의미로도 해석해 볼 수 있다.

하여튼, 늠름하지만 아직 어려 보이는 적장을 흔쾌히 맞아들여, 말 그대로 제 2의 조국인 조선을 위해 충성을 다하게 한 인물에게 잘 어울리는 이름이고 자인 듯하다.

그는 일본인 사야가에 대해 분명히 용력이 대단하고 인품이 괜찮아 보이니 잘 쓰면 큰 공을 세울 인물이라는 식으로 조정 대신들과 임금에게 보고했을 것이다.

김충선에게 딸을 준 그의 장인의 이름은 진주 목사를 지낸 장춘점(春봄 춘 點점 점)은 '봄에 찾아온 사람을 점찍어' 사위로 맞이했으니 그야말로 이름대로 된 셈이다.

사야가 즉 김충선은 1592년 4월 18일 제 2군 가토 기요마사(가등청정으로 부름)이 이끄는 제 2군의 2만 2천의 병사중 3천명을 지휘하는 선봉장으로 부산에 상륙했으니,장인의 이름대로 봄에 점찍어 둔 사람이었던 셈이다.

당시 첫 번 째로 4월 13일 부산에 상륙한 제 1군은 1만 8천 명으로 고니시 유키나가 즉,소서행장小西行長이 대장이었고, 제 3군은 1만 1천 군사로 구로다 나가마사 즉, 흑전장정黑田長政이 대장이었다.

다음으로는 1628년(인조 6년)에 일본으로 가던 중에 제주도에 표착

漂着한 朴淵박연, 혹은 燕연을 들 수 있다.

그는 네덜란드 사람으로 본명이 **J. J. Weltevree**인데, 동료들(히아베르츠, 피에테르츠)과 물을 구하러 배에서 내렸다가 그만 붙들리고 말았다.

세 사람은 서울로 압송되어 훈련도감에서 신기술과 신지식을 전수하는 역할을 맡았었다.

병자호란 때는 셋이서 출전하여 둘은 전사하고 박연만 살아남았다. 그때 그는 생포된 왜구를 감시하고 통솔하는 일을 맡았었다. 또한 1653년(효종 4년)에 일본 나가사키 즉 장기長崎로 가던 중에 제주도에 표착한 하멜(Hendrik Hamel)*을 비롯한 36명의 네덜란드 선원들을 서울로 호송했다.

조선 여자와 결혼하여 남매를 기르며 조선인으로 살았으니, 그는 아마도 조선 땅을 좋아하며 어디서 살든 세계는 하나가 아닌가 라는 생각을 지니고 있었을 것이다.

*하멜 : 13년간 억류생활을 하다가 1666년 현종 7년, 동료 7명과 탈출하여 1668년에 귀국. 『하멜 표류기』등을 출간하고 1672년에 타계

박연(淵연못 연, 혹은 燕제비 연)의 이름에는 '많이 모여드는 곳'이란 뜻이 들어 있다. 그리고 '燕연'에는 편안하다는 의미도 들어 있다.

네덜란드인 벨테브레 즉, 박연은 자신이 조선에 도착하여 살게 된 것을 자신의 운명으로 받아들였을 수도 있다. 탈출하려고 온갖 위험을 무릅쓰지 않고 오히려 편안하게 생각하며 되도록 이역만리 머나먼 이국땅의 문물을 적극적으로 즐기고자 노력했을 것이다.

李元鎭이원진(여주 이씨)은 제주 목사였는데 우연히 하멜 일행을 심문하고 서울로 압송시킨 인물이다.

그는 이미 젊은 날에 광해군이 계모 인목대비를 폐출하고자 할 때 극구 반대하다가 왜란 종료 후와 광해군 즉위 시에 영의정을 지낸 李元翼이원익(1547-1634; 전주 이씨)과 함께 귀양을 갈 정도로 패기만만

하고 의협심이 강한 사람이었다.

박연이 동료 두 사람과 같이 훈련도감에서 명나라의 홍이포紅夷砲(혹은 불랑기라고도 불렸음)를 제작하고 있을 때, 영의정을 지낸 노 대감 이원익과 어떤 식으로든 인연이 닿았을 것이다.

이원익 대감이 병자호란 발발 2년 전, 87세로 죽기 전에 훈련도감訓鍊都監(5군영 중 가장 먼저 설치됨. 훈국으로도 부름) 도제조都提調(정1품)를 마지막으로 관직생활을 접었으니, 훈련도감에서 무기 제작을 돕다가 병자호란에도 참전했던 박연을 왜 몰랐겠는가.

박연과 직, 간접으로 인연이 있었던 제주 목사 이원진(元으뜸 원 鎭진압할 진)의 '소란을 억눌러 고요하게 한다' 는 이름 뜻에서 문제 해결사로서의 그의 소임을 짐작해 볼 수 있다.

자는 승경(昇오를 승 卿벼슬 경)으로 '높은 벼슬에 오른다' 는 뜻이니, 광해군 때부터 두각을 나타내기 시작한 그의 강직한 인품과 뒤로 쳐지거나 애매모호하게 어영부영하지 않고 화끈하게 앞장서는 그의 적극적인 기질을 엿볼 수 있다.

그는 인조반정 이후 새롭게 벼슬길을 열기 위해 36세의 나이로 별시문과別試文科*에 급제하고 동래 부사로 부임했다.

이원진의 아호인 태호(太클 태 湖호수 호)는 '큰 호수' 를 의미하니 실로 신기하기까지 하다. 큰 호수란 곧 바다인 셈이 아닌가.

그는 이미 자신의 아호에서 바다 건너 큰 섬에서 목민관 노릇을 하고 싶은 소망을 암시하고 있다.

환갑을 앞둔 나이로 자그마치 36명의 백인 선원들을 국가 재산으로 올려놓았으니, 자신의 말년 관운에 커다란 느낌표를 하나 더 추가해 놓은 셈이다.

그때까지 조선이 모르고 있던 새로운 문물과 온갖 지

*별시문과 : 초시, 전시 두 단계가 있는데 초시初試에서는 보통 3백 명에서 6백 명을 선발했고 殿試에서는 보통 3명에서 30명까지 선발했음. 別試는 문과, 무과가 있는데 이미 과거를 보고 당하관堂下官(정3품 이하의 벼슬로 문관은 통훈대부通訓大夫 이하, 무관은 어모장군禦侮將軍 이하에 해당) 벼슬에 오른 이들을 위해 격려차원에서 특별히 치르던 부정기 시험에 해당함.

식정보들을 그들을 통해 채집할 수 있었을 테니 조선으로서는 실로 크나큰 수확이요, 횡재였을 것이다.

이원익(元으뜸 원 翼날개 익) 대감의 이름 뜻은 '앞장서서 돕는다' 는 의미로 풀어볼 수 있다. 자는 공려(公공변될 공 勵힘쓸 려), 아호는 오리(梧오동나무 오 里마을 리)이다. '다들 보는 앞에서 정정당당하게 노력한다' 는 자의 의미에서 자신의 능력과 자질에 대한 자신감을 읽을 수 있다. 또한, '무엇을 하든 나라를 위해 힘쓴다' 는 의미로도 해석될 수 있다.

즉, 공과 사를 구분하되 언제든 사사로운 잇속보다 공적인 이익에 더 비중을 둔다는 뜻이다. 공인정신과 공인으로서의 자세를 명명백백하게 내세운 셈이다.

'향리에 묻혀 깨달음을 얻는다' 는 아호는 여러모로 이원익 대감 자신의 생애를 암시한다. 남들 같으면 벌써 은퇴하고 낙향했을 나이인 77세의 노구로도 그는 이괄의 난으로 임금(인조)이 공주로 피신하자 자청하여 호종했다.

80세 때 겪은 정묘호란(1627년)으로 후금後金의 무서운 상승세를 직감한 노 대신은 스스로 원하여 훈련도감 도제조를 맡아 자주국방의 원대한 프로젝트를 앞장서서 추진했다.

향리로 돌아가 더 좀 깊이 깨닫기를 바라던 노 대신의 간절한 소망이 그의 아호 속에 일찍부터 담겨져 있었던 셈이다. 그는 결국 여든을 훨씬 넘긴 고령으로 낙향하여 여생을 향리에서 더 좀 깊이 깨달으며 보낼 수 있었다.

마흔에 孔有德공유덕 등 명나라 반도叛徒를 토벌한 공로로 명나라로부터 총병總兵 벼슬을 받고, 49세에 명나라로 망명했던 林慶業임경업(1594-1646)이야말로 진정한 세계인이었다고 보아야 할 것 같다. 그는 철저한 친명배청親明排淸의 소신파였기 때문에 심양에 도읍지를

*청나라 : 1636년 내몽고의 대원제국을 멸망시키고 옥새를 차지한 청 태종이 후금에서 '大淸'으로 국호 변경

정한 청나라*에서는 위험인물 제1호로 지목했지만, 명나라에서는 그를 조선의 최고의 우군友軍으로 극진히 대접했다.

그러나 명나라는 1664년에 李自成이자성이 이끄는 농민 반란으로 북경이 점령되자 명의 마지막 황제인 의종毅宗이 자살함으로써 명의 시대는 실질적으로 끝났다. 한편, 반란군 괴수인 이자성은 순치제가 호북으로 몰아내 활로 쏴 죽였다.

임경업이 명과 청 사이에서 한창 이른바 셔틀(shuttle) 외교에 분주할 때, 중국 대륙은 지는 제국 명나라에서 떠오르는 제국 청나라로 급격히 옮겨가고 있던 전환기였다. 그가 42세에 겪은 병자호란(1636년)을 분수령으로 중국 대륙의 역사는 완전히 다시 씌어지고 있었다.

49세(1643년)로 그가 망명하기로 결심했던 명나라는 이미 전국 도처에서 일어난 농민의 반란으로 그 주춧돌부터 급격히 허물어져 가고 있었던 것이다. 이듬해에는 북경을 청나라 황제가 지배하게 될 정도로 명의 시대는 완전히 막을 내리고 있었다.

즉, 지역별 지배자들인 '3번藩'을 중심으로 한 명나라 지배 계급이 청나라와 강화를 맺고 농민 반란군 괴수 이자성에게 점령된 북경을 함께 탈환하자고 했던 것이다.

*순치제 : 청 태종의 9남으로 5세에 즉위하여 23세에 1661년에 퇴위 후 출가
*강희제 : 7세에 즉위하여 1722년까지 61년간 통치

이에 청의 3대 황제인 순치제順治帝*는 합법적으로 북경을 차지하게 되었다. 그 후 청나라는 순치제의 3남이 강희제康熙帝*가 되어 명의 마지막 왕인 영명왕永明王을 미얀마에서 붙잡음으로써 중국통일을 완수하였다.

임경업은 겉으로는 청나라에 복종하는 듯하면서도 뒤로는 명나라와 늘 내통했다. 그러한 그의 행적을 조선 조정의 친청親淸 세력들이 모를 리 없었다.

그는 청에 붙잡혔으나 금교역金郊驛에서 구사일생으로 탈출에 성공했다.

인조반정의 1등 공신인 李貴이귀(1557-1633)의 사위 金慶餘김경여(1596-1653)는 대간臺諫에 임명했음에도 여러 차례 거절하여 금교역에 유배되었다 풀려난 적이 있었다.

하여튼, 임경업이 청나라에 붙잡혀 옥살이 하게 되자 그의 사랑하는 아내(정경부인 전주 이씨)와 가족 또한 꼼짝없이 청의 포로가 되어 감옥에 갇히고 말았다. 결국 그의 부인은 남편에게 욕보일 수 없다며 칼을 뽑아 자살하고 말았다.

임경업의 명나라 망명 뒤에는 그의 행적에서 유래된 이러한 개인적 비극이 숨겨져 있었던 것이다. 잠시나마 그는 국제적 미아가 되고 말았던 것이다. 그는 결국 명나라 군사를 이끌고 청나라를 공격하는데 앞장섰다가 마침내 청의 포로가 되고 말았다.

임경업의 운세는 이미 30세를 넘어서자마자 서서히 꺾이기 시작하고만 것 같다.

30세에 이괄의 난(1624년 인조 2년)이 일어나자 정충신의 휘하에 들어가 난을 진압하는데 혁혁한 공을 세우고 진무원종振武原從공신 1등에 책록되었을 때가 일생의 피크 타임이었다.

이후 33세에 일어난 정묘호란(1627년)에서나, 42세에 일어난 병자호란(1636년)에서도 변변히 공을 세우지 못했다. 정묘호란 시에는 좌영장左營將으로 급히 강화도로 달려갔으나 이미 화의가 맺어진 직후라 할 일 없이 주저앉아야 했다.

또한 9년 뒤의 병자호란 시에는 백마산성에서 청나라 군대의 진로를 차단하고 원병을 요청했지만 임진강 이북의 국방을 책임지고 있던 김자점이 물밀 듯이 몰려오는 청나라군대의 위세에 눌려그만 방어할 생각을 아예 하지 않았기 때문에 혼자서 어떻게 해 볼 도리가 없었다.

북방 방어의 총책임자인 김자점이 청나라 군대의 거침없는 남진이 가능하도록 길을 터 주었기 때문에 자신이 39세에 수축한 백마산성과 의주성마저도 자연히 용도 폐기되고 말았던 것이다.

이로써 남한산성이 포위되고 마는 단초를 제공했기 때문에 그도 상관의 역적질을 막지 못한 대역죄를 짓고 만 셈이었다. 그저 주먹으로 가슴을 치며 분통을 터뜨릴 수밖에 없었다.

30세 이후 꺾이기 시작한 그의 운세는 마침내 그의 가족에게도 참극을 불러오고 말았고, 자신에게도 죽음의 그림자를 짙게 드리우고 말았다.

명나라에 망명하여 청나라 군대와 싸우다가 원수 같은 청나라의 포로가 되고 말았는데 갑자기 역적모의에 가담했다는 오해를 받게 되었던 것이다. 김자점을 중심으로 한 친청파 세력들이 임경업 같은 배청排淸, 반청反淸의 기수들을 제거하고자 일을 꾸몄을 수도 있지만, 하여튼 역적모의에 가담한 일로 조선 조정으로 끌려와 조사를 받게 되었다.

일개 유생 신분으로 인조반정에 가담하여 반정의 1등 공신에 책록된 후 파격적 승진을 거듭하던 沈器遠심기원(1587-1644)에게 역모죄가 덮어씌워지고 심기원을 상관으로 섬기고 있던 숱한 장수들이 조사를 받는 사건이 터지고 말았던 것이다.

심기원은 36세에 인조반정의 1등 공신이 된 이후 이괄의 난 때는 세자를 수행하여 공을 세우고, 정묘호란과 병자호란 때는 무장으로서 공을 세웠으니, 그는 확실히 난리와 사건 속에서 벼락출세의 길을 다졌던 셈이다.

55세에는 삼정승에 올라 입신양명의 최정점을 정복했다. 56세에 청나라에 다녀온 후 이듬해인 57세 때는 좌의정으로서 남한산성

수어사를 겸직하고 있었다. 자연히 장수들과 시간을 보내며 국제 정세와 조정의 은밀한 소문들을 두고 토론이 활발했을 것이다.

정적의 예리한 염탐질이 이런 사정을 그냥 놓아둘 리가 만무했다.

심기원이 수하의 여러 장수들을 꼬드겨 회은군懷恩君 德仁덕인을 추대하는 역모를 꾀하고 있다는 소문이 나돌 수밖에 없었다.

지사를 지낸 李一元이일원과 광주부윤 權憶권억 등이 심기원과 함께 모의한 사실을 심기원의 부하인 黃瀗황헌, 李元老이원로 등이 훈련대장 具仁厚구인후에게 밀고하여 사건이 드러나고 말았던 것이다.

심기원의 역모사건은 李厚源이후원* 등에 의해 신속히 마무리되었다.

역모에 가담한 이들을 모두 처형하고 추대의 대상이 되었던 회은군은 사사되었다.

*이후원 : 1598-1660; 세종의 5남인 광평대군의 7세손. 인조반정 3등 공신. 효종의 북벌계획에 참여하여 전함 200척 준비. 우의정으로 송시열을 이조판서에, 송준길을 병조판서에 기용함

이 때가 1644년으로, 역모의 우두머리로 지목된 심기원은 57세였고, 사건을 해결한 이후원은 46세였다. 한 사람은 50대 후반에 죽을 운명에 처하고, 다른 한 사람은 40대 후반의 나이로 나라를 혼란스럽게 하는 또 하나의 역모 사건을 처리하며 권력의 무상함을 뼈저리게 느꼈을 것이다.

권력의 모닥불을 향해 날아들다 지지직거리며 타 죽고 마는 숱한 야망꾼들을 지켜보며 권력과 인간의 그 묘한 관계를 속속들이 알게 되었을 것이다.

2년 후, 임경업도 역모에 가담했다며 청나라에 포로로 잡혀 있는 국제 미아인 그를 청나라 감옥에서 서울로 압송했다. 그때 임경업의 나이는 52세였다. 조사를 받는 중에 김자점의 밀명을 받은 형리刑吏가 고의적으로 꽁꽁 묶인 채로 정신을 잃고 있는 임경업을 마구 때려 결국 장살杖殺시키고 말았다.

모든 일을 뒤에서 조종한 김자점은 그때 58세로 영의정의 자리에 앉아 있었다. 그는 청나라의 후광을 업고 있는 막강한 영의정으로 실로 무소불위 권력을 휘두르고 있었던 것이다.

하지만 그 막강한 김자점도 임경업이 죽은지 5년 후에 아들 金鋈김익과 손자 金世龍김세룡*의 역모에 얽혀 63세로 처형되고 말았다.

그와 함께 아들과 손자도 처형되고, 손자며느리(인조의 후궁 조귀인의 딸인 효명옹주)는 유배되고 손자며느리의 친정 어머니 조귀인趙貴人은 사사되었다.

임경업(慶경사 경 業업 업)의 이름 뜻은 '기뻐할 일을 만든다' 이니, 52세로 매 맞아 죽을 때까지 아주 특이한 역정을 밟으며 명나라와 청나라, 그리고 조선 땅을 오갔을 것이다. 그저 가만히 죽치고 앉아 차려주는 밥이나 먹고 있을 팔자가 아니었던 것이다. 조용히 물러나 채마밭이나 일구며 책이나 읽고자 하는 그런 목가적이고 은둔적이지 않았다는 말이다.

망해 가는 명나라 편을 들어 생고생을 했지만 그가 만일 명나라 융성기에 태어났더라면 아마도 조선 땅에서도 결코 무시할 수 없을 정도로 막강한 영향력을 발휘할 수 있었을 것이다.

임경업의 자는 영백(英꽃부리 영 伯만 백)인데, '영웅 중의 으뜸' 이라는 의미로도 풀어볼 수 있다. 또 '꽃부리 英' 에는 열매가 열리지 않는 꽃이라는 의미도 있으니, 우두머리가 되고자 노력했으나 헛수고로 끝나고 말았다는 식으로 좀 엉뚱한 해석을 붙여 볼 수도 있을 것이다.

고송(孤외로울 고 松소나무 송)이라는 그의 아호가 참으로 특이하다. '외로운 소나무' 라는 의미에서 그의 말년이 얼마나 처절하고 고독할 것인가를 어렴풋이 짐작해 볼 수 있다. 그는 자신의 아호대로 가족마저 야만족(청나라)에게 붙잡혀 있었던 탓에, 매 맞아 죽은 그의 주검을 정성 들여 거두어 묻을 가까운 핏줄이 남아있지 않았다.

이름이나 자에서는 그의 용맹과 웅비하고자 하는 원대한 포부를 읽을 수 있고, 아호에서는 그의 처참하고 외로운 말년과 쓸쓸한 죽음을 내다볼 수 있다.

그는 결국 '스스로 점을 찍어 불가능을 가능하게 만든다'는 뜻을 지닌 金自點김자점의 음모에 의해 목숨을 잃고 말았던 것이다.

임경업은 실로 전설적인 코스모폴라이트(cosmopolite)였다. 그가 32세부터 34세까지(1626년 5월부터 1628년 3월까지) 군수로 있었던 낙안에서는 하룻밤 사이에 낙안성을 쌓은 신출귀몰한 기인奇人으로 소문나 있었다.

그가 47세 되던 해(1641년)에는 명나라 장사가 자기 나라 화가를 데리고 조선에 와서, 명나라 황제에게 보여드릴 장군의 모습이 필요하다며 그의 모습을 화폭에 담아가기도 했다. 그는 확실히 여러 모로 조선의 가장 대표적인 '세계인'이었던 것이다.

17 | 조선에 신문이 있었다면 사회면을 채웠을 이름들

특히 이이첨의 횡포가 극심하여 그는 자기 무리들에게
아예 시험 볼 제목을 미리 알려주고 자기 무리들에 속한 이들만
합격시키곤 했다. 이를 눈치 챈 유생들이 시험 장소에서 데모를 하여
다들 보따리 싸들고 퇴장하는 소동이 벌어지기도 했다.

인조반정으로 광해군의 폭정이 막을 내렸지만, 반정이 성공적으로 끝나기 전에 거사계획을 미리 누설했던 이가 있었다. 자칫 잘못했으면 거사 날짜를 변경하거나 아니면 계획 자체를 완전히 바꿔야 했을 뻔했다.

崔鳴吉최명길(1586-1647)이 점을 쳐 잡아준 날짜(1623년 3월 21일)는 여러모로 상서롭고 크게 길한 날짜였던 것이다.

반정 계획은 예정대로 결행되어 대성공을 거두고 폭군 대신 새임금(능양군; 인조)을 세울 수 있었다. 이로써 광해군을 감싸며 악정에 협력한 이이첨, 정인홍, 이위경 등 수십 명이 참수되고 많은 이들이 귀양을 갔다. 그리고 반정에 앞장선 33명은 정사공신靖社功臣에 책록되었다.

거사 계획을 누설하여 자칫 잘못했으면 반정 자체를 수포로 돌아가게 할 뻔했던 이는 李而𣴵이이반이다.

이반(而말이을 이 𣴵나눌 반)이란 이름은 '말을 퍼뜨려 남에게 알린다'는 의미인 셈이다. 문자 그대로 말을 이어 남에게 나눠준다는 이름

뜻이 참으로 기가 막히다. 그는 결국 이름대로 비밀을 누설했다가 반정 주체세력들에게 붙잡혀 죽거나 병신이 되었을 것이다.

광해군이 왕으로서 보여준 그 마지막 모습이 참으로 코믹하다.

1623년 3월 21일 밤에 궁궐에서 도망쳐 나와 의관醫官 安國臣안국신의 집에 숨어 있다가 반정 세력에게 생포되었던 것이다.

광해군의 이름은 琿혼으로 '아름다운 옥'이라는 뜻이다. 옥이니 아마도 숨어 있을 수밖에 없고 어딘가에 묻혀 있어야 될 팔자였던 모양이다.

그는 33년간이나 왕궁에 묻혀 있다가 15년간 왕 노릇을 했다. 48세에 왕궁에서 쫓겨난 후 강화도와 제주도로 유배지를 바꿔가며 18년을 섬 주민으로 살다 66세로 죽었다. 흙 속에 묻혀 남의 눈에 띄지 않아야 할 정도로 특이한 옥돌이었던 모양이다. 그의 부인인 유씨(판윤 유자신의 딸)는 원래 몸이 약했는지 아니면 치욕감으로 인한 스트레스가 너무 컸던지 강화도로 쫓겨나던 해에 죽고 말았다.

도망쳐 나온 왕을 잠시 숨겨 준 안국신(國나라 국 臣신하 신)은 자신의 이름 뜻대로 나라의 실질적인 주인인 임금을 모신 신하가 되었던 것이다. 그것도 홀로 왕을 붙들어 앉혀놓고 있었으니 실로 굉장한 기회였지 않았겠는가.

반정이 실패로 끝났더라면 그는 아마도 특등 공신에 올라 여생을 떵떵거리며 살았을 것이다. 어쩌면 중인 신분인 의관에서 처음으로 정승에 올라 가문을 빛낼 수도 있었을 것이다.

韓浚謙한준겸(1557-1627)이란 이는 유배지에서 중추부지사 겸 5도 도원수를 맡아 국경을 수비하게 되었던 인물이다.

광해군을 몰아내고 임금이 된 인조의 장인이기도 하지만, 그가 유배지에서 높은 관직을 받고 어명에 의해 국경을 수비한 일은 광해군 시대에 있었던 일이다.

경성판관을 지낸 韓孝胤한효윤의 아들로 풍채가 늠름하고 기질이 호방하여 주위 사람들의 신뢰와 칭송을 듬뿍 모았다고 한다.

하지만 56세에 목숨을 잃을 뻔한 일이 터지고 말았었다.

광해군은 31세나 연하인 이복동생 영창대군을 본능적으로 미워했다. 아마도 자신의 위치가 수시로 흔들렸던 과거의 경험 때문에 제 주변을 완벽하게 만들어놓아야 한다는 중압감을 지니고 살았을 것이다. 한 살 위인 큰 형(임해군) 때문에 세자나 왕이 된다는 것은 꿈도 꿀 수 없었다. 그러나 난리 통에 인물 난다는 옛말처럼 갑자기 임진왜란이 터지자 여러 가지가 불안해진 아버지(선조)는 부랴부랴 광해군을 세자로 책봉했던 것이다. 선조는 40세, 의인왕후 박씨(반남 박씨)는 37세였다. 광해군은 결국 17세에 18세인 형을 제치고 마침내 세자가 된 것이다.

하지만 전쟁 중이라도 명나라의 재가가 필요한 일이라 1594년에 윤근수를 보내 '광해군을 세자로 책봉했으니 부디 승낙하소서' 라고 간청했다. 하지만 명나라 조정은 큰 아들 임해군이 엄연히 살아 있는데 무슨 뚱딴지같은 소리냐며 거절했다.

어디 그 뿐인가. 선조가 병이 위중하여 세자인 광해군에게 왕권을 물려주노라며 선위禪位교서를 내렸다. 그런데 영의정 柳永慶유영경이 그 교서를 살짝 감추고는 꿀 먹은 벙어리 행세를 했다. 결국 광해군을 옹립한 대북파의 우두머리격인 鄭仁弘정인홍이 눈치로 때려잡고 유영경의 엉큼한 수작을 밝혀냈으니 망정이지, 아차 잘못했으면 한 순간에 모든 꿈이 물거품이 될 뻔했던 위급한 순간이었다. 그가 33세 때에 일어난 일이다. 유영경은 58세였고, 정인홍은 73세였다. 이 일로 형인 임해군은 강화도로 귀양가고 유영경은 사사되었다.

만일 그 누구라도 광해군이 눈엣가시처럼 여겨 못 잡아먹어 안

달을 하는 이복동생 영창대군과 한편으로 찍히면 쥐도 새도 모르게 죽을 판이었다. 그런데 무슨 조화인지 한준겸이 바로 영창대군을 후원하는 대부들' 중의 한 사람으로 지목 당하게 되었던 것이다.

그나마 귀양을 가게 되었으니 망정이지, 아차 잘못 했으면 꼼짝없이 죽을 뻔했다. 일단 임금과 그 측근들의 블랙 리스트에 올라가면 꼼짝없이 죽게 되는 것이, 바로 증명이 필요 없는 공리公理였다.

광해군의 비위를 맞추며 실세 역할을 하던 이이첨 등이 선조 임금이 죽기 전에 일곱 대신들을 은밀히 불러 ' 어린 영창대군을 끝까지 잘 보호해 주시오 '라고 간절히 부탁했다고 광해군에게 일러바쳤던 것이다.

한준겸은 소위 그 유교7신遺教七臣 중의 한 사람으로 찍히고 말았던 것이다. 단순히 찍히고만 것이 아니라, 아예 사형수 명단에 올라있던 朴應犀박응서*를 협박하여 한준겸을 '유교7신'으로 몰아 죽이라고 말했던 것이다.

*박응서 : 영의정 박순의 서자로 귀족의 서자들과 '강변7우' 를 형성

주위에서 누군가가 붙잡혀 온 그에게 귀엣말로 연흥군延興君을 모른다고 하면 살 길이 열릴지 모른다고 하자 그는 죽고 사는 것은 천명天命이니 남을 팔아서 스스로 위기를 벗어나는 짓은 하지 않겠다고 말했다.

그는 결국 충주, 여주 등지를 돌며 유배생활을 해야 했는데, 자그마치 그 험난한 세월이 8년 이상이나 계속되었다. 그런데 웬일인지 폭군 광해군이 귀양 가 있던 그를 중추부지사 겸 5도 도원수로 임명하여 국경을 튼튼히 수비하라고 지시했다. 아마 한준겸의 강직하고 용맹스러운 성정을 인정했던 모양이다.

그가 66세에 사위가 새 임금이 되고 자신의 딸은 인열왕후가 되었지만 더욱 몸가짐에 조심하였다고 한다. 그리고 67세 때에 이괄

이 난을 일으키자 그는 노구를 이끌고 사위인 왕을 공주로 호종했다. 죽던 해에 정묘호란(1627년)이 발발하자 그는 70세로 소현세자를 전주로 배종陪從했다. 그는 결국 그 해 7월 17일에 타계했다.

한준겸(浚깊은 준 謙손할 겸)의 이름에 들어가 있는 '깊을 浚준'에는 '남의 것을 빼앗다'라는 의미도 들어 있다. 이름 탓인지 그는 박응서라는 날강도의 엉뚱한 고발로 하마터면 죽을 뻔했다. 결국 8년여의 유배생활로 이어지게 되었지만 56세부터 64세까지의 귀양생활은 거의 지옥을 헤매는 고통이고 좌절이었을 것이다. '깊다'라는 뜻의 浚준이라는 이름 속 글자로 인해 그는 정말 끝을 알 수 없는 나락으로 떨어졌다가 구사일생으로 살아났던 것이다.

익지(益더할 익 之갈 지)라는 자는 '유익을 끼친다'는 의미인데 그는 어디를 가나 백성들을 위해 반드시 뭔가를 하나 정도를 완수하고 돌아왔다. 가례家禮와 소학小學을 한글로 번역하여 백성에게 나눠주기도 했고, 의례儀禮를 모방하여 향음주례鄕飮酒禮와 향사례鄕射禮를 제정하기도 했다.

유천(柳버들 유 川내 천)이라는 아호는 '버드나무 우거진 개천'이란 뜻이다. 더위에 지친 이를 쉬게 해 주고 마음 상한 이에게 안식을 주는 고상한 인품임이 그의 아호에서 물씬 풍겨난다.

아니면, 임진, 정유의 왜란이 끝난 후 관찰사, 체찰부사, 안찰사로서 경상도를 돌아보며 鄭仁弘정인홍(1535-1625)의 집 앞을 누차 그냥 지나쳤다가, 그의 무리에게 모함을 받아 파직되어 낙향했을 때와, 50대 후반부터 60대 중반까지 귀양생활을 한 것이, 그런 한가로운 의미를 지닌 아호로 미리 암시되었던 것인지도 모를 일이다.

權鞸권획(1568-1638)이란 이는 광해군 시대의 세도가인 李爾瞻이이첨(1560-1623)과 대단한 악연이 있었던 모양이다.

광해군 시절에는 모든 것들이 엉망진창으로 타락해서 과거시험

마저도 엉터리였다. 실세인 朴承宗박승종(1562-1623), 이이첨, 許筠허균 (1569-1618.8), 曺倬조탁(1552-1621) 등이 고시관이 되어 저희의 아들, 조카, 사위 등을 편법으로 합격시키곤 했다. 이 일로 허균이 귀양가고 그의 조카가 합격자 명단에서 삭제될 정도로 당시의 과거시험은 이미 그 권위를 잃고 있었던 것이다.

특히 이이첨의 횡포가 극심하여 그는 자기 무리들에게 아예 시험 볼 제목을 미리 알려주고 자기 무리들에 속한 이들만 합격시키곤 했다. 이를 눈치 챈 유생들이 시험 장소에서 데모를 하여 다들 보따리 싸들고 퇴장하는 소동이 벌어지기도 했다. 시험관들이 사정사정하여 몇 사람만 남아 시험을 보게 되었다니, 참으로 희극적인 풍경이 아닌가.

권확은 이를 한탄하며 권신 중의 괴수인 이이첨을 공격하기로 했다. 그가 43세의 나이로 별시 문과에 합격하여 검열檢閱(정9품)에 천거되었으나 이이첨이 기각하여 수포로 돌아가고만 일이 있었다. 그는 이이첨의 아들인 李弘燁이홍엽이 대리시험으로 과거에 급제한 일을 폭로하고 말았다.

하지만 이이첨의 위세가 워낙 하늘을 찌를 듯했기 때문에 도리어 그가 파면당하고 말았다.

성질 깐깐한 권확은 결국 인조반정 이후 빛을 보기 시작하여 50대 후반부터는 나름대로 잘 나가게 되었다. 58세에 길주 목사, 61세에 승지가 되었고, 64세 때는 좌부승지, 동부승지에 올랐다.

권확(鑊가마솥 확)의 자는 사중(士선비 사 重무거울 중)이고 아호는 석계(石돌 석 溪시내 계)이다.

이름이 '다리 없는 큰 솥단지로 고기 삶는 데 쓰이는 가마솥'이니, 일단 성격이 매우 화통하고 급했을 것이다. 성질이 급한 탓에 자에는 일부러 '신중한 선비'라는 의미를 넣었을 법하다. 성질이 워낙 급하고 격한 탓에 무게를 더해 주는 '무거울 重중' 자를 넣었을 것이다.

아호는 '산골짜기를 흐르는 계곡 물에 잠겨 있는 돌멩이'를 의미한다. 다시 한 번 무게를 더 실어준 셈이다. 결국 그의 급하고 깐깐한 기질은 '무거울 重중'과 '돌 石석'으로 어느 정도 억제되어, 수차례 파직되고 복직되는 어려운 고비를 겪으면서도 목숨을 잘 부지하며 나름대로 입신양명할 수 있었을 것이다.

선비의 중후함을 뜻하는 士重사중이라는 자, '계곡 물에 푹 잠겨 있는 큰 돌멩이'임을 의미하는 石溪석계라는 아호로 그는 가마솥처럼 펄펄 끓어오르는 심정을 가까스로 다스릴 수 있었을 것이다.

1623년 3월 21일, 광해군이 쫓겨나고 능양군이 새 임금(인조)이 되자 부자가 자결한 사건이 있었다. 손녀가 광해군의 세자빈인 탓에 그와 그의 아들은 물론이고 그의 일족(밀양 박씨)이 모두 크게 호강했다. 그는 인조반정이 성공했다는 소식을 듣자마자 '폭군 아래서 오랫동안 호강한 것이 바로 죄라면 죄다'라며 아들과 함께 목을 매달아 자결했다.

朴承宗박승종(1562-1623)이란 자가 바로 그 사람인데 일찍이 병조판서와 중추부지사를 지낸 朴啓賢박계현(1524-1580)의 손자였다. 할아버지 박계현은 30대 후반의 나이에 당시 나는 새도 떨어뜨린다는 권세가였던 尹元衡윤원형* 집안의 청혼을 딱 부러지게 거절할 정도로 빳빳한 선비였다.

박승종 자신도 이이첨과 이이첨의 사주를 받은 尹訒윤인(인조반정 후 주살됨) 등의 끈질긴 인목대비 폐출 작전을 앞장서서 반대할 정도로 나름대로 깐깐했던 사람이다.

박승종(承받들 승 宗마루 종)의 이름 뜻은 '남을 섬겨 그 덕으로 윗자리에 올라 선다'이니, 아마도 큰 변화보다는 가능한 한 있는 자리

*윤원형 : 중종의 제2계비인 문정왕후의 친정 동생으로 명종 임금의 외삼촌. 1563년에 영의정 지냄

에서 안주하려는 성격이었을 것이다.

하지만 그래도 배운 선비이고 꽤나 괜찮은 집안의 후손이었으니, 경우에 벗어난 일이나 천륜과 인륜을 일탈한 행동은 극구 거절했을 것이다. 평온한 태평성대에서는 아무 탈이 없을 운세이지만 광해군 같은 폭군을 만났을 경우에는 이래저래 그 혼탁한 흐름에 휩쓸릴 수밖에 없었을 것이다.

61세의 나이에 중년을 넘긴 자식과 함께 자결을 할 정도로 양심의 고통을 심히 느꼈다면 그 자신도 광해군의 폭정이 과연 어떠했던가를 익히 잘 알고 있었다는 말이 아닌가. 스스로 잠시 편히 지내기 위해 온갖 더럽고 치사한 짓을 일삼았다고 생각했던 셈이다.

박승종의 자는 효백(孝효도 효 伯맏 백)이고 아호는 퇴우당(退물러날 퇴 憂근심할 우 堂집 당)이다.

'효성스럽다'는 자나 '근심을 없애려 멀찍이 물러선다'는 아호의 의미가 실로 심상치 않다. 그는 자신의 자나 아호에서 묻어나는 의미처럼 '조상의 명예에 먹칠하지 않기 위해 스스로 목숨을 끊자, 죄인으로 처형당해 멸문지화를 당하느니 차라리 스스로 죄 값을 치르자'는 결심에서 중년의 자식과 함께 목을 매달아 숨을 스스로 끊었을 것이다.

그의 유별난 효심은 결국 스스로 죽어 조상의 명예를 구하고 후손의 목숨을 건지는 데로 귀결되고만 것이다. '물러나 근심을 없앤다'는 아호의 의미대로 그는 스스로 마지막 순간을 결정하여 타인에 의한 이런 저런 간섭과 시시비비를 아예 원천적으로 없애고 모든 근심과 후환을 한꺼번에 몽땅 거둬들인 것이다. 그는 아마도 자신의 말년이 아주 비참할 것임을 대강 짐작하고 살았던 것 같다.

병자호란(1636년)으로 조선이 청에 항복하자 청은 당연히 11개의 조항을 요구했다. 그 중에 세자와 다른 왕자 그리고 대신들의 적자

*소현세자 : 1612-1645; 1645년에 귀국하여 2개월 안에 갑자기 죽음
*봉림대군 : 1619-1659; 1645년 귀국하여 인조의 붕어 후 1649년에 효종으로 즉위

를 인질로 보낸다는 조항이 들어 있었다. 왕은 항복조건대로 25세의 소현세자*와 18세의 봉림대군*을 먼저 떠나게 했다.

그리고 이듬해(1638년)에 대신들의 적자를 보내게 되었는데 혹자는 적자를 뒤로 빼돌리고 대신 첩 자식이나 먼 친척을 보냈다. 가짜 인질을 보낸 사건이라 해서 이를 '가질假質 사건'이라 불렀다.

결국 이런 속 보이는 사기극은 1640년에 모조리 들통이 났는데, 申景禛신경진(1575-1643; 1642년에 영의정 지냄)은 얼손孽孫을 보내고 沈悅심열(1569-1646; 1643년에 영의정 지냄)은 서자를 보낸 것으로 드러났다.

이 일로 영의정 최명길과 이조판서 李景奭이경석(1595-1671)이 파면되고, 병조판서 李時白이시백(1581-1660), 李貴이귀(1557-1633)의 아들, 李時昉이시방(1594-1660)의 형과 전 판서 洪寶홍보(1585-1643), 南以恭남이공(1565-1640)은 귀양을 보냈다.

사람을 바꿔 보내 이른바 국제 협약을 어긴 신경진과 심열은 과연 어떤 사람들인가.

인질을 엉뚱한 사람으로 바꿔치기 했는데도 그 둘은 앞서거니 뒤서거니 하며 영의정을 지냈다. 신경진은 1952년 충주 탄금대에서 46세로 자결한 申砬신립(1546-1592) 장군의 아들로, 67세에 영의정을 지내고 68세로 타계했다. 그리고 심열은 74세로 영의정을 지낸 후 77세로 타계한 사람이다.

신경진(景볕 경 禛복받을 진)의 이름에는 '볕으로 나가 음지를 피하고 복을 듬뿍 받을 상팔자'임을 암시하고 있다.

자는 군수(君임금 군 受받을 수)이니, '임금 곁에서 총애를 받아 입신양명을 이룰 운세'임을 노골적으로 드러낸다.

그는 48세에 인조반정의 공신에 올라 격변기를 잘 넘겼을 뿐만 아니라, 죽기 한 해 전에 영의정을 지낼 정도로 관운과 말년 또한

남들이 부러워할 정도로 무지개 빛이었다.

심열(悅기쁠 열)의 이름에는 '기꺼이 따른다'는 의미가 들어 있다. 자는 학이(學배울 학 而말이을 이)이고, 아호는 남파(南남녘 남 坡고개 파)이다.

순종하고 충성하는 기질 때문인지 그는 인조반정 이후 호조판서를 역임하는 등 당대의 재무통(財務通)으로 통했다. 69세의 노인으로 청나라 수도인 심양으로 가 염철사(鹽鐵使)로서 물물교환을 주도했을 정도로 무역에도 남다른 수완을 발휘했다.

74세에 영의정을 지내고 77세로 타계했으니, 실로 장미 빛 말년이고 대단한 관운이었다. '배우고 또 익힌다'는 學而학이라는 자의 의미대로 그는 아마도 늙었다고 뒤쳐지거나 포기하지 않고 늘 배우고 익혀, 젊은이 못지않은 왕성한 두뇌 회전력을 끝까지 유지했을 것이다.

아호가 '남쪽에 우뚝 선 언덕'으로 해석되는 南坡남파이니 아침 저녁으로 해를 받아, 가파른 전환기 속에서도 노년에 더욱 더 승승장구했을 것이다.

초년 운세보다 말년 운세가 더 좋아야 다들 죽거나 아프거나 물러나 있을 때 그 왕성한 운세가 더욱 더 돋보이는 법이다. 심열은 전형적인 말년 대운이고 노년 대박형이다.

18 | 유교로 절어 있던 조선시대에도 카사노바가 있었다

허균은 어디를 가나 그 지방의 명기로 소문난 기생들과
어울렸는데 그 어울리고 잠자리를 같이한 것을 일일이 글로
적어놓았다. 특히 자신보다 네 살 아래인 부안명기
이매창과의 플라토닉 러브에 대한 기록이 많다

허난설헌의 남동생인 허균은 여러모로 한 때 온갖 추문으로 유
럽 귀족사회를 뒤흔들어 놓았던 카사노바를 쏙 빼닮았다.

카사노바가 감옥에서 탈출한 31세 이후 유럽의 여기저기를 떠돌
아다니며 갖가지 모험과 연애와 사기극을 연출한 것을 늘그막에
『회상록』으로 엮어놓았기 때문에 오늘날 카사노바의 이야기가 알
려지게 되었다.

그의 사후 30여 년 뒤에 그의 원고가 출간되어 빛을 보자 유럽
전체가 와자지껄 떠들어대고, 수군수군 귓속말을 하며 책의 내용
을 여기저기로 흩어놓고 이 대륙 저 대륙으로 퍼뜨리기 시작했던
것이다.

허균도 양반 세도가의 후손으로 주위 사람들의 주목을 한껏 받
고 있는 처지임에도 불구하고 자신이 여기저기 돌아다니며 합방
을 한 여인들에 대해 보란 듯이 자신의 일기나 문집 속에 낱낱이
적어놓았다.

카사노바의 『회상록』이 자신의 연애 모험과 성적 편력을 낱낱이

적어놓았기 때문에 저속한 외설 내지 표현과 출연자만 그럴 듯한 포르노로 낙인찍힐 수밖에 없었던 것이다. 카사노바가 성직자나 군인이나 외교가나 바이올린 연주가가 되기를 꿈꾸다가 타고난 천성이 워낙 성적 취향에 강하게 이끌리는 까닭에 그만 천하의 호색한 내지 플레이보이로 변신하고 말았던 것처럼, 허균 자신도 워낙 유별난 자유인이요 파격과 변화를 선호하는 취향 때문에 많은 성적 삽화를 글로 적어놓게 되었던 것이다.

그렇다면 허균은 과연 어떤 인물이었던가.

28세에 문과 중시에 장원으로 급제하여 이듬해에는 종5품 벼슬인 황해도 도사가 되었는데, 그만 제 버릇이 다시 도져 탄핵을 받아 파직되고 말았다. 서울에서 소위 놀 줄 아는 기생을 불러다가 촌놈들과 함께 질펀히 놀아난 것이 그만 문제가 되고만 것이었다.

"나는 성적욕구를 철저히 억제하고 에헴 하며 점잔이나 떠는 성인聖人이 되기 싫다. 차라리 보통사람으로 성적인 쾌락에 빠져 잠시 세상만사를 잊고 싶다"고 말할 정도였으니, 그 고루한 시대에 어떻게 무사할 수 있었겠는가.

부모 상喪을 치르면서도 아내와 합방하여 임신을 시켰는데 그 일로 주위에서 도리에 어긋난 처신이라며 비난하자, 부부관계는 인륜이고 자식과 부모관계는 천륜인데, 나는 천륜보다 인륜을 따른 것이라며 뻔뻔스럽게 대든 사람인데, 어지간한 잡음이나 소란을 그가 두려워했겠는가.

실로 시대를 잘못 태어난 독불장군이고 이단아異端兒였다. 하지만 그는 머리가 대단히 명석하고 가슴이 뜨겁고 사색이 심오했던 전형적인 수재급 인물이었던 것 같다. 특히 이십대 후반에 요절한 여섯 살 위인 누이 허난설헌(1563-1589.3.19)에 대한 애정과 평가가 대단했다.

28세 때에 정유재란의 명나라 원병과 함께 조선에 온 명나라 문장가 吳明濟오명제를 집으로 불러 누이 허난설헌의 시 200여 편을 건네주며 교류했고, 37세 때는 종3품 임시직인 '의흥위대호군'이 되어 명나라 사신들이자 대 문장가들로 알려진 정사 朱之蕃주지번*

*주지번 : 대동강 연광정(鍊光亭) 현판에 '天下第一江山'이라고 쓴 사람

과 부사 梁有年양유년에게 누이의 시를 보여주며 교류했다.

그의 그러한 노력으로 오명제는 허균이 39세 되던 해에 조선을 다시 방문하여 허난설헌의 시 58편을 골라 조선 땅에서 책으로 엮어냈다. 즉, 『조선시선』을 간행하여 중국으로 가져가 중국 문단에 정식으로 데뷔시켰던 것이다. 문인들이 앞 다투어 찾아와 허난설헌의 시를 보고 감탄했다고 할 정도였으니 1600년 초엽의 중국 문단에 일대 충격을 주었던 것 같다.

1606년 3월 27일에 조선을 방문했던 주지번과 양유년은 2년 뒤인 1608년에 북경에서 『난설헌집蘭雪軒集』을 책으로 펴냈다. 허균은 1607년 4월에 『난설헌집』을 목판본으로 출간했다.

누이가 26세로 요절하고 난 이듬해에 허균은 누이의 시가(15세에 출가)인 매부 金誠立김성립*의 집으로 찾아가 장롱을 가득 채운 원고를 주섬주섬 모아왔다.

김성립 : 과거에 급제하여 벼슬에 나갔으나 임진왜란에 출전하여 전사했음
*유성룡 : 1542-1607; 남인 강경파인 이산해와 달리 남인의 온건파에 속했음

200여 편 이상을 정성 들여 묶은 뒤 『난설헌집』으로 이름 붙여 당대 최고의 유명인사인 우의정 柳成龍유성룡*의 서문을 받아 책으로 펴낼 만반의 준비를 갖췄다.

허균의 지극한 누이 사랑 덕분에 누이의 작품은 조선에서보다도 중국 대륙과 일본에서 더 유명하게 되었다. 동래를 드나들던 일본 상인 본다이야 지로베에가 1711년 『난설헌집』을 일본에서 간행하였던 것이다.

허균은 41세에 사신으로 명나라에 가서 조선 최초의 천주교도가

되어 귀국하기도 했다. 그는 이미 3년 전인 38세 때에 불경을 읽는다는 탄핵을 받고 삼척 부사 자리에서 파직되기도 했었다. 파직되었다는 이야기를 전해 듣고 쓴 시 『문파관작聞破官作』에서 그는 "오랫동안 불경을 읽어온 것은 내 마음 머물 곳이 없었음이라. 여태껏 아내를 버리지 못했거든 고기를 금하기는 더욱 어려웠어라. 내 분수 벼슬과는 이미 멀어졌으니 파면장罷免狀이 왔다고 내 어찌 근심할 건가. 인생은 천명에 따라 사는 것, 돌아가 부처 섬길 꿈이나 꾸리라"고 공개적으로 당대의 편협한 분위기에 도전했다.

파직되고 나서도 그는 홍문관 월과月課에서 아홉 번이나 연달아 장원하여 결국 정3품 벼슬인 공주 목사에 임용되었다.

하지만 충청도 암행어사의 장계에 '성품이 경박하고 무절제하다'는 내용이 들어 있어 끝내 8개월만에 파면되고 말았다. 이 시기를 전환점으로 하여 그의 운명은 이미 조선의 역사 순환에 의해 백팔십 도로 뒤바뀌어가고 있었다. 즉, 그를 이해해 주던 선조 임금이 붕어하고 광해군이 즉위했던 것이다.

그가 명나라에 사신으로 간 길에 조선 최초의 천주교인이 되어 온 것은 이미 광해군이 왕이 된지 2년 째 되는 해였다.

그가 44세 되던 해에는 그와 친하던 영의정 朴淳박순*의 서자 박응서가 대역죄인으로 붙들려와 그의 운명에 결정적인 타격을 주게 되었다. 앞에서 설명한 대로 '강변칠우' 사건으로 박응서와 잘 아는 사이로 소문이 나면, 그야말로 열 번 죽어도 시원찮을 대역죄인이 되고 마는 판국이었다.

*박순 : 1523-1589; 1572년에 영의정에 올라 14년간 재직

허균은 서둘러 당대의 실세 중의 실세인 이이첨을 찾아가 충성을 맹세할 테니 제발 나를 보호해 달라고 애걸했다. 그 결과 그는 아무 탈 없이 살아남아 벼슬길을 계속 잘 걸어갈 수 있었다. 친구인 박응서도 혼자만 잘 살아남아 벼슬까지 얼마간 하다가 인조반

정으로 세상이 뒤바뀐 다음에야 처형되고 말았다.

하지만 허균에게는 광해군이 쫓겨나고 새 세상이 되기 전에 이미 또 하나의 큰 일이 터지고 말았다. 49세 되던 해에 그를 잘 아는 이들이 남대문에 임금과 시국을 비판하는 대자보를 붙였던 것이다.

역적으로 몰릴 불온벽보를 붙였으니 당연히 "누가 무슨 목적으로 그런 못된 짓을 했느냐? 글씨나 내용은 어떤 자가 도와주었느냐? 뒤에서 조종한 자는 대체 누구냐?"는 식으로 조사가 진행될 수밖에 없었을 것이다.

결국 河仁俊하인준, 金宇成김우성, 金闓김개 등이 허균의 조종을 받아 그런 못된 짓을 한 것으로 드러나고 말았다. 허균은 그의 심복으로 분류된 그들과 함께 저잣거리에서 능지처참陵遲處斬*을 당했다.

*능지처참 : 죄인을 일단 죽인 다음 온 몸을 여섯 토막 내어 전국의 저잣거리에 걸어놓던 극형으로 연산군과 광해군 때 특히 많이 사용했으나 인조 이후에는 금지했음

성격이 좀 유별난 것은 아마도 집안 내력이었던 모양이다. 두 형님이나 누이와 더불어 중국과 일본에 널리 알려진 문장가들이었으니, 아마도 작가 정신에 투철했다고 해야 할지도 모르겠다.

하여튼 머리좋은 사람 치고 평범한 사람이 없다는 속설을 증명이라도 하듯이 허균의 부친이나 형제들 모두 기복이 심한 일생을 보냈다.

조선 땅에서보다는 오히려 중국이나 일본에서 더 유명한 인재들이었으니, 당연히 그만한 유명세를 치를 수밖에 없었는지도 모른다.

아버지 許曄허엽(1517-1580)은 청백리에 꼽혔을 정도로 검소한 생활을 했지만 30대 초반에는 '재물을 너무 탐한다'는 죄목으로 감찰 업무를 담당한 사헌부 장령掌令(정4품)에서 파면된 적도 있었다.

하지만 43세에 대사성大司成(성균관의 으뜸벼슬로 정3품 당상관)에 올랐으니 젊어서 겪은 홍역은 일종의 오해이거나 모함이었다고 보아도 좋을 듯하다.

허엽이 45세 되던 해에는 동부승지로 경연經筵*에 나가 趙光祖조광조와 尹根壽윤근수의 신원을 요청하고 許磁허자와 具壽耼구수담의 무죄를 논하다가 파직되고 말았다.

그가 46세(1563년) 때에 삼척 부사로 다시 기용되었으나 언사가 너무 과격하다는 사헌부의 탄핵을 받고 파직되었다. 아들 허균도 후에 38세 되던 해(1607년)에 삼척 부사로 부임했으나 부처를 섬긴다는 사헌부의 탄핵을 받고 파면된 바 있다. 꼭 54년을 사이에 두고 아버지와 아들이 똑 같이 삼척 부사의 자리에서 서로 다른 이유로 파면을 당한 셈이다.

허엽은 51세에 명나라를 다녀와 대사간大司諫(사간원司諫院의 으뜸벼슬로 정3품)에 이르렀다가, 중추부中樞府 동지사同知事(종2품)로 재직 중 상주 객관에서 63세로 타계했다. 이 때(1580년) 큰 형 許筬허성은 32세, 둘째 형 許篈허봉은 29세, 누이 난설헌蘭雪軒 허초희許楚姬는 17세, 그리고 허균 자신은 11살이었다.

큰 형 허성(1548-1612)은 성균관 전적典籍(종8품)으로 있을 당시인 42세 때(1590년)에 정사 黃允吉황윤길, 부사 金誠一김성일과 함께 서장관書狀官(정사, 부사와 함께 '3사使'로 불렸음)으로 일본을 함께 다녀왔던 사람이다.

그는 김성일과 같은 동인이었음에도 황윤길의 편에 서서 '일본의 준비 태세로 보나 괴수 풍신수길의 하는 꼴로 보아 분명히 조선을 침략할 분위기였다'고 임금에게 직보直報했다. 임진왜란이 일어나자 그는 자청하여 강원도 소모어사召募御使가 되어 군병을 모집했다. 대사간, 예조판서, 병조판서, 이조판서를 역임하고 64세로 타계

*경연 : 임금에게 유교 경서와 역사를 가르치던 교육제도였으나 왕과 신하들 간에, 그리고 다른 관청들 간에 특별한 정책 협의기구가 없었기 때문에 경연이 끝나면 대개 국정을 함께 논의하는 것이 관례였음; 정1품에서 정9품까지 약 30여 명이 참석하며 조강(朝講), 주강(晝講), 석강(夕講)이 있었으나 주로 아침에 하는 조강(朝講)에 비중을 두었음. 강의는 주로 홍문관이 맡았음.

했다.

둘째 형 허봉(1551-1588)은 여러모로 천재형이자 풍류형이었던 것 같다. 23세에 명나라에 가서 자신의 아호를 딴 문집인 『하곡조천기 荷谷朝天記』를 썼다.

24세의 젊은 나이였음에도 金孝元김효원(1532-1590; 김종직 계통의 신진사 류新進士類 출신) 등과 함께 동인의 핵심인물이 되어 沈義謙심의겸(1535-1587; 구세력을 대표) 등 서인 계열에 맞섰다.

허봉은 결국 19세 위인 김효원과 함께 조선 정치사의 특징이자 망조亡兆였던 당쟁의 첫 단추를 푼 셈이다.

그는 32세에 창원부사를 지냈지만 이 시기에 병조판서로 있던 李珥이이(1536-1584)를 탄핵했다가 도리어 자신이 갑산甲山(현재의 양강도 에 위치)으로 유배를 가야 했다.

*노수신 : 1515-1590; 32 세부터 52세까지 귀양 생활하고도 70세에 영 의정을 역임. 죽기 한 해 전인 74세 때 그가 천거했던 정여립의 모 반사건으로 생겼던 기 축옥사 때 중추부영사 에서 파직됨

허봉이 34세 되던 해(1585년)에 영의정 盧守愼노수신*이 천거하여 재기용되었으나 그는 이를 거절하고 유랑생 활을 떠났다. 그는 결국 37세로 금강산에서 병사했다.

둘째 형의 부음을 들었을 때, 허균은 19세였고 누이는 죽기 일년 전인 25세 때였다.

허균은 어디를 가나 그 지방의 명기名妓로 소문난 기생들과 어울 렸는데 그 어울리고 잠자리를 같이한 것을 일일이 글로 적어놓았 다. 특히 자신보다 네 살 아래인 부안扶安(전라북도에 위치) 명기 李梅窓 이매창(1573-1610)과의 플라토닉 러브에 대한 기록이 많다.

시와 거문고 연주에 뛰어나 허난설헌과 더불어 조선의 대표적인 여류문인으로 통하는 이매창은 본래 부안의 아전이던 李湯從이탕종 의 서녀庶女였는데 어머니가 기생이었던지 어려서 시문과 거문고 를 익혀 기생이 되었다.

그녀는 한창 좋을 나이인 열여덟 살 때에 당대의 유명 시인이던

劉希慶유희경(1545-1636)과 서로 28세의 나이 차이가 있음에도 연인 사이로 사귀기도 했다. 그러다 그녀가 19세 되던 해에 임진왜란이 일어나자 쓰라린 아픔을 안고 첫 사랑을 가슴 속으로만 삭여야 했다.

애인 유희경이 47세의 나이로 의병을 모집하여 관군을 돕느라 그녀와 시간을 함께 할 수 없었던 것이다. 두 사람은 두 차례의 왜란이 다 끝난 후 1607년에 각각 34세의 원숙한 여인과 62세의 노인으로 재회했다.

이매창은 유희경과 헤어진 후 10여 년간 정을 줄 남자를 만나지 못하다가 참으로 우연히 두 번째 연인을 만나게 되었다.

이웃 고을 김제의 군수로 부임한 열여섯 살 위의 李貴이귀(1557-1633)를 만나 잠시 정분을 쌓은 것이다. 이귀가 파직되어 김제를 떠난 것이 1601년 초엽이니 결국 44세의 이귀와 28세의 이매창이 불꽃같은 정분을 나눈 셈이다.

이매창이 두 번째 연인인 이귀와 헤어진 지 서너 달 뒤인 1601년 6월에 조선의 카사노바인 허균이 드디어 이매창이 살고 있는 부안을 방문하게 되었다. 허균은 그 당시 충청도와 전라도를 돌아다니며 세금을 거둬들이는 '해운판관'이 되어 잠시 부안을 들르게 되었던 것이다.

하지만 이십 대 후반의 원숙한 여인으로 변한 이매창은 32세의 허균을 심히 경계했던지 아예 합방은 하지도 않고 그저 문학동아리 정도로 만족하려 했다.

어쩌면 내로라하는 플레이보이인 허균의 눈에 이매창은 그저 이 사람 저 사람이 지나쳐간 시골의 유식하고 재주 많은 일개 기생에 불과했는지도 모른다.

이매창을 처음 만난 뒤에 그 느낌을 적은 허균의 『조관기행漕官紀行』의 한 대목을 보자.

「신축년(1601년) 7월 23일(음력), 부안에 도착했다. 비가 몹시 내려 객사에 머물렀다. 기생 계생癸生(이매창이 계유년에 태어났으므로 그렇게 불렸음)은 이귀의 정인情人이었는데 거문고를 끼고 와서 시를 읊었다. 얼굴이 비록 아름답지는 못해도, 재주와 정취가 있어 함께 이야기를 나눌만했다. 온 종일 술을 마시며 서로 시를 주고받았다. 저녁이 되자 자신의 조카딸을 나의 침실로 보내주었는데, 이는 나를 경원하며 꺼렸기 때문이다.」

위의 내용으로 보면 이매창은 허균을 뭔가 마음이 통하는 괜찮은 벼슬아치로 본 대신 허균 스스로 그녀에 대해 별로 큰 매력을 못 느꼈던 것 같다.

아니면 얼굴이나 몸매나 교태 정도로 여자를 쉽게 골라 하룻밤 정분을 나누는 전형적인 플레이보이라, 허균 스스로 유식하고 재주 많고 사색이 여느 학식 높은 선비 이상이라, 괜히 콤플렉스를 느끼고 거리를 두었는지도 모른다.

즉, 여자는 그저 하룻밤 데리고 노는 대상이지 골치 아프게 시나 읊고 노래나 해서 대체 무슨 소용이란 말인가 라고 자조 섞인 결론을 내리고 그리 깊이 생각하지 않았는지도 모른다.

그는 일찍이 "남녀의 정욕은 본능이다. 예법에 따라 행동하는 이는 성인이다. 나는 본능을 좇고 성인을 따르지 않겠다"라고 버젓이 적어놓은 적이 있다.

그가 하룻밤 정분을 나눈 기생들의 이름이나 스토리를 일일이 적어 놓은 것만 보아도 그가 여성을 단순히 성적 유희의 대상으로 보는 편이지 그렇게 높게 보고 있지 않다는 것을 대강 짐작할 수 있다.

어쩌면 그의 "농을 할 정도로 서로 터놓고 말을 하지만 지나치지 않은 탓에 오래도록 우정이 식지 않았다"라는 이야기대로, 몸이나 섞는 하룻밤 여자가 아니니, 아름다운 인연으로 남겨놓자 라고 스스로 다짐했는지도 모른다.

하여튼 허균은 그 해(1601년) 12월에 형조정랑이 되어 서울로 돌아왔다. 33세 되던 이듬해에는 병조정랑과 사복시정을 지냈다.

하지만 35세 때는 수안 군수로 나갔는데 그 지역 토호 이방헌과 사이가 벌어져 그만 파직당하고 말았다.

38세 때는 삼척 부사로 발령받았으나 '불경을 읽는다' 는 사헌부의 탄핵을 받고 또 다시 파면당했다. 워낙 시재詩才가 출중한 탓에 그는 그해 12월에 정3품 벼슬인 공주 목사로 발령받았지만 이듬해(1608년) 광해군이 즉위하자 충청도 암행어사의 '경박하고 무절제하다' 는 장계로 인해 다시 한 번 파면되었다. 발령을 받은 지 겨우 8개월 여만의 일이었다.

허균은 '인생은 천명을 따라 사는 것' 이라고 홀로 중얼거리며 이매창이 사는 부안으로 내려왔다. 늘 자연으로 돌아가고픈 마음이 있었지만 뜻을 이루지 못했다고 주위 사람들에게 말하고는 평소에 보아두었던 풍광이 뛰어난 부안의 우반愚磻이란 골짜기로 향했던 것이다.

그때 마침 부안 출신으로 부사를 지낸 金淸김청이란 자의 아들이 허균을 찾아와 "제 아버님이 전에 지어놓으신 정사암靜思菴이란 정자가 하나 있습니다. 공께서 수리하신 후 머물러주시면 좋겠습니다"라고 제안했다.

허균이 정사암을 처음 대하고 과연 어떤 감흥에 젖었는지 그의 『중수정사암기重修靜思菴記』를 통해 살펴보자.

「포구에서 비스듬히 나 있는 작은 길을 따라 골짜기로 들어

가자 시냇물이 구슬 부딪히는 소리를 내며 졸졸 흘러 우거진 풀덤불 속으로 쏟아졌다. 시내를 따라 몇 리 들어갔더니 산이 열리고 넓은 들판이 펼쳐졌다. 좌우로 가파른 봉우리들이 마치 학이 나는 것처럼 치솟았고, 동쪽 등성이로는 수많은 소나무와 전나무들이 하늘을 찌를 듯 서 있었다.

시냇물을 따라 동쪽으로 걸어 올라가다가, 늙은 당나무를 지나서 정사암에 이르렀다. 암자는 겨우 네 칸 남짓 되었는데, 낭떠러지 바위 위에 지어졌다. 앞으로는 맑은 연못이 내려다 보였고, 세 봉우리가 우뚝 마주 서 있었다. 폭포가 푸른 바위벽 아래로 깊숙하게 쏟아지는데 마치 흰 무지개가 뻗은 것 같았다.」

마흔을 바라보는 플레이보이 허균에게는 그만한 도피처가 없었을 것이다. 세상 사람들의 시시비비에 얽혀 여러 번 파직을 당한 처지이니 세상 자체가 먼지 구덩이로 보이고 세상 삶 자체가 이전투구로 여겨졌을 것이다.

피곤한 심신을 쉬며 세상과 좀 거리를 둘 장소로서는 정사암이 아마도 최상의 적지였을 것이다. 더욱이나 말귀가 통하고 시적 교류가 가능한 이매창이 있지 않은가 라고 생각하고 오랜만에 무릎을 치며 감격했을 것이다.

그 해 12월에 정3품 승문원 판교判校로 발령을 받고 다시 귀경했으니 겨우 서너 달 남짓 정도의 도원경 나들이였던 셈이다.

이매창이 정분을 나눈 어떤 사또가 떠나자 마을 사람들이 송덕비를 세워주었는데 이매창이 그만 떠난 사또가 그리워 그 송덕비 곁에서 거문고를 뜯으며 노래를 불렀던 모양이다. 이를 보고 사람들은 '허균을 사모하며 울었다' 고 소문을 냈다.

결국 이 소문은 서울에 있는 허균의 귀에까지 들렸고 허균은 이

를 꼬투리 삼아 은근히 질책하는 편지를 보냈다. 허균이 40세 되던
해로 1609년 정월이었다. 그리고 이매창은 죽기 한 해 전인 36세 때
였다.

> 「계랑癸娘*은 보시오. 그대가 달빛 아래서 거문고 *계랑 : 이매창이 계유
년 생이라 계생, 혹은
계랑이라 불렸음
> 를 뜯으며 산자고새를 불렀다는 말을 들었소. 어째
> 서 그윽하고 한적한 곳에서 부르지 않고 부윤의 비석 앞에서
> 불러 남들의 놀림거리가 되었소?
> 석 자 비석 앞에서 시를 더럽혔다니, 이는 그대의 잘못이오.
> 그리고 그 놀림이 나에게 돌아왔으니 정말 억울하오. 요즘도
> 참선을 하오? 그리움이 몹시 사무치오.
> —기유년 정월. 허균」

그 해 9월에 보낸 편지 내용은 그녀를 그리워하는 마음이 더욱
절절하다.

> "계랑은 보시오.
> 봉래산의 가을빛이 한창 짙어가니, 돌아가고픈 생각이 문득
> 문득 나오. 내가 자연으로 돌아가겠다는 약속을 어겼다고 그
> 대는 반드시 웃을 거요. 우리가 처음 만났을 때 만약 조금이라
> 도 다른 생각이 있었다면 우리의 사귐이 어떻게 십년 동안이
> 나 친하게 이어질 수 있었겠소.
> 이제는 진회해秦淮海를 아시는지요? 선관禪觀을 지니는 것이
> 몸과 마음에 이롭소. 언제나 이 마음을 다 털어놓을 수 있을
> 지…. 편지지를 대할 때마다 서글프기만 하오."
> 기유년 9월. 허균

이듬해(1610년) 여름에 이매창이 37세로 죽었다는 소식을 듣고 허균은 자신의 누이(허난설헌)가 죽었을 때처럼 아마도 가슴이 미어졌을 것이다.

이십대 후반의 나이로 요절한 재주 많은 누이에 대한 그리움과 슬픔이 워낙 남달랐는데, 누이동생이자 플라토닉러브의 대상이던 이매창을 만나 10여 년이나 우정과 연정을 나눴으니, 그 아픔이 얼마나 진하고 깊었겠는가.

허균은 두 편의 시를 지어 이매창의 죽음을 슬퍼했다. 다음은 그 두 편의 시 중 하나이다.

매창의 죽음을 슬퍼하며
애매창哀梅窓

묘구토심금금妙句土甚擒錦
아름다운 글귀는 비단을 펴는 듯하고
청가해주운淸歌解駐雲
맑은 노래는 머문 구름도 풀어헤치네
유도래하계愉桃來下界
복숭아를 훔쳐서 인간세계로 내려오더니
약거인군藥去人群
불사약을 훔쳐서 인간무리를 두고 떠났네
등암부용장燈暗芙蓉帳
부용꽃 수놓은 휘장엔 등불이 어둡기만 하고
향잔비취군香殘翡翠裙
비취색 치마엔 향내 아직 남아있는데
명년소도발明年小桃發

이듬해 작은 복사꽃 필 때쯤이면
수과설도분誰過薛濤墳
누가 설도의 무덤을 찾으리

허균(筠대나무 균)의 이름은 '반들반들해 보이는 대나무 껍질'을 뜻
한다. 윤택하다는 뜻도 들어가 있으니 문장력이 뛰어나다, 문학적
기질이 농후하다, 문학적 감상이 남다르다는 의미로도 풀어볼 수
있을 것이다.

자는 '진실된 사람'이라는 의미의 단보(端바를 단 甫클 보)이다. 입신
양명을 하찮게 여기는 마음, 자연으로 돌아가 한가로이 보내고 싶
은 욕구가 특별히 강했으니 마음이 진실하여 잇속과 거리가 멀다
라는 자의 속뜻과 매우 가까운 셈이다.

세 개의 아호는 각각 교산(蛟교룡 교 山뫼 산)과 성소(惺영리할 성 所바 소),
白月居士백월거사이다.

'물 속에 사는 용의 새끼와 산'을 뜻하는 첫 번째 아호 蛟山교산
은 '은 세상과 동떨어진 신비로운 장소를 꿈꾸는' 허균의 마음속
지향을 암시한다. 참선하며 신선이 되고자 했고 한 때는 불경에 깊
이 빠져 파직까지 당했으니, 전설의 동물과 산을 꿈꾸는 그의 은둔
적이고 몽상적인 일면이 이미 남들 앞에 훤히 드러났던 셈이다.

청아한 소리를 찾아내는 남다른 청력과 특별한 사람을 골라내는
별난 통찰력을 지녔던 허균의 일생은 이미 '별난 사람으로 별난
삶을 살기 바란다'는 惺所성소라는 아호에서 잘 드러난다.

그리고 그의 신선 지향과 이상향 지향은 白月居士백월거사라는 그
의 아호에서 쉽게 가늠해 볼 수 있다. 빛을 사모하는 사람치고 잇
속에 눈이 멀고 세상 삶에 집착하여 모든 걸 포기하는 경우가 어디
있겠는가.

더욱이나 해도 아니고 달을 사모하는 사람인데, 어떻게 세상의 자질구레한 온갖 굴레들을 단추와 옷고름과 이런저런 장식으로 걸치고, 지니고, 뒤집어쓴 채, 쥐 죽은 듯이 가만히 엎드려 있을 수 있었겠는가.

허균이 기생들과 보낸 밤의 이야기들을 일일이 적어놓아 소인배들의 공격을 받고자 작심한 것도 어쩌면 세상 삶을 우습게 여기는 그의 별난 사상 때문이었을 것이다.

자연으로 돌아가고 싶다, 자연으로 반드시 돌아가고야 말겠다는 그의 반복된 이야기는 세상의 굴레를 벗고 뭔가 좀 신비롭고 자유롭고 짜릿짜릿한 체험을 하고자 했던 그의 끊임없는 지향을 엿보게 한다.

그는 마음속에 숨긴 자신만의 꿈을 그런 식으로 내뱉은 셈이다.

그 역시 먹물이 듬뿍 밴 지식인이었기 때문에 그런 식으로 점잖게 표현할 수밖에 없었을 것이다.

조선의 카사노바였던 허균이 하룻밤 합방하는 여인으로 보지 않고 애지중지 아껴 두었던 여인인 이매창은 과연 어떤 사람이었던가.

당호堂號(본채와 별채에 따로 붙인 이름)를 지닌 귀족 여성이나 이름만 지닌 기생이 있었던 그 고루한 봉건시대에, 이매창은 한낱 기생인 주제에도 이름과 자와 아호를 지니고 있었다. 대단한 여인이었던 모양이다.

한낱 지방 고을 아전의 첩 자식으로 태어나 기껏해야 아버지에게서 한학을 약간 배운 것에 불과한데도 수백 편의 시를 지어 고을 사람들이 외고 다니게 했다니 실로 대단한 문인이고 시인이었던 셈이다.

그리고 당대의 문장가들인 유희경, 이귀, 허균 등과 깊이 교제할 수 있었다니, 지식과 기품과 배짱이 여느 선비들이나 남정네들을 훨씬 뛰어넘었던 게 분명하다.

18세 이후부터 37세로 죽을 때까지, 자존심 높고 까다로운 권문 세도가의 자제들과 대 문장가들을 상대하며 조금도 뒤쳐지거나 얕잡아 보이지 않았다는 것부터가 실로 경이롭기 짝이 없다.

벼슬아치들의 궁궐 생활과 국정 경험, 그리고 전국 곳곳을 누비고 다닌 다양한 체험과 명나라를 드나든 해외 경험 등을 한낱 시골의 기생으로 어떻게 다 감당할 수 있었는지….

유희경은 양명학자 南彦經남언경에게서 周文公주문공의 가례家禮를 배워 온갖 예법에 통달했던 인물이다. 국상이 있을 때 국가에서마저 그에게 문의했을 정도였다. 뿐만 아니라 성격이 강직하여 당대의 권세가인 이이첨이 인목대비의 폐모廢母를 주장하는 상소를 올리라고 간청했을 때도 단호히 거절하고 그와 절교했던 사람이다.

인조반정 후 78세의 나이에도 종2품 가의대부嘉義大夫에 오를 정도로 주위의 신망을 받는 영향력 있는 중앙 정치인이었다.

이귀는 66세의 나이에도 광해군을 몰아내고 인조를 세우는데 앞장설 정도로 조직력과 정치력이 대단했던 인물이다.

이매창의 첫 애인인 유희경은 92세까지 장수했고 두 번 째 애인인 이귀는 76세까지 장수했다.

플라토닉 러브의 대상이던 허균만 49세의 나이에 역적으로 몰려 능지처참을 당했지만 나머지는 실로 대단한 건강체질이었던 셈이다.

이매창의 본명은 향금(香향기 향 今이제 금)이고, 자는 천향(天하늘 천 香향기 향), 아호로는 매창(梅매화나무 매 窓창 창), 癸生계생과 癸娘계랑이 있으나 계생과 계랑은 자신이 계유년 생이라 그렇게 붙였으니 별 다른 뜻이 없었을 것이다.

우선 이름과 자를 살펴보자.

둘 다 '향기 향香'을 지니고 있는 것으로 보아 그녀는 천성이나 지향하는 바가 모두 아름답고 완벽하고 고상한 것에 대한 끊임없는 소망이었을 것이다. '향기 향香'은 단순히 좋은 냄새가 아니라 소리나 맛이나 모양이나 빛깔까지를 아우르는 보다 포괄적인 글자이다. 하여튼 멋지다, 아름답다, 뛰어나다는 의미가 깃들여 있는 셈이다.

이름은 '현세의 멋과 뛰어남'이라는 뜻이고, 자는 '내세의 멋과 뛰어남'이니, 그녀는 욕심도 실로 대단하였던 셈이다. 자에 감히 '하늘 천天'자를 썼으니 아마도 사람들은 기생치고는 정말 시건방지다고 숙덕거리며 온갖 험담을 늘어놓았을지도 모른다.

아호는 '매화나무를 내다볼 수 있는 창문'이니, 방 속에 갇혀 지내며 바깥 세상으로 훨훨 날아가기를 바라는 그런 소망이 깃들여 있다. 부안 기생으로 노예처럼 한 곳에 묶여 살아야 하는 천민의 처지를 그런 낭만적인 소망으로 표현해 냈을 것이다.

이매창의 첫 애인이었던 유희경(希바랄 희 慶경사 경)의 자는 응길(應응할 응 吉길할 길)이고, 아호는 촌은(村마을 촌 隱숨길 은)이다.

'좋은 일, 기쁜 일을 바란다'는 이름 뜻은 그가 낙관적인 성격임을 알게 한다. 인조반정과 이괄의 난, 그리고 두 차례의 왜란과 정묘호란이 있었던 혼란한 시대였는데도 그는 자그마치 92세까지 장수했다.

성격이 온화하고 낙천적이라, 스트레스를 되도록 적게 받고 가능한 한 남들과 원수지지 않으며 그토록 오래 장수할 수 있었을 것이다.

자는 '좋은 일을 맞는다, 좋은 일이 있게 된다'는 뜻이고 아호는 '마을에 숨는다'는 뜻이다. 둘을 합쳐보면 입신양명을 원하면서도 지저분한 세속에서 벗어나 신선처럼 유유자적悠悠自適하려는 욕구가 얼마나 강한 가를 암시한다.

시골에 숨고자 하는 그의 목가적인 성향 탓으로 잠시 부안에 들러 꽃다운 나이의 이매창과 연분을 맺었을 것이다. 하지만 나라에 난리(임진왜란)가 나자 남아 대장부로서의 책무가 따로 있다며 훌쩍 부안을 떠나, 지원병을 모집하여 관군을 충원하는 고된 일을 자청했을 것이다.

이매창과 유희경은 두 차례 만났는데 각각 18살과 46세, 그리고 34세와 62세로 만났다. 십대에 만나고 중년이 되어 만난 이매창과 마흔 중반에 만나고 육십 초반에 만난 유희경. 세대와 신분을 초월한 두 사람의 두 차례의 만남은 과연 어떠했을까. 마치 한 편의 드라마 같았을지, 아니면 두 사람 다 나름대로의 회한에 젖어 그저 펑펑 울기만 했을지 재미있는 상상을 해볼 수 있다.

결국은 두 사람만 알고 있을 텐데 그 애틋한 마음을 토로한 글귀가 남아있지 않으니 그저 미루어 짐작해 볼 수밖에 없다.

이매창과 이귀는 각각 28세와 44세로 만났다.

두 사람의 만남은 실로 농염濃艷이란 말에 딱 들어맞는 경지였을 것이다. 이십대 후반의 남자를 잘 아는 여인과 사십대 중반의 세상과 여자를 제법 많이 체험한 남자로 만났으니, 그 경지가 실로 뜨겁고도 차고, 차고도 뜨거웠을 것이다. 척하면 척이고 툭하면 툭이라, 말이 별로 필요 없었을 것이다.

이매창과 조선의 카사노바 허균은 직접적으로는 비록 두 차례 정도만 만났지만 실질적으로는 가장 오랫동안 사귄 특별한 연인 사이였다.

각각 28세와 32세, 35세와 39세로 만났지만 허균의 실토대로 십여 년 동안이나 동성간의 우정보다 더 깊고 은밀하고 아주 특별한 정분을 나눴다.

어찌 보면 조선의 카사노바 허균이 육체적 쾌락에 못지않은 정신적 교제가 있을 수 있다는 사실을 처음이자 마지막으로 깨달은 계기가 되었을 수도 있다. 한편으로 한낱 기생에 불과했던 이매창이 가장 행복한 생애를 보냈는지도 모른다.

비록 부안에 붙박이로 처박혀 살아야 했지만 부안을 거쳐가는 갖가지 색깔의 선비들을 대하며 그 누구보다도 더 깊고 넓은 세상을 개척해 냈는지도 모른다.

여하튼 최후의 승자는 바로 이매창이었다. 그녀가 죽은 후 45년 만에 그녀의 무덤 앞에 비석이 세워졌고 그녀가 죽은 지 꼭 58년만에 부안의 아전들이 십시일반으로 재물을 모아 그녀의 작품집을 간행했으니, 그녀보다 더 행복한 여인이 과연 어디에 있었겠는가.

그녀가 남긴 수백 편의 시들 중에서 그때까지 마을 사람들이 외우고 다니던 그녀의 시 58편을 모아 개암사開巖寺*에서 목판으로『매창집梅窓集』을 펴낸 것이다.

*개암사 : 조계종 선운사의 말사로 백제 때인 634년에 묘련이 창건하고 원효와 의상이 머물며 676년에 중수

어찌 보면 어엿한 양반집에서 태어나 양반 댁으로 시집갔던 허난설헌보다, 최소한 문학적으로는 더 행복한 여인이었는지도 모른다.

허초희는 자신을 알아주는 여섯 살 아래의 동생 허균이 있어서, 그녀가 죽은 후 장롱을 뒤져 원고를 주섬주섬 모아 200여 편을 필사본으로 다시 엮어놓았기 때문에 후일 조선과 중국과 일본에서 책으로 소개될 수 있었다. 그것도 워낙 수단이 좋고 문장이 뛰어난 동생이 중국의 대 문장가들(오명제, 주지번, 양유년)과 친밀히 교류하며 누이를 적극적으로 홍보해 준 덕분에 그들의 공감을 이끌어낼 수 있었던 것이다.

하지만 이매창은 부안 고을의 주민들이 자진해서 그녀의 시를

외우고 전승시켜, 결국 그녀가 죽은 지 58년만에 58편의 시들을 모아 부안의 개암사에서 『매창집』을 간행했던 것이다. 하필이면 절터가 부안의 상서上西 감교甘橋에 있으니 '윗동네와 이어진 아름다운 다리' 라는 의미를 지닌 장소인 셈이다.

한양에서 온 양반들과 연분을 쌓으며 잠시 한 때의 기쁨과 나머지 긴긴 세월의 아픔을 주옥같은 시로 승화시켜 놓았으니, 그녀의 시가 바로 한양에서 온 양반들과 그녀를 이어주는 아름답고 달콤한 다리였던 것이다.

19 | 얽히고 설킨 인연으로 고래싸움에 새우등 터진 예들

고언백이란 자는 일찍이 무과에 급제하여 무신의 길을 걸었다.
그런데 광해군이 자신의 위치를 위협한다고 생각한 형(임해군)과
이복동생(영창대군)을 숙청할 때 그는 그만 애꿎게도 임해군의
심복이라는 이유로 함께 처형되고 말았다.
참으로 억울하고 애석한 일이었다.

*가토 기요마사 : 가등
청정(加藤淸正)1562 -
1611; 도요토미 히데요
시와 6촌간

임진왜란 초기 왜장 가토 기요마사*가 회령에 쳐들어오
자 여러 사람들의 운명이 완전히 뒤바뀌게 되고 말았다.

평소에 시국에 대해 불만이 많았던 회령부 아전이던
鞠景仁국경인은 '때는 이 때다' 하며 숙부 鞠世弼국세필과 함께 반란
을 일으켰다.

마침 그곳에 피난 와 있던 두 왕자(18세의 임해군과 이복동생 순화군)와
대신들을 모조리 포박하여 30세의 왜장 가토 기요마사에게 선물로
넘겨주었다.

이 일로 순화군의 황씨 부자가 한꺼번에 참화를 당하게 되었던
것이다. 순화군의 장인인 黃赫황혁(1551-1612)과 그의 아버지 黃廷彧황
정욱(1532-1607)이 두 왕자와 함께 왜장의 포로가 되어 안변의 토굴에
갇히게 되었는데, 왜장은 임금에게 '항복 권유문'을 쓰지 않으면
두 왕자를 먼저 죽이겠다고 협박했다.

그러자 아버지 황정욱이, 살만큼 살았으니 차라리 나를 죽이시오
하며 결사적으로 거절했다. 하지만 아들인 황혁은 사위인 어린 순

화군과 열여덟 살 임해군(광해군의 형)을 번갈아 보며 결심을 굳혔다.

뒷날에 참화를 당하더라도 우선 두 왕자를 구하고 보자는 뜻에서 선조 임금에게 '상감마마, 차라리 항복하소서'라는 글을 써서 보내고 말았다.

후일 멸문지화를 당할 것을 내다 본 당황한 아버지 황정욱은 부랴부랴 또 하나의 글을 썼다. '상감마마, 용서하소서! 제 미련한 아들녀석이 잠시 이성을 잃고 적장이 시키는 대로 마음에도 없는 항복 권유문을 썼나이다. 용서하시고 없던 일로 하여 주소서.'라는 글이었다.

하지만 그 지역에 나와 있던 체찰사體察使*가 아버지의 글은 찢어버리고 아들의 항복 권유문만을 의주에 피난와 있던 임금에게 전달했다.

명나라 사신 沈惟敬심유경*과 왜장 고니시 유키나가*가 평양에서 만나 포로 교환 협상에 성공한 덕택에, 이듬해에 부산에서 두 왕자와 함께 풀려났지만, 황혁 부자 앞에는 오로지 죽음만이 남아 있을 뿐이었다.

황혁은 처음에는 동인의 탄핵을 받아 귀양을 가게 되었지만, 광해군 초기의 죽고 죽이는 살벌한 정치놀음에 끼여 61세로 옥사하고 말았다.

외손外孫인 진릉군晉陵君(1607년에 죽은 순화군의 양자) 泰慶태경을 왕으로 옹립하려 한다는 무고로 그만 역적으로 몰려 고문을 받고 옥에 갇히게 되었던 것이다.

완전한 조작극이었다. 대북파(이이첨, 이창준 등)가 소북파를 제거하려 일부러 꾸민 사기극이었던 것이다. 즉, 봉산 군수 申慄신율이 병조문서 위조범인 金景立김경립을 문초하는데 그만 고문을 못이긴 그의 입에서 대어大漁가 낚이고 만 것이다.

*체찰사 : 비상시에 설치하는 임시직으로 종1품에서 정2품 벼슬아치들이 맡았음
*심유경 : 일본에 건너가 도요토미 히데요시를 만나 협상했으나 실패하고 귀국하여 매국노로 1597년에 처형됨
*고니시 유키나가 : 소서행장(小西行長) ; 약종상의 아들로 태어나 장수가 되었으나 왜란 종료 후 도쿠가와 이에야스에게 저항했다가 1600년에 참수됨. 독실한 기독교 신자였음

그는 신율이 시키는 대로 "사실은 성균관 학유學諭인 金直哉김직재 부자와 함께 대북파를 제거하고 순화군의 양자인 진릉군을 왕으로 추대하려는 역모를 꾀했다. 병조문서 위조도 사실은 병사들의 현황을 파악하여 거사 계획을 구체화하려는 것이었다"라는 식으로 순순히 자백했다.

그 결과 왜란 때에 협박에 눌려 하는 수 없이 쓰고만 항복 권유문으로 유배를 갔다가 9년 뒤에 다시 불려와 역모죄로 결국 옥사하고 말았던 것이다.

아버지 황정욱은 아들과 함께 동인의 탄핵을 받아 61세의 몸으로 길주에 유배되었다. 65세 되던 해에 풀려났지만 명예회복을 이루지 못한 재 75세로 타계했으니, 결코 편한 마음으로 눈을 감지 못했을 것이다.

그는 임진왜란이 일어나기 직전에 이미 병조판서를 지낸 사람으로, 왜란이 터지자 말자 순화군을 보호하며 피난길에 나서서도 강원도에서 "싸울 수 있는 이는 모두 의병으로 나서시오. 나라와 백성을 구하러 다함께 일어섭시다"라는 격문을 지어 조선 8도에 돌렸다.

하지만 왜군의 진격에 쫓겨 회령으로 들어간 것이 그만 큰 화근이 되고 말았다. 국경인이란 자의 반란에 휩쓸려 꼼짝없이 왜장의 포로가 되고만 것이었다.

황씨 부자와 함께 가토 기요마사의 포로가 되었다가 애꿎게 큰 죄를 뒤집어쓰고만 이가 또 있었다.

金貴榮김귀영(1520-1593)이란 사람인데 그 화려한 경력을 잠시 살펴보면 실로 혀가 내둘러지고 입이 다물어지지 않을 정도이다.

27세에 알성 문과에 급제하여 벼슬에 들어선 이후 이조판서를 8번, 대제학을 6번 역임했고, 명나라 사신으로 자그마치 9차례나 다

녀왔다. 61세에 우의정을 지내고 기로소耆老所*에 들어갔
지만, 옳고 그름을 가르는 일에 우유부단하다는 이유로
24세 연하의 趙憲조헌*으로부터 심하게 탄핵을 받았다.

그런데 72세의 노인에게도 왜란은 조용히 지나가 주
지 않았다. 중추부영사로 임해군을 배종하여 함경도에
피난을 가 있던 중에 국경인의 반란에 휩쓸려 두 왕자와
함께 왜장의 포로가 되고 말았던 것이다.

젊은 왜장 가토 기요마사는 영리한 사람이었다. 노대
신을 그냥 가만히 놓아두지 않고 밀명密命을 안겨주었다.
"임금에게로 달려가서 전쟁을 그만두고 강화하자고 임금에게 말
하시오"라며 그를 의주 용만龍灣의 선조 임금 행재소行在所로 보냈
던 것이다.

대신들은 할일도 되게 없었던지 그를 적과 내통한 것 아니냐며
희천으로 유배를 보냈다. 하지만 73세의 노구로는 아무래도 무리
였다. 그는 도중에 그만 죽고 말았다.

성공적인 화려한 경력이 왜란의 소용돌이로 한 순간에 물거품이
되고만 것이다.

황혁(赫붉을 혁)의 자는 회지(晦그믐 회 之갈 지)이고, 아호는 독석(獨홀로
독 石돌 석)이다.

'붉은 모습으로 활활 타오르는' 형상을 묘사하는 이름이니, 왕자
(순화군 : 광해군의 이복형)를 사위로 맞아 외척이 될 수 있었을 것이다.
사위인 순화군이 워낙 포악하여 많은 이들의 빈축과 비난을 샀지
만 그래도 왕자는 왕자가 아니었던가.

자의 의미나 아호의 의미가 참으로 신기하다. '캄캄하다'는 자,
'외롭게 홀로 서 있는 돌'이라는 아호에서 이미 비참하고 손을 쓸
수 없는 말년을 짐작하게 한다.

*기로소: 70세 이상으로
정2품 이상의 벼슬을
한 문신들을 예우하려
만든 기구. 왕 및 조정
원로의 친목과 연회를
주관하고 왕의 자문에
도 응했음.
*조헌 : 1544-1592; 백천
조씨; 금산 전투에서 의
병 7백여 명과 함께 48
세로 전사
*행재소 : 임금이 임시
로 머무는 별궁으로 지
방관청이나 지방 부호
의 집을 빌리거나 임시
막사를 짓기도 했음

41세 때에 맞은 위기가 결국 말년 20년을 지배하고만 셈이다. 41세까지 잘 쌓아올린 공든 탑이 왜란으로 몽땅 물거품이 되고만 것이다. 그는 이상하게도 41세 때나 61세 때에 거의 똑같이 글 때문에 위기를 맞았다.

41세 때는 아버지 대신 '항복 권유문' 을 써서 임금에게 올린 것이 문제가 되었고, 61세 때는 자신이 얼마 전에 썼던 풍자시(광해군 시대 최고의 실세였던 이이첨을 빗대어 공격한 내용)로 인해 대북파의 조작극 속에 휘말려 죽게 되었던 것이다.

글재주가 그를 죽음의 길로 안내하고만 것이다. '캄캄한 그믐밤에 홀로 서 있는 돌' 이라는 그의 자나 아호의 의미가 그대로 그의 운명이 되고만 셈이다.

황혁의 아버지 황정욱(廷조정 정 彧문채 욱)의 이름은 '관청에 나가 문장 실력으로 승부 한다' 는 의미이니, 왜장 앞에서 '항복 권유문' 을 쓰도록 강요받았을 것이다. 환갑의 나이에 문장으로 죽을 수밖에 없는 상황에 처하여 글을 써도 죽고, 안 써도 죽을 그런 진퇴양난에 처하고만 셈이다.

황정욱의 자는 경문(景볕 경 文무늬 문)이고, 아호는 지천(芝지초 지 川내 천)이다.

'빛을 받은 글' 이라는 자에서 이미 그가 얼마나 글재주가 뛰어난지를 짐작해 볼 수 있다.

'신기한 풀이 무성한 시냇물' 이라는 아호에서는 그의 낙천적이고 낭만적인 기질이 엿보인다. 그는 결국 이름과 자에 들어 있는 '문장이 뛰어나다' 는 의미로 인해 60세에 글 때문에 문제가 생겨 결국 말년 15년을 풀이 무성한 시골 냇물이나 벗하며 살 수밖에 없었던 것이다. 죄인이 아니면 낙원일 수도 있었겠지만, 죄인으로 사는 이에게는 그 어떤 대자연의 모습도 그저 한낱 덧없는 구름처럼 보이게 마련이었을 터이다.

김귀영(貴귀할 귀 榮꽃 영)의 자는 현경(顯나타날 현 卿벼슬 경)이고 아호는 동원(東동녘 동 園동산 원)이다.

'귀한 존재가 되어 영화를 누린다'는 이름, '벼슬이 높아져 많은 이들의 부러움을 산다'는 자에서 드러나듯, 그의 관운이나 입신양명은 이미 타고난 거였다.

'해 뜨는 쪽에 위치한 동산'이라는 아호의 의미에서도 그의 탄탄대로인 벼슬길을 엿볼 수 있다. 죽기 한 해 전에 맞게 된 왜란으로 말년이 비참하게 끝나고 말았지만 자신이 왜장이 시키는 대로 한 죄 값이라고 생각하면, 그의 전 생애는 그런 대로 괜찮았다고 보아야 할 것이다.

辛慶晉신경진(1554-1619)은 황혁과 사돈간이란 이유로 대사헌의 자리에서 파면당하고 다시는 벼슬길을 되돌아보지 않았다. 조정에서 억울하게 물러났으니 다시 와서 나라 일에 참여하라며 권했지만 그는 끝내 거절하고 총총히 사라졌다.

사돈인 황혁이 61세로 역모죄에 연루되어 옥사하자 그는 58세의 나이로 낙향하여 65세로 타계할 때까지 입신양명에 대한 미련을 완전히 버리고 살았다. 사돈 때문에 그의 마지막 7년여의 세월이 완전히 망가뜨려지고 말았던 것이다.

신경진(慶경사 경 晉나아갈 진)의 자는 용석(用쓸 용 錫주석 석)이다.

이름에는 '경사스러운 일을 위해 나아간다'는 의미도 있고 '경사스러운 일을 가로막는다'는 뜻도 함께 들어 있다.

자는 '쓸모 있는 도구나 용기가 된다'는 뜻이기도 하고, '주고 또 준다'는 의미이기도 하다.

이름이나 자가 모두 이중적이고 모순적인 의미들로 채워져 있으니, 말년의 날벼락(사돈인 황혁이 역모죄로 고문 받다 죽은 일)은 아마도 그의 이름이나 자에 들어있는 이러한 모순적이고 충돌적인 의미들 때문인지도 모른다.

전라도 관찰사, 예조참의, 대사간 등을 역임한 신경진의 부친은 신응시(應부응할 응 時때 시)인데, 자는 군망(君임금 군 望바랄 망)이고, 아호는 백록(白흰 백 麓산기슭 록)이다.

'때에 부응한다'는 이름 뜻, '임금을 우러른다'는 자의 의미, '햇빛을 듬뿍 받은 눈 덮인 산기슭'을 뜻하는 아호에서 아버지 신응시의 남다른 겸손과 신중함을 읽을 수 있다.

비록 53세로 타계했지만 큰 시비에 휘말리지 않고 관직 생활을 순탄하게 하다가 생애를 편안히 마쳤으니, 그만 하면 때에 맞춰 부드럽고 따뜻하게 살다 간 셈이다.

아들인 신경진은 아차 잘못했으면 사돈과 함께 역적죄에 얽혀 들 수도 있었는데, 그래도 아버지 신응시의 '임금을 우러른다'는 자 때문에 그 정도로 끝났는지도 모른다.

대신들은 함께 처벌해야 한다고 우겼는데도 임금이 그만하면 되었다하며 파면 정도로 끝나게 했는지도 모른다. 더욱이나 아버지의 이름이 때맞춰 나선다는 뜻이니 아들이 어려울 때 때맞춰 도와주었을 것이다.

아들이 58세로 생애 최대의 고비를 맞게 되자, 27년 전에 53세로 생애를 마감한 아버지의 혼령이 홀연히 나타나 위로하고 후원해 주었을 것이다.

高彦伯고언백이란 자는 일찍이 무과에 급제하여 무신의 길을 걸었다. 임진왜란 때는 영원 군수로 양주에서 왜병 42명을 참살했다. 그 후 양주 목사와 경기도 방어사를 지내며 명나라 원병과 함께 서울을 탈환하는데 혁혁한 공을 세웠다.

경상좌도 병마절도사를 지낸 후 정유재란 때는 다시 한 번 경기

도 방어사가 되어 왜적과 맞서 싸웠다. 왜란이 다 끝난 후 1604년에
는 선무공신宣撫功臣 2등에 책록되고 제흥군濟興君에 봉해졌다.

그런데 5년 뒤에 광해군이 자신의 위치를 위협한다고 생각한 형
(임해군)과 이복동생(영창대군)을 숙청할 때 그는 그만 애꿎게도 임해
군의 심복이라는 이유로 함께 처형되고 말았다. 참으로 억울하고
애석한 일이었다.

하지만 어찌하는가. 하늘이 준 운세가 거기서 끝나게 되었다면
이런저런 이유야 다 거추장스러운 군더더기에 불과한 것이 아닌
가.

고언백(彦선비 언 伯맏 백)은 '선비 중의 선비'인데, 이름 뜻에서 임금
의 운세에 맞물려 갈 수밖에 없는 그의 운명을 엿볼 수 있다.

임해군이 누구인가. 선조 임금이 정실 아들(선조가 54세, 인목왕후가 22
세 때 낳은 아들인 영창대군)을 두기 전까지는 비록 서자이지만 명실공히
선조의 첫째 아들이었던 사람이다.

성격이 거칠다는 이유로 한 살 아래인 동생(광해군)에게 세자 자리
를 뺏기고 말았지만, 선조가 56세로 타계하자 명나라에서는 첫째
인 임해군을 왕으로 삼으라고 압력을 가했다.

명나라의 압력과 이를 비중 있게 생각하는 대신들을 의식한 광
해군은 왕이 되자마자 왕권 확립에 방해가 되는 주요 인물로 친형
(광해군과 함께 공빈 김씨의 소생)인 임해군과 어린 이복동생을 점찍었을
것이다.

결국 임해군은 한 살 아래의 동생에게 35세의 나이로 죽음을 당
하고 말았다. 진도에 유배되었다가 강화도로 옮겨진 후 사사되었
던 것이다.

고언백은 왕이 될 뻔한 임해군을 따라 죽을 팔자였던 셈이다.
'선비 중의 선비'라는 이름 뜻대로 그는 임해군을 위해 순사殉死(따

라죽음)하여 임해군의 충신이 되고만 것이다.

임해군의 이름은 진(珒옥이름 진)이고, 어릴 때 사용했던 초명初名은 진국(鎭진압할 진 國나라 국)이었다. 부인은 참의參議(6조에 속한 정3품 당상관직)를 지낸 許銘허명의 딸이다. 임해군은 아마도 자신의 초명인 '나라를 평정한다'는 그 거창한 의미 때문에 죽었을 것이다.

아버지 선조 임금이 여러 차례 명나라에 사신을 보내 "둘째인 광해군을 세자로 책봉하게 윤허하여 주시오"라고 간청했지만 번번이 거절당했다. "첫째가 버젓이 살아있는데 왜 둘째로 내려오려느냐"는 것이 명나라의 반대 이유였다. 그리고 1604년경에 영의정을 지낸 柳永慶유영경(1550-1608) 등이 은근히 임해군을 마음에 두고 선조 임금의 마음을 돌려보려 애썼었다.

*김제남 : 1562-1613; 인목대비의 친정아버지이자 영창대군의 외조부

결국 金悌南김제남*과 유영경 등은 영창대군을 옹립하려 했다는 죄목으로 죽고, 고언백은 임해군의 심복으로 임해군을 왕으로 옹립하려 했다는 죄목으로 죽었던 것이다.

김제남은 공언(恭공손할 공 彦선비 언)이라는 자를 갖고 있고, 유영경은 선여(善착할 선 餘남을 여)라는 자를 갖고 있었다.

김제남의 자는 '섬기는 선비'라는 뜻이고, 유영경의 자는 '너무 착해서 저 죽을 줄 모른다'는 정도의 의미로 바꾸어 생각해 볼 수 있다.

고언백의 '선비 중의 선비'라는 이름 뜻, 김제남의 '공손히 섬기는 선비'라는 자의 의미, 유영경의 '너무 선해서 철철 넘칠 정도이다'라는 자의 의미에서 뭔가 공통점을 찾을 수 있지 않은가. 따라 죽는다는 그 순사殉死의 의미에 가장 잘 부합하는 이름이고 자인 셈이다.

20 | 붓을 잘못 놀렸다가 죽음을 당한 사람들

정문부는그때 그의 나이는 겨우 27세였다.
그는 28세에 영흥 부사가 되고 32세 때는 길주 목사가 되었다.
한데 59세 되던 해에 일어난 이괄의 난으로 그의 목숨은 바람 앞의
촛불이 되고 말았다. 그가 전에 쓴 시가 바로 이괄의 난을
부추기거나 한 패가 된 것으로 오해받게 만들었던 것이다.

鄭文孚정문부(1565-1624)는 임진왜란 초기에 회령에 피난 온 임해군과 순화군, 그리고 대신들을 포박하여 왜장 가토 기요마사에게 포로로 갖다 바친 국경인과 그의 숙부 국세필 등의 반역을 해결한 사람이다.

그는 스스로 의병을 모집하여 회령으로 진격, 반역을 꾀한 국경인과 국세필을 참살하였던 것이다. 그의 격문을 읽고 일어선 유생 申世俊신세준과 吳允迪오윤적 등이 두 국鞠씨를 붙잡아 목을 베어 죽였던 것이다.

그때 그의 나이는 겨우 27세였다. 그는 28세에 영흥 부사가 되고 32세 때는 길주 목사가 되었다. 한데 59세 되던 해에 일어난 이괄의 난으로 그의 목숨은 바람 앞의 촛불이 되고 말았다. 그가 전에 쓴 시가 바로 이괄의 난을 부추기거나 한 패가 된 것으로 오해받게 만들었던 것이다.

초楚나라 회왕懷王을 풍자하여 쓴 시가 역모의 저의가 있는 것으로 이상하게 해석되고만 것이다.

전국시대의 초나라 회왕은 '이소離騷', '어부사漁父辭' 등으로 잘 알려진 屈原굴원(BC343-BC277; 원原은 자, 이름은 평平)과 동시대인이다.

제齊나라와 동맹하여 진秦에 대항하자는 합종파合縱派에 속해 회왕으로 하여금 제나라와 가까워져야 한다고 했으나, 왕은 연형파連衡派의 모략에 빠져 진나라로 향했다가 그만 객사하고 말았다. 왕의 막내 왕자인 子蘭자란이 아버지를 독살했다는 소문이 돌았지만, 그는 맏형을 경양왕頃襄王으로 세우고 자신은 재상에 올랐다. 추방된 굴원은 장사長沙에 있는 멱라수 汨羅水에 빠져 자살함으로 자신의 최후를 장식했다.

어쨌거나 정문부는 자신이 쓴 시 때문에 역모죄에 연루되어 고문을 받다 죽었다.

마치, 괴산 유생으로 趙憲조헌과 함께 임진왜란에서 혁혁한 전공을 쌓고 국가에 헌신하다가, 이괄의 난 때 이괄과 내통한다는 모함을 받고 참형 당한 全有亨전유형(1566-1624)의 뒤틀린 팔자 같다.

全有亨전유형는 옥천에서 1700여 의병을 모집한 22세 연상의 조헌과 합동작전을 펴 왜적에 점령당한 청주성을 탈환했다.

그는 39세에 문과에 당당히 급제하여, 명나라가 일방적으로 제시한 '쌀 10만석 요청'을 너무 많으니 줄여달라고 하여 감량을 허락받아 오기까지 했다. 한데 58세 되던 해에 반란군 대장 이괄과 내통한다는 모함을 받고 목이 베어지는 형벌을 당한 것이다. 그것도 成哲성철 등 자그마치 37명과 함께….

죽은 후 4년이 지나, 공연한 무고로 그는 죄가 전혀 없었다며 명예회복 시켜주고 이조판서를 추증했지만 그깟 무덤 속 벼슬이 대체 무슨 소용이란 말인가.

후에 정문부는 함경도 주민들의 요청으로 명예가 회복되었지만, 역모죄로 고문을 받다 죽은 그의 원혼을 무슨 수로 달랠 수 있겠는가.

정문부(文무늬 문 孚미쁠 부)의 자는 자허(子아들 자 虛빌 허)이고 아호는 농포(農농사 농 圃밭 포)이다.

'천성이 믿음직스럽다'는 이름에 걸맞게 그는 왜란으로 나라가 풍전등화의 처지에 놓이자 의병장으로서 종횡무진하며 왜적과 싸웠다.

그런데 자의 의미가 왠지 심상치 않다. '자녀가 드물다, 손이 귀하다'는 의미이니, 자신의 후손에 대한 암시뿐만 아니라 자신의 앞날에 대한 암시도 함께 내포되어 있다고 보아야 할 것이다. 즉, 제 명대로 못 살게 되어 조상에게 누를 끼친다는 의미도 되고, 큰 죄를 뒤집어쓰거나 스스로 짓게 되어 멸문지화를 당할 수도 있다는 어떤 암시로도 해석해 볼 수 있는 것이다.

그는 결국 명대로 못 살고 죽었을 뿐만 아니라 역적죄에 연루되어 가문에 치욕을 남긴 것이다. 그는 자신의 아호가 지닌 의미대로 '농사나 지으며 한가로운 말년을 보내고자' 꿈꾸었지만, 글 한 줄 잘못 써놓았다가 그 모든 소박한 소망이 그만 물거품이 되고만 것이다.

조선시대에도 과거에 계속 낙방한 만년 재수생이 있었다

권기는 초시에서 16차례나 합격하고도 정작 대과에서는 계속 낙방했다.
아마도 벼슬 운이 없었던 스승 권호문의 팔자를 고스란히
물려받았던 것 같다. 그를 가르친 유성룡이나 김성일은 당대의
가장 영향력 있는 학자이자 행정가이며 정치가였다.

權紀권기(1546-1624)라는 사람을 살펴보자. 초시에서 16차례나 합격하고도 정작 대과에서는 계속 낙방했다.

만년에 모시, 직물, 인삼 등의 진상과 포화布貨를 관할하는 제용감濟用監의 최 말단직인 종9품 참봉에 천거되었지만 그것마저도 맡을 수 없었다.

하필이면 바로 그 당시에 부친상을 당해 하찮은 참봉 벼슬마저 취임이 불가능했던 것이다. 하지만 6경經(시경詩經, 서경書經, 예기禮記, 악기樂記, 역경易經, 춘추春秋)에 통달하고 예문, 법률, 지리 등에 워낙 박식했기 때문에 안동 일원의 유명 선비로 후학을 가르치는 일에 전념하며 살았다.

그리고 유성룡의 부탁을 받고 안동 읍지邑誌인『영가지永嘉志』8권을 편찬했다. 또한 자신의 문집인『용만龍巒문집』2권을 남겼다.

참으로 신기한 일이다. 그를 가르친 스승들이 당대의 대표적인 학자들이자 권세가들이었는데도 이상하게 그만 낙오자가 되어 그저 하는 수없이 시골 선비로 머물 수밖에 없었다.

우선 權好文권호문(1532-1587)을 보자. 19세에 진사가 되었지만 연이어 부모상을 입고 각각 3년씩 시묘侍墓를 했으니 꼬박 6년여의 세월을 초야에 묻혀 있어야 했다. 그는 관계 진출을 아예 포기하고 청성산靑城山 기슭에 무민재無悶齋를 짓고 학문에만 전념했다.

그의 말년은 전국 각지에서 문인, 학자들이 찾아오는 통에 오히려 번잡하기 이를 데 없었고, 이런저런 인연으로 집경전集慶殿 참봉과 내시교관內侍敎官에 임명되었으나 사퇴하고 고향을 떠나지 않았다.

권호문 자신은 조선의 대표적인 학자들인 이이와 이황에게서 공부한 사람이다. 특히 이황의 맏형인 이잠의 외손자라 스승인 이황의 총애를 듬뿍 받았다.

37세 이후에는 관물당觀物堂을 짓고 학문을 강론하며 여생을 보냈다. 55세로 생애를 마감했지만 관직에 나간 그 누구보다도 더 한가롭고 알찬 생애를 보냈다고 보아야 할 것이다.

그는 '빈부귀천은 하늘에 맡기고 한가로이 지내는 나만의 멋이나 즐기자'는 식의 메시지를 담아 『독락팔곡獨樂八曲』이라는 노래를 지어 불렀다.

권기는 아마도 벼슬 운이 없었던 스승 권호문의 팔자를 고스란히 물려받았던 것 같다. 그를 가르친 柳成龍유성룡(1542-1607)이나 金誠一김성일(1538-1593)은 당대의 가장 영향력 있는 학자이자 행정가이며 정치가였다.

유성룡은 영의정과 군의 총지휘관인 도체찰사都體察使를 맡아 임진왜란으로 풍비박산이 난 나라를 그런 대로 잘 수습했다.

권율과 이순신 등, 난리로부터 나라를 구한 영웅호걸들을 많이 등용하여 조선 최대의 위기를 잘 극복해 냈다. 육지의 맹장이던 권율은 유성룡보다 5세 연상이었고, 바다의 영웅이던 이순신은 유성룡보다 3세 연하였다.

1592년 임진왜란이 일어나자 50세의 유성룡, 55세의 권율, 47세의 이순신이 구국救國의 트리오가 되어 종횡무진으로 눈부시게 활약했던 것이다. 실로 환상적인 콤비였던 셈이다.

권율은 평화가 찾아온 직후 62세로 병사했고 이순신은 전란의 마지막 순간에 53세로 장렬하게 전사했다. 유성룡은 자신이 섬기던 선조가 병사하기 한 해 전에 65세로 천수를 다 했다. 광해군이 33세로 왕이 되는 꼴을 보지 않고 타계했으니, 그것 또한 축복이 아닐는지….

50세에 맞이한 왜란을 앞장서서 막았던 유성룡은 자연스럽게 50대 후반으로 접어들었던 것이다. 하지만 56세 되던 해(1598년)에 북인 일파의 탄핵을 받아 삭탈관직되고 말았으니, 난리를 온 몸으로 막으며 6년여의 세월을 보낸 그로서는 여간 서글프지 않았을 것이다.

*경략사 : 왕의 특명으로 일정한 임무를 맡은 임시직이나, 권한은 막강했음

이유는 명나라의 경략사經略使*로 조선을 방문한 丁應泰정응태가 자기 나라에 허무맹랑한 보고를 올렸는데, 그 내용인즉 '조선과 일본이 연합하여 명나라를 공격하려 한다' 는 것이었다.

북인 일파는 유성룡을 지목하며 "일이 이 지경에 이르렀는데 어째서 직접 명나라에 달려가 전후사정을 해명하지 않느냐"고 탄핵했던 것이다.

2년 뒤인 1600년, 그의 나이 58세 때에 완전히 명예 회복이 되었지만, 그는 관직에 다시 나가지 않고 7년여의 여생을 조용히 보낸 후 65세로 영면했다.

권기를 가르친 또 다른 스승인 김성일은 18세에 직접 도산서원을 찾아가 이황에게서 글을 배운 후 26세에 진사가 되고 29세에 대과에 급제했다.

유생 신분이던 24세 때는 수렴청정을 하도 오래하여 당대의 여

황제女皇帝로 치부되던 명종* 임금의 모친 문정왕후(1501-

1565)가 승려 普雨보우(1515-1565)의 말을 따라 희릉禧陵*을 이

장하려 하자 "한낱 중의 말을 듣고 희릉을 옮기려 함은

천부당만부당한 일입니다"라고 상소를 올렸다.

그로부터 3년 뒤, 그가 27세 되던 해(1565년)에 문정왕후가 죽자 왕

후와 왕후의 친정 남동생 윤원형의 막강한 백이 갑자기 사라진 보

우는 결국 제주도로 유배되고 말았다.

보우가 추진했던 불교 중흥을 위한 모든 일들*이 물

거품이 되고 그도 결국 제주 목사 邊協변협에 의해 참형

을 당하고 말았다.

김성일이 세상 여론의 흐름이나 정치 기상도를 제대

로 읽고 있었던 셈이다. 그가 34세 때(1572년 선조 5년)에는

"충신 중의 충신이었던 사육신을 명예 회복시켜야 합니다. 그리

고 종친을 소외시키지 말고 적재적소에 등용하여 국정운영의 한

축이 되게 해야 합니다"라고 상소문을 올려 기어이 관철시키고

말았다.

39세 때(1577년)는 태조 이성계의 출생에 관한 명나라

측의 그릇된 기록인 대명회전*을 정정하고자 종계변무

宗系辨誣 주청사奏請使의 서장관으로 명나라를 다녀왔다.

비록 완전히 정정된 것은 그가 명나라를 다녀온 후 11년

이 지나서이지만(1588년 선조 21년), 숱한 정정 노력에 그도 한 몫을 했

던 셈이다.

김성일이 41세 때는 사헌부 장령으로 종실 비리를 단호히 탄핵

하여 대궐의 호랑이라는 뜻의 '전상호殿上虎'라는 별명을 얻기도

했고, 45세 때는 나주 목사로 나가 술 취한 채 한밤중에 관아에 들

*명종 : 1534-1567; 인종
의 이복형. 중종과 문정
왕후의 2남
*희릉 : 1491-1515; 24세
에 세자 인종을 낳고
산후병으로 요절한 장
경왕후 윤씨의 능

*선종과 교종으로 나눠
양종제로 운영한 일, 과
거에 승과를 설치한 일,
300여 사찰을 나라의
공인 사찰로 정한 일, 4
천여 승려를 뽑아 정식
으로 자격증을 준 도첩
제 실시 등

*대명회전 : 조선국 관
련 기록에 태조 이성계
를 고려 우왕 때의 권
신이자 이성계의 정적
이던 이인임의 아들로
기록

른 순무어사 김여물을 크게 꾸짖은 후 아예 문을 열어주지 않기도 했다.

또한 51세 때(1589년)는 풍신수길이 보낸 玄蘇현소와 平義智평의지를 만나 일본과의 외교문제 등을 논의했다. 그리고 52세 때는 정사 黃允吉황윤길, 서장관 許筬허성*과 함께 통신사절의 부사로서 일본을 다녀왔다.

*허성 : 허균의 맏형이자 허난설헌의 친정 큰오빠

이듬해(1591년 2월)에 부산을 통해 귀국했는데, 황윤길이나 허성과 달리 '일본이 조선을 침략할 가능성은 별로 없다'는 식으로 보고했다. 후에 그는 정사 황윤길과 같은 의견이었으나 전쟁의 공포로 온 나라가 동요할까 염려되어 일부러 반대의견을 낸 것이라는 식으로 변명했지만 막상 왜란이 일어나자 그는 집중적인 공격을 받아야 했다.

安邦俊안방준 등은 김성일이야말로 왜란을 불러온 장본인이라며 세차게 공격했다. 결국 그는 파직될 수밖에 없었지만, 위급한 전쟁 중이라 다시 등용되어 경상도 일원의 의병장들과 관군 사이의 원활한 협동작전을 진두지휘하게 되었다.

곽재우, 김면, 정인홍 등은 각자 개성이 강하여 김성일의 원만한 조율이 없이는 일사불란한 협동작전이 매우 어려웠다. 특히 곽재우와 경상감사 金睟김수(1547-1615) 사이의 갈등은 조정의 골칫거리였다. 김성일은 영남 초유사招諭使로서 두 사람 사이의 갈등을 원만하게 해결하여 곽재우를 처벌하고자 하는 조정의 격앙된 분위기를 무마했다.

권기(紀벼리 기)의 자는 사립(士선비 사 立설 립)이고 아호는 용만(龍용 용 巒뫼 만)이다. '벼리'는 그물의 코를 꿰어 오므렸다 폈다하는 벼릿줄을 뜻한다. 매사에 중심이 된다는 좋은 뜻이다. 그는 비록 출세는 못했지만 평생 고향 주위의 많은 이들에게 이것저것을 가르치고 일러주며 향리 생활의 중심에 서 있었다.

자는 '선비로서 확고한 위치를 차지한다' 는 의미이니 그의 일생이 그런 식으로 자리매김되었을 법하다. 그는 명실상부한 재야의 대학자요 초야에 묻힌 큰 선비였던 것이다.

아호의 의미가 참으로 기이하다. '용이 사는 산' 을 뜻하니 비록 작은 산골에 놓인 낮은 산이라 해도 전혀 부러울 것이 없는 것이다. '작은 물이라도 용이 살면 큰 물이요, 작은 산이라도 용이 살면 큰 산' 이라는 중국의 옛 문장도 있지 않은가.

그는 결국 이름대로 세상의 한 중심을 이루며 살았고, 자의 의미처럼 큰 선비로 우뚝 서 있었던 것이다. 그리고 아호의 의미처럼 그가 머무는 곳이면 그 어디든 용이 사는 산이 되어 사람들을 주위에 빼곡히 모여들게 했던 것이다.

온갖 서책과 세상 이치, 그리고 가정과 사회와 나라의 예법을 통달하고 있었을 테니, 주위에 사는 그 누군들 그의 가르침과 깨우침을 덕 입지 않을 수 있었겠는가.

실로 그는 세상의 그물코를 한데 꿰고 있던 진정한 벼릿줄이고 세상의 선비들이 다 인정하는 큰 선비였을 터이다. 그리고 사람들은 그가 사는 집이나 마을을 신비스러운 기운이 감도는 곳, 존귀한 이가 사는 곳으로 알고 진심으로 우러러보았을 것이다.

22 과거시험에 얽힌 희한한 이야기들

이순신은 두 차례나 백의종군을 한 사람이다.
한번은 북방의 호인들이 침범했을 때 이를 제대로 못 막아 41세 때
백의종군했고, 두 번째는 원균의 모함으로 52세에 백의종군하게
되었다. 백의종군이 두 번이었으니, 이순신은 당연히 두 번이나
은인을 만나 재기할 수 있었다.

홍의紅衣장군으로 통하던 임진왜란의 영웅 곽재우의 이력을 살펴보면 참으로 이상야릇한 대목이 나온다.

의령에서 태어나 과거공부를 열심히 한 후 33세의 약간 늦은 나이에 과거에 급제했다. 그런데 이상한 문제가 터지고 말았다. 즉, 임금의 뜻에 심히 거슬리는 글귀가 들어 있어 그의 이름은 그만 합격자 명단 발표에 의도적으로 빠지고 말았다.

자칫 잘못했으면 역적으로 몰려 죽을 수도 있었던 고루한 봉건 왕정시대였다. 귀양을 가거나 매를 맞지 않으면 최소한 영원히 과거를 못 보게 하는 정도의 처벌이 따랐을 것이다.

그러한 쓰라린 낙방의 경험을 겪은 후, 7년 뒤 40세의 나이에 의병장으로 세상의 전면에 다시 등장했던 것이다. 4월에 조선을 침략하여 승승장구하던 왜적을 5월에 함안 등지에서 격파함으로써 왜적의 보급로를 차단하는데 성공했던 것이다.

하지만 왜적을 피해 도망쳤던 감찰사 김수는 자기의 비겁한 도주와 싸웠다하면 지고 마는 번번한 실패의 원인을 곽재우를 모함

함으로써 만회하고자 했다.

결국 김수의 무고로 감옥에 갇혔지만 영남 초유사로 활약하던 김성일의 장계狀啓로 석방되었다. 그 후 성주 목사를 지내고 정유재란 때는 경상좌도 방어사로 활약했다. 하지만 그는 경상우도 조방장助防將을 끝으로 자발적으로 정계를 떠나 낙향하고 말았다.

여러 차례 경상도 병마절도사와 수군통제사에 임명되었지만 그는 훌훌 다 벗어 내던지고 나가지 않았다.

후일 부총관副摠管과 한성부 좌윤左尹, 그리고 함경도 관찰사를 지냈지만, 난리 중인데도 세상 정치 돌아가는 꼴 하나하나가 너무도 더럽고 치졸하여 또 다시 낙향하고 말았다.

15세 연하이지만 권율 장군 휘하에서 절친하게 지내던 광주지역 의병장 金德齡김덕령(1567-1596)이 개죽음을 당한 일이 그의 심기를 몹시 뒤흔들어 놓았다. 난데없이 충청도에서 반란을 일으킨 李夢鶴이몽학의 난에 연루되어 고문을 받다 장독杖毒으로 그만 죽고 만 것이다.

아무리 생각해도 정말 납득하기 곤란했다. 난리를 만나 와르르 무너지고 있던 나라를 목숨 바쳐 구한 충신 중의 충신인데, 밑도 끝도 없는 모함 따위에 파리목숨이 되어야 하다니…. 그리고 李舜臣이순신(1545-1598)이 죄 없이 죽을 뻔하다가 구사일생으로 살아나 권율 휘하에서 백의종군하게 되는 것을 보았다.

충신과 애국자를 박해하는 몹쓸 정치놀음에 정말 이가 북북 갈릴 정도였다. 그는 세상 돌아가는 꼬락서니를 개탄하며 세상과의 인연을 끊고 은둔생활을 택하기로 결심했다. 곽재우는 모함으로 산 사람을 마구 때려잡는 당쟁에 넌덜머리를 냈던 것이다.

김덕령의 형인 德弘덕홍(1558-1592)은 이미 34세로 임진왜란이 발발하던 해에 금산 전투에서 59세의 의병장 高敬命고경명(1533-1592)과 함게 전사했다. 결국 김덕령의 집안에는 25세의 효성이 지극한 동생 德普덕보(1571-1627)만 남게 되었던 것이다.

김덕령은 辛景行신경행이란 자가 "김덕령이 이몽학의 난을 서둘러 진압하지 않고 능장을 부리다가 다 진압된 후 뒤늦게 출병한 것은 그가 이몽학과 내통하고 있었기 때문"이라고 뜬금없이 모함했기 때문에 매를 맞고 죽은 것이었다. 신경행이 진압하러 갔지만 도착하기 전에 이미 진압되어 중도에 되돌아왔기 때문에 그런 모함을 받게 된 것이었다. 하지만 김덕령에게는 원죄라면 원죄라고 볼 수 있는 일이 하나 있었다.

즉, 이몽학의 난이 일어나기 얼마 전에 도체찰사 尹根壽윤근수*의

*윤근수 : 1537-1616; 왜란 후 영의정을 지낸 윤두수의 아우; 57세 때 명나라에 가서 광해군의 세자책봉을 주청했으나 거절당함

노비를 장살杖殺시킨 것이 문제가 되어 김덕령은 그만 체포되고 말았는데, 임금이 친히 "의병장으로서 나라에 공을 많이 끼쳤으니 용서하라"고 하여 석방되었던 것이다. 아마도 이것이 원죄가 되어 누군가의 미움을 사게 되었는지도 모른다.

이순신은 두 차례나 백의종군을 한 사람이다. 한 번은 북방의 호인胡人들이 침범했을 때 이를 제대로 못 막아 41세 때 백의종군했고, 두 번째는 元均원균의 모함으로 52세에 백의종군하게 되었다.

원균은 4년 전부터 이순신을 못 잡아먹어 안달을 했었다.

임란 초에는 1만여 해군을 해산하고 전함도 버린 채 도주하다 옥포 만호 李雲龍이운룡이 "경상우도 수군절도사라는 장수가 어떻게 그런 반역행위를 할 수 있느냐"며 강력히 항의하자 그제서야 정신을 차리고 이순신(전라좌도 수군절도사)과 협동작전을 펴 당포 해전을 승리로 이끌었다. 그러나 이듬해에 이순신이 3도 수군 통제사로 부임하자 원균은 위계질서도 없이 무슨 놈의 인사를 이런 식으로 하느냐며 불복했다. 조정에서는 괘씸하게 여겨 그를 충청도 병

마절도사로 좌천했다.

이 일이 씨가 되어 4년여 간 그는 온갖 인맥을 동원하여 이순신을 모함했다. 그 결과 정유재란* 초기인 1597년 1월에 이순신은 대역죄인이 되어 서울로 압송되고 대신 원균이 3도 수군통제사 자리에 앉았다. 하지만 그 해 7월에 원균은 크게 참패한 후 거제도에서 왜군에게 피살되고 말았다.

*정유재란 : 1596년 9월의 오사카 성 강화회담 실패로 그 해 12월에 왜군이 재 침입

"육지보다 바다 쪽이 더 큰 일이다. 이순신은 어디 갔느냐? 싸움이 먼저니 빨리 그를 바다로 내보내라!"

조정의 그러한 소리를 듣고 이순신은 원균이 차지하고 있던 3도 수군통제사에 다시 취임하여 겨우 12척의 전함으로 왜군에게 뺏긴 바다를 다시 찾게 되었던 것이다.

백의종군이 두 번이었으니, 이순신은 당연히 두 번이나 은인을 만나 재기할 수 있었다.

첫 번째 백의종군 때는 전라도 관찰사였던 네 살 위인 李洸이광(1541-1607)이 발탁하여 전라도 조방장助防將으로 등용될 수 있었다.

두 번 째는 19세 위인 우의정 鄭琢정탁(1526-1605)의 적극적인 변호로 목숨을 건지고 여덟 살 위인 도원수都元帥 權慄권율*의 막하로 들어가게 되었다.

*권율 : 1537-1599; 1571년에 영의정 지낸 권철의 아들

이광 자신도 용인 전투(권율도 참전)에서 참패한 죄로 탄핵을 받아 52세에 백의종군 한 후 유배형에까지 처해졌다가 53세 때인 1594년에 석방된 적이 있었다. 이순신과 이광은 같은 '덕수 이씨'였을 뿐만 아니라, 52세에 백의종군했다는 기막힌 사연마저도 신기하게 일치한다. 그 무슨 좋은 일이라고 백의종군마저도 같은 나이에 치르게 되었던 것이다.

곽재우는 세상을 개탄하며 창암蒼巖에 자신의 아호를 딴 망우정忘憂亭을 짓고 여생을 학문과 저술로 소일했다.

마흔 중반에 정계와 세상을 등지고 남은 이십여 년을 은둔생활로 보내다가 65세로 영면했다. 역시 홍의장군 다운 결단이었던 셈이다.

곽재우(再다시 재 祐도울 우)의 자는 계수(季끝 계 綏편안할 수)이고, 아호는 망우당(忘잊을 망 憂근심할 우 堂집 당)이다.

'거듭 돕는다, 천지신명이 거듭해서 돕는다'는 이름 뜻 때문에 동에 번쩍 서에 번쩍 전쟁판을 누비고 다니면서도 끝내 목숨을 건져 여생을 편안하게 보낼 수 있었을 것이다. 한 차례도 아니고 되풀이해서 돕는데, 그것도 사람이 아니라 천지신명이 돕는 운세라면 대체 누가 감히 당해낼 수 있겠는가.

'마지막까지 남아 편안하게 된다'는 자의 의미대로 그는 스스로 결단하여 더럽고 덧없는 벼슬길을 싹둑 단념하고, 마흔 중반부터 육십 중반까지 마음이 원하고 몸이 가자는 대로 자유롭고 한가롭게 살았다.

'근심을 잊는다'는 아호의 의미도 그의 결단과 천성에 너무도 잘 맞는다. 벼슬에 미련을 두고 머뭇거렸으면 그도 평안은 고사하고 목숨마저 부지하기 어려웠을 것이다.

전쟁으로 인해 각박해지고 피폐해진 세상인심을 훤히 내다보고, 그는 전쟁에 덜 할퀴고 덜 다친 대자연의 품속으로 주저 없이 뛰어들었던 것이다.

비록 과거에는 탈락하고 말았지만 벼슬도 할만큼 했고 애국애족의 길도 어느 정도 걸어갔으니, 난리 통에 인물 난다는 말이 그대로 적중한 셈이다.

6년여의 왜란이 강산을 뒤흔들자, 의령의 한 선비가 갑자기 홍의장군으로 나타나 나라를 구한 것이다. 40세에 경상도 관찰사인 김수의 모함으로 옥살이도 했으니, 모든 액땜을 중년의 나이에 다 마친 셈이다.

李耕稙이경직(1841-1895)은 52세에 그 놈의 과거 시험장 소동으로 전라도 관찰사에서 파면되었다. 29년 전(1864년 3월)에 대구에서 사교邪敎를 통한 혹세무민惑世誣民 죄로 40세에 처형당한 제 1대 교주 崔濟愚최제우(1824-1864)를 명예 회복시켜 달라며 각 도 동학대표 40여 명이 과거응시를 가장하고 시험장에서 연좌데모를 했던 것이다.

사흘 밤낮을 통곡하며 대궐 주위를 마구 뒤흔들어 놓았으니, 결국 애꿎은 전라도 관찰사만 파직되고만 것이다. 朴光浩박광호가 임금에게 올리는 교주 신원伸寃을 위한 상소를 주도했지만 사실은 제 2대 교주인 崔時亨최시형*이 뒤에서 다 조종하고 있었던 것이다.

*최시형 : 1827-1898; 원주에서 서울로 압송되어 처형됨

이경직은 54세에 궁내부대신으로 명성황후 민씨가 일본 낭인들에게 처참하게 시해(1895년 10월 을미사변)될 때 함께 살해되고 말았다. 이래저래 그의 팔자는 우연히 큰 싸움이 벌어지는 장소에 머물다가 되게 봉변을 당하는 쪽이었던 것 같다. 한산 이씨 집안인데, 구한말의 이러저러한 사건에 휘말려 한 번은 파직되고 두 번 째는 목숨마저 잃고만 것이다.

이경직(耕밭갈 경 稙일찍 심은 벼 직)의 자는 위양(威위엄 위 禳제사 이름 양)이고, 아호는 신부(莘긴 모양 신 夫지아비 부)이다.

'밭을 갈아 일찍 심어 일찍 수확한다' 는 이름처럼 그는 35세 이후 벼슬 운이 확 트여 동몽교관童蒙敎官(아동 교육 담당)과 참의내무부사參議內務部事를 지냈다.

자의 의미가 좀 심상치 않다. '푸닥거리로 두렵게 한다' 는 뜻이니, 결국 일본 낭인들에 의해 한 밤중에, 그것도 궁궐 내에서 비참하게 죽을 수밖에 없었던 것 같다. 아호의 의미 또한 마치 무덤을 연상시키듯 '풀이 무성히 자란 곳에 머물러 있는 한 남자' 를 암시

한다.

그의 인생은 결국 두 차례 다 죽음과 연관되어 있다. 한 번은 29년 전에 처형당한 동학교주 최제우의 신원에 관한 사건이었다. 죄인이 되어 치욕스럽게 죽은 것을 다시 명예롭게 고쳐달라는 시위였던 것이다. 마지막은 명성황후 민씨를 죽이려는 무시무시한 시나리오에 얽혀 애꿎게 죽고만 것이다.

'밭을 갈고 올벼를 심는다' 는 이름, '푸닥거리로 두렵게 한다' 는 자, 그리고 '무성히 자란 풀 더미 속에 누운 한 남자' 를 의미하는 아호…. 어딘가 으스스한 분위기가 느껴진다. 그 많은 한자 중에서 왜 하필이면 올벼, 즉 '일찍 심은 벼 직稙' , '푸닥거리할 양禳' , 긴 풀, 즉 '긴 모양 신莘' 자들을 사용했는지 모르겠다. 조금만 조심해서 정했으면 잘 나갔을 운세인데, 너무 기괴한 의미들을 붙이고 다니다가 뜻밖의 참화를 당하고만 것이다.

23 │ 조선의 겁쟁이들, 누가 먼저 이들에게 돌을 던지랴

김수는 이미 사람들로부터 난리를 만나 너무 조급하고
경솔하게 대처하다가 제대로 싸워보지도 못하고 졌을 뿐만 아니라
경상도를 지켜야 할 책임자가 왜놈에게 잔뜩 겁을 먹고 그만
전라도로 줄행랑을 쳤다는 힐난을 듣고 있던 중이었다.
그래도 그는 파면 당하기는커녕 도리어 한성부판윤으로 영전했다.

비겁과 용기 사이에서 하나를 고르라면 그 누구도 비겁을 택할 리 없다. 나만은 결코 비겁자라는 오명을 뒤집어쓰지 않겠다 라며 고개를 제 아무리 빳빳이 들고 활보해도 목숨이 위태로워지게 되면 이제까지의 모든 결의와 각오를 저버리고 털썩 무릎을 꿇게 되어 있다.

명종 대와 선조 대에 벼슬길에 나갔던 곽간(1529-1593현풍 곽씨)을 보자. 17세에 나라에 큰 경사가 있을 때 부정기적으로 실시하던 증광시增廣丙試科 문과文科의 병과丙科에 급제했으니 대단한 수재였던 것 같다.

내로라하는 이들도 과거만은 대개 20대 중반이거나 후반에 통과하고 벼슬에 나섰는데, 열일곱 청소년 시절에 그것도 초시가 아니라 대과에 급제했다면 그야말로 초스피드로 벼슬길에 나섰다고 보아야 할 것이다.

21세에 정5품 형조 좌랑佐郎이 되었으니 실로 벼락출세를 한 셈이다. 뒤이어 대동찰방大同察訪이 되어서는 외국에 사신으로 갔다

오는 일행이 은銀을 불법으로 소지했는지를 조사하는 수은어사搜銀御使를 겸하게 되었다.

찰방은 종6품 외관직으로 역驛을 관장하는 일을 했는데 마관馬官이나 우관郵官으로도 불렀다. 곽간의 경우에는 역을 관장하는 찰방察訪보다도 오히려 수은어사 쪽에 더 큰 무게가 실려 있었던 셈이다.

하지만 당연히 내로라하는 이들이 이런저런 명분으로 명나라에 사신으로 갔다 오게 되었을 텐데 그런 막강한 고관대작들을 수색하여 죄가 있는지 없는지를 가려야 하는 직책이니, 그야말로 살얼음 위를 걷고 있었던 것이다.

그런 차에 23세 되던 해에 악연이 하나 생기고 말았다. 좌의정 沈通源심통원이 명나라에 다녀오며, 아니나 다를까 바리바리 짐을 엄청나게 싣고 오는 것이었다. 젊은 초년 관료로서 실로 겁날 게 별로 없었던 곽간은 심통원의 물건들을 냉큼 들어내서 불살라버렸다. 이 사실이 조정에 보고 되자 당연히 심통원은 파직되고 말았다.

문제는 그 다음부터이다. 까마귀 날자 배 떨어진다고 정작 파면된 것은 심통원인데 멀리 도망친 것은 바로 곽간이었다. 패기만만하게 불을 지른 장본인이 벼슬을 다 버린 채 그 길로 도망을 쳤던 것이다.

한두 해라면 그리 기이하지도 않을 것이다. 자그마치 10여 년간 주소 불명, 연락 두절로 피신하며 살았다. 결국 그는 37세가 되어서야 성균관 전적典籍(정6품)으로 슬그머니 컴백하게 된다. 그래도 피해 다니는 그 십여 년의 세월이 헛되지 않았던지, 그는 뒤이어 영천 군수, 공주 목사를 거쳐 강릉 부사를 지내게 되었다.

그래도 이십대 때보다 약간 깡이 더 생겼던지 명종의 모친인 문정왕후文定王后가 수렴청정을 하며 봉은사 주지 普雨보우를 앞세워 불교를 대대적으로 중흥하여 아예 조선팔도를 불교 정토로 만들어 놓으려 하자, 그는 무슨 배짱에서인지 대뜸 반대표를 던졌다.

"조선은 태조 이래 유교를 근간으로 했지 않습니까? 불교를 되살리려 하심은 조선 왕국의 주춧돌을 빼내겠다는 것과 같습니다"라는 식으로 반대 상소를 올렸던 것이다.

그 결과는 너무도 뻔했다. 그는 십여 년의 긴 공백기간을 거쳐 어렵게 재기했지만 또 다시 파면되고 말았다.

53세에 임진왜란이 일어나자 그는 영남 초유사 김성일을 따라 왜적과 맞서 싸워야 했다. 하나 김성일이 55세로 죽자 그의 운명도 서서히 기울기 시작했다. 왜적의 포위망을 뚫고 간신히 탈출하여 집으로 오던 중에 64세로 객사하고 말았다.

곽간의 자는 원정(元으뜸 원 靜고요할 정)인데, '단아하고 고요하다' 는 자의 의미에서 알 수 있듯이 그는 천성적으로나 지향하는 삶의 목표로나 대단히 소극적이고 은둔적인 편이었을 것이다.

협잡과 패거리 놀음과 온갖 술책이 동원되기 마련인 벼슬생활이 그에게는 그렇게 썩 잘 어울리지 않았을 것이다.

죽재(竹대나무 죽 齋재계할 재)라는 아호는 어떤가. '대나무 숲을 바라보며 대자연 앞에서 경건해 진다' 는 의미로 풀어볼 수 있다. 차라리 벼슬에 나가지 말고 초야에 묻혀 학문에 정진했으면 멀고 가까운 향리에서 많은 지인들과 제자들을 모으며 더 보람 있고 멋있게 살 수 있었지 않았을까. 아무리 보아도 곽간은 벼슬길에 제대로 적응하지 못한 것 같다.

임진왜란 시, 경상도 의병장 곽재우와 사사건건 갈등을 빚다가 결국 곽재우를 감옥에 갇히게 만든 장본인인 김수는 전란의 와중에서 피폐한 삶을 살던 민초들에게조차 왜적에게 쫓겨 도망 다닌 비겁한 벼슬아치라는 비난을 들었던 사람이다.

이황에게 배우고 26세에 알성시謁聖試 문과에 병과로 급제했으니 벼슬길 출발은 남들과 비슷했던 셈이다.

그는 40세에 평안도 관찰사로 나갔다가 면직되었으나 곧바로 경상도 관찰사로 복직되었다. 45세 되던 해에 일생일대의 치욕을 겪게 되었다. 즉, 임진왜란이 터질 당시 경상우감사로 진주에 있었는데, 동래가 왜적에게 함락되자 그는 병졸을 모아 맞서 싸우려 하지는 않고 부랴부랴 도망을 치기에 바빴던 것이다.

밀양과 가야를 거쳐 단숨에 거창으로 도주했다. 그리고 李洸이광*

*이광 : 1541-1607; 임란 당시 51세로 전라도 관찰사 지냄

과 尹國馨윤국형(1543-1611)이 근왕병勤王兵을 모집할 때 겨우 일 백 명 정도를 이끌고 참전하여 주위 사람들의 빈축을 샀다.

근왕병이 용인에서 왜적에게 패하자 그는 얼마 안되는 패잔병을 이끌고 서둘러 경상우도로 되돌아갔다. 도중에 아홉 살 위인 54세의 영남 초유사 김성일을 만나 꾸지람을 들었다.

"도대체 이 난리 중에 소임을 다하지 못하고 그런 식으로 적에 맞서서 어떻게 이 강토를 지켜낼 수 있다는 거요?"

라는 호된 질책을 받았던 것이다.

김수는 이미 사람들로부터 난리를 만나 너무 조급하고 경솔하게 대처하다가 제대로 싸워보지도 못하고 졌을 뿐만 아니라 경상도를 지켜야 할 책임자가 왜놈에게 잔뜩 겁을 먹고 그만 전라도로 줄행랑을 쳤다는 힐난을 듣고 있던 중이었다. 그래도 그는 파면 당하기는커녕 도리어 한성부판윤으로 영전했다.

그 뒤에도 중추부지사, 우참찬, 호조판서를 거쳐 나중에는 영의정과 품계가 같은 정1품 중추부영사에 이르렀다. 그러나 66세 되던 해(1613년 광해군 5년)에 탄핵을 받고 벼슬길을 완전히 접어야 했다. 손자인 金秘김비가 옥에 갇히게 되자 그도 함께 삭탈관직되었던

것이다.

그 후 2년을 더 살다가 68세로 눈을 감았지만, 끝에는 모든 벼슬이 다 일장춘몽으로 연기처럼 허공으로 흩어지고 만 셈이다.

김수(睟바라볼 수)의 이름 뜻이 '초롱초롱한 맑은 눈길로 뭔가를 뚫어지게 바라본다'이니, 말 그대로 위기를 당하거나 뭔가 큰 결단을 해야 할 때는 좌고우면左顧右眄하며 망설이다가 정작 시기를 놓치고 만다는 의미가 아닌가.

그의 타고난 성품이 원래 결단력이 부족하고 어딘가 우유부단한 데가 있다는 뜻이니, 임진왜란 중에 그가 일생일대의 치욕을 만들고만 것을 미루어 짐작해 볼 수 있는 셈이다.

자는 자앙(子아들 자 昻바라볼 앙)으로 '머리를 들어 높은 곳을 바라본다, 높이 올라간다'는 의미이니, 여러 단점에도 불구하고 영의정의 반열에까지 승승장구할 수 있었던 대단한 관운을 암시한 셈이다.

난리 중에 겁을 잔뜩 먹고 제가 지킬 지역을 벗어나 멀리 도망친 수령인데, 그런 대단한 운세가 아니었다면 어떻게 살아남아 그렇게 높은 벼슬에까지 단숨에 올라갈 수 있었겠는가.

아호는 '꿈속에 보는 한적한 산골 마을'이란 뜻의 몽촌(夢꿈 몽 村마을 촌)이다. 모든 게 일장춘몽으로 끝난 채 삭탈관직된 백면서생의 신분으로 죽었으니, 임종을 앞둔 그의 마지막 순간들이 그런 식으로 암시된 것인지도 모른다.

그의 마지막 2년여의 여생은 꿈을 꾸는 듯한 회한悔恨의 삶이요, 후회막급인 반성의 삶이었을 것이다.

이우각

충북 보은 출생
대전고등학교·서울대학교 졸업
미국 University of South Carolina 사회학 석사·국제정치학 박사
여의도연구소 기획실장
미국 University of South Carolina 국제문제연구소 교환교수
중앙대학교 행정대학원 객원교수

27권의 책을 출판하여 시, 소설, 수필 등 다방면에 걸친 관심을 보여 왔다.
다년간 이름을 연구한 후 〈이름 속에 든 한자 이야기〉를 펴내 '이름과 운명
사이의 함수관계'를 풀어보고자 애썼다.
대표적인 저서는 〈아빠가 들려주는 인생이야기〉, 〈넋의 메아리〉, 〈대권전
쟁〉, 〈너, 이거 알아?〉, 〈미리 쓰는 유서〉, 〈염라대왕 행차시오〉, 〈영어표
현〉, 〈아내 몰래 쓴 남편의 일기〉 등이 있다.

조선역사의 비밀 上

인쇄일	2022년 5월 13일
발행일	2022년 5월 16일
저 자	이우각
발행처	신 진리탐구
신고번호	제2022-000007호
주 소	서울시 금천구 시흥대로 492 삼주빌딩
전 화	(02) 866-9410
팩 스	(02) 855-9411
이메일	san2315@naver.com